D0320225

DICTIONNAIRE DES RÊVES ET DE LEURS SYMBOLES

Catalogage avant publication de la Bibliothèque nationale du Canada

Caron, Livia

    Dictionnaire des rêves et de leurs symboles

    (Collection Psychologie)

    ISBN 2-7640-0839-2

    1. Rêves – Interprétation – Dictionnaires français. 2. Symbolisme (Psychologie) – Dictionnaires français. I. Titre. II. Collection: Collection Psychologie (Éditions Quebecor).

BF575.H27B64 2004   152.4'2   C2003-941758-1

LES ÉDITIONS QUEBECOR
7, chemin Bates
Outremont (Québec)
H2V 4V7
Tél.: (514) 270-1746
www.quebecoreditions.com

©2004, Les Éditions Quebecor
Bibliothèque nationale du Québec
Bibliothèque nationale du Canada

Éditeur: Jacques Simard
Coordonnateur de la production: Daniel Jasmin
Conception de la couverture: Bernard Langlois
Illustration de la couverture: Thomas Dannenberg/Masterfile
Correction d'épreuves: Jocelyne Cormier
Maquette intérieure: Jocelyn Malette
Infographie: Claude Bergeron

Nous reconnaissons l'aide financière du gouvernement du Canada par l'entremise du Programme d'Aide au Développement de l'Industrie de l'Édition pour nos activités d'édition.

Gouvernement du Québec — Programme de crédit d'impôt pour l'édition de livres — Gestion SODEC.

Tous droits réservés. Aucune partie de ce livre ne peut être reproduite ou transmise sous aucune forme ou par quelque moyen technique ou mécanique que ce soit, par photocopie, par enregistrement ou par quelque forme d'entreposage d'information ou système de recouvrement, sans la permission écrite de l'éditeur.

DANGER
LE PHOTOCOPILLAGE TUE LE LIVRE

Imprimé au Canada

AVANT-PROPOS*

Le rêve n'est autre que des messages de l'inconscient avec son langage symbolique, ses déplacements, ses condensations et ses désirs refoulés. Le décryptage du rêve appartient à son auteur, car lui seul détient les idées qui y sont associées.

De nos rêves, il ne reste bien souvent qu'un sentiment de perplexité, un souvenir fugace, une impression de joie ou de tristesse, une émotion mystérieuse. Pour en saisir le sens, il est indispensable d'en définir la nature. Mais comment déchiffrer le message de nos rêves ? Comment être sûrs de comprendre ce qu'ils nous disent de nous-mêmes, de nos rapports au monde, de nos angoisses et de nos espoirs ?

Clairement, simplement, loin de tout jargon technique, je vous dis ici comment comprendre vos songes, les décrypter, les entendre. Et laisser s'éveiller cet autre vous-même qui vous parle un langage oublié, surgi des profondeurs.

Le rêve ne peut s'expliquer, dans la plupart des cas, qu'à partir de lui-même, sans être réduit à des présupposés théoriques qui lui feraient dire autre chose que ce qu'il dit réellement. Dans cette optique, le rêve, produit de l'inconscient le plus profond qui cherche à se dévoiler, ne se comprend qu'à travers l'effort de l'âme à être reconnue.

---

* La forme masculine a été utilisée dans le seul but d'alléger le livre et ne se veut nullement discriminatoire.

ABAISSE-LANGUE. Vous continuerez d'être actif malgré la période qui devrait être réservée au repos. Si vous avez l'occasion de passer du temps en compagnie d'un ami, cela vous fera un bien énorme. Vous pourriez vous rapprocher d'une personne avec qui vous avez des atomes crochus.

ABAISSER. S'avilir. Vous pourriez avoir de très nombreuses idées. Laissez–vous aller à la rêverie. En amour, n'oubliez pas que votre confiance naturelle et vivifiante peut parfois intimider.

ABANDONNER. Être abandonné. Excellente santé, excellent moral. L'équilibre entre le travail, l'amour, les amis et le repos est parfait. Poursuivez dans cette voie. Vous renouez avec la prière et vous en retirez un immense bien-être. Privilégiez la consommation de légumes crus et de fruits. Continuez d'entretenir des pensées positives afin de conserver votre si belle mine.

> **Les autres.** Vous sortez toute votre panoplie de technique de séduction et vous parvenez à vos fins. Une délicieuse relation amoureuse vous comble de joie et de bonheur. Vous vous retirez un peu de votre cercle d'amis mais on ne vous en tient pas rigueur. Amour oblige! Amour, humour, tendresse, sensualité, érotisme, tout y est. Savourez ces moments privilégiés.

ABAT-JOUR. Couvrant une lampe. Vous pourriez avoir la chance d'améliorer votre situation sociale ou de travail durant les prochaines semaines. Aujourd'hui, cependant, contentez-vous d'une routine toute simple, car vous aurez besoin de repos. En amour, vous vivrez un rêve.

ABATTRE. Quelqu'un ou quelque chose. Une affaire exige du doigté, calculez bien vos chances. Ajustez-vous à votre milieu. Ne cherchez pas toujours la petite bête noire. Il vous faut avoir plus de flair que d'habitude. Il faut consentir à divers sacrifices pour que tout aille mieux avec votre partenaire. Vous ne vous en sentirez que mieux.

ABBAYE. Vous pourriez vivre une petite difficulté. Acceptez la situation avec philosophie plutôt que de vous laisser envahir par des émotions désagréables. Et, surtout, reposez-vous si vous le pouvez. En matière d'argent, vous ferez un bon choix. Tranquillité en soirée.

ABBÉ. Tous les désordres d'ordre émotionnel que vous avez connus ces derniers temps vous ont forcé à réfléchir intensément, à fouiller intimement et honnêtement en vous pour tenter d'en trouver les causes profondes. Vous y êtes en bonne partie parvenu même si, en ce domaine, rien n'est jamais acquis. Vous avez retrouvé votre sourire à faire craquer.

ABCÈS. Les activités qui demandent de la minutie auraient intérêt à être faites dans la journée. Votre sens de la précision est à son meilleur. Dans votre vie affective, il pourrait y avoir un conflit en vous-même. D'une part, vous voudrez de la nouveauté à tout prix et, d'autre part, vous aurez besoin de sécurité et du train-train quotidien.

ABDIQUER. Aujourd'hui, vous serez conscient de vos aptitudes. Innovez dans quelque situation que vous soyez. En amour, mettez de l'eau dans votre vin. La chance vous accompagnera tout au long de cette journée.

ABDOMEN. Douleurs abdominales. Il y a en vous un fort besoin de nouveauté, d'imprévu, et vous vous lassez rapidement.

    Exposé. Porté aux initiatives, vous souhaitez rayonner dans votre sphère d'activité, évoluer de façon indépendante et originale.

ABEILLES. Tenace, énergique, vous refusez de vous laisser influencer au risque de rompre avec toutes les traditions, familiales ou sociales.

    En élever. Vos projets iront bon train. Vous pourriez vous trouver en meilleure position que vous n'auriez osé l'espérer. Des changements de dernière minute pourraient vous être imposés. Vous prendrez conscience de certains conflits latents.

En tuer. Votre simplicité et votre bonhomie seront vos meilleures alliées. N'hésitez pas à poser des questions à ceux qui pourraient vous renseigner. Allez directement vers votre but. En amour, vous serez candide.

Cire. Votre vie sociale vous donnera satisfaction. Les échanges seront positifs. Il est possible que vous ayez des scrupules à faire certains gestes qui amélioreraient votre situation. Si des délais vous sont imposés, soyez patient, mais pas trop! Vous saurez exprimer votre point de vue.

Ruche. Vous aurez quelques jours de chance en matière d'argent. Votre capacité d'analyse vous mènera vers ce qui vous convient le mieux. De même, si vous souhaitez vous offrir un objet, un vêtement ou autre chose, c'est le moment de le faire. Il y aura des soldes.

Ruche vide. Vous pourriez être étonné de l'attitude hautaine d'une personne de votre entourage. Ne vous en inquiétez pas et continuez d'aller votre petit bonhomme de chemin. Votre vie amicale devrait être active. Journée constructive.

ABERRATION. Vous serez optimiste aujourd'hui. Il vous semblera que le monde vous appartient. La chance tourne. Prenez le temps de définir clairement le but que vous voulez atteindre. Quelqu'un vous apprécie beaucoup.

ABÎME. Vous aurez l'occasion d'aider deux personnes à se réconcilier et ce geste sera apprécié. Même si vous êtes absorbé par une activité qui vous passionne, ne négligez pas vos proches. En amour, vous serez clairvoyant.

ABÎMER. Vous retrouvez un souffle nouveau. Vous dégagez des ondes positives et votre entourage en bénéficie également. Portez une attention particulière à vos objectifs, ils sont remplis de symboles qui vous parlent. Vos devez être prudent, vos os sont en cause. Prenez l'air et laissez-vous dorloter par la nature, c'est bon pour le moral.

ABLATION. Il vaudrait mieux vous retirer de la course aujourd'hui. Prenez du temps pour réfléchir à ce que vous voulez vraiment. Vous avez besoin de cette période de retrait à tous les points de vue. Détente.

ABOLIR. Dans vos activités, vous pourriez avoir la sensation qu'on ne reconnaît pas ce que vous faites à sa juste valeur. Si vous voulez modifier cette situation, vous devrez y consacrer du temps et de l'énergie. Côté santé, vous retrouverez la forme. En amour aussi.

ABONDANCE. Vous avez l'impression que l'on vous laisse tomber, que l'on se désintéresse de vous ; vous avez tort ! C'est plutôt vous qui vous éloignez mine de rien, qui mettez de la distance entre vous et les autres. Ne repoussez pas la main qui se tend vers vous. Une relation, amicale au départ, se change lentement en un sentiment qui ressemble étrangement à l'amour.

ABORDAGE. Dans vos activités, vous voudrez reprendre le temps perdu. Procédez avec méthode et vous y arriverez. Dans votre vie affective, vous donnerez beaucoup d'importance à vos relations. Vous serez rêveur.

ABOUTIR. Sur le plan relationnel, votre bonne humeur sera communicative. En amour, vous serez fidèle à la personne que vous aimez. Ce soir, la télévision sera votre meilleur choix car vous serez heureux dans la routine.

ABOYER. Voir des chiens aboyer. Vos collègues vont vous parler entre quatre yeux. Certains iront même jusqu'à discuter de votre incompétence, d'autres de votre crédulité… Ils ne seront pas tendres avec vous. Tant mieux ; plus ils bavarderont, plus vous suivrez votre bonhomme de chemin. Lorsqu'ils se rendront compte de votre évolution, il sera trop tard et vous serez déjà bien loin. Votre sourire sera le pire des mépris. Ils ne le verront pas, bien trop occupés à vous dénigrer.

ABRACADABRANT. Du côté de vos projets et occupations, définissez vos attentes avant de décider du parti à choisir. Vous pourriez changer d'avis plusieurs fois durant les prochaines semaines. Vous aurez besoin de tranquillité aujourd'hui.

ABRASIF. Il est possible qu'on vous en demande beaucoup aujourd'hui. Cela dit, vous aurez des capacités de communication et vous saurez vous défendre avec les mots ! Si vous êtes attiré par un nouveau défi, c'est le moment de vous préparer à le relever.

ABREUVOIR. Il serait souhaitable que vous vous lanciez dans un nouveau projet ou que vous pratiquiez un nouveau passe-temps sous peu, car vous aurez besoin de nouveauté. En matière d'argent, faites votre budget avant tout. Dans votre vie affective, vous prendrez les choses calmement.

ABRI. S'y trouver. Apprenez à aimer votre travail, il vous sera ensuite plus facile et plus agréable.

En chercher un et le trouver. Des faits sont mal interprétés, des paroles de l'autre sexe vous semblent mystérieuses.

En chercher un et ne pas le trouver. Vous résoudrez une situation délicate. En amour, ne vous étonnez pas des changements d'humeur de la personne que vous aimez. La fatigue pourrait toucher tout le monde. Reposez-vous si vous le pouvez.

ABRIBUS. Journée propice aux innovations. Vous aurez envie de mettre sur pied mille et un nouveaux projets. Cela vous ira très bien, puisque vous êtes une personne très novatrice. Durant ce premier mois, commencez tout de même par terminer ce que vous avez commencé l'an passé. Vous serez en forme.

ABRICOT. Il serait préférable de modifier certaines habitudes plutôt que d'en souffrir. Vous vous donnerez les moyens de réussir. En ce qui concerne vos relations affectives, vous préserverez jalousement votre bonheur. Vous ne supporterez pas que l'on se mêle de vos affaires.

ABRUPT. Que ce soit au travail ou à la maison, vous aurez à rattraper le temps perdu et à terminer quelque chose que vous aviez laissé en plan. C'est une bonne journée pour avoir un rythme lent. Vous aurez tout de même de l'entrain.

ABRUTI. Votre méthode sera pleinement efficace et vous aurez le sens du détail. En amour, vous serez plus intéressé à la vie quotidienne qu'aux grands sentiments. En matière d'argent, tout ira mieux si vous continuez de calculer.

ABSENCE. D'un ami ou d'un conjoint. Tout vous semble un peu terne, ennuyant même. Relevez la tête, souriez, et tout ira mieux! Votre place au sein de votre cercle social n'est aucunement menacée. Vous demandez beaucoup aux vôtres et ils font leur possible pour combler vos attentes. Une transformation s'opère en vous; expliquez bien à votre entourage ce qui vous arrive.

ABSORBER. Vous ferez rire vos proches. Vous ressentirez toutefois aujourd'hui une certaine baisse d'énergie. En amour, vous pourriez être à fleur de peau. Concentrez-vous sur les tâches absolument nécessaires. Gardez du temps pour la détente.

ABSTINENCE. Vous recevez un soutien de taille pour un projet qui vous tient particulièrement à cœur. On vous cache délibérément certaines données. Vous devez déléguer; vous n'y arriverez pas tout seul. Vous serez mieux outillé et armé lorsque vous serez débordé de travail. Voyez large, visez haut…

ABSTRAIT. Vous aurez le vent dans les voiles aujourd'hui. Vous voudrez tout changer autour de vous. Ce n'est pas le moment de brûler la chandelle par les deux bouts. Dans votre vie affective, vous inspirerez confiance.

ABSURDITÉ. Vous aurez un bon sens de l'organisation. C'est le moment de mettre vos projets en branle. Vous pourriez conclure une entente fort valable. Votre capacité de gérer votre argent sera remarquable. Tout ira comme vous voulez.

ABUS. Vous changerez de ligne de conduite en ce qui concerne vos aspirations et vos objectifs sous peu. Dans votre vie affective, il ne faudrait pas imaginer que les gens pensent forcément de la même manière que vous. Des discussions sont possibles. Ne vous sauvez pas.

ACCABLER. Vous profiterez d'une période de chance. Vous savez de mieux en mieux où vous voulez aller, ce qui ne saura vous nuire. Dans votre vie sentimentale, une personne que vous connaissez peu pourrait vous charmer. Vous verrez l'avenir avec enthousiasme.

ACCALMIE. Vous souhaiterez plus de sécurité émotive ou financière ; il y a peut-être de petits moyens à prendre. Dans vos rapports avec les autres, vous serez patient malgré certaines complications. En amour, vous voudrez le confort, un nid douillet et la chaleur du foyer.

ACCÉLÉRER. Vous passerez d'un intérêt à l'autre sans vraiment aller au fond des choses. Vous pourriez entreprendre plusieurs tâches que vous ne pourrez pas terminer. Vous aurez toutefois une humeur radieuse et vous créerez une bonne ambiance.

ACCENTUER. Vous serez assez réaliste pour effectuer les meilleurs choix durant les prochains jours. Vous aurez envie d'amasser plus d'argent. Il y aura des résultats concrets. Les collectionneurs pourraient dénicher un objet rare.

ACCEPTER. Vous serez curieux aujourd'hui et vous pourriez être captivé par un secteur qui semble avoir de l'avenir. Si votre intérêt est sincère, n'hésitez pas à vous engager. Dans votre vie sentimentale, une personne que vous connaissez depuis peu pourrait susciter votre intérêt.

ACCÈS. Vous serez d'humeur solitaire aujourd'hui. En amour, il se pourrait que vous soyez sur la défensive. Du côté de vos amitiés, vous prendrez du recul. Votre sérieux dans vos activités donnera d'excellents résultats.

ACCESSOIRE. Vous serez en pleine possession de vos moyens. Côté travail, durant les prochains mois, un peu plus de ténacité et d'efforts pourrait donner des résultats fort intéressants. En amour, fiez-vous à ce que vous ressentez.

ACCIDENT. Vous serez enthousiaste. L'ambiance sera bonne. Journée idéale pour la santé, vous ferez des exercices, vous mangerez bien mais pas trop, vous prendrez des résolutions. Les amis seront présents.

ACCLAMATION. Être acclamé. Ce n'est pas parce que vous êtes doté d'une forte constitution que vous pouvez vous croire autorisé à faire des abus. La santé est un bien précieux et les excès sont à proscrire. L'agitation des mois précédents a quelque peu entamé votre grande réserve d'énergie. Respectez votre corps et vos limites, sans quoi vous paierez cher cette illusion d'invincibilité.

  Quelqu'un d'autre. Vous êtes habité d'une telle vitalité et d'un tel dynamisme que vous êtes une sorte de soleil pour les gens de votre entourage. On vous consulte fréquemment pour obtenir vos sages conseils. Attention, toutefois, de ne pas encore une fois abuser de vos forces. Continuez de vous ressourcer dans la méditation et réservez-vous des périodes de détente et de solitude.

ACCOLADE. L'accolade représente la douceur, la vulnérabilité et une certaine passivité ; elle symbolise l'anxiété provoquée par un entourage hostile ou des conditions d'existence pénibles, le besoin de tendresse et de douceur.

ACCOMMODER. Aujourd'hui, vous serez enjoué et prêt à entraîner un proche dans une histoire étonnante. Vous aurez le cœur joyeux. C'est le moment de profiter de la vie à plein. Vous verrez que tout s'arrange.

ACCOMPAGNER. Vous aurez de l'enthousiasme pour les histoires de cœur. Dans vos activités, fuyez les stratégies malhonnêtes car elles ne feraient qu'emmêler votre situation. En famille, vous pourriez avoir une nouvelle étonnante.

ACCOMPLIR. Bonne journée pour les rencontres amicales ; une petite entourloupette au quotidien vous fera du bien. Vous n'aurez pas besoin de changer beaucoup votre programme, mais pensez tout de même à faire ce qui vous tente.

ACCORD. Bonne journée pour les rencontres amicales ; une petite entourloupette au quotidien vous fera du bien. Vous n'aurez pas besoin de changer beaucoup votre programme, mais pensez tout de même à faire ce qui vous tente.

ACCORDÉON. En jouer. Au travail, on vous demande d'exercer votre leadership et cela vous plaît. On fait appel à votre tact et à votre diplomatie pour dénouer une situation délicate. Un nouveau défi vous est proposé : acceptez-le ! Changements positifs et bénéfiques. Demeurez réaliste et concret. Les finances se redressent et se stabilisent.

En entendre jouer. Il est passionnant le tourbillon de la vie, du travail, des amours et des enfants, mais il reste nécessaire de vous réserver des moments de détente ! Intérieurement, vous vous sentirez plus seul que d'habitude. Ce sera, malgré tout, une bonne journée pour promouvoir vos idées.

ACCORDER. C'est le moment de mettre les bouchées doubles, car vous aurez de l'énergie. Vous pourriez avancer à pas de géant. Des proches vous appuieront de façon concrète. Tout indique une période d'équilibre pour vous.

ACCOSTER. Se faire accoster. C'est une bonne journée pour l'accomplissement des tâches qui demandent minutie et méthode. Vous serez secret et réservé. Vous pourriez avoir tendance à rationaliser vos sentiments. Pour être en meilleure santé, reposez-vous et nourrissez-vous frugalement.

ACCOTER. Confiez-vous à une personne en qui vous avez confiance si une situation vous cause des inquiétudes. Dans vos activités, vous aurez un rythme très personnel. Vous serez de plus en plus décontracté à mesure que la journée passera. Soirée de détente.

ACCOUCHEMENT. L'accouchement symbolise le recommencement, l'énergie vitale qui soutient les activités sensorielles, affectives et intellectuelles du psychique. Vous êtes heureux, mais nostalgique. Vous passez du rire aux larmes trop facilement. Votre grande sensibilité fait qu'un petit rien peut vous redonner de l'énergie ou alors vous démolir. Vous vivez une période d'excès et d'abus, ce qui n'arrange rien ! Vous êtes contrôlé par vos émotions qui jouent aux montagnes russes.

ACCOUPLEMENT. En matière d'argent, vous aurez une légère déception dont vous vous remettrez bien vite. En amour, vous vous sentirez de nouveau épris. Si vous y mettez du vôtre, tout ira au mieux. Portez des couleurs vives.

ACCOUTUMER. Voyez des amis et vous serez de bonne humeur. Vos rapports avec les proches se dérouleront agréablement. Vous tiendrez compte des opinions et des sentiments des gens. Vous communiquerez avec aisance.

ACCROCHER. Bonne journée pour vous gâter. Vous pourriez rencontrer une personne qui vous remuera beaucoup. Une discussion que vous retardez depuis quelque temps sera plus facile que vous ne l'aviez imaginé.

ACCROÎTRE. Journée qui comportera des aspects contradictoires. Un léger recul sera nécessaire pour que vous adoptiez une attitude sensée. Par ailleurs, votre grande curiosité pourrait vous mener vers de nouveaux horizons sous peu. En matière d'argent, vous serez à l'affût des bonnes occasions.

ACCROUPIR. C'est une semaine qui vous semblera sans histoire. Aujourd'hui, vous pourriez être invité à partager un repas en compagnie de gens que vous appréciez beaucoup. À la maison, vous terminerez quelques petites tâches entreprises dernièrement. En amour, vous serez paisible.

ACCUEIL. Être accueilli par une femme. Vous auriez avantage à enrichir vos connaissances, car vous serez curieux de tout et vif. Vous aurez le cœur mystérieux. Une promenade à la campagne ou la pratique d'un sport vous comblerait.

   Être accueilli par un homme. Vous mènerez plusieurs activités de front. Vous agirez au mieux. Bon moment pour les rencontres amoureuses ou un rapprochement. Pour ce qui est de votre santé, vous serez en forme et énergique.

ACCUMULER. À propos d'une activité qui vous captive depuis un moment, vous ferez la rencontre de personnes intègres qui pourraient vous donner un bon coup de main. Vous vous exprimerez avec facilité. Vous vivrez de bons moments durant la semaine qui vient.

ACCUSATION. Être accusé. Avide de connaissances, doué d'une grande capacité d'assimilation, vous souhaitez avoir la possibilité d'utiliser vos dons intellectuels pour réaliser une activité concrète adaptée à votre personnalité.

   Accuser quelqu'un. Direct et sans hésitation, vous exprimerez vos idées le plus simplement du monde comme vous le faites à peu près toujours. Durant l'année, vous explorerez de nouvelles avenues. Vous aborderez tout avec un souci d'efficacité aujourd'hui.

ACHARNEMENT. Dans votre domaine d'activité, vous aurez de la facilité à créer une ambiance agréable autour de vous. Chance au jeu cette semaine. Les personnes de votre âge sont réputées très sérieuses et réalistes.

ACHATS. En faire. C'est par la prière et la méditation que vous trouvez votre équilibre. Vous devez vous débarrasser de votre perpétuel sentiment de remords qui vous colle à la peau. On ne vous demande pas d'être parfait. Un manipulateur rôde et tente de vous influencer négativement. N'accordez pas votre confiance aveuglément.

Les perdre. Vous êtes en pleine forme ! Vous émergez de la léthargie dans laquelle vous étiez plongé jusqu'à maintenant. Vous avez la tête pleine d'idées et de projets. Vous réfléchissez, encore et toujours, et cela vous rend presque euphorique. Respectez tout de même vos limites. Vous respirez à pleins poumons et vous vous envolez vers mille et une aventures.

ACNÉ. Durant la semaine qui vient, vous bougerez beaucoup. Très affairé, il est cependant possible que vous ne fassiez que déplacer de l'air. Il serait peut-être bon que vous procédiez à des changements à la maison.

ACOMPTE. En amour, vous pourriez faire le bonheur d'une personne que vous aimez beaucoup. Vous aurez l'imagination vive dans toutes vos entreprises de la journée. Vous voudrez comprendre les motivations réelles qui fondent vos actions.

ACQUÉRIR. Excellente semaine si vous prenez le temps de converser avec des gens qui sauront vous suggérer des idées enthousiasmantes. C'est aussi une période propice pour tester vos opinions. En matière d'argent, vous serez favorisé. Cela dit, appliquez-vous à rester réaliste.

ACQUISITION. Il est probable que vous traverserez une période plus ombrageuse cette semaine. Ce qui vous plaît moins de votre vie reviendra. Vous pourriez sentir une certaine lassitude intérieure. Si c'est le cas, gardez du temps pour le repos. Faites ce qui vous plaît.

ACQUITTER. Vous vous adapterez à l'imprévu. Par ailleurs, vous aurez l'art de bien dire, l'esprit vif et réponse à tout. Pour ce qui est de vos relations sentimentales, vous pourriez prendre au sérieux une remarque banale. Bonne journée pour planifier vos activités des prochains mois.

ACROBATE. Vous êtes choyé, cajolé, gâté… aimé, quoi ! Allez ! Laissez-vous faire. Une nouvelle relation s'amorce et vous rend perplexe. Une invitation bien spéciale vous fait jubiler. Vous vous ennuyez de certains amis au loin. Vous avez tendance à idolâtrer les absents en ce moment. Un conflit oppose deux personnes de votre entourage : ne vous en mêlez surtout pas !

ACTEUR. L'être soi-même. Votre besoin de succès, d'être important s'appuie sur un solide sens des valeurs matérielles et c'est dans le travail, grâce à des réalisations concrètes, que vous espérez devenir une personne distinguée.

En voir. Vous espérez qu'en vous cuirassant contre les influences extérieures, en n'en faisant qu'à votre tête, vous atteindrez la notoriété, la situation brillante dont vous rêvez.

ACTIF. Bonne journée pour les activités qui demandent de l'imagination. Dans votre vie intime, la journée sera paisible. Vous serez plus à l'aise auprès de gens qui ont une forte personnalité. Communications favorisées.

ADDITION. En tout, vous aurez plus de chance la semaine prochaine. Malgré tout, vous serez social aujourd'hui. Vous serez un boute-en-train. La solitude vous ennuierait. Voyez du monde.

ADIEU. Faire des adieux. Il est possible que certains délais vous soient imposés. Vous saurez faire contre mauvaise fortune bon cœur. Par ailleurs, vous constaterez que certaines personnes de votre entourage ont changé d'attitude ces derniers temps. Chance en matière d'argent.

ADMINISTRER. Il est probable que vous serez plus solitaire que ces derniers jours. Si une personne vous ennuie, faites en sorte de la voir moins souvent. Vous aurez envie de changements aujourd'hui. Journée d'ordre.

ADMIRATION. Journée propice à l'acquisition de biens et en matière d'argent. Vous serez en mesure de vous offrir ce que vous désirez. En amour, vous aurez envie d'être choyé davantage; demandez-le doucement.

ADMIRER. Quelqu'un ou quelque chose. Les tâches quotidiennes pourraient vous sembler quelque peu harassantes. Vous compterez sur l'avis des gens que vous côtoyez. Même si c'est le début de la semaine, ce serait une bonne idée de sortir. Chance en matière d'argent.

ADOPTION. D'un enfant. Votre énergie est intarissable, au point même de troubler votre sommeil. Votre équilibre psychologique est perturbé par une personne de votre entourage qui sème le doute et la perplexité dans votre esprit. Votre corps vous envoie des signaux; ne les ignorez pas. Faites preuve de prudence dans la manipulation d'objets coupants ou pointus.

ADORER. N'hésitez pas à demander une assistance ponctuelle pour terminer une tâche compliquée. Par ailleurs, vous pourriez recevoir des nouvelles ou une réponse que vous attendez depuis un bon moment. En amour, vous semblerez plus sûr de vous, plus confiant.

ADRESSE. La donner à quelqu'un. Un retard vous rend presque agressif. Votre impatience joue contre vous. Vous devez maintenant respecter vos échéanciers et le stress vous étouffe. Un conseil vous est donné ; prenez-en bonne note. Une remarque négative ne doit pas freiner vos élans.

ADULTÈRE. Le commettre. Indifférent à ce qu'on pense de vous et supportant mal la contrainte sociale, vous recherchez une activité indépendante à vos loisirs ordinaires.

Y résister. Vous voulez vous insérer dans un groupe social par nécessité. Vous entretenez un sentiment de révolte, estimant que vous n'êtes pas traité comme vous le méritez.

Voir quelqu'un d'autre le commettre. Décidé à réussir, vous ne tolérez aucune entrave à votre liberté d'action et défendez votre indépendance par toutes sortes d'astuces et de stratagèmes.

Voir quelqu'un d'autre y résister. Vous réclamez des attentions, de la tendresse, mais vous refusez de créer des liens qui engageraient votre responsabilité.

ADVERSAIRE. N'hésitez pas à demander une assistance ponctuelle pour terminer une tâche compliquée. Par ailleurs, vous pourriez recevoir des nouvelles ou une réponse que vous attendez depuis un bon moment. En amour, vous semblerez plus sûr de vous, plus confiant.

AÉRER. Si vous éprouvez des soucis d'argent, il serait préférable de vous en tenir au nécessaire pendant un bout de temps. Vous n'aurez pas de difficulté à vous discipliner. À la maison, vous vous rendrez indispensable.

AÉROPORT. C'est le moment d'évaluer clairement vos qualités et vos possibilités. On vous confiera un dossier qui vous donnera l'occasion d'exploiter au maximum vos capacités. À la maison, tout se passera en douceur.

AÉROSOL. Votre indépendance prédominera aujourd'hui. Vous ne voudrez pas vous sentir obligé envers les autres. Vous ferez les choses avec attention, mais vous pourriez malgré tout vivre un désappointement. Le calme reviendra en fin de journée.

AFFAIBLIR. Vous aurez des relations intimes fortes. Aujourd'hui et demain seront des journées favorables à vos projets. Vous aurez peut-être avantage à vous associer pour qu'ils prospèrent comme vous le souhaitez.

AFFAIRES. Réussies. Vous aurez de l'imagination aujourd'hui. Dans vos activités, vous utiliserez de nouvelles méthodes plus efficaces. En amour, vous redoublerez de charme. Les personnes qui vous aiment s'en trouveront remuées. Journée plaisante.

Manquées. Vous serez en pleine forme. Une grande énergie vous donnera l'envie de faire des folies. Faites attention de ne pas trop dépenser. Visitez un ami, car vous aurez le cœur amical aujourd'hui.

AFFECTER. Vous aurez un esprit logique. Dans vos activités, vous serez habile à concevoir de nouveaux procédés. De simples modifications changent parfois beaucoup. En ce qui a trait à vos relations, vous vous organiserez pour passer au large des orages.

AFFECTUEUX. Vous aurez un bon sens des affaires aujourd'hui ; vous saurez voir s'il en va ou non de votre intérêt. C'est une bonne journée pour régler tout litige, toute mésentente ou incompréhension. En amour, on aura besoin de votre douceur.

AFFICHE. En voir une. Vous aurez une bonne concentration et des intuitions fortes. Vous pourriez effectuer quelques changements dans un domaine qui vous tient à cœur. Il est possible que vous vous sentiez fragile ; si c'est le cas, prenez le temps d'en parler et de vous reposer.

La lire. Vous pourriez ressentir un sentiment d'insécurité ; plutôt que d'en souffrir, arrêtez-vous quelques instants et voyez ce qu'il en est. Côté santé, prenez une ou deux résolutions.

AFFIRMATION. Ce qui touche l'éducation vous intéressera aujourd'hui. Vous expliquerez avec simplicité des choses complexes. Une rencontre est probable. Faites votre budget avant de dépenser votre argent.

AFFLICTION. Vous ferez vos activités avec un grand sérieux comme c'est votre habitude. S'il y a une personnalité consciencieuse, c'est bien vous ! Les personnes à la recherche d'un emploi ou qui souhaitent obtenir un avancement auront de la chance sous peu. Votre raisonnement sera excellent, un peu rationnel peut-être, mais tout à fait juste.

AFFREUX. Vous persuaderez facilement vos proches de la justesse de vos opinions et de la sincérité de vos sentiments. Le départ d'une personne que vous aimez bien pourrait vous rendre méditatif. Si vous avez le cœur triste, parlez-en, on vous réconfortera.

AFFRONT. En recevoir un. Imprécis et indécis, vous n'avez pas établi un plan déterminé et réaliste, vous comptez sur votre bonne étoile et vous vous abandonnez à votre volonté capricieuse, préoccupé surtout de frivolités.

En infliger un. Vous serez à l'aise avec les personnes qui vous entourent et vous aurez de la facilité à créer une ambiance agréable autour de vous. En amour, vous serez simple et direct. En matière d'argent, vous aurez peut-être intérêt à faire un changement.

AGACER. Au travail, l'atmosphère est tendue. Il y a de l'imprévu dans l'air, certes, mais cela ne signifie pas pour autant qu'il faille s'attendre uniquement à des coups durs. En ce moment, une période de prospérité vous permet de consolider votre situation. Mettez vite le holà aux folles envies pour éviter de dilapider vos sous bien gagnés.

AGATE. En recevoir une. Vous trouvez un dérivatif à la mélancolie dans une activité absorbante et soutenue vous permettant de dominer autrui. Toutefois, vous vous imposez des contraintes et des limitations qui engendrent une forte tension nerveuse et la passion ardente que vous maîtrisez risque d'exploser brutalement.

En offrir une. Vos collaborateurs vous épauleront et nourriront de grandes ambitions grâce à vous. Vous les aiderez à ne pas regarder en arrière. Ils lutteront courageusement pour atteindre les objectifs que vous aurez fixés ensemble. Vous rangerez votre individualisme au vestiaire, conscient qu'on ne peut réussir sans le concours des autres. Ils loueront votre capacité à allier humour et discipline et vous inviteront souvent hors du cadre professionnel.

En porter une ou plusieurs. Journée d'enthousiasme. Canalisez vos énergies et ne vous laissez pas entraîner dans une direction qui ne vous mènerait nulle part. Vous serez trop sociable pour être parfaitement à l'aise dans l'intimité ; voyez du monde.

Perdue ou volée. Vous aurez du plaisir en compagnie de personnes qui ont le même humour que vous. Les possibilités sont grandes de vous rapprocher d'une personne que vous aimez bien. Faites les premiers pas sans hésiter.

ÂGE. Se voir soi-même âgé. Il y a contradiction entre, d'une part, votre besoin de prestige et votre imagination surexcitée et, d'autre part, votre désintéressement à l'égard des contingences.

Voir d'autres personnes âgées. Vous avez des idées et des objectifs romanesques peu réalisables et vous vivez un état de tension et d'exaltation difficilement supportable, des réactions inattendues et inadaptées aux circonstances.

AGENCE. Vous serez d'humeur plutôt secrète et solitaire. Du côté de vos relations affectives, la situation pourrait être un peu contrariante. Par ailleurs, vous aurez le cœur sur la main et vous pourriez remonter le moral d'un proche.

AGENOUILLEMENT. Être à genoux. L'autre vous demande de rendre des comptes. Vous n'arrivez pas à vous expliquer le comportement d'un proche. Vous donnez une seconde chance à un ami qui vous a profondément déçu. Vous sortez de votre train-train quotidien sans vous faire prier ! Vos préjugés tombent avec la rencontre d'une personne qui vous fascine.

> **Voir des personnes agenouillées.** Les invitations fusent de partout, on recherche votre compagnie. Un cœur tout près de vous bat très fort dans l'espoir que vous le remarquiez. Votre besoin de voir et de rencontrer des gens, de dialoguer, de philosopher et, surtout, de rire est comblé, en ce moment, de réjouissances. Certaines personnes sont susceptibles ; choisissez bien vos mots !

AGENT. Vous serez en forme et efficace. Vous pourriez en profiter pour terminer quelque chose que vous remettez toujours à plus tard. Quelles que soient vos activités, on reconnaîtra concrètement vos aptitudes.

AGGRAVER. Vous serez soucieux de votre sécurité financière. Si vos économies ont diminué dernièrement, vous trouverez le moyen de redresser la situation. Dans vos activités, vous supporterez mal l'incompétence, mais vous resterez compréhensif.

AGITATEUR. Vous serez stable intérieurement et cela vous ira tout à fait bien. Les relations avec vos proches seront paisibles. En matière d'argent, tout ira mieux si vous êtes un peu discipliné sans en devenir exagérément économe.

AGITATION. Vous serez terre à terre aujourd'hui et vous pourriez être surpris du peu de réalisme de ceux qui vous entourent. En matière d'argent, vous serez posé dans toutes vos décisions. En amour, ça ne peut pas être la grande passion tous les jours.

AGNEAU. Vous serez tout à fait conscient de ce qui se passe autour de vous. Pourtant, vous n'arriverez à vos fins que si vous comptez d'abord et avant tout sur vous-même. En amour, vous aurez une grande énergie émotionnelle.

AGONISER. Vous souhaiterez plus de profondeur dans vos rapports. Dans vos activités, vous vérifierez jusqu'au moindre détail de tout. Vous serez fier des résultats. En amour, vous serez au mieux.

AGRAFER. Vous tiendrez compte des renseignements qu'un proche vous donnera et vous communiquerez en toute simplicité aujourd'hui. Vous aurez un talent particulier pour les affaires et pour ce qui touche aux questions d'argent. Vous pourriez faire une acquisition importante.

AGRANDIR. Vous voudrez élargir vos horizons. Intérieurement, vous vivrez quelques moments de réflexion. Toutes les tâches que vous pourrez partager se feront plus facilement. La compagnie des gens que vous aimez vous donnera du dynamisme.

AGRAPHIE (impossibilité de s'exprimer par l'écriture). Vous aurez une approche sensible et vous tiendrez compte des opinions des gens dont vous êtes responsable. Dans votre vie sentimentale, ne courez pas deux lièvres à la fois, ce serait une perte d'énergie considérable pour de piètres résultats.

AGRÉABLE. Dans vos activités, vous prendrez les bouchées doubles afin de terminer vos travaux. En amour, vous serez surpris de la délicatesse de certaines personnes de votre entourage. Bonne journée pour effectuer des transactions financières.

AGRESSION. En être victime. Au travail, vous connaissez très bien la marche à suivre, mais vous n'avez plus envie de suivre le chemin tracé d'avance. On s'étonne de votre hardiesse! Une personne de votre entourage tente de vous mettre dans l'embarras. Ne réagissez pas sous le coup de la colère, laissez retomber la poussière. Vous tirez un bénéfice d'une action ou d'un geste.

En faire une. Vous revenez à des dépenses plus raisonnables! Vous sous-estimez vos talents et vos possibilités. Votre emploi du temps est chargé, et vous n'arrivez pas toujours à tout terminer à temps. Cessez de vous croire increvable et déléguez! La conclusion d'une action est retardée, voyez-y le bon côté de la chose. Faites attention dans vos jugements.

AGRICULTEUR. Dans vos activités, vous trouverez la solution d'un problème en vous inspirant d'une personne pour qui vous avez de l'admiration. Vous vivrez quelques jours agréables du point de vue de vos relations et de votre créativité. Il y a de tendres émotions en vue.

AGRUMES. Vous irez jusqu'à utiliser l'astuce pour obtenir les informations que vous voulez. Il n'y aura pas grand-chose à votre épreuve aujourd'hui. Vous n'accepterez que ce qui vous tentera. Essayez tout de même de ne pas avoir de trop grandes exigences.

AIDER. Il est temps de faire des changements professionnels. Il vous faut prendre des décisions, faire des choix. Cela n'est pas facile pour vous de changer de direction mais, à long terme, vous en tirerez un bénéfice certain. N'ayez pas peur de prendre ce tournant.

AÏEUL. Dans vos activités, vous réfléchirez davantage que vous agirez. Vous favoriserez une bonne entente avec vos proches. Vous aurez besoin de quiétude et d'un climat de confiance pour donner le meilleur de vous.

AIGLE. La liberté et la quête du spirituel symbolisent la connaissance de l'inconscient, base de la sagesse. Les crises d'angoisse s'estompent, puis disparaissent enfin. Votre subconscient est moins tourmenté maintenant que vous avez trouvé la cause de ce malaise. Les réponses n'ont pas encore été toutes trouvées mais vous posez les bonnes questions, c'est un excellent début. Vous progressez dans votre cheminement spirituel et la prière est, pour vous, une source de réconfort et de sérénité.

AIGREUR. Journée où vos liens avec les autres prendront de l'importance. Vous serez attentif à une personne que vous aimez jusqu'à devancer ses désirs. Dans vos activités, l'opinion d'une personne en qui vous avez confiance vous sera utile même si, de prime abord, elle ne fait pas votre affaire.

AIGUILLE. Vous aimeriez avoir une forte personnalité.

En enfiler aisément une. On reconnaîtra votre persévérance à mener vos dossiers et vos tâches à terme. Dans votre intimité, un proche pourrait être dérouté par certaines de vos réactions. Vous êtes parfois méfiant et l'on s'en rend compte. En développant votre confiance, tout deviendrait plus simple.

L'enfiler avec difficulté. Vous éprouvez de la difficulté à concentrer votre activité sur un secteur en raison du manque de détermination de vos ambitions.

Se piquer avec une aiguille. Plus posé que dans les derniers jours, vous agirez avec souplesse. Dans vos relations affectives, vous serez tendre comme du bon pain et vous trouverez l'équilibre en restant près de vos proches.

AIGUISER. Des couteaux. Cela signifie de l'impartialité, de l'intégrité, de la soumission aux règlements, d'être capable de décision, de méthode et de minutie.

Des patins. Plus posé que dans les derniers jours, vous agirez avec souplesse. Dans vos relations affectives, vous serez tendre comme du bon pain et vous trouverez l'équilibre en restant près de vos proches.

AIL. Vous êtes excessivement sévère dans vos jugements, vous manquez souvent de diplomatie, car l'agressivité qui sommeille au fond de vous engendre la difficulté à établir des relations paisibles avec vos semblables.

AILES. En avoir. Si vous décidez de vous lancer dans un nouveau champ d'activité, les bénéfices que vous en tirerez seront nombreux et le succès sera rapide. Vous aurez besoin de sentir que l'on vous aime pour être efficace aujourd'hui. En amour, essayez de ne pas trop en demander à la personne aimée.

AIMANT. Si vous voulez améliorer votre sort, c'est une bonne journée pour vous mettre de l'avant. Du côté de votre vie amicale, on appréciera votre écoute et l'on pourrait vous révéler des secrets. Par ailleurs, vous garderez les vôtres bien précieusement.

AIMER. Toute tentative de vous mettre de l'avant aujourd'hui serait une perte de temps. En matière d'argent, on pourrait vous offrir une occasion. Négociez. En amour, il se peut que la personne aimée vous demande beaucoup d'attention.

AIR. En manquer. Votre perfectionnisme est souvent poussé à l'extrême et il vous incite à vous perdre dans les détails ; cela découle d'une obsession chronique qui constitue un exutoire à votre nature inquiète et tourmentée.

De chanson, de musique. Vos relations avec vos supérieurs seront au beau fixe ; il aura fallu du temps pour instaurer un climat de confiance, mais il se prolongera durant des années. Vous prendrez davantage d'initiatives, heureux d'être jugé sur des résultats, non plus en fonction de votre image. Consciencieux, vous ne négligerez aucun détail. Financièrement, vous améliorez vos revenus, quitte à courir des risques, autant que cela rapporte.

AISANCE. Cabinet d'aisances. Vie sociale agréable aujourd'hui. Vous serez détendu et votre joie de vivre fera plaisir à voir. Les proches apprécieront votre bonne humeur. Persévérez dans la voie que vous suivez depuis quelque temps. Vous ne le regretterez pas.

Richesse. Vos contacts avec une personne de votre famille seront riches d'enseignement. Vous revivrez certains souvenirs avec plaisir. Une escapade vous ferait du bien. Soirée agréable en perspective.

AJUSTER. Vous accomplirez vos tâches avec imagination et bon goût. Vos relations avec les proches seront paisibles. Faites d'abord ce qui demandera un brin de folie et d'imagination.

ALARME. Vous aurez une approche originale, alors n'hésitez pas à sortir des sentiers battus. Vos occupations se feront avec aisance d'autant plus que vous serez en bons termes avec les gens qui vous entourent.

ALBINOS. Vous aurez l'esprit routinier et ferez tout de manière ordonnée. C'est du côté du travail qu'il serait bon de continuer de persister. Il est temps d'établir les contacts nécessaires. Rien ne vous tombera tout cuit dans le bec.

ALCOOL. En boire avec modération. Pour le moment, vous hésitez à prendre de grandes décisions qui vous mettraient sur la voie de la réalisation de vos objectifs, par crainte de représailles de la part des gens qui détiennent les atouts ou qui ont la force de leur côté.

    En boire en quantité excessive. Votre désir d'expérimentation de plus en plus vif se manifeste surtout sur les plans créatif et sexuel.

ALGUE. Vous éprouverez peut-être une sensation de solitude aujourd'hui. Si c'est le cas, ne vous en faites pas car cela ne durera pas. Dans vos activités, vous aurez la surprise de voir que vous relevez certains défis de plus en plus facilement. Vie amoureuse stable.

ALIMENT. Agréable au goût. Vous refaites vos forces, vous régénérez vos batteries, vous puisez vos besoins à même la source. Vous vous retirez dans votre carapace, histoire de ne pas vous éparpiller et pour éviter que les autres sucent votre énergie. Vous avez des pensées qui vous étonnent grandement. Vous remaniez votre échelle des valeurs. Vous revenez à un mode de vie plus sain, qui vous ressemble davantage.

    Désagréable au goût. En ce qui vous concerne, la santé et le moral sont excellents. Cependant, il n'en va pas de même pour un membre de votre entourage qui souffre présentement de crises d'angoisse. Ne cherchez pas les mots pour le calmer, soyez juste tout près quand il en aura besoin. Votre fine psychologie et votre philosophie de la vie attirent à vous les gens qui souffrent.

ALLAITER. Vous ferez mieux de cultiver la patience que de vous fâcher pour des riens. Dans un projet auquel vous travaillez, prenez une partie de la journée pour faire le bilan des démarches que vous avez faites jusqu'à aujourd'hui. Vous aurez de la méthode.

ALLÉCHER. Vous percerez un mystère et comprendrez mieux ce qui se passe autour de vous et, surtout, chez un proche. Dans vos activités, vos idées seront prises en considération. Vous aurez de l'influence sur certaines personnes. À la maison, vous pourriez vous impatienter.

ALLÉGUER. Vous pourriez consoler un proche qui a une peine de cœur ou une déception. Vous saurez voir plus loin et partager votre point de vue. Vous continuerez de vous exprimer en toute simplicité aujourd'hui. Durant les prochains jours, optez pour les loisirs et la détente.

ALLER. Vous serez en bonne forme aujourd'hui et vous contribuerez à une joyeuse ambiance. Intérieurement, vous serez stable et comprendrez des choses qui vous avaient échappé depuis quelque temps.

ALLIANCE. Au doigt. Vous espérez avoir plus d'aplomb, acquérir l'indépendance qui vous permettra de goûter aux plaisirs convoités et d'élargir votre champ d'action.

   La perdre. Vous risquez de perdre votre conjoint, vous êtes incapable de résister à la tentation de critiquer constamment sa façon d'agir.

ALLIGATOR. Vous serez stimulé par ce qui touche votre vie familiale. Bon moment pour donner des nouvelles à une personne de votre famille. Cela dit, vous aurez une attitude individualiste qui pourrait heurter une personne dont la sensibilité est à vif. Soyez tendre.

ALLONGER. Vous serez un peu moins fringant que d'habitude. Évitez les situations qui demandent beaucoup d'énergie. Si vous ressentez le besoin de vous épancher, tâchez de vous confier à quelqu'un qui peut garder un secret.

ALLUMETTE. Allumée. Votre condition générale est beaucoup plus encourageante que par le passé. Une situation stressante a un effet négatif sur votre organisme. Ne portez pas tout le poids sur vos épaules, l'aide est à la portée de main, servez-vous-en ! Votre force morale vous permet de vous sortir sereinement de toutes les situations pendant cette période de votre vie, somme toute assez mouvementée.

   Éteinte. Vous faites ce que vous avez à faire, mais vous en mettez un peu trop ! On ne vous demande pas de faire l'impossible. Ne refusez pas les conseils ou l'enseignement qu'on vous offre. Vos échecs du passé vous servent grandement, en ce moment, de prise de décision professionnelle. Une expérience nouvelle vous plaît par le défi qu'elle comporte.

ALOÈS. Vous adopterez un point de vue plutôt positif et votre bonne humeur fera plaisir à voir. Vous serez entraîné par un vent de liberté. Vous ferez une entourloupette à ce petit quotidien qui est parfois bien ennuyeux.

ALPHABET. En amour, vous adoptez une ligne de conduite qui vous convient parfaitement. Vos relations manquent toutes, plus ou moins, de profondeur. Vous n'êtes pas étranger à cet état. Vous êtes désorienté face à une rencontre qui vous oblige à repenser vos valeurs. Vous faites des concessions qui devenaient urgentes et nécessaires pour conserver l'harmonie.

ALPINISTE. Enthousiaste et énergique, vous aurez confiance en l'avenir. En donnant la priorité à la vie sociale, vous ferez des liens intéressants. En amour, une rencontre sympathique serait possible.

ALTÉRER. Journée de réflexion. Vous serez peut-être appelé à intervenir d'une manière ou d'une autre dans votre milieu. Ce soir, vous gagneriez à préparer un bon repas et à vous détendre. Vous résoudrez un petit problème qui vous trotte dans la tête.

ALTERNER. Vous aurez besoin de quiétude et de confort. Vous tirerez des enseignements du passé. Vous serez surpris de constater à quel point vous avez tourné la page à propos d'un événement qui vous préoccupait.

AMAIGRI. Vous songerez à modifier certaines de vos habitudes, ce qui serait une bonne idée. Côté famille, votre discrétion sera appréciée par rapport à une question difficile. En amour, si tout est calme, c'est probablement que vous avez agi de façon à en arriver là. Vous pourrez modifier la situation.

AMANDE. Vous êtes généreux, mais vous jetez l'argent par les fenêtres. Décidément, vos poches sont trouées en ce moment! Vous dépensez sans compter, et vous vous en mordrez les doigts! Vous avez fait des efforts louables, il est maintenant temps de récolter. Votre créativité est à son maximum. N'hésitez pas à partager vos idées originales et vos projets, même les plus fous… on ne sait jamais!

> **Amère.** Vous êtes moins disponible que d'habitude. Vous vivez une période propice à toutes vos demandes, qui doivent tout de même être motivées. De belles possibilités s'offrent à vous, spécialement d'ici quelques semaines. Vous tirez de la fierté et du profit de vos ardeurs. Vous éprouvez certaines difficultés à mettre en branle un projet ou une action. Rien n'est impossible pour vous.

AMANT/AMANTE. Vous songerez à modifier certaines de vos habitudes, ce qui serait une bonne idée. Côté famille, votre discrétion sera appréciée par rapport à une question difficile. En amour, si tout est calme, c'est probablement que vous avez agi de façon à en arriver là. Vous pourrez modifier la situation.

AMARRER. L'ambiance générale sera paisible. Tout ce qui touche à votre apparence et à votre confort vous intéressera aujourd'hui. Vous aurez la touche pour trouver ce qui vous conviendra le mieux. Dans votre vie sentimentale, vous vivrez de la stabilité.

AMASSER. L'atmosphère sera au bavardage et aux rencontres. Vous profiterez de bons moments en compagnie de connaissances relativement nouvelles. Vous aurez de la facilité à établir des rapports harmonieux.

AMAZONE. Les relations avec les membres de votre famille seront bonnes. Vous comprendrez mieux ce qu'un proche vit et n'aurez pas tendance à porter un jugement sévère. Dans votre vie affective, vous aurez une heureuse surprise.

AMBASSADEUR. On vous appréciera et on vous le fera sentir. Ce que vous aviez pensé faire aujourd'hui pourrait être remis à un autre jour. Il y aura de l'imprévu dans l'air. Faites en sorte de laisser les événements se dérouler de la façon la plus libre, vous ne le regretterez pas.

AMBIGU. Prenez le temps de vous faire plaisir. Les sentiments que vous éprouvez pourraient vous dépasser. Vous saurez les intégrer. En amour, vous pourriez avoir une heureuse surprise sous peu.

AMBROISIE. Si l'on tente de vous entraîner dans une folle aventure, vous résisterez. Si vous faites un travail qui demande une attention soutenue, vous aurez l'énergie nécessaire pour le mener à terme. En amour, on vous surprendra.

AMBULANCE. Vous souhaitez prendre des initiatives hardies, mais votre combativité est tempérée par les sentiments d'humanité, par la cordialité que vous tenez à manifester dans vos relations.

AMÉLIORER. Si vous pouvez exprimer vos sentiments, vous le ferez avec un grand plaisir. Il y aura de tendres épanchements. Votre goût pour le bonheur sera plus fort que tout. En matière d'argent, vous serez favorisé la semaine prochaine.

AMÉNAGEMENT. Vous aurez de la chance dans tous les jeux de hasard. Dans vos rapports avec votre entourage, vous mettrez de la gaieté là où vous passerez. Vous verrez que la vie peut être simple.

AMENDE. Vous pèserez le pour et le contre en ce qui regarde votre vie actuelle. Il sera aussi question du passé. Dans votre vie sentimentale, les avantages d'un changement d'attitude se feront sentir rapidement. Vos efforts seront couronnés de succès.

AMENER. Il vaudrait mieux vous méfier de votre imagination aujourd'hui. La réalité sera plus intéressante que vos rêves. Une personne de votre famille voudrait vous voir plus souvent. Chance au jeu.

AMERTUME. Journée de détente. Un membre de votre famille pourrait vous révéler ses ennuis. Si vous cherchez la solution à un problème récurrent, prenez une pause aujourd'hui, pensez à autre chose, la solution viendra de manière inattendue.

AMEUBLEMENT. Journée idéale pour les activités qui demandent le sens de l'organisation. Vous serez vif et tatillon, et vous n'aurez aucune difficulté à régler tout problème qui surgirait. Dans votre vie sociale, vous serez sociable.

AMI. En trouver un nouveau. Votre sens des réalités est remarquable ainsi que la maturité dont vous faites preuve. Vous avez de précieux atouts ; cependant, votre comportement ne cesse d'être contradictoire : tantôt généreux, conciliant, délicat, aimant ; tantôt égoïste, brutal, froid, méprisant.

> **En perdre un.** Les amis pourraient se faire nombreux autour de vous dans les prochains jours. Vos multiples activités risquent pourtant de vous tenir très occupé. Vous aurez du cœur au ventre et le désir bien arrêté de terminer certaines choses.

AMINCIR. Vous pourriez en profiter pour terminer certaines activités dans lesquelles vous avez pris du retard. Si vous entreprenez un nouveau projet, vous aurez la curiosité et la ténacité qu'il faut pour réussir. Vos amours seront paisibles.

AMOINDRIR. Plus diligent en ce qui concerne votre vie matérielle, vous pourriez adopter un comportement très économe. À moins que vous ne décidiez de vous lancer dans des investissements à long terme. Vous connaissez sûrement une personne qui saurait vous conseiller adéquatement.

AMOLLIR. Plutôt solitaire, vous continuerez tout de même d'être sollicité par vos proches et vos collègues. En matière d'argent, il serait bon d'être particulièrement vigilant cette semaine. Dans vos relations sentimentales, vous serez tendre et chaleureux.

AMOUR. C'est en prouvant votre valeur, par la réussite sociale ou professionnelle, que vous espérez vous faire respecter, régner en maître sur votre entourage. Vous vivez actuellement dans un état de forte tension, uniquement préoccupé par la réalisation de cet objectif.

AMOUREUX/AMOUREUSE. Dans vos activités, vous saurez faire avancer pas mal de choses, mine de rien. Les questions d'argent et celles qui touchent à l'acquisition d'un bien seront d'actualité cette semaine. Dans votre vie affective, n'en demandez pas trop.

AMPLIFICATEUR. Votre imagination débordante pourrait vous entraîner dans un voyage lointain. Laissez les travaux d'organisation pour un autre jour et ne faites aujourd'hui que ce dont vous aurez envie. Cette semaine, vous serez adroit avec les autres.

AMPOULE. Allumée. Il se trouve au fond de vous certaines tendances, certains besoins cachés dont vous n'avez pas conscience. En effet, il existe en chacun de nous une sorte de gardien dont le rôle est d'assurer l'ordre intérieur, une force qui refoule dans la partie inconsciente du psychisme les souvenirs d'événements, les pensées dont l'évocation est cause d'angoisse... ainsi que les désirs que la conscience n'approuve pas, ne permet pas de satisfaire, parce qu'elle les juge néfastes. Ces tendances enfouies, refoulées, entrent en conflit avec d'autres souvent opposées, substituées par la morale ou la vie sociale.

> **Éteinte.** Vous avez l'impression qu'il vous manque un petit quelque chose. Pourtant, il est à côté de vous, mais vous refusez de le voir. Vous êtes déçu par le comportement mesquin d'un proche. Des frictions avec un ami rend une conversation indispensable. Vous faites tout ce qui est en votre pouvoir pour aider les autres, mais ne vous oubliez quand même pas !

AMPUTATION. Faite sur soi. Poussé par votre besoin d'action, de réalisation, vous essayez de dominer votre caractère ombrageux, passionné et violent en recherchant la compréhension d'un partenaire qui vous serait fidèle ou d'un environnement harmonieux vous assurant le repos du guerrier.

> **Faite sur d'autres.** Vous désirez mettre fin à une histoire amoureuse, mais ne savez comment vous y prendre ; adoptez la franchise, la sincérité, mais aussi la diplomatie. Vous éprouvez des difficultés à communiquer avec les autres. Les vôtres en ont assez de vos exigences de plus en plus grandes. On apprécie grandement votre participation et votre dévouement à une cause, à un organisme ou à un idéal.

AMUSER. Certains aspects cachés d'un projet en cours pourraient se révéler clairement durant les prochains jours. Vous devrez persister et vous battre si vous comptez terminer ce que vous avez entrepris. Évaluez vos possibilités avant de foncer.

AMYGDALITE. Curieux de tout, vous comprendrez aisément plusieurs aspects d'une question. Votre imaginaire amoureux sera en pleine effervescence. En prime, vous aurez la chance de voir se réaliser un rêve.

ANALYSE. Donnez des nouvelles à vos parents ou à vos enfants. Une personne de votre famille a peut-être besoin de votre soutien. Vous adopterez une attitude plus pratique. Amitiés fortes avec les gens du même scxe.

ANATOMIE. Son propre corps. L'ambiance générale sera bonne et vous bénéficierez de quelques jours de chance dans votre vie matérielle. Si ce n'est déjà fait, une occasion pourrait se présenter. Une personne de votre entourage pourrait vous demander une assistance ponctuelle, ne la lui refusez pas.

> **Les parties du corps de quelqu'un d'autre.** La chance sera au rendez-vous en ce qui concerne les questions d'argent. Vous réfléchirez à l'équilibre entre vos besoins matériels et spirituels. Dans votre vie sentimentale, vous serez tendre comme du bon pain.

ANCÊTRE. Le seul écueil à votre vie amoureuse est la routine. Les flambées de passion sont choses du passé, cédant la place à un amour confortable. Insérer un brin de fantaisie dans votre vie de couple allégerait au mieux le climat. Si vous avez à cœur de réaliser un projet, en ce moment, tous les espoirs sont permis. Donnez le coup d'envoi!

ANCIEN. Vous aurez besoin d'une pause pour refaire le plein d'énergie. En amour, vos sentiments s'exprimeront par des gestes concrets et directs. Votre imagination est débordantc cn ce moment. Servez-vous-en.

ANCRE. Vous aurez l'esprit curieux. Vous voudrez connaître de nouveaux lieux ou de nouvelles personnes. Tenez-vous loin d'un conflit entre deux personnes. Vous aurez avantage à reconsidérer certains de vos objectifs.

ÂNE. La prudence, la ruse, la méfiance et une grande discrétion, tels sont les moyens que vous employez pour parvenir à imposer vos désirs à ceux qui vous entourent.

ANÉANTIR. Vous aurez la touche et vous pourriez saisir une occasion inespérée en matière d'argent. En amitié, vous pourriez réconforter une personne en manque d'affection. En amour, vous aurez le cœur jaloux.

ANESTHÉSIE. Vous comprendrez mieux certains désirs que vous gardiez enfouis dans votre cœur. Vous pourriez avoir quelques difficultés de compréhension avec vos proches. Dans vos activités, d'excellentes idées vous viendront en tête. En amour, prenez du temps pour l'élu de votre cœur.

ANÉVRISME. Vous éprouverez quelques difficultés face à vos obligations. Vous aurez besoin de calme pour terminer toutes les tâches qui vous attendent. En amour, vous aurez une approche douce. En matière d'argent, il vaudra mieux resserrer les cordons de votre bourse.

ANGE. Vous en arrivez au point où des transformations majeures s'imposent. Évitez de temporiser et de subir passivement les événements jusqu'au point de non-retour. Réagissez, prenez votre courage à deux mains et faites dès maintenant les actions nécessaires à un redressement. Accordez-vous du temps pour régler des formalités.

ANGLAIS. Rêver en anglais. Vous ferez en sorte de vivre calmement. Vous n'avez aucune raison de vous laisser pousser dans le dos. Par ailleurs, au travail, vous serez imaginatif et créatif, ce qui pourrait donner d'excellents résultats.

ANGOISSE. Elle symbolise les états informels de l'existence qui permettent la transformation et l'évolution de sa personnalité ; c'est une invitation à descendre au fond de soi, à explorer les profondeurs les plus intimes de sa personnalité.

ANGUILLE. Vous ferez en sorte de vivre calmement. Vous n'avez aucune raison de vous laisser pousser dans le dos. Par ailleurs, au travail, vous serez imaginatif et créatif, ce qui pourrait donner d'excellents résultats.

ANIMAL. Calme. Vous êtes porté davantage à amasser, à conserver soigneusement votre patrimoine et vos possessions, plutôt que de lutter pour les agrandir, les développer et les mettre en valeur. Vous aimez les traditions, la routine et les souvenirs.

Hostile. Vous êtes très jaloux. Tellement que la moindre remarque à votre égard pourrait déclencher une montée de pression. La moindre petite tromperie de votre amoureux risque de vous rendre fou de rage. La solution se trouve dans la confiance aux autres.

Mort d'un animal. Vous ferez en sorte de vivre calmement. Vous n'avez aucune raison de vous laisser pousser dans le dos. Par ailleurs, au travail, vous serez imaginatif et créatif, ce qui pourrait donner d'excellents résultats.

ANIMATEUR. Vous laisserez l'entière liberté aux gens de votre entourage. Vous n'aurez pas tendance à prendre inutilement le contrôle de leur vie. Plus que jamais, vous serez en mesure de comprendre les motivations d'un proche.

ANIMOSITÉ. Vous ne voudrez pas perdre de temps en vaines discussions ; vous agirez. Par ailleurs, vous serez intuitif et vous pourriez deviner certains événements avant qu'ils se produisent. Les travaux effectués en équipe se feront avec facilité. Votre humeur sera amicale.

ANNEAU. De valeur. Plus que jamais, vous comprendrez que tout le monde n'a pas les mêmes buts. Cela dit, vous agirez avec toute la diplomatie dont vous êtes capable. En amour, vous serez romantique et attirant. Votre compagnie sera recherchée.

Fantaisiste. Vous pourriez recevoir une marque d'appréciation dans votre vie professionnelle ou sociale durant les prochains jours. Vous vous sentirez apprécié et plus sûr de vous. Vous vivrez de bons moments.

En offrir un. Vous protégerez les gens qui vous entourent de la meilleure façon. Ce qui vous vient de l'enfance resurgira. Arrêtez-vous quelques minutes, vous verrez le chemin parcouru depuis quelque temps. Bravo !

En recevoir un. Vous remplirez les obligations qui vous rebutent généralement. Vos relations seront paisibles, à moins que l'on ne tente de vous influencer indûment. Vous serez direct aujourd'hui. Soyez conscient que les gens que vous côtoyez peuvent être sensibles.

ANNIVERSAIRE. Vous serez plus solitaire que dans les derniers jours et, même si vous êtes bien entouré, vous aurez besoin de réfléchir à votre vie en général. Dans vos activités actuelles, si vous devez produire beaucoup pour arriver à vos fins, vous en serez par la suite satisfait.

ANNONCE. Petites annonces. Vous serez prêt à beaucoup d'application pour atteindre vos buts. À la maison, votre efficacité sera étonnante et vous trouverez des solutions imaginatives à de petits problèmes d'organisation. Dans votre vie sentimentale, la vie sera belle.

ANNONCER. Si on vous met des bâtons dans les roues, vous réagirez promptement et efficacement. Côté cœur, vous serez très en forme. Il y a une surprise dans l'air. Vous comprendrez les enseignements d'un événement qui vous avait choqué.

ANNULATION. Vous serez tenté par l'aventure. Si vous ne pouvez pas partir à la découverte de nouveaux horizons, vous trouverez le moyen de vous dépayser en modifiant certaines de vos habitudes. Dans vos relations amicales, on vous fera une absolue confiance.

ANOMALIE. Vous transmettrez vos messages avec simplicité. Par ailleurs, vous pourriez recevoir une nouvelle plus ou moins agréable ; une attitude réaliste vous permettra de vivre une journée constructive.

ANONYME. Votre intérieur bouillonne ! Votre imagination fonctionne à plein régime, votre créativité cherche à s'exprimer. Votre esprit s'élève au-dessus des petites tracasseries de la vie quotidienne pour se concentrer sur une spiritualité grandissante et de plus en plus évoluée. Vous êtes plus calme et plus serein.

ANOREXIE. Vous trouverez du plaisir à vous joindre à plusieurs personnes. Dans votre vie quotidienne, vous serez dans une bonne situation si vous participez à des activités d'équipe. Vous tiendrez compte des autres.

ANSE. Vous vous occuperez de vos proches avant tout et les relations plus lointaines, aussi agréables soient-elles, auront moins d'importance à vos yeux. Par ailleurs, votre esprit créatif pourrait vous mener vers de nouveaux horizons. Une démarche inusitée sera bien reçue.

ANTENNE. Bonne journée pour ce qui concerne les transactions financières. Vos décisions s'appuieront sur un savant dosage de réalisme et d'imagination. Les collectionneurs, les banquiers, les économes auront la chance de leur bord. Pour votre santé, n'ignorez pas les vertus de la détente.

ANTICIPER. Ne restez pas chez vous à ne rien faire. Au travail ou dans vos activités, les gens qui vous entourent apprécieront votre humour. En amour, vous aurez tout plein d'attentions et de délicatesses.

ANTIDOTE. Le prendre. Avertissement contre des décisions peu sages. Vous êtes dans l'impossibilité de concilier les tensions contradictoires qui vous oppressent. Vous ressentez de violentes émotions prêtes à se décharger, à exploser, mais votre conscience les réprouve et les refoule. Il en résulte une pénible sensation d'anxiété proche de la panique, à laquelle vous ne trouvez pas d'issue ou de dérivatif.

ANTIPATHIE. Comme vous aurez une approche concrète, vous saurez rendre plus fonctionnel un secteur de votre vie. Pour améliorer vos relations intimes, prenez le temps de vivre de bons moments avec vos proches. Un ami vous réchauffera le cœur.

ANTIQUITÉS. En regarder. Durant les prochains jours, il serait bon que vous teniez compte de vos besoins de solitude. Il ne faut parfois que quelques minutes tranquilles pour retrouver sa vitalité. En matière d'argent, vous vous organiserez bien.

> **En acheter.** En faisant appel aux conseils d'un proche, vous ferez le meilleur choix en ce qui concerne une proposition qu'on vous a faite. En amour, un événement heureux pourrait survenir. Au quotidien, vous aurez de la chance en matière d'argent.

> **En vendre.** Il est possible que vous receviez l'appel de quelqu'un qui aurait besoin de votre appui. Vous trouverez une solution inusitée à un problème préoccupant. Pour ce qui est de votre vie sentimentale, elle pourrait être un peu calme à votre goût.

ANXIÉTÉ. Ne sortez pas des sentiers battus aujourd'hui. Optez plutôt pour la tradition et prenez le temps d'observer ce qui se passe autour de vous avant d'aller de l'avant. Vous sortez d'une courte période qui vous a demandé énergie et détermination.

APAISER. Quelqu'un vous changera les idées en vous faisant rire. Profitez de cette journée pour vous amuser sans trop vous questionner sur vos obligations. Vous serez heureusement surpris des sentiments qu'on a envers vous. Excellents rapports avec vos proches.

APÉRITIF. Si vous êtes entouré de vos proches, vous en profiterez pour leur parler de certaines questions préoccupantes ; ceux-ci auront des idées à vous suggérer. Il est possible que vous croisiez une personne que vous n'avez pas vue depuis longtemps. Retrouvailles.

APHASIE. Si vous êtes parent, vous serez particulièrement attentif à vos enfants aujourd'hui. Dans vos relations avec les autres, vous mettrez vos désirs personnels de côté pour vous dédier au bonheur de tous. Du côté de vos activités, les travaux en solitaire ne vous tenteront pas. Associez-vous.

APHRODISIAQUE. En manger. Tâchez de comprendre les origines et les causes d'une situation qui vous ennuie depuis un moment car, une fois bien assimilées, vous pourrez amorcer un véritable changement. En amour, tout se passera encore mieux que ce que vous prévoyez.

> **En donner.** Vos attentes sont parfois grandes et l'être aimé pourrait être perplexe face à celles-ci. Par ailleurs, la maîtrise de plus en plus grande que vous exercez dans vos activités pourrait vous valoir une prime ou un avancement. On remarquera votre talent.

APICULTEUR. Élever des abeilles. Vos projets iront bon train. Vous pourriez vous trouver en meilleure position que vous n'auriez osé l'espérer. Des changements de dernière minute pourraient vous être imposés. Vous prendrez conscience de certains conflits latents.

Tuer des abeilles. Votre simplicité et votre bonhomie seront vos meilleures alliées. N'hésitez pas à poser des questions à ceux qui pourraient vous renseigner. Allez directement vers votre but. En amour, vous serez candide.

Cire d'abeille. Votre vie sociale vous donnera satisfaction. Les échanges seront positifs. Il est possible que vous ayez des scrupules à faire certains gestes qui amélioreraient votre situation. Si des délais vous sont imposés, soyez patient, mais pas trop! Vous saurez dire votre point de vue.

Ruche. Vous aurez quelques jours de chance en matière d'argent. Votre capacité d'analyse vous mènera vers ce qui vous convient le mieux. De même, si vous souhaitez vous offrir un objet, un vêtement ou autre chose, c'est le moment de le faire. Il y aura des soldes.

Ruche vide. Vous pourriez être étonné de l'attitude hautaine d'une personne de votre entourage. Ne vous en inquiétez pas et continuez d'aller votre petit bonhomme de chemin. Votre vie amicale devrait être active. Journée constructive.

APLATIR. Ne laissez pas les occasions de bonheur passer sous votre nez; vous êtes tout à fait à la hauteur de vos désirs. Au travail ou dans vos activités, vous agirez avec tact et prendrez le temps d'expliquer ce que vous faites.

APOCALYPSE. Vous partagerez des intérêts communs avec des collègues ou des proches. Vous trouverez la confiance nécessaire pour prendre une décision que vous retardiez depuis quelque temps. En matière d'argent, vous pourriez dépenser pour un objet qui vous tente.

APOCRYPHE. Vous perdrez patience si vous êtes débordé. Vous aurez à cœur d'assumer vos tâches quotidiennes, mais en même temps vous imaginerez mille et un changements souhaités. En amour, vous serez enthousiaste.

APPARITION. D'une personne connue. Sur le plan affectif, l'harmonie sera possible à condition de décrocher du passé et des erreurs qui ont pu être commises par l'autre. N'essayez pas d'imposer vos façons de faire, au risque de provoquer des rebuffades. Respectez plutôt le point de vue de l'autre.

D'une personne inconnue. Une relation naissante a de la difficulté à prendre son envol. Vous regardez à gauche et à droite, sans trop savoir ce qui vous tente. Vous participez sans grand enthousiasme, simplement parce que vous n'avez pas envie d'être seul. Tout vous semble ennuyant et terne. Votre entourage fait pourtant son gros possible. Allez! Remuez-vous.

APPARTEMENT. Où l'on vit. Vous avez d'importantes décisions à prendre. N'hésitez pas à demander l'aide de professionnels pour y voir plus clair. Une zone d'ombre vous dérange et vous apeure. Vous faites des pieds et des mains pour arriver à vos fins, mais certaines difficultés entravent votre route. Un malaise s'installe dans vos relations professionnelles, vous pouvez y remédier.

APPEL. De son nom. Vous pourriez échafauder des plans irréalisables. En amour, ce sera plutôt tranquille. Si vous êtes en compagnie de la personne aimée, vous serez mentalement absent, absorbé par des rêveries.

D'un autre nom. Vous pourriez être maussade aujourd'hui et imposer votre humeur aux personnes de votre entourage; essayez de ne pas être injuste. Par ailleurs, un proche aurait peut-être des suggestions intéressantes sur un sujet qui vous passionne. Vous amorcerez une collaboration fructueuse.

Téléphonique. Vous pourriez ressentir une petite baisse d'énergie qui vous empêcherait de commencer ce que vous aviez prévu. Concentrez-vous sur les tâches absolument nécessaires. Changez-vous les idées en voyant un bon film ou en lisant un roman.

APPELER. Vous pourriez vous sentir fatigué au cours de la journée. Vous aurez besoin d'un moment de détente et peut-être même d'un moment de solitude. Un temps de réflexion vous ferait du bien. Une conversation pourrait également vous éclairer.

APPÉTISSANT. Vous serez attiré par tout ce qui est mystérieux. Dans votre vie sentimentale, vous aurez tendance à être critique. Ne mettez pas trop de responsabilités sur le dos de qui que ce soit. Tout le monde a beaucoup de responsabilités.

APPLAUDIR. Être applaudi. Ce n'est pas parce que vous êtes doté d'une forte constitution que vous pouvez vous croire autorisé à faire des abus. La santé est un bien précieux et les excès sont à proscrire. L'agitation des mois précédents a quelque peu entamé votre grande réserve d'énergie. Respectez votre corps et vos limites sans quoi vous paierez cher cette illusion d'invincibilité.

Quelqu'un d'autre. Vous êtes habité d'une telle vitalité et d'un tel dynamisme que vous êtes une sorte de soleil pour les gens de votre entourage. On vous consulte fréquemment pour obtenir vos sages conseils. Attention, cependant, de ne pas encore une fois abuser de vos forces. Continuez de vous ressourcer dans la méditation et réservez-vous des périodes de détente et de solitude.

APPORTER. Vous serez de bonne humeur, mais vous aurez besoin de sentir que vos relations sont sincères et authentiques pour être parfaitement heureux. Rien ne vous troublerait plus que la rancœur de certains. Ce soir, sortez si l'occasion se présente. Vous serez en forme.

APPOSER. Vous serez dynamique et entreprenant aujourd'hui. Si vous le pouvez, ne faites pas d'activités qui demandent un esprit routinier, car il n'y aura rien d'ordinaire chez vous. Dans votre vie sentimentale, en conservant votre prudence, vous évitez les difficultés.

APPRÉCIER. Vous effectuerez une rotation à 190 degrés en vous tournant vers l'actualisation de soi, le culte de soi, bref, vers un certain égoïsme, virage que votre entourage aura plus de difficulté à négocier que vous… Moins disponible aux autres, vous aurez tout votre temps pour vous-même. Vous planifierez vos journées en fonction de vos goûts et de vos besoins personnels, et tant que faire se peut, vous ne vous refuserez rien.

APPRÉHENSION. Tout ce qui est lié à l'étranger vous attirera. Vous rêverez d'aller à l'étranger, vous vous remémorerez des souvenirs ou vous vous préparerez à partir. Aujourd'hui, n'entreprenez pas trop de choses en même temps. Journée idéale pour la planification.

APPRENDRE. Un peu plus soucieux que d'habitude, vous voudrez tout achever en un temps record. Vous aurez par ailleurs envie de vous occuper de votre nid douillet, de votre famille et de vos intimes. Tout ce qui a trait à votre maison vous intéressera, tandis que votre vie sociale sera moins active.

APPRIVOISER. Vos amitiés tiendront une bonne place aujourd'hui. Un proche aurait peut-être besoin de votre soutien. En matière de santé, une vie routinière vous conviendra mieux durant les prochains jours.

APPROCHER. Vos relations avec certaines personnes de votre famille pourraient vous irriter quelque peu et vous rendre impatient. Essayez de ne pas avoir des opinions trop tranchantes et catégoriques. En amour, vous prendrez le temps de comprendre la personne que vous aimez.

APPUYER. Vous accomplirez pas mal de travail aujourd'hui, tandis que les gens autour de vous pourront se la couler douce. Vous pourriez songer à vous faire un emploi du temps plus convenable. Cependant, rappelez-vous que l'oisiveté vous ennuie rapidement.

AQUARELLE. En peindre une. Vous aurez de la facilité à trouver ce que vous voulez. Dans votre vie sentimentale, tout en étant franc avec les personnes que vous aimez, ne les froissez pas en faisant des remarques cyniques. Vous serez en parfaite confiance aujourd'hui. Restez sensible.

AQUARIUM. Vous organisez votre travail, mais on ne peut pas en dire autant d'un collègue. Résultat : vous devez faire des pieds et des mains pour réparer ses erreurs. On apprécie votre disponibilité, on pourrait citer votre nom en haut lieu. Financièrement, tout va bien ; socialement, c'est animé… mais ce sont les attentions qui vous font le plus plaisir.

ARAIGNÉE. En amour, vous éprouvez des réticences à exprimer ce qui vous dérange. Vous remettez en question une relation qui vous fait plus de mal que de bien. Sans l'avoir cherché, vous êtes victime d'affrontements que vous ne pouvez éviter. Restez calme et modéré dans vos gestes comme dans vos paroles. On a de la difficulté à cerner vos intentions réelles et vos motivations profondes.

ARBITRE. Un conflit trouve enfin son dénouement, celui-ci est positif et vous soulage. Vous perdez pied dans vos propres affaires, reprenez-vous et stabilisez votre position. Il ne faut pas voir les compromis comme des échecs, bien au contraire. On détourne votre attention dans le but de vous ralentir. Vos observations rapportent gros. Votre esprit est vif et vous misez juste.

ARBRE. Avec feuilles. Vous tâchez de briller, d'attirer l'attention et l'admiration par votre gaieté et votre enthousiasme dans l'espoir de créer des relations affectives satisfaisantes.

Sans feuilles. Vous tenez à acquérir le sens des contacts et des relations, mais votre vitalité débordante et votre témérité vous poussent parfois à la rudesse.

Mort ou foudroyé. Vous aurez l'esprit vif et le désir impérieux de réussir. Aucun défi ne vous résistera si vous y travaillez un tant soi peu. Intérieurement, vous serez en paix avec vous-même et les gens que vous aimez en bénéficieront.

Déraciné. Vous aurez l'imagination féconde. En amour, une occasion merveilleuse pourrait se présenter. Dans vos activités, c'est le moment de développer de nouvelles habiletés. Innovez.

ARC. Vous êtes trompé d'une manière ou d'une autre. La plupart de nos attitudes comportent un certain degré d'ambivalence. Nous avons tous éprouvé, à un moment ou à un autre, à la fois de l'amour et de la haine envers une personne suivant son comportement. Il arrive à tout le monde de se montrer soumis tout en souhaitant avoir la liberté de se rebeller. Des êtres dont la bonté et la générosité sont reconnues et appréciées peuvent ressentir parfois un furieux besoin de punir ou de se montrer désagréables pour se venger d'une offense. Mais lorsqu'elle est intense et prolongée, la compétition entre des pulsions opposées déclenche des réactions imprévisibles, selon que l'équilibre est rompu sous la pression de l'une ou l'autre tendance. Elle est fréquemment l'instigatrice de décisions brusques et irraisonnées, de sautes d'humeur inexplicables, bref, d'un comportement irrationnel.

ARC-EN-CIEL. Bien que souhaitant établir un climat de confiance propice à la détente, vous n'avez pas l'intention de vous laisser dominer par les sentiments, si ceux-ci entravent la réussite d'une profession qui, vous l'espérez, vous apportera l'estime et le respect de vos semblables.

ARCHITECTE. Dans tout ce que vous aborderez aujourd'hui, pensez à votre avenir et soyez astucieux. En amitié, vous pourriez avoir le bonheur d'une longue conversation. Vous pourriez faire plus ample connaissance avec une personne sympathique.

ARDEUR. Votre vie sentimentale sera sous le signe d'un renouveau si vous y mettez plus de temps et de douceur. Tout ce qui concerne la maison vous est favorable. Si vous devez prendre une décision et que vous n'arrivez pas à le faire, c'est que le temps n'est pas encore venu. Patience !

ARDU. Il faudrait continuer de vous reposer. Dans votre vie sentimentale, vous serez attentif aux paroles de la personne aimée. Vous auriez tout intérêt à voir un peu de pays durant l'été qui viendra. Commencez donc à y penser, il n'est jamais trop tôt pour rêver de vacances.

ARÈNE. Votre vie sociale sera plaisante et active durant toute la semaine. Attentif aux autres, vous contribuerez certainement à ce que l'ambiance autour de vous soit bonne. Vous pousserez vos amis et vos proches à l'action.

ARÊTE. Vous aurez de bonnes relations de travail. Vous serez un excellent négociateur et vous saurez faire comprendre à des camps adverses les intérêts qu'ils auraient à s'entendre. Communications favorisées.

ARGENT. Soucieux d'acquérir le sens des relations, vous misez sur les sentiments pour établir des contacts utiles et employez la séduction pour faire prévaloir votre point de vue.

Monnaie. Vous refusez de vous laisser exploiter ou de vous laisser émouvoir lorsque les conditions ne vous paraissent pas satisfaisantes.

Objets en argent. Vous vous montrez méfiant ou dédaigneux envers ceux qui ne répondent pas à vos critères.

ARGUMENT. Vous aurez du plaisir à vous joindre à plusieurs personnes. Les relations intimes pourraient passer au second plan durant quelques jours. Pour ce qui est de vos activités, vous serez en excellente position si celles-ci requièrent un esprit de collaboration.

ARME. Vous êtes trompé d'une manière ou d'une autre. La plupart de nos attitudes comportent un certain degré d'ambivalence. Nous avons tous éprouvé, à un moment ou à un autre, à la fois de l'amour et de la haine envers une personne suivant son comportement. Il arrive à tout le monde de se montrer soumis tout en souhaitant avoir la liberté de se rebeller. Des êtres dont la bonté et la générosité sont reconnues et appréciées peuvent ressentir parfois un furieux besoin de punir ou de se montrer désagréables pour se venger d'une offense. Mais lorsqu'elle est intense et prolongée, la compétition entre des pulsions opposées déclenche des réactions imprévisibles, selon que l'équilibre est rompu sous la pression de l'une ou l'autre tendance. Elle est fréquemment l'instigatrice de décisions brusques et irraisonnées, de sautes d'humeur inexplicables, bref, d'un comportement irrationnel.

ARMÉE. Dans vos tâches, c'est la continuité dans l'efficacité qui prévaut. Votre débrouillardise et votre créativité vous permettent de récupérer des situations à votre avantage lorsque se présentent des imprévus au départ défavorables. Dans votre couple ou avec votre entourage, la tolérance et la conciliation deviennent des règles d'or pour vivre heureux et en harmonie.

ARMOIRE. Vous aurez le cœur secret. Vous pourriez même être plus timide que vous en avez l'habitude. Prenez soin de ceux avec qui vous vivez, cela leur fera du bien et à vous aussi! Semaine tranquille.

AROMATE. Un de vos collègues de travail vous fait une confidence étonnante. Une rentrée d'argent imprévue vous permet de payer tous vos comptes en souffrance et même de vous offrir quelques petits luxes. Vous êtes convié à une réunion professionnelle au cours de laquelle on vous fait une offre très intéressante à laquelle vous ne vous attendiez pas du tout…

ARÔME. Vous aurez les deux pieds sur terre aujourd'hui et vous verrez à ce que tout s'organise rondement. Votre persévérance sera remarquable. En amour, il est possible que la personne que vous aimez soit exigeante.

ARRACHER. Vous avez un talent de meneur d'hommes, tout le monde autour de vous le sait. Vous avez également de l'imagination à revendre et plusieurs bonnes idées. Ces aspects de votre personnalité joueront un rôle prépondérant cette semaine. Soyez tout de même attentif à certaines personnes qui pourraient éprouver de la jalousie.

ARRANGER. Vous commencez une période propice pour ce qui est de votre vie sociale; elle sera active, agréable et pleine d'événements intéressants. Les idées nouvelles seront nombreuses. En amour, il y aura du nouveau.

ARRESTATION. Être arrêté. Votre tendance à l'angoisse vous rend nerveux et indécis, et vous avez de la difficulté à faire des choix surtout au sujet de votre carrière.

> **De quelqu'un d'autre.** Vous serez prêt à tout pour réussir. Vos capacités seront remarquées par certaines personnes qui pourraient vous aider à obtenir ce que vous voulez. Vous trouverez des solutions à de petits problèmes d'organisation. Productivité étonnante.

ARRÊTER. Freiner. Un revirement de votre situation sentimentale vous laissera pantois. Votre chaleur et votre charme vous attireront les regards amoureux de l'autre sexe. Vous avez soif de plaire, de séduire, d'attirer et vous y arriverez très bien! Vous compterez des points auprès d'une personne attirante mais très indépendante. Vous saurez convaincre les autres en quelques mots! Votre sourire sera radieux.

ARRIVER. Vous considérerez les choses et les gens tels qu'ils sont. Vous ne serez pourtant pas désabusé, cela irait contre votre nature profonde. N'oubliez pas que vous êtes considéré comme une personnalité curieuse. Dans vos activités, vous serez concentré.

ARROGANCE. Assurez-vous que les autres vous comprennent bien. Votre calme stabilisera les gens qui vous entourent, en particulier une personne qui éprouve actuellement quelques difficultés. En amour, vous pourriez vous poser des questions.

ARROSER. Des plantes. Vous investissez beaucoup de temps et d'énergie, car la réussite est importante pour votre équilibre émotif.

> **Les autres.** Souhaitez-vous surprendre votre entourage par le succès que vous escomptez? Ou est-ce plutôt une nécessité de rétablir

votre estime personnelle, en réaction au sentiment pénible de vous être livré, dans le passé, à un certain gaspillage de vos qualités ?

Être arrosé. Bonne journée pour améliorer votre situation matérielle ; vous serez organisé et y consacrerez le temps nécessaire. La nouveauté vous attirera plus que de coutume. Dans vos relations avec les autres, il y a un risque d'impatience.

ART. Bon moment pour régler vos comptes, faire un achat coûteux ou un investissement. Vous aurez de la facilité dans tout ce qui concerne l'aspect matériel de la vie. Vous aurez aussi la touche pour améliorer votre confort.

ARTS MARTIAUX. Les pratiquer. Votre esprit est embrouillé et vous avez de la difficulté à penser de façon ordonnée. Du repos réglera la question. Vous ne devez pas vous apitoyer sur vos petits ennuis quotidiens. Cessez un peu de parler constamment et écoutez ce que les autres ont à dire. Vous serez surpris de voir à quel point la vision des autres peut vous faire du bien.

ARTÈRE. C'est une journée faste pour les activités créatrices. Choisissez d'abord ce qui requiert de l'imagination. Si vous êtes amoureux, votre présence et votre écoute seront appréciées par l'élu de votre cœur. Dans tous les cas, on se confiera à vous.

ARTICHAUTS. En manger. Comme vous aurez l'esprit de clan, vous feriez le messager idéal aujourd'hui. Dans vos occupations, vous tiendrez compte des opinions et commentaires de ceux qui vous entourent. Ce ne sont pas vos ennemis ! Chance au jeu.

En cuisiner. Dans un projet que vous poursuivez depuis quelque temps, des idées qui vous semblaient bizarres pourraient se révéler tout à fait réalisables. Vous voudrez comprendre les choses à fond avant de vous engager dans une nouvelle activité.

En cultiver. Drôle, vous ferez voir la vie d'un œil joyeux à votre entourage. Côté santé, vous arriverez à vous sentir mieux dans votre peau en ayant un régime de vie normal. À mesure que la journée avancera, vous aurez besoin de calme.

ARTICULATION. En matière d'argent, vous aurez conscience de ce qui vaut la peine d'être fait et de ce qu'il vaudrait mieux laisser tomber. Fiez-vous à votre jugement et parlez-en. On saura vous entendre. Dans l'intimité, vous serez tendre et émotif aujourd'hui.

ARTIFICIEL. Il y aura des changements dans vos occupations ou dans votre situation financière ; une amélioration se dessine. Vous pourriez avoir de bonnes nouvelles à propos d'un projet qui vous tient à cœur. En amour, vous serez posé.

ARTISTE. Peintre. La chance est clairement présente aujourd'hui et ce serait une bonne idée de faire quelques démarches que vous retardez par gêne. Comme vous aurez la touche pour trouver les meilleures solutions possible, tout ira bien. Dans votre vie affective, un rapprochement est probable.

ASCENSEUR. Vous avez de la difficulté à vous adapter à de nouvelles situations et vous manquez de souplesse. Vous n'acceptez pas facilement les conseils ou critiques de votre entourage. Ne voulant devoir votre réussite qu'à vous-même, vous ne tenez compte que de vos opinions et de vos critères, réclamant avant tout la liberté de vous réaliser et de vous épanouir en organisant votre activité selon des buts précis et personnels.

ASILE. Les questions d'argent seront à l'ordre du jour en ce milieu de semaine. Vous pourriez avoir une occasion d'améliorer votre situation matérielle. Toutes les rencontres et réunions seront productives. Vous parlerez beaucoup.

ASPERGE. Sociable, vous profiterez pleinement de la vie si vous voyez beaucoup de monde. Bien que pour la plupart d'entre vous ce soit jour de travail, prenez le temps de faire ce qui vous plaît. Toutes les collaborations, rencontres et réunions vous rendront joyeux.

ASPHALTE. Toujours curieux, vous apprendrez de nouvelles choses. Tout ce qui a trait aux communications s'accomplira aisément aujourd'hui. Vous aurez de la facilité face à tout nouvel apprentissage.

ASPHYXIER. Une attitude plus déterminée vous permettrait de résoudre une difficulté qui dure depuis un moment. Un travail en équipe vous offrirait des avantages que vous auriez intérêt à explorer. Vous réfléchirez aux différentes possibilités qui s'offrent à vous. En amour, on ne vous bichonnera peut-être pas assez à votre goût !

ASPIRATEUR. Vous allierez volonté et vigueur. Vous obtiendrez facilement ce que vous voulez, car vous n'aurez aucune humilité mal placée qui vous empêcherait d'aller vers la réalisation de vos désirs. Bon moment pour mettre un projet en route.

ASSAILLIR. Vous aurez de l'application et un enthousiasme contagieux aujourd'hui. En amour, vous serez porté à vous illusionner. Vous pourriez prendre vos élans passionnels pour la réalité. En matière d'argent, la chance sera à vos côtés.

ASSAISONNEMENT. Un de vos collègues de travail vous fait une confidence étonnante. Une rentrée d'argent imprévue vous permet de payer tous vos comptes en souffrance et même de vous offrir quelques petits luxes. Vous êtes convié à une réunion professionnelle au cours de laquelle on vous fait une offre très intéressante à laquelle vous ne vous attendiez pas du tout...

ASSASSINER. Tuer quelqu'un. Vous vous jetez à corps perdu dans un laborieux travail. Mais vous dépensez une somme incroyable d'énergie à tourner en rond. Prenez une grande respiration, asseyez-vous confortablement et dressez un plan bien défini qui vous fera économiser temps et argent.

> **Être tué.** Cela signifie ne plus être capable de prendre ses responsabilités. Votre tendance à l'angoisse vous rend nerveux et indécis, vous avez de la difficulté à faire des choix, surtout en ce qui concerne votre carrière.

ASSÉCHER. Vous constaterez à quel point certaines personnes de votre entourage sont imaginatives. Dans vos activités, vos serez éparpillé et vous aurez peu d'ordre et de méthode. En amour, vous vivrez à plein.

ASSEMBLER. Vous irez votre chemin de façon à obtenir de bons résultats. Pour ce qui est de votre santé, un peu de discipline ne vous nuira pas. Si vous êtes amoureux, vous aurez le cœur large et une générosité impressionnante.

ASSIETTE. Vous pourriez avoir du mal à comprendre ce que l'on attend de vous. Il se peut que vous receviez des messages et des consignes plus ou moins clairs. En amour, souvenez-vous que le silence est d'or. Vous serez stable intérieurement.

ASSISTER. Vous serez à l'aise dans l'intimité. Vous aurez sous peu une occasion inespérée d'exprimer votre opinion sur un sujet controversé. Vous pourriez soutenir un proche qui manque de confiance en l'avenir.

ASSOIFFER. Vous serez d'humeur stable. Dans vos rapports avec les autres, vous aurez à cœur d'agir de votre mieux. En amour, cependant, vous serez plutôt réservé ou peut-être aurez-vous tendance à être trop timide!

ASSOMMER. Vous pourriez compléter des travaux, faire de l'ordre et préparer adéquatement les semaines à venir. Dans vos relations, vous vous étonnerez du changement d'attitude d'une personne de votre entourage. Ne vous en faites pas, chacun a ses humeurs et il est impossible de savoir véritablement ce qui anime les gens; on ne peut que les aimer.

ASTHME. Vous serez prêt à tout pour distraire les autres. Dans une histoire qui vous fait éprouver quelques difficultés, vous imaginerez les meilleurs dénouements. Un membre de votre famille pourrait vous faire des confidences surprenantes.

ASTROLOGUE. En consulter un. Vous aurez l'occasion d'exprimer votre opinion sur un sujet qui vous tient à cœur et vous ne vous priverez pas de cette possibilité. Absolument pas conformiste, vous ferez des propositions originales durant les prochains jours.

En être un. Vous voudrez terminer certains travaux. En matière d'argent, une personne de votre entourage pourrait avoir des problèmes qui semblent insolubles. Si vous le pouvez, aidez-la. Dans votre vie sentimentale, gardez cet optimisme qui vous caractérise.

ASTRONAUTE. Aujourd'hui, agissez avec toute la diplomatie dont vous êtes capable et vous réussirez au-delà de vos espérances. Reprenez donc cette tâche que vous avez laissée en plan depuis si longtemps. Sentimentalement, vous serez stable.

ATHLÈTE. Aujourd'hui, il vous faudrait de l'espace et du temps pour être parfaitement bien dans votre peau. Si vous avez des projets, continuez d'y travailler en coulisses. Ils vont bon train, mais le silence est d'or, ne l'oubliez pas!

ATLAS. Un adversaire vous cède du terrain. Vous ne devriez pas laisser passer une si belle offrande. Au travail, vous prenez davantage votre place; on vous respecte. Vous êtes très performant, la direction vous apprécie. On ne change pas une formule gagnante… N'en profitez pas pour vous asseoir sur vos lauriers.

ÂTRE. Bonne journée pour tout ce qui touche à la parole. Si vos occupations demandent de savoir communiquer, vous aurez de la facilité aujourd'hui. Une énergie forte et joyeuse dans votre vie amoureuse aura des retombées réjouissantes.

ATTACHER. Quelqu'un. Vous aurez le sens du détail aujourd'hui. À la maison, vous serez actif et vous pourriez faire des petites améliorations. Du côté de vos relations intimes ou sociales, tout se passera bien après quelques explications.

Être attaché. Vous devrez prendre des initiatives si vous voulez que les choses bougent. Dans votre vie sentimentale, ce sera votre tour d'écouter et de comprendre ce que la personne aimée ressent. Vous saurez agir avec délicatesse.

Être attaché par les poignets. Vous devez passer à l'action. Vous découvrez que vous avez plus de ressources que vous le pensiez. Un succès s'annonce et se réalisera très bientôt grâce à votre flair et, surtout, parce que vous serez au bon endroit au bon moment. Si vous cherchez justice, elle sera faite selon votre désir.

ATTAQUER. Vous prenez les choses comme elles viennent et c'est très bien! Vous ressentez beaucoup de compétition dans tous les domaines. Vous pouvez prendre votre place sans avoir à bousculer les autres.

ATTELAGE. Vous risquez de travailler plus fort que prévu; vous serez fier en fin de journée. Une personne en position d'autorité pourrait vous témoigner son appréciation. En amour, vous vous adapterez à une nouvelle donne.

ATTENDRE. Quelqu'un vainement. Vous pourriez être étonné de l'attitude froide d'une personne de qui vous vous considérez l'égal. Il s'agit peut-être d'une simple saute d'humeur. Votre vie sociale sera active. Vous serez passablement occupé et vous vous en donnerez à cœur joie.

Un événement. Vous pourriez avoir une petite baisse de dynamisme bien normale après beaucoup de travail. Prenez du temps pour vous amuser. En amour, vous ressentirez le besoin de partager plus de choses et de temps avec la personne que vous aimez.

ATTENDRIR. Dans les prochains jours, vous feriez bien d'utiliser vos talents si vous ne voulez pas vous ennuyer. Vous aurez besoin d'action pour être satisfait. En amour, vous serez dans d'excellentes dispositions pour les tendres émotions.

ATTIRER. Il pourrait y avoir de l'agitation dans l'air. Vous ne pourrez pas résister à l'envie de bousculer les idées reçues. Une circonstance imprévue pourrait modifier vos plans de la journée. Si vous êtes célibataire, les prochains jours seront riches en rebondissements.

ATTRAPER. En risquant le tout pour le tout, vous pourriez réussir au-delà de vos espérances dans un domaine qui vous passionne. Aujourd'hui, vous serez capable de susciter les réactions que vous souhaitez; ce sera à vous de jouer.

AUBAINE. Vous sentez, en ce moment, un changement positif côté énergie. Vous vous faites du mal inutilement à voir des problèmes là où il n'y en a pas. Votre moral est un peu à la baisse, alors repoussez les grandes questions existentielles à plus tard. Vous devez faire preuve de discernement si vous ne voulez pas vous emmêler les pieds, tout comme l'esprit d'ailleurs!

AUBERGE. En voir une belle. Vous vous retirerez momentanément de votre cercle social. Vous aurez des choses à vivre seul. Vous refuserez plusieurs invitations par manque de motivation et d'entrain. Vous jouerez l'intermédiaire dans une affaire de cœur qui ne vous concerne qu'indirectement. Vous qui aimez l'action, vous vivrez au ralenti. Vous ne refuserez pas l'aide que l'on vous demandera.

En voir une décrépite. Une personne éveillera en vous une grande passion ! Vous serez sous le charme, complètement hypnotisé et prêt à toutes les folies. Vous serez si bien à ses côtés ! Vous délaisserez un peu vos amis, mais ils comprendront et seront heureux pour vous. Par contre, une demande ne pourra souffrir d'une attente prolongée. Une blessure de cœur se cicatrisera lentement, et vous fera de moins en moins souffrir.

AUBERGINE. En manger. De nature soumise, vous ne cherchez pas à dominer votre entourage, à vous imposer. Au contraire, vous manquez souvent de courage pour affirmer ou défendre vos droits. Vous préférez la tranquillité et l'anonymat. Cependant, vous aimeriez avoir un caractère plus ferme, une puissante force de volonté.

AU-DELÀ. Vous pourriez vous trouver dans une situation contraignante. Utilisez vos ressources intérieures. Vous trouverez ce qu'il faut faire. Dans vos activités, un peu de discipline vous permettrait de vous acquitter de vos obligations tout en respectant les échéances.

AUGMENTER. Si vous êtes amoureux, gardez en tête que les hommes et les femmes réagissent la plupart du temps différemment face au stress. Dans vos activités, vous recevrez un appui non négligeable. Votre vie sociale ira bien.

AUMÔNE. Votre pensée sera stable et analytique aujourd'hui. Vous accomplirez au mieux les activités qui exigent un grand souci du détail. Vous mènerez vos projets à terme sans brusquer les gens autour de vous.

AUMÔNIER. Tous les désordres d'ordre émotionnel que vous avez connus ces derniers temps vous ont forcé à réfléchir intensément, à fouiller intimement et honnêtement en vous pour tenter d'en trouver les causes profondes. Vous y êtes en bonne partie parvenu même si, en ce domaine, rien n'est jamais acquis. Vous avez retrouvé votre sourire à faire craquer.

AURA. Une personne en situation de reconnaître vos aptitudes vous signifiera son appréciation. En amour, vous vous porterez comme un charme. En matière de santé, un mode de vie normal vous ferait du bien. Calme recherché.

AURÉOLE. Votre application vous rendra un peu tatillon aux yeux des autres. Si vous êtes à la maison, vous ne paresserez pas. Votre santé et votre bien-être général devraient vous occuper une bonne partie de la journée. Quelques changements d'habitude vous feraient du bien.

AURORE. Mieux vaut avouer votre ignorance que de donner des conseils erronés. Vous hésitez entre la paresse et le goût de relever des défis. Vous concevez difficilement certaines façons de travailler, certaines idées trop conservatrices, certains concepts usés. Vous mettez tous vos talents et vos facultés à contribution.

AUTEL. Vous profiterez au mieux de la journée en prenant le temps de vivre. Gardez-vous de critiquer certaines personnes qui ne le méritent pas. Vous êtes dans une période propice au développement de projets novateurs.

AUTEUR. Vous appréciez ce qui est familier, ce qui a déjà été employé, expérimenté, testé, prouvé et vous ne vous attachez qu'à ce qui fait partie de votre environnement familial, sentimental ou professionnel.

AUTOBUS. En voir un. Vous réagirez calmement à des commentaires qui vous semblent faux. Il est possible que l'on vous pose des questions sur une personne de votre entourage; ne vous sentez pas tenu de répondre. Chance en matière d'argent.

Y monter. Vous resterez difficilement en place. C'est la journée idéale pour effectuer toutes les courses que vous retardez depuis un moment. Vous pourriez faire quelques découvertes. Dans vos relations avec les autres, vos rapports seront sincères.

Le manquer. Vous serez attentif à établir un équilibre dans vos relations familiales. Vous voudrez cependant que l'on tienne compte de vos aspirations. Une incursion dans votre passé pourrait vous révéler des sentiments enfouis.

AUTOMATE. Vous aurez de bonnes capacités de communication. Les personnes en couple seront favorisées, les autres verront dans chacune de leur rencontre une possible association. Côté santé, votre corps réclamera des attentions. Donnez-les-lui.

AUTOMNE. Paysage automnal. Vous aurez de l'entrain et l'envie de vivre de bons moments. Par ailleurs, vous pourriez avoir des nouvelles à propos d'un projet auquel vous travaillez depuis un moment. Si les choses ne vont pas complètement dans le sens souhaité, vous vous ajusterez.

AUTOMOBILE. Elle est l'image du moi.

Conduite par un autre. Vous serez en forme aujourd'hui. Quelques détails devraient se régler au cours de la journée. Vous ferez beaucoup de changements. Dans une histoire de cœur, un revirement de situation est possible. Soirée stimulante.

Mauvais conducteur. Vous pourriez être plus introspectif que d'habitude. Vous éprouverez le besoin de vous occuper de vous et de vos intimes. Votre vie familiale sera votre priorité et vous y mettrez du cœur.

Manquer d'essence. Vous serez un peu plus réservé et tranquille que dans les derniers jours. Il faudra peut-être renoncer à certains rêves. Quand ça ne fonctionne pas, il ne sert à rien de persévérer. Vous pourriez être occupé aujourd'hui, car les proches réclameront votre présence.

AUTOROUTE. Vous aurez envie de materner vos proches et vous penserez aux autres plutôt qu'à vous-même. Vous trouverez un moyen de ne pas vous ingérer dans les affaires d'autrui. Vous parlerez facilement de vos sentiments.

AUTO-STOP. Vous serez alerte aujourd'hui. Vous dispenserez vos conseils et vos opinions avec plaisir, et vous pourriez guider vos collègues. Votre approche directe sera la bonne. Dans votre vie sentimentale, il y aura une éclaircie.

AUTRUCHE. Vous aurez l'esprit inventif et trouverez des solutions à divers problèmes. Dans votre vie sentimentale, prenez des initiatives plutôt que de ruminer des idées saugrenues. Vous aurez de la tendresse à donner.

AVALANCHE. En voir une. Obstacles sérieux en perspective, tempérez un peu vos émotions et, si vous pouvez au moins parvenir à vous contrôler, vous trouverez la vie beaucoup plus agréable.

Être enseveli. Vous êtes sûrement très émotif et n'avez pas peur d'exprimer vos sentiments et vos émotions. Cependant, vous devez en souffrir parfois car un rien vous blesse.

Y voir d'autres personnes ensevelies. Tout en étant sensible, vous savez contrôler vos émotions en restant réaliste. Vous êtes de ceux dont on ne sait s'ils sont heureux ou malheureux, mais qui savent bien se défendre dans la vie.

AVALER. Vous aurez l'instinct protecteur et vous aurez des délicatesses envers les gens que vous côtoyez. Dans vos activités, vous serez réaliste et sans illusions. Il est possible que vous vous posiez des questions ; vous aurez besoin de nouveaux défis sous peu.

AVANCER. Vous aurez pas mal d'énergie aujourd'hui et vous pourriez décider d'entamer mille et une activités différentes. D'humeur changeante et légère, vous commencerez beaucoup de choses sans rien terminer, ce qui n'est pas grave.

AVENTURE. Avoir une aventure amoureuse. Vous serez rapide et efficace aujourd'hui. Vous saisirez les occasions. Si vous devez travailler, tout ce que vous entreprendrez se déroulera mieux que prévu. On vous trouvera très actif. En amour, n'acceptez plus les situations désespérées.

Vivre une aventure dangereuse. Vous serez sérieux dans votre perception de la vie. Vous pourrez entreprendre des tâches qui demandent de la curiosité et de l'adresse mentale. Vous serez vif. En amour, vivez le moment présent plutôt que de vous questionner.

Vivre une aventure exotique. Vous serez spirituel aujourd'hui. Le moment serait-il venu de vous arrêter ? Le tourbillon de la vie pourrait se calmer et vous laisser un peu de temps pour réfléchir. Soirée paisible en perspective.

AVENUE. Vous ressentez une fatigue bien normale. Vous trouvez une source où puiser votre énergie. Si une certaine langueur vous agace, elle n'est que passagère. Votre souffrance est intérieure et vous seul pouvez trouver le bon remède pour la soulager.

AVERSE. Vous serez vaillant aujourd'hui comme vous l'êtes d'ailleurs la plupart du temps. C'est une de vos qualités. Les gens qui vous entourent vous admirent, mais il arrive que certains se sentent un peu bousculés par votre forte personnalité. Dans votre vie sentimentale, vous parlerez peu, mais vous aimerez beaucoup.

AVERTIR. Vous savez ce que vous faites, et vous détestez que l'on doute de vous ! Usez de patience au lieu de vous énerver, on ne vous en écoutera que davantage. Vous vous étourdissez dans la cohue et le bruit, mais n'oubliez pas l'essentiel ! Entre l'isolement et la foule, il y a un juste milieu.

AVEUGLE. L'être soi-même. Ne vous sentant pas assez fort pour affronter l'inconnu, vous ne voulez pas risquer d'être exclu d'un environnement reposant ou d'être repoussé par quelqu'un dont la présence vous est précieuse parce qu'elle vous apporte détente et sécurité. Vous adoptez donc une attitude cordiale sans toutefois participer activement à l'ambiance.

En voir un. Vous ne nagez pas dans la fortune, mais vous ne manquez de rien. Une certaine aisance s'en vient. Vous avez un choix professionnel à faire, mais rien ne presse. Oubliez les folles dépenses pour l'instant et respectez votre budget à la lettre.

AVION. Vous souhaiteriez mener une vie plus intéressante ; attiré par la nouveauté, le changement, vous ne faites aucun effort pour satisfaire ce désir légitime. Vous préférez vous plonger dans la réflexion, approfondissant la situation, refusant de vous confier ou de voir au-delà de votre univers immédiat.

AVOCAT. Indifférent à tout ce qui n'est pas votre objectif, devenu votre unique raison de vivre, vous espérez y parvenir et retrouver l'estime de votre entourage et le vôtre. Vous êtes trop tendu et n'essayez pas de comprendre le point de vue des autres, leur opposant le mur de votre froideur et de votre indifférence.

AVORTEMENT. Vous verrez les situations de manière réaliste. Ne vous lancez pas dans une activité de longue haleine. Vos amitiés et vos amours ont toutes les chances d'être enrichissantes. Vous serez attentif aux détails.

AVOUER. Vous aurez la maîtrise de vous-même et une bonne dose de confiance en vos capacités. Vos relations avec les autres seront chaleureuses. Il y a un regain d'intérêt possible pour un secteur de votre vie qui vous avait laissé plutôt froid ces derniers temps.

AXE. Vous terminerez la semaine de manière inhabituelle. Il se pourrait que vous ayez à rendre un service en toute discrétion. Dans tous les cas, il y aura du mystère dans l'air. En matière d'argent, une occasion d'augmenter votre revenu pourrait vous être proposée.

AZALÉE. Pâle. Vous ferez les choses une à une, avec organisation et précision. Comptez que des occasions d'améliorer votre situation se présenteront sous peu. Prenez le temps d'écouter les gens qui vous entourent ; ils auront des suggestions intéressantes.

De couleur vive. Vous terminerez certains travaux qui s'étaient accumulés. Dans votre vie sentimentale, même si vous ne voulez plus vous emballer pour des histoires sans lendemain, il n'est pas nécessaire de tomber dans l'excès inverse. Être trop sérieux, ce n'est pas mieux !

BABIOLE. Vous irez à fond dans vos initiatives. Les personnes qui sont en période d'apprentissage seront particulièrement compétentes. Du côté de vos relations intimes et amicales, sous un couvert sérieux, vous serez tout à fait drôle aujourd'hui.

BACTÉRIE. Au travail, vous privilégiez les petits sentiers tranquilles et inexplorés aux bruyantes et encombrées autoroutes. Vous allez de découvertes en découvertes. Vous vous sentez l'âme d'un explorateur! Mais attention tout de même de ne pas trop flâner; vous pourriez être rapidement dépassé. Un outil de taille crée un incident majeur. Un changement s'opère pour le mieux; emboîtez-lui le pas.

BADAUD. Vous n'aurez aucune envie que l'on vous impose la présence de gens qui vous ennuient; dites-le simplement. Par ailleurs, on pourrait vous donner une marque de reconnaissance, un compliment, une augmentation, une offre. Journée active.

BADGE. Vous pourriez reprendre le temps perdu et terminer une activité que vous aviez laissée en plan. Bonne journée pour adopter un rythme plus rapide. Vous aurez de l'énergie et de l'entrain. Vie affective paisible.

BAGAGES. Les porter. Vous pourriez remettre en question certaines opinions que vous aviez. Vous aurez tendance à vouloir changer des choses. Que vous soyez à la maison ou au travail, vous ferez de nouvelles connaissances.

Les faire. Vous pourriez rendre service ou travailler dans l'ombre de quelqu'un. Attentif à ce qui se passe, si vous vous sentez un bon stratège, vous réussirez. Dans une discussion, vos arguments seront convaincants. En amour, il pourrait y avoir des émotions vives dans l'air.

BAGARRE. Se battre. Vous pourriez revoir une personne que vous aviez perdue de vue et pratiquement oubliée. Vous pourriez mettre fin à certaines activités sous peu. Si vous avez de nouvelles priorités, la porte s'ouvrira.

En voir une. Vous pourriez conclure des ententes qui vous semblaient impossibles. Vous aurez de l'aisance au travail et dans vos activités. Pour ce qui est des sentiments, entouré de vos proches, vous vous sentirez bien.

BAGUE. Les relations sont moins tendues. On recherche votre compagnie. Une personne que vous aimez bien vous repousse sans que vous en compreniez la raison ; cela vous peine terriblement. C'est à vous de déterminer vos limites et de les faire respecter. Sans le savoir, une connaissance vous apporte beaucoup. En amour ou en amitié, ne tenez rien pour acquis.

BAGUETTE MAGIQUE. Faire de la magie. Vous serez plus efficace si vous effectuez un travail demandant de la minutie. Quoi que vous entrepreniez aujourd'hui, vous fignolerez jusqu'à ce que vous en arriviez à un résultat satisfaisant. Les relations humaines seront enrichissantes.

Voir faire de la magie. Cette semaine, vous prendrez des moyens concrets pour arriver à vos fins. Dans vos rapports avec les autres, vous êtes plus susceptible que vous en avez l'air, ce qui parfois trouble vos proches. Les loisirs ne vous feront que du bien.

BAGUETTE DE TAMBOUR. En jouer. Vous profiteriez vraiment de cette journée en vous joignant à des gens avec qui vous avez des affinités et en faisant quelque chose qui sort de l'ordinaire. Les conversations seront intéressantes, elles vous apporteront quelques réponses.

En voir jouer. Vous serez extraverti et vous retrouverez beaucoup d'enthousiasme. En amour, vous pourriez avoir un sursaut du cœur. Vous serez surpris de l'attitude d'un collègue ou d'un proche. Vous aurez des ambitions.

BAHUT. Vous serez plus sérieux que dans les derniers jours. Vous éprouverez le besoin de voir clair dans votre vie. Votre belle imagination et votre chance actuelle vous permettront de ne pas vous enliser dans des idées noires.

BAIE. Vous ferez face à un choix. Adoptez un mode fonctionnel et tout en gardant en tête de choisir ce qui vous tente. Dans vos relations sentimentales, vous aurez une belle manière de montrer vos sentiments.

BAIGNADE. Se baigner. Vous comprendrez une situation dont les enjeux vous échappaient. Dans vos activités, la rigueur vous permettra d'atteindre vos objectifs. Malgré tout, n'oubliez pas de prendre du bon temps, c'est tout aussi nécessaire!

> **Voir les autres se baigner.** Vous désirerez une plus grande stabilité émotive. Pour réussir cela, il sera important que vous fassiez un retour sur vous-même afin de voir de quelle manière vous agissez avec les personnes que vous aimez. Ce sont les gestes qui disent vraiment ce que nous ressentons et voulons.

BAIGNOIRE. Vide. Minutie et perfectionnisme vous caractérisent souvent et aujourd'hui, vous ferez honneur à votre naturel. Vous ne prendrez pas vos responsabilités à la légère. Les gens qui vous entourent apprécieront votre chaleur.

> **Pleine.** Vous êtes dans une courte période propice à toute activité qui demande de faire preuve d'adaptation. Ce que vous accomplirez aujourd'hui vous satisfera grandement. Vous êtes en bons termes avec une personne qui vous aime beaucoup plus que vous ne le croyez.

BÂILLEMENT. Bien que votre cordialité demeure souvent superficielle, le besoin d'être approuvé vous rend dépendant de votre entourage, suggestible et impressionnable. Néanmoins, vous tenez à conserver une certaine indépendance pour pouvoir saisir toutes les occasions, ce qui vous assure une guérison rapide des désespoirs qui vous affectent quelquefois.

BAISER. Embrasser. Expansif, sociable, vous vous faites apprécier par votre caractère conciliant, votre accueil facile et affectueux, votre gaieté tranquille.

> **En éviter un.** Vous serez fier de votre sens de l'initiative et de vos réussites. Toute question d'argent aura avantage à être résolue aujourd'hui, car vous excellerez en ce domaine. Dans votre vie sentimentale, on appréciera votre délicatesse.

Embrasser des enfants. Vous serez optimiste. Vous saisirez quels sont les ingrédients d'une bonne entente. Du côté de vos amitiés, on pourrait vous révéler des secrets. Vous imaginerez des solutions nouvelles que vous n'aviez pas imaginées.

BAL. Y prendre part. Vous exprimerez avec justesse votre point de vue. Intérieurement, cependant, il y aura un léger déséquilibre entre vos désirs et la réalité. N'oubliez pas qu'il arrive que l'on ait simplement envie de rêver.

BALADE. Souvenez-vous que la jalousie est mauvaise conseillère. Vous jouissez d'une popularité bien plaisante auprès de l'autre sexe, mais n'abusez pas de votre pouvoir. On hésite à faire les premiers pas.

BALAI. Symbole sexuel à l'intérieur de ses relations avec les autres. En fait, vous poursuivez votre politique de conquête sans aucun souci des ravages causés par votre inconstance.

BALANCE. Elle représente l'analyse et le discernement. Vous serez tenté par toutes les formes d'association. Restez tout de même vigilant, car vous aurez tendance à vous lier à des gens avec qui, en fin de compte, vous avez peu d'affinités. En amour, il vous faudra de la constance.

BALANÇOIRE. Représente l'alternance des hauts et des bas de la vie. Si vous vous enthousiasmez pour une idée ou un projet, vous n'en poursuivez pas la réalisation si cette idée réclame trop d'efforts et de persévérance, préférant des résultats immédiats.

BALCON. Vue du balcon. Vous serez rempli d'énergie et vous éprouverez le besoin de vous dépenser. Certaines questions pourraient vous tracasser. Laissez-vous guider par le hasard plutôt que de forcer les réponses. Vie spirituelle forte.

En voir un s'effondrer. On vous accordera certains privilèges. Vous vous sentirez comblé par l'attention et l'affection de votre entourage. Prenez garde à une personne fourbe. On pourrait vous conseiller, mais la décision finale vous reviendra. Des rumeurs malfaisantes encombreront votre route. Vous prendrez les grands moyens pour changer ce qui ne vous plaira pas. Une expérience positive vous redonnera confiance en vous.

BALEINE. Vous pourriez faire le point dans certains domaines de votre vie. Vous adopterez ensuite une nouvelle manière d'accomplir vos tâches. Par ailleurs, vous ferez preuve d'originalité dans tout ce que vous toucherez. Vous serez patient malgré les aléas de la vie.

BALLET. Vous ferez quelques changements dans un domaine qui vous tient à cœur. Il est possible que vous soyez fragile intérieurement. Laissez le temps passer sans forcer les événements. En amour, vous serez heureux dans l'intimité.

BALLON. Avide de sympathie, de relations, vous êtes capable de bonté et de compassion et vous tâchez de maîtriser votre goût de la polémique pour préserver l'harmonie dans votre environnement.

BALUCHON. Vous irez de questions en questions aujourd'hui; tâchez d'éliminer celles qui sont inutiles. Vous avez terminé certains travaux et vous pourriez en tirer des bénéfices sous peu. Vous serez sociable. Relations affectives riches.

BALUSTRADE. Vous pourriez entreprendre une activité qui mobilisera votre énergie. Si vous devez exprimer votre point de vue, votre logique sera à toute épreuve. Si vous avez des difficultés, ne les gardez pas pour vous. Parler ne règle pas tout, mais c'est une amorce non négligeable.

BAMBOCHER. Vous aspirez à de grandes choses, mais n'attendez surtout pas après les autres pour les entreprendre. Faites vos preuves et le reste viendra en temps et lieu. Vous devez cultiver votre assiduité et votre tempérance. Ne jouez pas avec le feu.

BANANE. Avec sa forme suggestive, elle évoque le sexe masculin et des plaisirs sexuels.

> **En manger une.** Pour satisfaire votre amour du plaisir, vous employez la coquetterie et ses ruses, vous montrant éloquent, critique ou caustique mais sans réelle méchanceté, pour vous rendre intéressant grâce à votre esprit brillant.

BANC. S'y asseoir. Bien des souvenirs vous hantent. Ne vous y attardez pas, votre moral s'en ressentirait. La conjoncture est excellente pour mettre vos projets à exécution, pour régler ce qui cloche et même pour conclure de nouvelles ententes. Vous êtes très convaincant… mais n'allez pas tout dépenser dans les magasins.

> **Y grimper.** Vous désirez plaire, séduire, être conquis, vivre un amour partagé et réconfortant. Mais, répugnant à toute aventure gratuite comme à tout gaspillage, vous ne cédez que si la relation vous apporte une certaine sécurité matérielle.

BANDAGE. Vous serez pressé de tous bords, tous côtés. Tout le monde attendra un service de votre part ; vous ne perdrez pas votre calme pour autant. Vous réussirez même à répondre à toutes les demandes. Cela dit, ne perdez pas de vue le but que vous poursuivez.

BANDE. Vous profiterez des doux moments que la vie vous offrira. Ce serait tout de même une bonne idée de garder quelques moments de tranquillité. En matière d'argent, vous n'y échapperez pas, il faudra prévoir les grosses dépenses pour ne pas vous retrouver le bec à l'eau.

BANDEAU. Vous profiterez de cette journée au maximum si vous vous occupez davantage de vous. Vous pourriez consacrer du temps à certains travaux de maison. N'hésitez pas à entreprendre des modifications de votre intérieur. Pour votre santé, prenez l'air.

BANDER. Dans le sens d'attacher. Vous continuerez d'améliorer votre sort au travail ou dans votre vie sociale cette semaine. En amour, vous serez philosophe et sage. Vous ne souhaiterez plus vivre l'impossible. Santé fluctuante, mangez bien.

BANDIT. En attraper un. Vous développez actuellement une plus grande force intérieure et une conscience nette de vos capacités et de vos besoins. Cette semaine, vous aurez la tête sur les épaules. Vous ferez bénéficier votre entourage de votre jugement. Votre situation s'améliorera.

> **En voir un.** Avec un minimum d'efforts, vous obtenez ce que vous voulez. Méfiez-vous des affaires louches, illégales ou… trop belles pour être vraies! N'accordez pas votre confiance à n'importe qui, il y a tant de beaux parleurs!

BANQUE. Y retirer de l'argent. Pensif, vous pourriez en profiter pour faire un bilan des dernières semaines. Vous aurez besoin de tranquillité et d'espace pour vous évader mentalement. Vous aborderez tout de manière analytique.

> **Y déposer de l'argent.** Vous aurez l'esprit d'équipe aujourd'hui. Dans votre intimité, vous ferez en sorte d'assurer une vie plaisante à vos proches. Vous constaterez que de simples changements peuvent grandement faciliter la vie.

BANQUET. Bonne période pour prendre des initiatives dans le domaine financier; vous serez vigilant et aurez une occasion d'améliorer votre situation financière. En amour, vous êtes digne de ce que vous désirez, ne doutez pas de vous.

> **Somptueux.** Dans les prochains jours, vos actions seront empreintes d'un grand sérieux. Vous serez préoccupé par de nouvelles ambitions. Vous aurez avantage à vous joindre à d'autres. En vous associant, vous atteindrez plus facilement votre objectif.

BANQUEROUTE. Dans vos activités, vous considérerez les possibilités de réussite d'un projet. Même si les choses semblent exaltantes, vous pourriez vous rendre compte qu'elles ne résisteraient pas au contact de la réalité. En amour, vous serez plutôt pantouflard.

BANQUISE. Des sautes d'humeur, des hauts et des bas d'énergie et un moral en montagnes russes! Les extrêmes vous font du mal. Les heures de repos sont indispensables après des journées bien remplies, ne surestimez pas vos forces ou vous vous en mordrez les doigts.

BAPTÊME. Il évoque l'origine, la création passive et, par la suite, la nature matérielle, la matrice, l'aspect instinctif, impulsif et physiologique de l'inconscient.

BAR. S'y trouver. Vous devez absolument rester à votre place. Ne cherchez pas à être quelqu'un d'autre. Votre heure de gloire viendra, mais pour l'instant, vous devez agir dans l'ombre. Vous dirigez vos efforts vers le but à atteindre. Ne bousculez rien, ne pressez rien, tout arrive en temps voulu. Vous avez connaissance d'une injustice au travail.

BARBE. Surtout si la barbe est fournie : à la fois sensuel et nonchalant, pensant au plaisir et au luxe, vous donnez la priorité à votre besoin d'être choyé, guidé, traité en douceur.

Se raser la barbe. Désireux de préserver un environnement auquel vous êtes attaché, vous refusez de voir au-delà de vos propres désirs.

La tailler. Vous souhaitez ardemment l'épanouissement sentimental dans une relation qui satisferait votre immense besoin de tendresse et de sensualité. Mais, souhaitant préserver votre sensibilité, vous avez peur de vous abandonner par crainte de ne pas être compris, deviné ou payé de retour.

BARBECUE. Recevoir pour un barbecue. Bien inséré dans la réalité quotidienne, vous souhaitez la réussite matérielle, l'amélioration de votre condition. Vous espérez acquérir des valeurs pour la sécurité qu'elles représentent.

En manger un. Dans vos rapports avec les proches, n'hésitez pas à donner un conseil ou deux, mais si on ne vous écoute pas, sachez que la nature humaine est ainsi faite. Vous prendrez le temps de réfléchir et de planifier vos occupations des prochaines semaines. Votre vie affective sera sereine.

BARBIER. Réussite financière après certaines difficultés ; soucieux de productivité, vous faites preuve de ténacité, de bon sens et d'un réel amour du travail. Vous vous sentez trop limité dans vos moyens.

BARBOTEUSE. Vous deviendrez plus prudent. Par ailleurs, il est possible que vous ayez tendance à mettre vos erreurs ou vos difficultés sur le dos des autres. Essayez de faire la part des choses plutôt que de simplifier la réalité. Semaine fructueuse côté travail et activités.

BARBOUILLER. Vous ne serez aucunement intéressé à vous plier à des règles trop rigides et vous choisirez plutôt des moyens originaux de vous exprimer. Vous retrouverez une confiance qui vous avait peut-être fait faux bond.

BARIL. Plein. Vous souhaitez acquérir des valeurs, des biens dont la possession compenserait votre désespoir. Vous appliquez toute votre énergie et toute votre résistance à cette lutte acharnée.

Vide. Même si votre comportement demeure extérieurement harmonieux, même si vous semblez participer à ce qui se passe autour de vous, prétendant même diriger et prendre les autres en charge, vous gardez toujours une attitude distante ; celle-ci dissimule une forte susceptibilité.

Renversé. Révolté contre l'injustice du sort, vous aspirez cependant à échapper à la tension nerveuse qui se fait sentir de façon insupportable en sortant de vous-même, en vous lançant dans des entreprises originales.

BARMAID. Vous entrez dans une période un peu ombragée, plus secrète et plus discrète. Le temps est venu de travailler fort. Prenez un moment pour faire le bilan et pour déterminer vos objectifs de cette année.

BARMAN. Vous éprouverez peut-être le besoin de prendre du recul cette semaine. Dans votre vie affective, les gens qui vous aiment pourraient se poser des questions sur votre attitude un peu plus froide que d'habitude.

BAROMÈTRE. Vous passerez d'un intérêt à l'autre sans vraiment aller au fond des choses cette semaine. Votre humeur sera toutefois joyeuse. Vous créerez une bonne ambiance où que vous soyez. On appréciera votre générosité.

BARQUE. Vous pourriez faire une percée dans votre domaine d'activité. On reconnaîtra votre talent ou la valeur d'un projet que vous soutenez depuis un certain temps. Cette semaine, une existence organisée vous tentera.

BARRAGE. Hésitant, incertain de votre valeur, vous ne savez quelle attitude adopter et vous espérez échapper à la forte tension et à l'angoisse dont vous souffrez, en recherchant des projets nouveaux ou en vous jetant dans une vie mouvementée et agitée, avec les risques d'instabilité que cela comporte.

BARRE. Les prochains jours seront plus favorables aux personnes qui sont dans une période d'apprentissage. N'ayez aucune hésitation à demander conseil si vous vous trouvez dans un cul-de-sac. Votre mémoire sera bonne. En amour, on vous approuvera, n'en doutez pas.

BARREAU. Vous avez un choix difficile à faire. Vos incertitudes trouveront leurs réponses d'ici quelques semaines. Vous recevrez des appuis inattendus. Une personne au courant de votre situation vous fait une proposition intéressante. Un moment propice pour changer d'orientation professionnelle ou pour trouver un nouvel emploi.

BARRIÈRE. Dans vos activités, vous aurez intérêt à vous associer à d'autres pour que tout fonctionne comme vous le souhaitez. La diplomatie vous servirait. Les prochains jours seront favorables à vos amours.

BAS. Féminins. Vous subirez quelques influences contradictoires tout au long de la journée, ce qui pourrait vous fatiguer quelque peu ; le mieux serait de prendre la vie en riant. En matière d'argent, vous serez favorisé. Côté jeu également !

> **Déchirés.** Il serait bon que vous vous lanciez dans un nouveau projet ou que vous vous trouviez un nouveau passe-temps. En matière d'argent, permettez-vous donc quelques écarts. En amour, on vous fera les yeux doux.

> **Masculins.** Faites vos travaux en matinée et vous aurez du temps pour vous divertir par la suite. Vous pourriez apprendre des choses étonnantes lors d'une discussion avec un proche. Vous aurez une approche concrète. Ce sera utile.

BASCULER. Vous serez songeur et plus secret que durant les derniers jours. Prenez le temps de vous choyer, de vous occuper de vous. Vous pourriez acquérir un objet ou un vêtement que vous désirez depuis un moment.

BASE-BALL. Y jouer. Vous serez particulièrement intuitif et sensible à l'aspect caché des choses. Dans vos occupations, vous aurez du dynamisme, mais ne les laissez pas vous berner.

> **En regarder une partie.** Ce sera une journée pour vous mettre de l'avant si vous voulez améliorer votre situation sociale ou personnelle. Vous aurez l'énergie nécessaire en même temps que la confiance et l'assurance pour que tout se passe au mieux.

BASILIC. Diversifiez vos activités aujourd'hui, car vous supporterez difficilement la routine. On comprendra bien ce que vous tentez d'expliquer depuis de longs mois. Vous avez enfin trouvé une approche simple et efficace. Sentimentalement, vous aurez de l'humour.

BASILIQUE. En voir une. La journée se passera sous le signe de la rêvasserie. Vous aurez une propension à changer d'idée à tout moment. En amour, vous pourriez être un peu lointain au goût d'une personne qui a de l'amour pour vous. Vous serez une inspiration pour les gens de votre entourage.

Y entrer. Offrez-vous une petite gâterie dont vous rêvez depuis un moment. Votre bonne humeur sera douce pour vos proches. En amour, vos paroles seront sages. Reprenez tranquillement votre souffle.

Y prier. Un projet auquel vous tenez pourrait occuper une bonne part de votre temps. Vous préciserez ce qu'il faudrait accomplir pour réussir. Soyez attentif, on pourrait vous donner des informations utiles. Vous irez vers les autres en toute simplicité. Bonheur de vivre.

En voir brûler une. Bonne journée pour les activités intellectuelles. Vous serez en forme. Vous saurez faire les liens entre les idées, les gens, les événements. Les personnes qui sont aux études ou qui enseignent seront particulièrement favorisées.

BASSE-COUR. Il y aura du brouhaha autour de vous. De votre côté, vous irez votre petit bonhomme de chemin et vous pourriez vous rendre loin. Cela dit, ne mêlez pas travail et sentiments. En amour, votre attitude franche vous permettra de résoudre certaines difficultés.

BASSIN. Journée satisfaisante en perspective. Vous aurez de l'énergie, de la concentration et de la facilité à aller vers ce que vous voulez. En vous nourrissant convenablement, vous êtes plus en forme. Vous profiterez d'un surplus d'énergie.

BATAILLE. Votre entourage est heureux de votre entière disponibilité ; on a l'impression de vous retrouver après une longue absence. Vous êtes ouvert à participer à de nouvelles activités. Vous vous extériorisez davantage et on découvre en vous les trésors que vous gardiez cachés. Une relation trouve sa conclusion, mais rien n'est définitif. Vous possédez un grand pouvoir ; servez-vous-en sans en abuser.

BATEAU. Être à bord. Votre période de questionnement doit être suivie d'une période de transition. Vous faites des choix importants mais souvenez-vous que vous devez assumer ceux-ci, alors ne précipitez rien. Adoptez la théorie des petits pas et assurez-vous de la solidité des acquis avant de passer à autre chose. Les finances se portent bien malgré quelques petits tracas d'argent.

En voir naviguer un. Sur le plan professionnel, possibilité de changer tout à fait de domaine et d'un retour aux études à temps partiel. Vous caressez des projets ambitieux et viables, mais il vous manque quelques éléments pour y arriver avec succès. Un ancien collègue de travail perdu de vue depuis longtemps refait surface.

BÂTIR. La journée sera excellente en ce qui concerne vos relations avec les proches. Vous êtes personnellement favorisé tout en restant attentif aux autres. Par ailleurs, il se pourrait que vous soyez un peu agité. Tâchez de garder quelques moments de détente.

BÂTON. Vous aurez les idées claires et vos actions s'ensuivront. Vos rapports avec votre entourage seront agréables, car vous y mettrez une touche d'humour. Un ami pourrait vous faire rire par ses remarques drôles.

Être menacé d'un bâton. Vous aurez une chance inouïe du côté de l'acquisition des biens. Dans vos relations, tout en étant franc avec les gens qui vous entourent, essayez de ne pas froisser leur susceptibilité. Vous serez sûr de vous aujourd'hui et aurez confiance en l'avenir.

BATTERIE. En jouer. Les bonnes influences continuent de se manifester et vous sentirez le besoin d'extérioriser encore plus vos émotions. Ne vous laissez pas avoir par de la publicité alléchante. On vous invite à être modérateur dans un conflit familial ; c'est une occasion pour vous de prendre le leadership dans votre entourage.

BATTRE. Être battu. Cessez de vous plaindre de vos petits maux ! Sortez, changez-vous les idées ! Votre alimentation présente des carences, voyez-y sans tarder. Votre vision change et votre évolution est lente mais saine. Un nouvel horizon s'ouvre devant vous et vous avez peine à y croire. Allez ! Ne soyez pas défaitiste et profitez des belles choses qui se présentent à vous.

Quelqu'un. Vous vous sentez guidé par une force extérieure qui ne dépend pas de vous. Vos inquiétudes sont mineures et s'éloignent rapidement. Vous faites un examen de conscience et vous réalisez un certain nombre de choses. Vous êtes plus serein devant l'avenir. Vous découvrez un côté de votre personnalité encore inconnu.

Quelque chose. Ne vous compliquez pas la vie inutilement, prenez les choses comme elles arrivent et cessez de vous en faire ! Votre vitalité est à la hausse et vous savez vous en servir adéquatement. Vous redonnez un second souffle à votre vie spirituelle, cela vous aide en tout. Des douleurs au dos vous rendront impatient, vous devriez consulter un médecin.

BAVARDAGE. Parler avec les autres. Les questions d'argent sont au programme. Vous attirerez les heureux hasards. Il serait tout de même bon de consulter une personne qui pourrait vous prévenir de certains obstacles. En amour, vous serez ouvert.

En entendre. Plutôt secret et retiré, vous ne serez pas malheureux de passer un moment en toute solitude. Par ailleurs, en compagnie de vos intimes, vous pourriez partager de bons moments car vous aurez de la tendresse à donner.

BAVER. On parlera beaucoup autour de vous. Vous pourriez vous en plaindre quoique généralement vous aimiez bien les longues conversations. En amour, n'hésitez pas à vous rapprocher. Vous aurez une délicatesse de cœur très rassurante.

BEAUX-PARENTS. C'est une bonne journée pour vous occuper de ce qui est lié à votre apparence et à votre confort. En amour, ne tentez pas de presser le rythme des événements. Quelqu'un pourrait vous ennuyer et vous pourriez réagir fortement.

BÉBÉ. Attirant. Vos efforts visent non seulement à assurer votre sécurité financière, mais aussi à trouver de nouveaux intérêts pour satisfaire l'intense curiosité qui vous incite à dilapider vos forces dans des sorties, plaisirs, mondanités.

Laid. Motivé pour agir et lutter, c'est par la force que vous entendez parvenir à assurer votre sécurité matérielle. Prudent, méfiant, doué d'un sens critique aigu, vous tentez d'imposer votre volonté et votre dynamisme avec agressivité.

Abandonné. Peu tendre et compréhensif, porté à vous intéresser aux gens pour leur valeur utilitaire, vous souhaiteriez cependant trouver une atmosphère harmonieuse et plus détendue.

Qui marche. Vos hésitations sont saines, elles ne doivent pas vous rendre triste. Un cas de conscience vous cause un problème personnel! Avant d'aider les autres, vous devez penser à vous. Vous ne pouvez vous résoudre à faire marche arrière, et c'est très bien. Vous êtes agacé par des malaises et petits maux de tout genre. L'optimisme et le positivisme sont vos bouées de sauvetage.

En voir plusieurs. Ne vous assoyez pas sur vos lauriers! Bougez, dansez, courez, ne laissez pas à votre corps la moindre chance de s'engourdir. Ne prenez pas de médicaments pour un oui ou pour un non.

Vous vivez des sentiments contradictoires qui vous chavirent l'esprit. Prenez les moyens nécessaires pour améliorer votre temps de repos.

BEC. Embrasser. Expansif, sociable, vous vous faites apprécier par votre caractère conciliant, votre accueil facile et affectueux, votre gaieté tranquille.

Éviter un baiser. Vous serez fier de votre sens de l'initiative et de vos réussites. Toute question d'argent aura avantage à être résolue aujourd'hui, car vous excellerez en ce domaine. Dans votre vie sentimentale, on appréciera votre délicatesse.

Embrasser des enfants. Vous serez optimiste. Vous saisirez quels sont les ingrédients d'une bonne entente. Du côté de vos amitiés, on pourrait vous révéler des secrets. Vous imaginerez des solutions nouvelles que vous n'aviez pas imaginées.

BÉGAYER. Soi-même. Vous donnerez peut-être l'impression d'être détaché, mais vous serez en réalité plutôt soucieux. Vous redéfinirez vos buts en tenant compte d'un changement de situation. En matière d'argent, vous n'aurez pas tendance à dépenser pour des babioles.

Entendre quelqu'un bégayer. Vous partagez les mêmes convictions qu'une personne de votre entourage dans une histoire qui pose un problème. Curieux, vous pourriez amorcer une activité prenante. Les contacts avec les gens de votre entourage seront riches en enseignement.

BEIGNET. Appétissant mais au goût mauvais. Vous perdrez patience si vous êtes débordé. Vous aurez à cœur de terminer vos tâches, mais en même temps vous rêverez de fuir vers d'autres horizons.

En manger beaucoup. Vous pourriez avoir des nouvelles concernant un projet que vous aviez presque abandonné. Dans vos relations sociales, une certaine agressivité pourrait poindre. Prenez le temps de dire simplement ce qui ne va pas plutôt que d'insinuer des choses. En matière d'argent, vous feriez bien d'être plus responsable.

BELVÉDÈRE. Pleinement vous-même, vous retrouverez une confiance qui vous avait peut-être fait faux bond. Accordez-vous quelques moments de détente. Vous rencontrerez une personne attentive, cela vous réconfortera.

BÉNÉDICTION. Être béni. Pensez loisirs! Gardez un moment pour une activité qui vous détendra. Dans une question qui vous préoccupe, vous pourriez être tenté par une solution illogique. Continuez de réfléchir plutôt que de vous décider trop rapidement. On vous attendra.

Bénir les autres. Si vous éprouvez des soucis d'argent, il serait préférable de revoir votre budget et d'adopter un niveau de vie plus modeste durant quelque temps. À la maison, vous saurez créer un environnement accueillant. Vous serez d'une rare efficacité.

BÉNÉFICE. Sociable, vous irez vers les autres en toute simplicité. Vous serez tout à fait en forme si vous exercez des activités qui demandent de l'imagination, et de moins bonne humeur si vous êtes contraint de terminer des tâches répétitives. Bonne journée pour adopter de saines habitudes alimentaires. Votre santé sera meilleure.

BÉQUILLES. S'en servir. Vous pourriez établir un lien de confiance avec une personne que vous connaissez depuis peu. Dans vos activités, n'hésitez pas à demander un coup de main si vous en sentez la nécessité. Vous récupérerez quelque chose qui vous est dû.

Voir quelqu'un d'autre s'en servir. Voir du monde vous tentera car vous serez sociable aujourd'hui. Vous changerez d'opinion à propos d'une personne de votre entourage. En amour, il y aura quelques vagues. En matière d'argent, vous pourriez faire un investissement rentable.

BERNACHE. En amour, vous passez de la pudibonderie au dévergondage le plus débridé, toujours avec autant d'appréhension. Vous faites l'amour presque à regret, de peur que cela ne dure pas assez longtemps. Il vous faut quelque chose de rassurant, de réconfortant, de chaleureux, et beaucoup de *cocooning* pour que cela fonctionne. Laissez-vous aller un peu, l'être aimé ne demande que cela.

BÉTAIL. On peut se demander ce que vous désirez davantage : la richesse, la sécurité financière ou la jouissance sensuelle ? Votre désir de séduire n'est-il pas motivé par celui d'améliorer votre condition matérielle ?

BERCEAU. Vous aurez la chance de votre côté en matière d'argent. Dans votre vie sentimentale, la vie pourrait vous entraîner là où vous ne voulez pas. Il est impossible de tout contrôler, mais ce n'est pas grave. Vous aurez une approche réaliste.

BERCEUSE. Vous aurez la parole facile aujourd'hui. Cela est peut-être trop facile, vos paroles pourraient dépasser votre pensée. Cela dit, vous serez favorisé si vos activités requièrent le sens des communications. Dans vos rapports amicaux et amoureux, vous vous souviendrez qu'on est responsable de ceux que l'on apprivoise.

BÉRET. En mettre un. Vous aurez le champ libre. Votre présence sera appréciée. Excellente journée pour votre avancement. Vous saurez faire valoir votre point de vue. En ce qui concerne les loisirs, vous serez enjoué.

> **En enlever un.** Vous direz votre point de vue. Intérieurement, il pourrait y avoir un léger déséquilibre entre vos désirs et la réalité ; les chimères coûtent en fin de compte beaucoup d'énergie pour rien, ne l'oubliez pas !

> **Le perdre.** Une relation se transforme. La personne aimée vous ouvre les yeux sur une réalité que vous ne voyez pas. Ne prenez pas tout au tragique et pensez-y bien avant de tourner le dos. Exprimez vos sentiments sans détour, on vous écoute. Une occasion particulière vous est offerte, ne la ratez pas.

BERNER. Vous vous questionnez beaucoup en ce moment. Les « si » et les « peut-être » pleuvent abondamment. S'il est bon d'apprendre des erreurs du passé, il est mauvais de s'y apitoyer. Vous avez tout ce qu'il faut pour être heureux. Un léger obstacle vous oblige à faire un détour, mais cela vous laisse le temps de mesurer les gestes à faire.

BESOGNER. Vous planifierez vos occupations avec minutie. Vous obtiendrez des informations qui vous permettront d'effectuer un choix. En amour, vous verrez la réalité telle qu'elle est, parfois simple, parfois compliquée, toujours étonnante !

BÊTE. Vous pourriez souffrir de quelque mal imaginaire aujourd'hui. Vous auriez avantage à vous garder quelques moments de tranquillité. En amour, vous ferez confiance à votre intuition. Il y a quelques changements dans l'air.

BÊTISE. Intérieurement, vous apprécierez la sollicitude et la sympathie de vos proches. C'est bon parfois de laisser les événements suivre leur cours sans tenter de tout contrôler.

BÉTON. Friand de nouveauté, vous n'aurez aucun goût pour un passé qui vous semble bel et bien révolu. Vos rapports avec votre entourage seront sincères et amusants. Vous aurez les idées claires et vos actions en découleront facilement.

BETTERAVE. En manger. Vous êtes avide à tout point de vue. Impatient et brusque, vous vous comportez comme si les autres n'existaient pas, ne tenant pas compte de leurs réactions, faisant mine d'ignorer leurs désirs, leurs besoins ou leur mécontentement.

En planter. Vous atteindrez de meilleurs résultats en modifiant vos méthodes. En amour, vous serez tout à fait en forme et vous charmerez, alors ne restez pas sur vos gardes. C'est une bonne journée pour vous occuper de vous.

BEURRE. Symbole de santé et de richesse. Le désir de vous enrichir est devenu votre unique objectif, vous lui sacrifiez tout. Vous avez l'intention d'être le seul maître de vos acquisitions, mais vous vous gardez bien de laisser deviner vos intentions à votre entourage.

BEUVERIE. Ça bouge beaucoup, et très vite, autour de vous. Vous avez pourtant envie de calme et de tranquillité ; prenez les moyens pour les obtenir. Ne vous mêlez pas d'une chicane qui ne vous concerne pas. Un ami vous envoie un message de détresse, sachez l'écouter.

BÉVUE. Une force et une énergie nouvelle vous envahissent. Vous trouvez une voie spirituelle qui vous permet d'avancer sereinement. Surveillez de très près tout ce qui a trait à vos voies respiratoires et à vos poumons. Le moral est à la hausse.

BIBERON. Vous pourriez tirer des avantages d'un placement. Vous accorderez de la valeur aux choses matérielles et vous voudrez voir des résultats concrets à vos activités. Vous serez réaliste aujourd'hui.

BIBLE. De la bisbille au sein de votre cercle social vous empêche de jouir pleinement de toutes vos sorties. Sans parler d'isolement, vous vous retirez dans l'ombre. Vous observez davantage les comportements et les réactions des vôtres.

BIBLIOTHÈQUE. Prenez le temps de traîner un peu si vous n'êtes pas trop occupé. Votre capacité d'analyse sera excellente. En amour, il est possible que l'on vous mène en bateau. Vous serez magnanime, la nature humaine étant ce qu'elle est.

BICEPS. Les développer. Vous comprendrez mieux l'origine d'une situation. Du côté de vos relations amicales, vous aurez tendance à analyser le comportement d'une personne que vous aimez bien. Il serait préférable de laisser simplement la vie suivre son cours. Ne ressassez pas d'idées noires, cela ne vous va pas.

BICYCLETTE. Dans vos occupations quotidiennes, vous aurez tendance à percevoir le fond des problèmes et à analyser les situations d'une manière incisive. Sachez que vos intuitions seront bonnes. En amour, il y aura une éclaircie salutaire.

Pédaler. Évitez le stress, car vous le supporteriez mal. Accomplissez vos tâches sans tenter de prendre les devants. Vous serez plutôt fragile et sensible dans les prochains jours. Prenez du temps pour vous.

Difficulté à avancer. Invitation à descendre au fond de soi pour retrouver une immense source de vie et de vitalité.

Se la faire voler. Vous verrez mieux où vous allez en prenant le temps de régler vos comptes. Dans vos relations sentimentales, vous préférerez des gestes concrets aux vaines rêveries. Soyez attentif aux détails.

BIÈRE. En boire avec modération. Vous aspirez à la réussite professionnelle autant qu'à la sécurité matérielle pour combler le vide affectif, source d'une tension douloureuse et d'anxiété.

En boire en quantité excessive. Facilement blessé, vous êtes capable de ruminer longtemps votre rancune pour vous livrer ensuite aux interventions les plus inopportunes.

Sans mousse. Vous êtes à la recherche d'un projet, d'une entreprise dont la réussite concrète serait un dérivatif à votre angoisse. Vous êtes décidé à vous accrocher à vos opinions.

BIFTECK. Un travail important et délicat vous est confié. Il représente pour vous un défi excitant! Vous le relevez avec beaucoup de savoir-faire et de doigté, ce qui vous vaut l'admiration et la reconnaissance de vos patrons. Une somme d'argent inattendue vous permet de vous gâter un peu plus que de coutume. Avec votre grand cœur, vous en profitez pour choyer ceux que vous aimez.

BIFURCATION. Le manque de confiance pourrait vous faire réagir d'une manière étonnante. Prenez soin de comprendre réellement ce que vous ressentez et vous pourrez faire un bon bout de chemin vers ce que vous désirez.

BIJOUX. En recevoir. Cela éloigne la peur, favorise la chasteté, subjugue les fantômes et les terreurs nocturnes. Vous trouvez un dérivatif à la mélancolie dans une activité absorbante et soutenue vous permettant de dominer autrui. Mais vous vous imposez des contraintes et des limitations qui engendrent une forte tension nerveuse, et la passion ardente que vous maîtrisez risque d'exploser brutalement.

En offrir. Vos collaborateurs vous épauleront et nourriront de grandes ambitions grâce à vous. Vous les aiderez à ne pas regarder en arrière. Ils lutteront courageusement pour atteindre les objectifs que vous aurez fixés ensemble. Vous rangerez votre individualisme au vestiaire, conscient qu'on ne peut réussir sans le concours des autres.

Ils loueront votre capacité à allier humour et discipline et vous inviteront souvent hors du cadre professionnel.

En porter un ou plusieurs. Journée d'enthousiasme. Canalisez vos énergies et ne vous laissez pas entraîner dans une direction qui ne vous mènerait nulle part. Vous serez trop sociable pour être parfaitement à l'aise dans l'intimité ; voyez du monde.

Perdus ou volés. Vous aurez du plaisir en compagnie de personnes qui ont le même humour que vous. Les possibilités sont grandes de vous rapprocher d'une personne que vous aimez bien. Faites les premiers pas sans hésiter.

De fantaisie. Vous ressentirez quelques incompatibilités entre votre rationalité et vos sentiments. Cela dit, vous arriverez à comprendre ce qui lie les deux. En matière d'argent, vous comprendrez clairement où sont vos intérêts et vous n'irez pas par quatre chemins.

BILLARD. Y jouer. Vous serez en mesure d'exprimer clairement ce que vous souhaitez. Vous prendrez des moyens concrets pour arriver à vos fins. Dans vos rapports avec les autres, vous pourriez être plus susceptible que vous en avez l'habitude.

BILLET. Contravention. Soyez attentif lors de vos déplacements, car il y aura beaucoup de brouhaha autour de vous. Dans votre vie affective, vous aurez une approche directe et simple. Un proche pourrait vous guider vers un domaine nouveau qui vous intéressera vivement.

De spectacle. Tout ce qui a trait à vos relations avec autrui prendra de l'importance aujourd'hui. Côté loisirs, c'est en sortant que vous aurez du plaisir et ferez de nouvelles connaissances. Les prochains jours pourraient vous réserver une bonne surprise.

BINER. Vous désirez que ça bouge plus rapidement, mais vous ne savez pas comment vous y prendre. On vous apporte des solutions qui valent la peine d'être évaluées. Prendre le taureau par les cornes froisse parfois les autres. Vous n'avez rien à envier à votre entourage.

BISCUITS. En manger. Vous serez original dans tout ce que vous toucherez aujourd'hui. Vous pourriez explorer un nouveau moyen d'expression. Vous serez curieux et alerte. Avec vos amis, les rapports seront chaleureux.

En cuisiner. Vous serez tout en souplesse aujourd'hui et vous aurez la cote. Vous ne demanderez rien de moins que de partager davantage avec ceux que vous côtoyez. En amour, vous aurez un franc succès.

BISEXUÉ. Se voir porteur à la fois du sexe féminin et masculin. Vous accélérerez votre rythme de croisière. Vous terminerez certaines tâches avec un grand souci d'efficacité. Une personne de votre famille pourrait demander de l'aide. Vous serez généreux de votre temps comme vous l'êtes toujours.

Voir une autre personne bisexuée. Vous aurez l'esprit concis et un jugement solide. Vous pourriez avoir quelques déconvenues avec une personne que vous connaissez depuis peu. Consacrez-vous à une meilleure organisation et planifiez vos activités futures. Quelques changements s'annoncent.

BIZARRERIE. Vous aurez tendance à voir les situations de manière plus dramatique qu'elles ne le méritent en réalité. Dans vos activités, allez à petits pas constants et vous atteindrez votre but. En matière d'argent, vous serez chanceux.

BLAFARD. Avoir le teint blafard. Vous aurez un grand besoin de vous dépenser intellectuellement tout en ayant de la difficulté à vous concentrer sur une seule tâche. Si vous voulez arriver à quelque chose, fixez-vous un but précis. En amour, observez la situation, puis vous agirez.

BLAGUE. L'amour se présente sous plusieurs formes, n'en rejetez aucune! C'est une période où l'on vous gâte, vous chouchoute et où les invitations sont nombreuses. Ne prenez pas à la légère une déclaration timide que l'on vous fait. Si vous décidez de courir plusieurs lièvres à la fois, vous le regretterez.

BLÂMER. Être blâmé. Votre relation amoureuse se déroule de façon très harmonieuse. Elle est faite de respect, de considération et, bien sûr, de beaucoup d'amour. Votre conjoint et vous êtes conviés à toutes les réceptions et on vous fait la fête partout où vous passez. En ce moment, aucune place pour l'ennui et la tristesse.

Quelqu'un. Vous vivez en ce moment une période de grande sensualité, d'érotisme et de débordements amoureux. Vous avez du mal à arrêter votre choix tant les conquêtes sont faciles et les candidats tous plus intéressants les uns que les autres. Attention de ne pas gaspiller toute votre énergie en affaires de cœur et de corps.

BLANC. Bonne journée pour le rire et les folies. Malgré une ambiance relativement sérieuse, vous verrez le comique de toutes les situations. Vous ferez tout avec imagination et drôlerie. Charme certain.

BLANCHISSEUSE. Vous avez toutes les chances de réussir un projet auquel vous croyez profondément si vous procédez avec méthode. Même si vos journées sont déjà bien remplies, vous irez votre petit bonhomme de chemin vers ce qui vous intéresse véritablement. Un proche vous soutiendra efficacement.

BLÉ. Une personne pourrait tenter de vous mettre des bâtons dans les roues. Les gens de votre entourage auront une foule de conseils à vous donner sur la façon d'améliorer votre sort. Réagissez posément mais clairement. Vous savez ce que vous voulez, vous n'aurez pas besoin qu'on vous le dise.

BLÉ D'INDE. Épi de maïs. Vous vous adapterez avec facilité à des changements imprévus. Votre capacité d'adaptation vous permet de vivre plus heureux. N'hésitez pas à donner des nouvelles à des gens qui sont loin de vous. Vous partagerez de bons moments.

BLESSURE. Être blessé. Désemparé, à la fois insatisfait et intolérant, vous sentant constamment lésé, visé, attaqué, vous avez soin de ne pas manifester vos exigences ouvertement, de taire les sentiments de jalousie ou d'envie qui vous rongent le cœur.

> **Blesser quelqu'un.** Soupçons envers une autre personne ; vous souhaiteriez vous abandonner à la sécurité d'une tendresse, d'un amour calme et reposant, mais peu porté aux confidences ou à la franchise, vous adoptez des voies détournées pour parvenir à vos fins

BLEU. La couleur. Si vous avez acquis une expérience solide dans votre domaine d'activité, vous pourriez songer à partager cette expérience. Vous pourriez dispenser vos conseils. En amour, si vous vous expliquez on vous comprendra mieux.

BLEUS. S'en faire. Gardez votre sens de l'humour, il vous permettra de passer une bonne journée. Il est possible que vous soyez confronté à des délais et à des attentes aujourd'hui. Votre délicatesse sera appréciée de vos proches.

> **«Avoir les bleus».** La journée est favorable aux déplacements. Vous pourriez dénicher quelque chose que vous cherchiez depuis longtemps. Dans vos relations intimes, vous ne tournerez pas autour du pot et vous ferez part avec simplicité de vos sentiments.

BLINDER. Vous aurez l'esprit inventif et vous résoudrez divers problèmes. Dans votre vie sentimentale, prenez des initiatives plutôt que de vous retirer. Dans vos relations affectives, vous serez attentif et patient aujourd'hui.

BŒUF. Au travail, vous vivez une période relativement calme. L'ambiance de camaraderie revient et tout le monde accomplit son travail avec plus de plaisir. Une convocation à caractère professionnel vous donne matière à réflexion. Une promotion arrive à point pour vous remettre de vous faire une santé financière.

BOIRE. En quantité excessive. Avide de succès personnels, vous vous livrez à toutes les coquetteries, à toutes les fantaisies pour retenir l'attention, mériter les hommages, augmenter votre prestige. Vous manifestez une grande curiosité envers les personnes avec lesquelles vous pourriez établir des relations amoureuses. Il vous arrive de vous fier aux apparences et de préférer le brillant au solide.

Sans soif. Les prochains jours ont de bonnes chances d'être agréables. Vous serez romantique sans être trop passionné. La fréquentation d'amis vous préservera des sautes d'humeur. Votre perspicacité vous permettra d'atteindre un objectif.

BOIS. N'hésitez pas à dire votre inexpérience dans un domaine nouveau pour vous. Vous préférez diriger, mais il y a un temps pour tout, ne l'oubliez pas. Vous discuterez avec des personnes qui n'ont pas les mêmes opinions que vous. Dans votre vie sentimentale, vous serez étonné de ce que vous ressentez.

En fendre. Ne restez pas seul, car vous n'y trouveriez aucun plaisir aujourd'hui. Par ailleurs, il est possible que vous décidiez de modifier votre rôle au sein de votre groupe d'amis, au travail ou dans votre famille. Vous pourriez changer certaines habitudes.

En brûler. Si une question vous préoccupe, demandez l'avis d'une personne en qui vous avez confiance. En amour, vous tirerez votre épingle du jeu quelle que soit votre situation car vous aurez un charme fou.

En empiler. Si vous vous êtes engagé envers quelqu'un et que vous voulez reculer, faites-le. Vous n'avez pas à demeurer dans une situation qui ne vous convient plus. Bonne journée pour rallier les autres à vos opinions. Volonté forte. Expression juste.

Le travailler. Vos conditions de travail ou de vie pourraient s'améliorer grandement moyennant quelques efforts. En amour, vous ferez la démonstration de votre amour par des actions concrètes et spectaculaires. Vous pourriez rendre service à un proche.

BOISSON. Vous aurez l'âme voyageuse durant les prochains jours, ce qui ne vous empêchera pas d'aller au fond des choses dans tout ce que vous entreprendrez. En amour, une personne qui vous aime pourrait avoir besoin de votre présence.

BOÎTE. Vide. Vous aurez les deux pieds sur terre et vous verrez à ce que tout s'organise rondement. Votre persévérance sera remarquable. Par ailleurs, vos rapports avec vos proches seront meilleurs si vous y consacrez plus de temps et si vous ne les traitez pas avec agressivité.

Pleine. Vous aurez besoin d'une plus grande sécurité. Évitez les disputes, car elles vous fatigueraient. S'il est temps d'effectuer des changements, vous pourriez en glisser un mot à une personne qui pourrait vous donner de bonnes idées.

BOITEUX. Vous aurez besoin de vous dépenser physiquement. Si vous voulez arriver à quelque chose, fixez-vous un but clair et ne tentez pas de trop embrasser. En amour, vous saurez si vos sentiments ont des chances de résister au temps.

En voir un. Vous aurez une bonne concentration et vous serez sérieux dans votre approche. Vous pourriez aider une personne à mieux comprendre ce qui lui arrive. Prenez le temps d'expliquer certaines choses.

BOLIDE. Vous énoncerez clairement toute pensée qui vous trotte dans la tête depuis un certain temps. Vous pourriez avoir une conversation avec une personne dont les opinions apporteraient de l'eau à votre moulin. Côté finances, tout ira mieux que ce que vous anticipez.

BOMBARDEMENT. Vous imaginerez mille possibilités pour chacun de vos projets. Vous pourriez faire le bonheur d'un proche. Vous aurez l'imagination vive dans toutes vos entreprises aujourd'hui. Attention de ne pas vous impatienter avec vos proches.

BOMBE. Vous pourriez être sur un mode un peu solitaire et les gens qui vivent auprès de vous risquent d'en être vaguement inquiets. Vos habitudes et le petit quotidien vous suffiront. Vous voudrez du calme et pas trop d'émotions.

BONBONS. Vous voudriez vous faire admettre et accepter par ceux qui vous entourent comme un des leurs dans l'espoir qu'une meilleure intégration vous aiderait à combler le vide affectif dont vous souffrez. Mais il vous est difficile de vous montrer moins intransigeant et intolérant.

BONDIR. Vous serez dynamique et vous mettrez les gens à l'aise autour de vous. En amour, votre romantisme attirera plus d'une personne. Vous aurez des idées novatrices aujourd'hui, ne les gardez pas pour vous.

BONHEUR. Vous serez en pleine forme et vous réchaufferez le cœur des gens qui vous entourent. Dans vos rapports avec les autres, vous ferez quelques accommodements de bon cœur. En matière d'argent, votre générosité sera appréciée.

BORDER. Vous serez plutôt tranquille aujourd'hui. N'hésitez pas à mettre au point une petite stratégie qui pourrait se révéler efficace. En amour, vous aurez le désir de comprendre ce qui se passe dans le cœur de la personne que vous aimez. Il vaut mieux ne pas demander l'impossible!

BORGNE. Vous serez productif aujourd'hui. Du côté de vos relations amicales, c'est en prêtant vos capacités d'assistance que vous serez le plus utile. Côté santé, vous serez plus en forme si vous vous nourrissez mieux.

BOSSU. Se voir ainsi. Vous serez sur un mode solitaire. Vous aurez une attitude responsable face aux questions d'argent. Vous prendrez une décision que vous retardiez. En amour, l'intimité vous conviendra mieux.

En voir un. Vous vous sentirez peut-être nomade et vous n'aurez aucune envie de vous en tenir à des activités routinières. On ne peut pas être toujours pleinement fonctionnel. Amusez-vous. Voyez du monde si vous le pouvez. Les sports d'hiver ragaillardissent, ne l'oubliez pas!

BOTTES. Les siennes. C'est un bon moment pour conclure des ententes. On reconnaîtra vos talents et vous pourriez avoir de l'avancement. Du côté de votre vie sentimentale, vous y verrez plus clair en ayant une attitude plus rationnelle. Laissez votre imagination émerger dans un autre secteur que celui des inquiétudes amoureuses.

Celles des autres. Aujourd'hui, vous pourriez vous questionner sur votre futur tant en ce qui a trait à votre vie familiale qu'à ce qui touche vos amours et vos projets. Il n'y aura aucune réponse facile et évidente, mais vous poserez mieux les problèmes. Un petit pas!

BOUC ÉMISSAIRE. Bonne journée pour parler, écrire, transmettre vos impressions et vos opinions. Vous pourriez être heureusement surpris de la tournure des événements. En amour, vous plairez par votre franc-parler et votre simplicité.

BOUCHE. Vous vous sentez impuissant devant vos ennemis, vous êtes à la recherche d'un environnement qui satisfasse à la fois votre désir de calme et de tranquillité et votre besoin d'être protégé, délivré des soucis matériels.

BOUCHER. On exige beaucoup de vous, et vous êtes capable de donner satisfaction même aux plus exigeants. Un événement change la tournure de l'histoire. Vous êtes plongé au cœur de l'action. Vous respectez vos valeurs et vos priorités sont bien établies. Vous êtes récompensé de vous tenir loin des cancans et des querelles.

BOUCHON. Bons rapports amicaux et sentimentaux. Dans vos activités, votre sens de l'organisation vous assurera une bonne situation. Ne perdez pas de vue les objectifs que vous vous êtes fixés. Visitez un proche.

BOUCLES D'OREILLES. Vous connaissez une vie amoureuse très harmonieuse et c'est en grande partie en elle que vous vous ressourcez constamment, que vous puisez toute l'énergie dont vous avez besoin. Entre l'autre et vous, c'est un échange constant de petites attentions et de marques de tendresse. Les relations amicales sont au beau fixe. Parce que vous êtes quelqu'un de très discret, on vous fait entièrement confiance.

BOUCLIER. Un proche pourrait solliciter votre soutien ; n'hésitez pas à vous rendre utile. Vous aurez sous peu une occasion inespérée d'exprimer votre opinion sur un sujet controversé. À la maison, l'humeur sera au beau fixe. Soirée plaisante en perspective.

BOUDER. Du côté de votre vie sentimentale, vous serez tout feu, tout flamme. Vous souhaiterez que l'on comprenne vos désirs. Profitez d'un peu de temps libre pour faire ce qui vous tente. Journée de liberté.

BOUDIN. En amour, vous susciterez les réactions voulues, ce qui est une grande chance. Osez quelques paroles et quelques gestes. Par ailleurs, durant toute la semaine prochaine, vous aurez le goût du risque et du jeu.

BOUE. Excellente journée pour les jeux de toutes sortes. Choisissez ce que vous préférez, mais surtout prenez le temps de vivre en faisant ce qui vous plaît. Vous êtes parfois trop travaillant, il est préférable d'avoir un peu de mesure. En prime, vous rendrez la vie agréable aux gens qui vous entourent.

BOUÉE. Il serait bon que vous vous ménagiez plus de moments de détente et de plaisir. Ne soyez pas trop sérieux. Au travail et dans vos activités, vos brillantes tactiques vous mèneront là où vous le voulez. Sortez en compagnie d'amis.

BOUFFON. Vous unirez en vous volonté, vigueur, imagination et douceur. Intérieurement, ce sera tout aussi bien, car vous trouverez un équilibre presque parfait. Profitez de cette semaine favorable à toutes vos entreprises.

Faire le bouffon. Il y a des changements dans l'air. Des modifications de tâches à votre travail ne font pas votre affaire, mais adaptez-vous. La souplesse a toujours été un de vos atouts, et c'est justement ce qui vous permet de tirer le meilleur parti de ce qui s'offre à vous. À l'avenir, vous serez beaucoup plus en possession de vos moyens; promotion, recyclage, cours et nouveaux postes vous avantageront.

BOUGER. Vous voudrez plus de sécurité et vous aurez donc un plus grand sens pratique. Bonne période pour stabiliser votre situation. Dans votre vie sentimentale, vous pourriez être possessif. Mettez-vous quelques minutes à la place de vos proches.

BOUGIE. Allumée. Fiez-vous à ce que vous ressentez, car vos intuitions seront bonnes. Si vous avez l'occasion d'exprimer vos sentiments à l'être cher, il vaudrait mieux que vous ne laissiez pas passer une telle occasion. Vous protégerez les personnes que vous aimez et vous aurez à cœur de faire plaisir.

Éteinte. Sensible et attentif aujourd'hui, vous pourriez ressentir les souffrances et les joies qui nous lient les uns aux autres. En matière d'argent, les semaines actuelles seront propices. Vous aurez du succès dans vos entreprises.

Y voir de la cire couler. Vous vous tournerez résolument vers l'action. Un état d'esprit concret vous permettra d'avancer considérablement et de trouver les moyens les plus simples de réussir. Vous aurez de l'influence sur votre entourage. Donnez le bon exemple!

Cierge religieux. Atteindre vos objectifs deviendra important. Il vous faut considérer lucidement ce que vous pouvez réaliser. Vous ne trouverez pas de réponses simples à quoi que ce soit aujourd'hui, ce qui vous donnera l'occasion d'explorer plusieurs avenues. Un nouveau défi pourrait vous attirer.

BOUILLOIRE. Bouillante. Vous avez beaucoup de responsabilités, ce qui importe, ce sont vos convictions. Vous luttez constamment contre une tendance dépressive latente qui submerge fréquemment la joie de vivre qui se manifeste en vous.

Vide. Pessimiste, profondément blessé par la vie qui ne s'est pas montrée clémente à votre égard, vous aimeriez être dorloté, dirigé, protégé. Vous refusez d'admettre l'existence d'un conflit intime.

BOULANGER. Bonne journée pour les associations de toutes sortes. Bonnes dispositions pour servir les autres. Vous départagerez la réalité et les rêves de ceux que vous côtoyez. Vous pourriez aider quelqu'un à voir plus clair. Votre jugement sera sûr.

BOULE. Qui roule. Journée pour relaxer et ne vous imposer aucune obligation. Vous choisirez le confort, la meilleure musique, ce qui goûte bon. Prenez le temps de ne faire que ce qui vous plaît. Cette semaine, il y aura quelques attentes.

Stationnaire. C'est avec les autres que vous trouverez le plus de bonheur. Vous serez moins productif que dernièrement, mais vous continuerez d'être favorisé par la chance. En matière d'argent, vous pourriez avoir une petite surprise pas désagréable du tout.

BOULEAU. C'est une période favorable pour modifier votre régime alimentaire et adopter de meilleures habitudes de sommeil. Il y a de bonnes chances qu'on vous trouve bien calme cette semaine. Si vous n'avez pas tout ce que vous voulez, vous établirez une stratégie à long terme.

BOULET. Il est probable que vous devrez modifier certains comportements pour obtenir ce que vous voulez. Plus de lenteur serait tout indiqué. Procédez posément en toute chose aujourd'hui. Ce soir, vous serez rayonnant.

BOULEVERSEMENT. Il ne vous restera que quelques jours à patienter avant d'atteindre une part de ce que vous désirez. Gardez en tête qu'il ne vous serait d'aucune utilité de vous presser. S'il y avait des tensions dans l'air, votre calme apaisera votre entourage.

BOUQUET. En recevoir un. Si vous êtes seul et que vous avez envie de rencontrer quelqu'un, pourquoi ne pas donner de votre temps bénévolement à une œuvre? C'est en donnant que l'on reçoit le plus; peut-être que l'amour avec un grand A serait au rendez-vous.

BOUQUIN. Il représente sa propre vie. L'amour tient une place primordiale dans votre vie et vous êtes totalement capable d'aimer et de vous laisser aimer. Très sensible, vous évitez les rencontres fortuites et préférez une relation stable et traditionnelle.

BOURDONNEMENT. Vous serez tout en nuances aujourd'hui et vos activités s'en ressentiront. En amitié, il est possible qu'un proche ait besoin de votre aide : ne reculez pas devant ses demandes même si elles vous semblent exagérées. En amour, un événement bizarre pourrait se produire.

BOURGEON. D'arbre. Vous tiendrez compte d'un commentaire d'une personne de votre entourage. Dans vos activités, vous serez conscient de nouvelles possibilités. Vous aurez besoin de temps pour évaluer la situation dans une histoire intime.

De fleur. Un léger sentiment d'insécurité pourrait vous traverser. Ne vous laissez pas envahir par le doute, car vous pourriez vous imaginer une situation sans queue ni têtc. Par ailleurs, en soirée, vous saurez profiter des bons moments.

BOURREAU. Bonne journée pour faire un achat. Offrez-vous ce à quoi vous avez résisté jusqu'ici. Dans vos relations sentimentales, tout ira bien car vous charmerez par votre seule présence aujourd'hui. Journée active.

BOURSE. Comme vous aurez la bougeotte, le mieux serait de vous organiser pour avoir à vous déplacer aujourd'hui. Vous pourriez d'ailleurs faire une rencontre intéressante. Dans vos activités, vous aurez autant d'imagination que de méthode.

BOUSSOLE. La journée est favorable pour modifier votre régime alimentaire, vous acheter un vêtement ou adopter de meilleures habitudes de vie. Vous aurez tout de même besoin de calme aujourd'hui. Vie sentimentale stable.

BOUTEILLE. Pleine. Vous souhaitez acquérir des valeurs, des biens dont la possession compenserait votre désespoir, vous appliquez toute votre énergie et votre résistance à cette lutte acharnée.

Vide. Même si votre comportement demeure extérieurement harmonieux, même si vous semblez participer à ce qui se passe autour de vous, prétendant même diriger et prendre les autres en charge, vous gardez toujours une attitude distante qui dissimule une forte susceptibilité.

Renversée. Révolté contre l'injustice du sort, vous aspirez cependant à échapper à la tension nerveuse qui se fait sentir de façon insupportable en sortant de vous-même, en vous lançant dans des entreprises originales.

BOUTIQUE. Y rentrer. Vous inspirez le respect à votre entourage. Sous peu, vous vous fixerez un nouvel objectif et vous parviendrez à vos fins ; les efforts que vous faites ne sont pas inutiles. Grâce à votre ouverture d'esprit, il vous est facile d'ouvrir de nouvelles portes.

La voir fermée. Quelques modifications toutes simples amélioreraient votre environnement et votre vie quotidienne. Vous pourriez avoir des nouvelles au sujet d'une personne à qui vous êtes très attaché sans qu'il y paraisse.

BOUTON. Neuf et brillant. Vous espérez échapper à vos difficultés intimes en vous adonnant à une activité intense, mettant en jeu la combativité qui bouillonne au fond de vous et qui se manifeste en actes et en gestes impulsifs.

Perdu. L'excitation fait partie intégrante de votre travail. Cela bouge vite et, bien que le rythme s'accentue, vous arrivez très bien à suivre la cadence. Vous êtes sur votre lancée. Faites tout de même attention de ne pas pécher par orgueil, cela vous perdrait! Vous savez tirer profit de votre grande forme intellectuelle.

BOYAU. Si vous avez le choix, consacrez-vous à des activités qui demandent de la minutie. Votre assistance et votre opinion seront recherchées parmi vos proches aujourd'hui. En amour, vous irez vers ce qui est concret.

BOXER. Se voir boxer. Vous serez enthousiaste en ce jour et durant de longs moments durant l'année qui vient. On voudra votre bonheur et vous le voudrez aussi, ce qui a toutes les chances de donner d'excellents aboutissements. Laissez-vous gâter par la vie et continuez d'aller vers ce que vous souhaitez.

Voir quelqu'un d'autre boxer. Vous serez en forme et la chance vous sourira dans plusieurs domaines. Dans votre vie affective, vous vous sentirez bien dans votre peau et vous communiquerez plus simplement vos sentiments. Votre personnalité symbolise la paix et l'harmonie, vous ne l'oublierez pas.

BRACELET. En recevoir un. Il y aura un changement d'ambiance durant les prochains jours. Grâce à votre capacité d'adaptation, vous trouverez le terrain idéal pour montrer ce dont vous êtes capable. Votre personnalité symbolise l'énergie créatrice et la curiosité, deux qualités que vous exploiterez avec bonheur durant l'année qui vient.

Le perdre. Durant les prochaines semaines, votre emploi du temps pourrait être surchargé. Vous ferez face à la musique avec beaucoup d'attention. On dit que les gens comme vous ne prennent jamais leurs responsabilités à la légère; vous aurez l'occasion de le prouver durant l'année qui vient.

BRAISE. Une année très stimulante et enrichissante commence pour les gens de votre genre. Restez attentif à tout ce qui se passe autour de vous, mais surtout ayez confiance que la chance est de votre côté. Vous irez en toute simplicité vers ce qui vous convient. Harmonie assurée.

BRANCHE. En casser une. Vous pourrez vous détendre et vivre avec confiance et enthousiasme. Vous aurez des antennes et vous pourriez comprendre des choses qui étaient restées confuses. Éloignez-vous des conflits, car vous les supporteriez difficilement.

Sans feuilles. Plusieurs défis vous seront proposés, ce qui pourra contenter votre besoin d'apprendre. Sentimentalement, il vous suffira d'être à l'écoute des autres pour passer une bonne année. Votre charme vous préservera des mauvaises surprises. Soyez plus habile que ceux qui ne souhaitent pas forcément votre réussite. Restez diplomate !

BRAS. Force, capacité ou incapacité devant une difficulté. Acceptant mal la réalité et les frustrations qu'elle vous impose, vous voudriez être plus indifférent à tout ce qui vous entoure pour pouvoir juger et agir avec recul, mais selon vos désirs.

BRASIER. Il est probable que vous devrez défendre votre point de vue dans plus d'un secteur de votre vie. Persévérance, endurance et résolution vous seront utiles. Par ailleurs, vous saurez faire des associations fructueuses.

BRASSER. Vous qui êtes généralement le centre de l'attention, vous devrez probablement céder la place à d'autres. Rien de grave, ne vous en faites pas. Vous avez acquis assez de sagesse et de confiance intérieure pour savoir qu'on ne peut pas toujours être au premier rang. C'est le moment d'œuvrer dans l'ombre, de vous retirer ou de vous dédier aux autres. Votre générosité naturelle trouvera largement de quoi s'exprimer.

BRASSERIE. Vous pourriez avoir moins d'énergie que dans les derniers jours. Il serait prudent de mesurer le pour et le contre avant de donner du temps à une cause qui n'en vaut peut-être pas la peine. Vous aurez une bonne intuition dans une histoire de cœur.

BRAVER. Regain d'énergie tout à fait spectaculaire. Vous avez une capacité de récupération hors du commun. Le sourire vous revient en même temps que le dynamisme et le moral. Attention toutefois de ne pas vous remettre à brûler la chandelle par les deux bouts. Un membre de votre entourage est frappé par la maladie et cela vous fait prendre conscience de l'importance de prendre soin de soi.

BREBIS. Vous serez attiré par ce qui est stable et tranquille aujourd'hui. Un événement du passé pourrait resurgir. Bonne journée pour voir aux tâches que vous avez laissées s'amasser depuis quelque temps. Vous serez méthodique.

BRICOLER. Le travail n'est plus une corvée depuis que vous avez fait le ménage dans votre tête. Certes, vous accomplissez vos tâches avec application et diligence, mais les difficultés imputables au travail restent désormais au bureau. Vous possédez une clarté d'esprit qui vous étonne vous-même. Sur le plan financier, le budget est très bien équilibré.

BRIGAND. Votre énergie est débordante, mais vous avez de la difficulté à la gérer. Des activités telles que la marche, la natation, la course ou la méditation vous seraient d'une grande aide. Des problèmes reliés au système respiratoire ne doivent pas être pris à la légère. Ne demandez pas aux autres d'être dans le même état explosif que vous!

BRILLER. Vous serez intéressé par les questions d'argent et par de nouvelles acquisitions. Votre intérêt portera des fruits, car vous aurez la touche en ce domaine. En amour, vous serez romantique. Vous saurez faire plaisir.

BRIQUE. Au travail, vous aurez du ressort et ne baisserez jamais les bras. Amoureux des discussions, vous serez expert en relations humaines. En présence d'un public, vous vous transformez. Au sein de votre entreprise, vous serez le meilleur ambassadeur, prêt à soutenir la marque ou la société qui vous emploiera. Vous seriez un excellent publiciste. Soucieux de votre image, vous jouerez sur votre tenue vestimentaire et votre coiffure pour faire bonne impression.

BROCHE. Vous serez porté à l'introspection et des questions concernant votre passé pourraient vous tourmenter. En amour, vous serez également introverti. La solitude ou l'intimité vous conviendront mieux que trop de compagnie.

BROCHEUSE. Vous vivrez quelques jours plaisants du côté de vos relations amicales. Vous pourriez établir un contact avec une personne qui vous donnerait un coup de main. C'est un bon moment pour obtenir plus que ce que vous avez présentement. Vous saurez vous mettre de l'avant sans trop demander.

BROSSER. Se brosser les cheveux. Une rencontre faite le mois dernier semble vouloir se transformer en quelque chose de plus qu'une simple relation amicale. Vous n'êtes pas pressé et vous décidez de ne pas bousculer les choses. Le règlement d'une situation familiale délicate vous oblige à déployer des trésors de diplomatie. Vous rencontrez quelqu'un que vous aviez perdu de vue depuis des lustres.

BROUETTE. Vous serez efficace dans tout ce que vous toucherez aujourd'hui. Vous saurez respecter les échéances. Si plusieurs nouvelles idées vous trottent en tête, sachez que vos chances de succès sont grandes. En amour, vous serez fougueux.

BROUILLARD. Vous pensez qu'un environnement paisible et harmonieux serait favorable au relâchement de la tension anxieuse qui vous accable et vous aiderait à surmonter votre morosité. Vous aimeriez pouvoir vous montrer plus sociable et moins intransigeant envers les autres.

BROUSSAILLES. Journées intéressantes pour les nouvelles rencontres. Vous serez de bonne humeur et toute activité au sein d'un groupe vous conviendra parfaitement. La solitude ne vous apporterait pas grand-chose.

BROUTER. Ce sera une journée tranquille et agréable tout à la fois. Vos plans ne seront pas modifiés. Vous aurez la touche pour améliorer la situation dans quelque situation que ce soit. N'hésitez pas à vous joindre à quelques amis en fin de journée. Flâner un peu vous ferait du bien.

BRUIT VIOLENT. Le personnage que vous assumez est souvent dicté par les circonstances. Il représente un compromis, un visage d'emprunt qui assure l'intérim jusqu'à ce que votre véritable personnalité puisse se manifester au grand jour, c'est-à-dire lorsque vous aurez réalisé votre idéal.

BRÛLURE. Rejet des impuretés, des angoisses, symbole de régénération, cela témoigne d'une vie intense et puissante, mais indique aussi un manque de contrôle.

BRUME. Consacrez votre énergie à votre bonheur. À la maison, tout ira bien, en particulier si vous êtes bien entouré. N'économisez pas trop le travail, car vous aurez la possibilité d'atteindre vos objectifs. Nombreuses idées.

BRUN. Vous prendrez la vie tranquillement et elle fera de même avec vous. Vous donnerez généreusement votre amour et vous pourriez recevoir plus d'un compliment. Chaleur au foyer.

BRUTAL. L'être soi-même. Vous arrivez à résoudre une situation embrouillée, vous êtes bien implanté dans la réalité, vous exercez votre activité régulièrement et sérieusement dans un domaine que vous connaissez bien, de manière à obtenir des résultats tangibles.

> **Voir quelqu'un être brutal.** Vous ne vous laissez pas tromper ou bluffer par les apparences ni influencer par des opinions dont vous n'avez pas expérimenté la justesse. Cependant, vous estimez vos occupations trop absorbantes et souhaiteriez un peu plus de temps pour vous détendre.

BÛCHE. Vous prendrez le temps de montrer votre affection aujourd'hui. Vous êtes souvent téméraire en amour, aujourd'hui est un bon jour pour l'être. Votre manière constructive d'aimer pourrait éblouir la personne qui vous aime.

BUISSON. Vous recevrez des témoignages qui vous feront plaisir. De votre côté, vous aurez le sens de la fête et la manière de faire plaisir. Pas d'ombre au tableau. En cette belle journée, prenez le temps d'exprimer ce que vous ressentez. Vous êtes de nature plutôt discrète, ce qui ne vous empêche pas du tout d'être très dévoué. Faites confiance à la vie et à ceux qui vous aiment.

BULBE. Vous prendrez plaisir à vivre auprès de ceux que vous aimez. Vous plaisez, cela est évident et cela vous réchauffe le cœur. Votre générosité et votre attention seront grandes et vous ferez des heureux.

BULLDOZER. En ce beau jour, vous trouverez une manière d'exprimer vos sentiments envers la personne que vous aimez. S'il y en a plusieurs, vous serez rêveur. La vie n'est pas parfaite, mais votre manière d'aimer a quelque chose de parfait et de merveilleux. Vous ferez le bonheur de quelqu'un.

BULLE. En faire. La vie que vous menez actuellement satisfait pleinement votre désir de nouveauté, de variété et votre inlassable curiosité. Elle vous procure la joie et la détente. Vous avez maintes occasions de sortir, de mener une existence mouvementée, d'échapper à la routine, le train-train quotidien vous étant insupportable.

BUREAU. Changement en perspective dans votre vie personnelle, confiant en votre valeur, vous trouvez une échappatoire à des problèmes ou à des soucis dans une activité mentale ou professionnelle qui vous plaît et vous procure un sentiment d'importance.

BURN-OUT. Vous perdez moins de temps sur des broutilles. Vous considérez les choses dans leur contexte réel et pouvez ainsi mieux évaluer les situations qui se présentent. Vous reprenez un rythme plus modéré. Un climat de compétition amicale vous encourage à redoubler vos efforts. Une belle surprise d'ici quelques semaines changera le cours de votre vie.

BUTTE. Du côté de vos relations avec les autres, vous aurez tendance à être un peu impulsif, mais votre sens du comique fera rire ceux qui vous entourent. Vous commencez une courte période de grande activité.

CABALE (**communication avec le monde des esprits**). En matière d'argent, vous serez peut-être obligé de débourser plus que vous ne l'aviez prévu. En prenant le temps d'analyser ce qui s'offre à vous, vous prendrez la meilleure décision. En amour, on pourrait vous faire de l'œil.

CABANE. Dans la forêt. L'individualisme, l'égocentrisme s'empare de vous, votre profession vous offre la possibilité concrète de briller, de rayonner, d'exercer votre dynamisme dans des domaines variés.

Délabrée. Pour échapper à votre sentiment d'isolement, vous vous livrez à une vie extérieure mouvementée, fertile en événements divertissants. Mais votre manque de précision et de buts réels est à la base d'un comportement mal adapté, de décisions brusques que vous regretterez par la suite.

CABARET. Il vous sera difficile d'exprimer ce que vous ressentez. Vous profiterez au maximum de cette journée en faisant des activités routinières et en restant auprès de personnes qui n'en demandent pas trop. Chance ce soir.

CABINE TÉLÉPHONIQUE. Il y aura des développements étonnants dans votre environnement. L'occasion d'améliorer votre statut professionnel pourrait se présenter prochainement. Vous devrez évaluer le pour et le contre d'une proposition. Prenez votre temps.

CABINET D'AISANCES. Vous êtes dépressif et vous fuyez tout ce qui mine vos humeurs. Consciemment ou non, vous avez fait du tort à une personne et le ciel vous fait payer ce que vous devez.

CÂBLE. Les gens auront des idées dont vous tiendrez compte. Certaines erreurs que vous croyez avoir commises tourneront rapidement à votre avantage. Dans votre vie sentimentale, on appréciera votre calme et votre gentillesse.

CACAHUÈTE. Légère comme une plume, votre intelligence ne s'angoissera pas à définir des plans de travail trop élaborés. Trois conditions vous sembleront nécessaires pour réussir: la discipline, la chance et le recul. Votre mission terminée, vous passerez à autre chose.

CACHETTE. S'y cacher. Méfiez-vous des actions inconsidérées; votre champ d'action est très étendu. Constamment attiré par des projets nouveaux, vous ne menez pas toujours à bonne fin ce que vous entreprenez, abandonnant votre œuvre avant d'en avoir recueilli les fruits, vous lançant dans une affaire sur un coup de tête. Votre activité papillonnante manque de ligne de conduite précise.

Voir un objet caché. Vous vous faites facilement l'avocat des causes perdues parce que vous vous laissez prendre dès que l'on fait appel à vos sentiments. Vous possédez le don de redonner courage à vos semblables en leur communiquant votre enthousiasme et votre joie de vivre. Vous risquez d'éparpiller cette richesse vitale dont les autres profitent.

Cacher quelque chose. Vous amusiez ou agaciez vos collègues de travail par vos sautes d'humeur et votre inconstance. Ils seront toutefois surpris de vous voir obéir à une loi plus cohérente. Clair dans votre discours, vos projets feront autorité. Autrefois, vos collègues vous reprochaient de brasser de l'air, estimant que vos paroles étaient du vent. La fermeté de vos décisions et la détermination que vous exercerez pour les faire respecter transformeront les opinions. Votre image sera revalorisée.

CACHOT. Les résultats que vous attendez viendront sous peu et les efforts que vous avez faits ne passeront pas inaperçus. Dans vos rapports avec les autres, vous pourriez ressentir une certaine difficulté à communiquer vos sentiments.

CACTUS. D'humeur un peu morose, vous aurez besoin de tranquillité d'esprit. Il serait bon de garder du temps pour fixer vos objectifs. Dans votre vie sentimentale, soyez responsable sans trop attendre en retour. Journée occupée.

CADAVRE. Fin d'une relation ou d'un amour dramatisé par des données psychiques. Détachement mystique avec une personne connue ; il peut s'agir aussi de la disparition d'attitudes, d'idées ou de sentiments.

CADEAU. Que l'on reçoit. Vous souciant peu des convenances, des habitudes de vie de votre milieu, vous agissez à votre guise, satisfaisant votre goût du risque, exerçant vos capacités et votre intelligence dans une activité qui vous plaît.

Que l'on donne. Sensible, délicat, amoureux de la beauté, vous vous laissez souvent entraîner dans des aventures sexuelles qui satisfont votre besoin de fantaisie, d'aventure et de changement.

CADENAS. Ouvert. Question argent, vous pourriez effectuer une transaction financière assez intéressante. Cependant, surveillez vos paroles car elles pourraient être mal interprétées. Dans votre vie sentimentale, vous serez dans de bonnes dispositions.

Fermé. Si vous le pouvez, faites quelques menus travaux à la maison. Si vous êtes au travail, en réagissant posément devant un problème, la solution vous viendra comme par magie. En amour, vous serez songeur.

CADRAN. L'entendre sonner. Tout ce qui concerne votre intérieur vous intéressera et vous pourriez faire des changements. Par ailleurs, essayez de trouver quelque chose qui vous sortira de votre quotidien et de votre milieu habituel. Vous aurez besoin de connaître d'autres horizons.

Arrêté. Un ennui sera résolu si vous laissez le temps passer. Ne rien forcer est parfois la meilleure attitude. Les relations avec votre famille seront bonnes. Question argent, vous pourriez avoir une surprise sous peu.

CADRE. Un proche pourrait vous faire découvrir les atouts cachés d'une situation qui vous semble pénible. Vous serez ouvert à la nouveauté. Vous laisserez les autres se mettre de l'avant, vous agirez comme bon second. En amour, plus de calme ne vous nuira pas.

CAFÉ. Vous avez le sentiment de flotter, d'avoir des ailes. Parce que vous êtes dans un état proche de l'euphorie, vous arrivez à remonter le moral des amis sur le bord de la déprime. Vous savez, grâce à votre sens de l'humour, dérider les plus bougons. On apprécie votre présence, envie votre allégresse et admire votre fantaisie.

En boire. Votre libido trouve satisfaction et cela contribue à vous maintenir de bonne humeur. Vous vous laissez envahir par une foule d'émotions nouvelles. Les invitations, les réceptions et les sorties sont évidemment nombreuses. Sachez quand même doser le plaisir et le repos sans quoi vous votre santé s'en ressentira.

Renversé. Vous parvenez à vous isoler des contingences, à éviter les contraintes et à suivre la voie qui vous plaît, c'est-à-dire vivre selon votre caprice du moment, Cette attitude de fuite n'est qu'une compensation au sentiment confus d'inquiétude et de mécontentement qui vous habite.

CAGE. Dans vos occupations, vous aurez une bonne concentration et une compréhension claire des choses. Vous risquez de ne plus savoir où donner de la tête tant vous serez pris. En amour, il est probable que vous serez sur le mode réflexion.

Vide. Les histoires de famille pourraient prendre une part d'énergie. Vous serez raisonnable et prêt à des compromis pour que l'entente règne. Vous voudrez voir des résultats concrets à vos actions. Soirée plaisante.

Y être enfermé. Il y a de bonnes chances que vous vouliez dépasser ce petit quotidien parfois bien ennuyeux. Malgré tout, vous aurez un point de vue plutôt positif sur votre vie actuelle. Votre bonne humeur fera plaisir. On vous aime, n'en doutez pas.

CAGOULE. Votre premier mouvement vous porte à la contradiction ou à l'accusation. Vous avez besoin des autres, généralement pour vous mesurer avec eux. Cependant, vous ressentez la nécessité de vous montrer moins impatient et tyrannique afin de maintenir une ambiance calme et harmonieuse.

CAHIER. Les communications seront plutôt difficiles à établir aujourd'hui et le mieux serait de travailler seul. Cela dit, vous serez travaillant et vous aurez une approche disciplinée. En amour, vous serez plus prudent que vous en avez l'habitude.

CAHOTER. Route cahoteuse. Les questions d'argent sont au programme. Si votre situation semble difficile, n'hésitez pas à demander conseil. Vous pourriez avoir une surprise en ce qui concerne l'opinion que l'on a de vous. Vous serez apprécié.

CAILLOU. Au travail, vous aurez du ressort et ne baisserez jamais les bras. Amoureux des discussions, vous serez expert en relations humaines. En présence d'un public, vous vous transformez. Au sein de votre entreprise, vous serez le meilleure ambassadeur, prêt à soutenir la marque ou la société qui vous emploiera. Vous seriez un excellent publiciste. Soucieux de votre image, vous jouerez sur votre tenue vestimentaire et votre coiffure pour faire bonne impression.

CAISSE. Prenez cette journée pour vous occuper de ce qui touche le confort. Les activités familiales vous attireront également et vous pourriez donner des nouvelles à une personne de votre famille qui l'appréciera. En amour, vous serez casanier.

CAISSIER. Vous avez des dons d'organisateur, ce n'est un secret pour personne ; servez-vous de cette qualité pour améliorer la vie quotidienne de vos proches ainsi que la vôtre. C'est un bon moment pour donner des nouvelles à des gens qui vivent au loin. En amour, vous aurez du nouveau. La famille est présente.

CAJOLER. Tenez-vous-en aux activités routinières et vous finirez la journée fier de vous. Si vous avez un but précis et clair, vous arriverez à vos fins. En amour, vous n'aurez pas envie de vivre de grandes émotions. Dites-le simplement.

CALCULER. Les communications seront faciles aujourd'hui. C'est le moment d'avoir cette conversation qui vous permettrait de comprendre ce qui se passe pour une personne de votre entourage. Un court voyage vous ferait du bien.

CALEÇON. De femme. Un mode de vie routinier vous conviendra aujourd'hui. Quelles que soient vos activités, procédez calmement et avec réalisme, vous atteindrez vos objectifs. En amour, vos gestes parleront pour vous.

> **D'homme.** Un peu plus pressé que d'habitude, vous voudrez tout terminer en un temps record. Tout ce qui a trait à votre maison vous intéressera, tandis que votre vie sociale et vos projets seront mis en retrait pour la journée.

CALENDRIER. Votre partenaire a besoin d'un peu de recul, ne le voyez surtout pas comme un abandon. Vos attentes amoureuses sont très hautes ; pas facile de les combler toutes ! Une maladresse vous peine beaucoup. Votre double personnalité fait en sorte que les gens ne savent pas trop comment vous aborder. Quelques affrontements avec un membre de votre famille.

CALIFOURCHON. Être à califourchon. Vous en avez assez d'entendre tous les petits malheurs des vôtres. Vous appréciez les soirées en tête-à-tête en bonne compagnie. Vous voulez être heureux, vous amuser, aimer et, surtout, rien de compliqué. Vous vous laissez aller à faire des folies, à courir l'aventure, à expérimenter des fantaisies! Le téléphone n'arrête pas de sonner.

CALMANT. Le prendre. Avertissement contre des décisions peu sages. Vous êtes dans l'impossibilité de concilier les tensions contradictoires qui vous oppressent. Vous ressentez de violentes émotions prêtes à se décharger, à exploser, mais votre conscience les réprouve et les refoule. Il en résulte une pénible sensation d'anxiété proche de la panique, à laquelle vous ne trouvez pas d'issue ou de dérivatif.

CALME. On pourrait vous faire perdre votre calme. À la maison, essayez d'avoir un peu plus de compréhension envers vos proches. Vous ne manquerez ni d'esprit d'initiative ni de créativité.

CALOMNIE. Habile et attentif aux besoins des autres, vous pourriez aider une personne de votre entourage. Vous serez dans un état d'équilibre intérieur toute la semaine. Même si certains changements de dernière minute semblent considérables, ils se feront aisément.

CALVAIRE. Il est possible que vous manquiez de concentration cette semaine. Vous aurez tendance à vous éparpiller. Il serait préférable de vous donner un but et de vous y tenir. Côté santé, vous serez en forme et bien dans votre peau.

CALVITIE. Se voir chauve. Vous êtes une personne énergique, dynamique, entreprenante, constamment à l'affût de possibilités nouvelles, décidée à courir des risques, à vous jeter inconsidérément dans des entreprises capables de vous apporter la gloire.

Des autres. Au travail, un nouveau départ est inévitable! Il bouscule vos habitudes et votre quotidien, mais il vous est favorable à plusieurs points de vue. Ne tenez pas compte des commentaires pessimistes. Un geste vous donne le signal du départ. Votre intuition et votre instinct vous guident vers le bon chemin à prendre.

CAMBRIOLAGE. Être cambriolé. Journée tranquille en perspective. Vous avez peut-être certaines préoccupations que d'autres n'ont pas. Vous pouvez trouver un moyen d'accomplir ce que vous voulez, mais prenez le temps d'y réfléchir avant de bouger. Vous donnerez attention et tendresse.

Être le cambrioleur. L'atmosphère ne sera pas aux grands émois. Une personne de votre famille pourrait vous annoncer une bonne nouvelle. Profitez de cette journée pour terminer de menus travaux, ce qui vous libérera de certaines contraintes. Semaine intéressante en vue.

CAMÉLÉON. La journée devrait être bonne, surtout si vous faites des activités qui demandent de l'imagination. En amour, vous aurez tendance à vous inquiéter facilement. Tâchez de ne pas vous agiter pour des questions qui n'en valent pas la peine. La semaine sera bonne.

CAMELOT. La journée se passera agréablement. L'amitié joue un rôle important dans votre vie. Chaque personne avec qui vous développez un lien durable peut être assurée de votre fidélité et de votre soutien. Cette semaine, vous aurez besoin de vous confier.

CAMÉRA. Les activités casanières vous apporteront du plaisir. Occupez-vous de ce qui touche votre confort. Vous pourriez avoir des nouvelles d'une personne de votre famille avec qui vous passerez un bon moment. Cette semaine, il n'y aura pas grand-chose à votre épreuve.

CAMION. En voir un. Il est question d'une grande entreprise autour de vous ; votre profession vous permet de satisfaire à la fois votre besoin d'action, de mouvement, d'initiative et de liberté.

En conduire un. Profitez de la bonne fortune dans vos rapports avec les autres. Par ailleurs, votre santé occupera une place importante dans vos pensées, mais il y a peu de chance que vous décidiez d'y voir concrètement. Du côté de vos activités, le temps est venu de prendre certaines mesures ; les effets se feront sentir rapidement.

CAMP. Si vous vous êtes engagé envers quelqu'un et que vous voulez reculer, dites-le simplement. On respectera vos sentiments. Ce sera une bonne semaine pour rallier les gens. Vous serez persuasif.

CAMPAGNE. Une activité d'équipe vous conviendrait. Vous aurez l'art de rallier les autres. Par ailleurs, vous serez obligé de constater que certains n'ont de cesse de tirer la couverture de leur bord. Que voulez-vous, tout le monde n'a pas le sens de la droiture !

CAMPING. Votre bonne humeur fera plaisir à voir et vous pourriez faire rire votre entourage par vos remarques comiques. En amour, vous feriez mieux de vous reposer un peu. Un problème lié à votre famille pourrait trouver son dénouement aujourd'hui

CANAPÉ. Vous étiez de mauvaise humeur dernièrement. Ces jours-ci, vous passerez à la colère, puis à la culpabilité. Pour oublier, pour vous faire plaisir, vous ferez peut-être des dépenses superflues ou vous succomberez aux charmes d'un vendeur qui n'offre aucune garantie, même pour un produit très cher.

CANARD. En voir un. Très attiré par les plaisirs de l'amour, vous avez le don de vous faire aimer, ce qui n'exclut pas une certaine naïveté de votre part.

Le chasser. L'autre sexe vous captive ; il vous arrive de vous laisser mener par le bout du nez par ceux qui savent exciter votre passion, en se montrant apparemment dociles.

En manger. Un léger ennui s'annonce du côté des amours ; votre jalousie vous entraîne dans les drames passionnels.

CANCER. En être atteint. Vous aurez besoin de calme et de votre expérience pour venir à bout d'une situation difficile. Les rapports avec les gens qui vous entourent seront toutefois cordiaux. Vous ferez une suggestion qui fera grand plaisir à une personne que vous estimez.

Le soigner. Vous aurez besoin de tranquillité et de calme. Tout ce qui concerne votre lieu d'habitation vous intéressera et vous pourriez faire quelques changements. Bonne journée pour l'intimité et le quotidien.

CANDÉLABRE. Vous aurez la chance de vous trouver au bon moment à la bonne place. Votre bon jugement sera en demande et vous pourriez passer une partie de la journée à guider les gens qui vous entourent. L'ambiance sera joyeuse. Pas d'imprévu notoire.

CANICHE. Vous comprendrez mieux ce qu'on attend de vous. Quelque chose d'étonnant pourrait vous être divulgué. Restez discret dans tous les cas. Rendez service, vous serez excellent second aujourd'hui.

CANIF. Vous ferez rire votre entourage aujourd'hui car vous distinguerez le côté cocasse des événements. En amour, ne soyez pas distrait. Une personne plaisante pourrait se trouver sur votre route dans les jours qui viennent.

CANNE. Vous n'avez aucune raison de vous laisser pousser dans le dos. De toute façon, vous saurez rétorquer à qui vous dérangera. Dans un autre ordre d'idées, vous pourriez recevoir des compliments qui vous feront bien plaisir.

S'en servir. Vous pourriez faire une percée dans votre domaine d'activité. En amour, vous direz franchement ce que vous pensez, ce qui pourrait faire des éclats.

CANNELLONI. En faire cuire. Vous maîtrisez mieux les situations. Vous vous contrôlez, vos paroles ont du poids. Vous attirez l'attention, que ce soit pour travailler ou tout simplement pour plaire. Si, jusqu'à maintenant, vous avez eu une attitude servile, vous n'acceptez plus qu'on vous marche sur les pieds.

En manger. Vous vous trouvez en face de difficultés imprévues. Recherchant d'abord votre bien-être et votre agrément, vous souhaiteriez mener une existence tranquille dans une atmosphère douillette et intime, au sein d'un groupe social ou auprès d'une personne dont vous vous sentiriez aimé et qui vous protégerait.

CANON. Vous n'avez pas de soucis matériels actuellement, votre situation vous procurant l'aisance et le confort que vous désirez. D'autre part, vous vous sentez maître de votre destin et libre de vos actions.

CANOT. Vous ne voudrez pas être bousculé et vous pourriez avoir quelques sautes d'humeur si vos proches ne tiennent pas compte de ce que vous ressentez. Vous n'aurez pas de tolérance pour les gens qui voudraient ambitionner sur vous. En amour, vous serez par contre affable.

CAOUTCHOUC. Vous pourriez subir une petite baisse d'énergie qui vous empêcherait de faire ce que vous aviez prévu. Concentrez-vous sur les tâches nécessaires et reposez-vous. En amour, bien qu'un peu plus sensible que d'habitude, vous resterez charmant et affable.

CAPE. Comptes, ventes, achats, rien ne vous semblera plus simple que d'organiser votre sécurité financière. Si vous êtes dans une situation délicate, demandez un avis à quelqu'un qui s'y connaît. On vous donnera de bonnes idées.

CAPITAINE. Remettez-vous-en à une personne de confiance si une situation vous cause des tourments. Vous deviendrez plus décontracté à mesure que la journée passera. Il n'en tiendra qu'à vous de vous rapprocher de quelqu'un avec qui vous feriez une bonne équipe.

CAPORAL. Vous aurez la cote et l'on aura grande confiance en vous. Toute la journée, vous serez témoin de l'estime et de la confiance que l'on vous porte. C'est le moment d'aller de l'avant, aucun obstacle ne saura vous freiner.

CAPOTER. Vous aurez le goût du train-train quotidien plutôt que des grandes émotions. Côté famille, on pourrait vous annoncer une nouvelle étonnante. Vous verrez quelques changements s'effectuer à votre plus grand plaisir.

CAPTURER. Le travail pourrait être exigeant. C'est un bon moment pour vous atteler à la tâche et pour trouver des moyens simples d'améliorer votre situation. En amour, ce sera plus tranquille que vous le souhaitez.

CAPUCHON. On voudra votre attention, votre écoute, votre compréhension, bref, on vous sollicitera beaucoup. Vous n'aurez pas de difficulté à donner ce que l'on attend de vous. Vous aurez envie de rendre les gens qui vous entourent plus heureux.

CARABINE. Vous êtes trompé d'une manière ou d'une autre. La plupart de nos attitudes comportent un certain degré d'ambivalence. Nous avons tous éprouvé, à un moment ou à un autre, à la fois de l'amour et de la haine envers une personne suivant son comportement. Il arrive à tout le monde de se montrer soumis tout en souhaitant avoir la liberté de se rebeller. Des êtres dont la bonté et la générosité sont reconnues et appréciées peuvent ressentir parfois un furieux besoin de punir ou de se montrer désagréables pour se venger d'une offense. Mais lorsqu'elle est intense et prolongée, la compétition entre des pulsions opposées déclenche des réactions imprévisibles, selon que l'équilibre est rompu sous la pression de l'une ou l'autre tendance. Elle est fréquemment l'instigatrice de décisions brusques et irraisonnées, de sautes d'humeur inexplicables, bref, d'un comportement irrationnel.

CARAFE. Pleine. Si vous êtes plus nerveux que d'ordinaire, il est possible que votre alimentation y soit pour quelque chose. Un proche vous éclairera sur une question que vous vous posez depuis un moment. Vous pourriez mettre un terme à une situation qui n'en vaut pas la peine.

> **Vide.** Tout ce qui concerne votre effet sur les autres vous intéressera beaucoup aujourd'hui. Vous voudrez plaire et vous aurez la touche pour choisir ce qui est le mieux pour vous.

> **Renversée.** Toutes les formes d'entente seraient possibles aujourd'hui. En faisant un petit retour sur vous-même afin de voir ce qu'il en est de votre façon d'être avec les autres, vous constaterez à quel point votre situation s'est améliorée.

CARAVANE. Où l'on vit. Vous avez d'importantes décisions à prendre ; n'hésitez pas à demander l'aide de professionnels pour y voir plus clair. Une zone d'ombre vous dérange et vous apeure. Vous faites des pieds et des mains pour arriver à vos fins, mais certaines difficultés entravent votre route. Un malaise s'installe dans vos relations professionnelles, vous pouvez y remédier.

En ruine. Désorienté lorsque vous vous trouvez hors de votre milieu habituel ou en présence d'étrangers, vous êtes fidèle à vos habitudes, respectueux des règlements extérieurs, car vous ne voudriez pas mériter des reproches ou entrer en conflit avec vos proches. Toutefois, vous souhaitez secrètement vous libérer du carcan des lois morales, avoir une plus grande liberté d'allure et d'expression.

En acheter une. Vous êtes vraisemblablement amoureux et vous êtes de ceux qui laissent l'amour prendre toute la place dans leur vie. Vous êtes chaleureux, sensible, tendre et attentif aux autres et vous essayez à tout prix de rendre l'autre heureux, car vous savez accepter aussi bien les joies que les peines de l'amour.

En vendre une. Vous manquez de courage pour réclamer ce qui vous est dû, vous laissant bafouer et exploiter. Cette sorte de démission devant la vie et les obstacles entraîne des difficultés dans votre vie sexuelle ainsi que l'hypersensibilité aux insultes, réelles ou imaginaires, et peut conduire à des troubles dépressifs.

Grande. En amour, vous êtes sollicité de toutes parts, et malgré toute la meilleure volonté du monde, vous ne fournissez pas à la tâche. On surveille vos faits et gestes dans le but de vous prendre en défaut. Vous aimeriez bien être invisible pour savoir ce que les autres disent de vous. Faites davantage confiance aux vôtres! L'amour vous surprend… et vous enchante!

Petite. Vous retrouvez avec beaucoup d'émotion d'anciennes amitiés. Vous renouez, l'espace de quelques soirées, avec des souvenirs heureux. Vous vivez un amour hors du commun. Du partage, des échanges, une belle complicité définissent bien cette relation. Vous ne jouez plus de rôle, vous ne portez plus de masque, vous êtes vous-même, à l'état pur. Tout est en place pour que cela dure longtemps.

CARESSE. Être caressé. Vos idées seront intéressantes. Vous êtes plus décidé que jamais à réaliser vos projets, vous connaissez très bien la direction que vous voulez leur donner. On pourrait vous reprocher votre caractère indépendant.

Caresser autrui. Votre capacité d'écoute sera appréciée d'une personne que vous côtoyez. Vous vous laisserez porter par de grands idéaux aujourd'hui. En amour, tout ira mieux que ce que vous appréhendez. Côté finances, ne faites pas de folies mais plutôt votre budget.

CARIBOU. Vous n'aurez pas tendance à vous inventer des problèmes. Excellente période pour trouver un emploi, signer un contrat de travail, avoir de l'avancement, recevoir des marques de reconnaissance.

CARNET. Le lire. Votre sens pratique sera à son maximum. En amour, ce sera paisible pour vous. La vie quotidienne prendra le dessus. Vous aurez plusieurs obligations dont vous vous acquitterez avec brio.

Y écrire. Vous pourriez bousculer des idées reçues aujourd'hui, car vous n'aurez aucune hésitation à dire clairement ce que vous pensez. Vous ferez le point et modifierez certaines de vos stratégies. Finesse d'esprit.

CARPETTE. Vous ressentez de fortes impulsions qui vous poussent vers l'extérieur tant sur le plan des amitiés que sur celui des amours intimes. Vous recherchez et trouverez la tendresse et l'affection autour de vous. Mais c'est plutôt l'amour physique qui prévaut en ce moment dans votre vie affective et, sur ce plan, d'intenses satisfactions sont à prévoir. C'est le temps pour vous de provoquer ces moments de tête-à-tête qui seront réussis avec l'être aimé. Des intimités, même secrètes, apportent des plaisirs subtils où vous vous épanouissez librement.

CAROTTE. En manger. Vous êtes avide à tous points de vue. Impatient et brusque, vous vous comportez comme si les autres n'existaient pas, ne tenant pas compte de leurs réactions, faisant mine d'ignorer leurs désirs, leurs besoins ou leur mécontentement.

En planter. Vous atteindrez de meilleurs résultats en modifiant vos méthodes. En amour, vous serez en forme et vous charmerez, alors ne restez pas sur vos gardes. C'est une bonne journée pour vous occuper de vous.

CARROSSE. Vous aurez l'occasion de revoir quelqu'un que vous aviez perdu de vue. En amour, vous serez dynamique. Un vent de liberté et de bonheur soufflera vers vous. Vous serez attentif aux changements, si minimes soient-ils.

De bébé. Vous aurez l'occasion de vous organiser pour être plus à l'aise là où vous passez vos journées. Modifiez votre environnement de telle sorte qu'il vous convienne davantage. En amour, vous respirerez la joie de vivre.

CARTE. Routière. Vous arrivez à échapper lentement au stress que vous subissez depuis un bout de temps. Votre remise en forme est directement liée à votre bon vouloir. Vous devez vider le trop-plein d'émotions à mesure qu'il se présente. Vous voyez plus clair en vous. Vous êtes capable de grandes choses, mais n'oubliez jamais de respecter vos limites, sinon la pente sera difficile à remonter.

Jeu de cartes. Impulsif, violent, dominateur, vous faites tout avec passion. Vos réactions de joie ou de colère sont immédiates et extrêmes.

Mais la raison, la réflexion et la maîtrise que vous imposez à vos impulsions, à vos désirs les plus naturels entraînent une forte tension intérieure et beaucoup d'anxiété.

CASQUE. Le porter. Vous prendrez plaisir à toute collaboration, à condition que l'on respecte votre opinion et votre manière de faire. Vous ferez mieux valoir votre point de vue en adoptant la manière douce. Il est possible que vous ayez un rythme différent des autres aujourd'hui.

En mettre un. Vous serez centré sur vos besoins. C'est le moment de passer une journée à vous occuper de vous et de vos affaires. En amour, la personne qui vous aime pourrait être perplexe devant votre aplomb.

L'enlever. Vous serez en mesure d'évaluer adéquatement les aspects favorables et moins favorables de votre situation. Vous serez sans illusion et s'il faut encore travailler fort, faites-le, vous ne le regretterez pas.

CASQUETTE. En porter une. Bien intégré à votre milieu, vous y maintenez l'harmonie. Optimisme, confiant en votre valeur, vous créez autour de vous une atmosphère sympathique et heureuse, vous montrant compréhensif et tolérant envers autrui. Vos émotions sont généralement superficielles et peu durables.

En mettre une. Vous serez tenté d'entreprendre de nouveaux projets. Voyez d'abord si vous n'avez pas à terminer certaines choses. Des rajustements sont probables. La compagnie de proches vous changerait les idées.

L'enlever. Vous serez tenté de ne pas tenir compte des opinions de ceux qui vous entourent. Dans vos activités, utilisez votre imagination plutôt que de vous acharner dans la même direction. Rappelez-vous qu'il ne peut rien sortir de bon de la persistance d'idées fixes.

Usagée et sale. Le besoin de relations harmonieuses modère votre impulsivité et votre agressivité naturelles. Vous vous montrez sensé dans tout ce qui concerne votre profession. Vous aimez fréquenter des cercles où vous parlez avec plaisir de vos prouesses et de vos conquêtes amoureuses.

CASSEROLE. Pleine. Vous serez actif et empressé aujourd'hui. Vous aborderez la manière dont on fait les travaux d'aiguille avec minutie et humilité. Vous verrez mieux où vous allez en prenant le temps de régler vos comptes.

Vide. Vous vous affirmerez sans agressivité. Vous arriverez à dire et à proposer ce que vous désirez sans heurter les gens qui vous entourent.

Dans vos activités, vous serez adroit. Vous aurez de la chance en ce qui concerne les questions d'argent.

Sale. Vous vous intéresserez à un événement du passé qui ne vous concerne pas directement mais qui vous éclairera sur le comportement d'un proche. Vous comprendrez mieux ce que vous désirez atteindre.

CASSETTE. Vos poussées érotiques sont extrêmement fortes, mais il y a cette froideur, un manque de sentiments et d'émotions, qui vous empêche de vous épanouir.

CATASTROPHE. Vous possédez l'art de vous simplifier la vie en la vivant comme elle se présente. Vous n'anticipez pas l'avenir et vous ne ressassez pas continuellement votre passé. Votre esprit positif attire vers vous l'amour ainsi que de doux et précieux moments.

CAUSEUSE. Dans tout ce que vous approcherez, laissez votre originalité s'exprimer plutôt que de vous conformer à ce qui est bien connu et habituel. Vous êtes capable de beaucoup, les gens le savent. C'est du côté des amitiés que vous aurez le plus d'entrain.

CAVALIER. Des influences contradictoires pourraient vous toucher. Vous voudrez plus d'indépendance, en même temps que l'on vous chérisse davantage. Laissez-vous aller. Ne tentez pas de contrôler les événements.

CAVE. Une personne de votre famille pourrait vous donner des nouvelles réjouissantes. En matière d'argent, les perspectives sont bonnes. Pas de projets hasardeux en vue. En amour, n'oubliez pas que les petites attentions font toujours plaisir.

CAVEAU. Bon moment pour prendre des résolutions en vue d'améliorer votre condition physique. Vous voudrez peut-être changer certaines habitudes dès le début de l'an prochain. Quoi qu'il en soit, vous serez stimulé et positif dans votre approche.

CAVERNE. Vous devrez terminer le travail entrepris par une autre personne, cela ne vous enchantera guère! Vous exprimerez difficilement vos idées. Vous parviendrez à dissimuler un malentendu de taille. On vous expliquera ce que l'on attend principalement de vous. Ne prenez pas le mors aux dents pour une mise au point…

CD (ou disque). Écouter de la musique. Vous vous sentez inquiet, il y a beaucoup de chambardements autour de vous. Ce n'est pas toujours facile, mais vous avez une bonne capacité d'adaptation; vous allez vous en sortir relativement bien. D'autres collègues n'ont pas votre chance. Il sera sans doute question de nouvelles technologies, de recyclage ou de formation. Ce sera l'occasion de faire vos preuves… et d'améliorer votre sort.

CÉCITÉ. Être soi-même aveugle. Ne vous sentant pas assez fort pour affronter l'inconnu, vous ne voulez pas risquer d'être exclu d'un environnement reposant ou d'être repoussé par quelqu'un dont la présence vous est précieuse parce qu'elle vous apporte détente et sécurité. Vous adoptez donc une attitude cordiale sans toutefois participer activement à l'ambiance.

> **Voir un aveugle.** Vous ne nagez pas dans la fortune, mais vous ne manquez de rien. Une certaine aisance s'en vient. Vous avez un choix professionnel à faire, mais rien ne presse. Oubliez les folles dépenses pour l'instant et respectez votre budget à la lettre.

CÉDER. Vous vous entêtez dans des attitudes ou des décisions que vous jugez favorables à l'amélioration de votre situation matérielle et au maintien de votre image de marque, d'où le manque d'ouverture d'esprit qui limite votre champ d'action.

CÈDRE. Un lit douillet avec un bon matelas vous comblera. Votre dos aura besoin d'un confort maximal pour ne pas souffrir. Vous ne choisirez pas la position horizontale pour dormir. Entre les câlins et les bons bouquins, vous pourrez construire un univers intimiste. Ouvrir la porte de votre chambre illustrera le privilège accordé à l'élu de votre cœur.

CEINTURE. Servitude, privation, restriction, frustration. Vous avez le sens de la justice, et en particulier de ce qui vous est dû, le goût des choses bien faites, les relations utiles. Vous n'aimez pas gaspiller vos sentiments dans des aventures sans lendemain.

CÉLÉBRITÉ. Vivant, optimiste, heureux de vivre, vous accordez à ceux que vous côtoyez sympathie et compréhension, réclamant en échange la considération et l'estime que vous méritez.

CÉLERI. Vous pourriez apprendre qu'une personne que vous connaissez bien est malade. Cette nouvelle vous affectera. Sans vous en rendre compte, vous absorbez les douleurs et les malheurs d'autrui et vous en faites les vôtres. Sympathisez, mais ne prenez pas tous les problèmes des autres sur votre dos.

CENDRES. D'une crémation. Vous revendiquez de vos proches une considération particulière ; à cette condition seulement, vous acceptez de vous montrer sociable. Lorsque cette satisfaction vous est refusée, vous êtes angoissé, mal dans votre peau, et ne parvenez plus à maîtriser vos sentiments agressifs et votre irritabilité.

D'un feu de bois. Au travail, vous obtenez de bons résultats et dépassez votre objectif. Vous avez toutefois de la difficulté à faire confiance aux autres ou à partager les tâches. Vous vous méfiez sans motif apparent. Une personne a peut-être fait un geste qui vous rappelle un mauvais souvenir, mais votre référence au passé n'a pas de place ; vous êtes dans l'erreur.

Vider des cendriers. Vous aimez savourer les plaisirs de ce monde et vous êtes très sensible aux compliments, aux égards. Très susceptible, vous aimez occuper la première place dans le cœur de ceux que vous séduisez

CERCLE. Vous recevrez des amis ou des parents. Les conversations porteront sur le sens de la vie, les responsabilités que l'on prend sans s'en rendre compte et la culpabilité que chacun porte en soi. Vous essaierez de trouver ce qui vous motive le plus et ce qui détruit vos énergies. La philosophie et la métaphysique seront à l'honneur.

CERCUEIL. Avec un mort. Vos amis vous apporteront la chaleur que vous souhaitez. Prenez des nouvelles d'un proche parent ou d'un ami. Vous serez surpris du plaisir que vous ferez. Votre humour pourrait détendre l'atmosphère.

Celui dans lequel on se trouve. Votre sensibilité et votre intelligence seront vives. Comme vous n'aurez pas une grande marge de manœuvre, le mieux sera d'observer longuement avant d'exprimer votre opinion. Bonne journée pour régler une question une fois pour toutes.

CÉRÉALE. Vous aborderez tout avec un esprit léger aujourd'hui, ce qui fera plaisir à voir. Vous prendrez la vie en douceur. Une petite escapade serait tout indiquée. Bonnes relations avec les proches. Réconciliation !

CÉRÉMONIE. Vous aborderez tout d'une manière analytique. Votre vie sociale sera active. Période propice à la signature de contrats et à l'établissement d'ententes. Vous pouvez peut-être obtenir de meilleures conditions. Restez observateur.

CERF. Enraciné dans une activité routinière, vous réfléchirez à une autre carrière. Patience ! Trouvez des intérêts inédits pour tenir le coup, sinon vous finirez vite par déchanter en constatant que la terre ne vous aura pas attendu pour tourner. Semez d'abord, cultivez ensuite.

CERF-VOLANT. Au travail, vous devrez faire un effort supplémentaire pour vous concentrer afin d'obtenir le résultat espéré. Il y a un changement à l'horaire habituel, mais on ne vous en avait pas prévenu. Vous devrez donc vous adapter rapidement.

CERISE. Très érotique en raison de sa forme et de sa couleur. Vous pourriez avoir des explications avec votre ex-conjoint ou votre ancienne flamme. On vous critiquera sans même connaître le fond de l'histoire.

CERVEAU. Il se peut qu'un couple que vous connaissez bien vous demande votre avis au sujet d'un de leurs problèmes ; restez en dehors de cela. Écoutez mais ne donnez pas de conseils, à moins que vous ne soyez un expert en relations matrimoniales.

CESSER. Vous accumulerez les succès. On reconnaîtra vos capacités. Essayez de garder quelques moments pour faire le point sur vos objectifs. Vous pourriez amorcer d'heureux changements.

CHAGRIN. Vous aurez une approche plutôt logique et terre à terre. C'est une bonne journée pour effectuer des travaux manuels. Réservez-vous une soirée tranquille, car vous aurez besoin de calme.

CHAHUT. Vous vous sentez romanesque. Vous pourriez rencontrer une personne très bizarre, ce qui ne vous déplaira pas. Vous vous sentez porté par un vent de bonheur.

CHAÎNE. Un proche est peut-être un peu pesant ; ne lui en tenez pas rigueur. Cherchez plutôt à comprendre ce qui n'est pas exprimé. Gardez quelques moments de solitude. En matière de finances, cette semaine, ne faites confiance qu'à vous-même.

CHAISE. Vous inciterez vos proches à bouger, prenant des initiatives pour leur ouvrir la voie. Retournez-vous de temps en temps et attendez-les, car vous les aviez habitués à un rythme plus tranquille. Ils se demanderont pourquoi vous êtes aussi dynamique. Est-ce l'argent, votre moteur ?

> **Y être assis.** Des difficultés transformeront positivement votre existence. Vous serez perplexe, puis le temps vous convaincra que vous avez bien fait de changer de route. Au travail, vous romprez avec votre passé, car votre activité n'aura plus rien à vous offrir. Ce sera dur mais efficace.

CHALEUR. Ces jours-ci, vous êtes porté à juger trop vite une situation. Les apparences sont trompeuses. Au moindre signal d'alerte, prenez un peu de recul. Réfléchissez de nouveau, surtout s'il est question d'une association ou d'un engagement offrant mer et monde.

CHALOUPE. Y être à bord. Votre période de questionnement doit être suivie d'une période de transition. Vous faites des choix importants mais souvenez-vous que vous devez assumer ceux-ci, alors ne précipitez rien. Adoptez la théorie des petits pas et assurez-vous de la solidité des acquis avant de passer à autre chose. Les finances se portent bien malgré quelques petits tracas d'argent.

En voir naviguer une. Sur le plan professionnel, possibilité de changer tout à fait de domaine ou d'un retour aux études à temps partiel. Vous caressez des projets ambitieux et viables, mais il vous manque quelques éléments pour y arriver avec succès. Un ancien collègue de travail perdu de vue depuis longtemps refait surface.

CHAMBRE À COUCHER. Des instants de douceur et de passion viennent pimenter votre quotidien. Vos incertitudes sont omniprésentes, mais vous devez tenter par tous les moyens de les minimiser le plus possible. Vous revoyez un jugement que vous aviez posé dans le passé. On vous reproche votre tendance à exagérer vos petits ennuis, mais on est quand même attiré par votre magnétisme.

CHAMEAU. En monter un. Votre capacité de travail sera excellente, d'autant plus que vous serez en bons termes avec les gens qui vous entourent. Vous allierez souplesse à ténacité, ce qui vous promet une réussite. Dans votre vie sentimentale, il est possible qu'une explication soit nécessaire.

En voir un ou plusieurs. Votre journée se passera plutôt agréablement, mais vous devinerez, à votre grand dam, ce que les personnes de votre entourage vivent. En amour, la vie vous sourira. Vous serez en forme dans les jours qui viennent. Le travail ne vous fera pas peur.

CHAMP. Vous comprenez qu'il vaut mieux profiter des moments heureux. Vous avez toutes les cartes en main pour faire le meilleur choix dans un domaine nouveau pour vous. Affirmez-vous.

CHAMPIGNONS. En manger. Votre péché mignon est la gourmandise, mais vous êtes surtout un fin gourmet et vous ne vous privez de rien pour satisfaire vos besoins. Il est toujours mieux d'adopter une bonne hygiène de vie et une saine alimentation. En apprenant à avoir confiance en soi et à vivre intensément le moment présent, on hypothèque moins ses lendemains. Il est grandement temps de faire un examen de conscience.

En cueillir. Vous êtes romantique et passionné, vos amours sont tumultueuses et parfois même orageuses. Sur le plan sentimental, des confrontations débutent par une simple remarque, par exemple vous donnez un ordre sans vous en rendre compte. Si votre couple est jeune, prenez conscience du jeu dominé-dominant avant qu'il gruge votre amour.

CHANDAIL. Si vous flirtez, vous vous apercevrez qu'on aimerait vous connaître davantage. Il est possible qu'il y ait au moins deux cœurs qui soupirent avec la même intensité. Vous ne vous sentez pas prêt à faire un choix. Ne rejetez personne et gardez la porte ouverte.

CHANDELIER. Avec une seule bougie. Vous allierez joie de vivre à un engagement sincère. Un coup de téléphone à une personne chère lui ferait tant plaisir, ne résistez pas, ne vous dites pas trop occupé. Pour une meilleure santé, faites des exercices physiques, vous vous en trouverez mieux.

À plusieurs branches. Vous arriverez à des résultats intéressants si vous êtes épaulé. Demandez une aide ponctuelle. Vous pourriez recevoir des réponses que vous attendiez depuis quelque temps. En amour, on pourrait vous faire quelques reproches que vous ne croyiez pas mériter. Si c'est le cas, expliquez-vous.

CHANDELLE. Allumée. Fiez-vous à ce que vous ressentez, car vos intuitions seront bonnes. Si vous avez l'occasion d'exprimer vos sentiments à l'être cher, il vaudrait mieux que vous ne laissiez pas passer une telle occasion. Vous protégerez les personnes que vous aimez et vous aurez à cœur de faire plaisir.

Éteinte. Sensible et attentif aujourd'hui, vous pourriez ressentir les souffrances et les joies qui nous lient les uns aux autres. En matière d'argent, les semaines actuelles seront propices. Vous aurez du succès dans vos entreprises.

Y voir de la cire couler. Vous vous tournerez résolument vers l'action. Un état d'esprit concret vous permettra d'avancer considérablement et de trouver les moyens les plus simples de réussir. Vous aurez de l'influence sur votre entourage. Donnez le bon exemple!

Cierge religieux. Atteindre vos objectifs deviendra essentiel. Il est important de considérer lucidement ce que vous pouvez réaliser. Vous ne trouverez pas de réponses simples à quoi que ce soit aujourd'hui, ce qui vous donnera l'occasion d'explorer plusieurs avenues. Un nouveau défi pourrait vous attirer.

CHANGEMENT. Votre goût de la liberté, du dialogue, des échanges peut s'exprimer dans votre profession. Tout en vous adaptant avec souplesse aux circonstances présentes, vous ne perdez pas de vue vos ambitions.

CHANTER. Entendre chanter. Il faut apprendre à ne plus jeter votre argent par les fenêtres, en devenant moins spontané et plus prudent. Et surtout, il ne faut pas prendre à la légère votre intuition, car elle est votre plus précieux guide.

Chanter soi-même. Vous parvenez à maîtriser votre penchant pour la moquerie ou l'ironie. Vous dissimulez aussi vos véritables sentiments pour ménager la sensibilité de ceux qui vous entourent parce que vous tenez à mériter leur estime et leur considération.

CHAPEAU. En mettre un. Vous vous activez avec persévérance dans le but d'augmenter votre autorité et votre influence sur votre entourage. Si votre amour de l'indépendance vous inspire les moyens d'échapper aux jougs les plus caressants, vous possédez l'art de subjuguer.

L'enlever. Bien que peu tendre, vous avez besoin d'affection, de caresses, de considération. Aussi adoptez-vous un comportement séduisant, en surface... sans pour autant sacrifier vos ambitions ou votre liberté. Car, en réalité, vous êtes plutôt égoïste et indifférent au bonheur des autres.

Le perdre. Angoissé à la pensée de voir s'écrouler la situation à laquelle vous êtes parvenu et qui vous apporte estime et considération, vous feignez l'indifférence et manifestez une certaine sécheresse à l'égard des autres, afin de ne pas laisser transparaître votre intention de défendre jusqu'au bout vos positions.

CHAPELET. Vous aurez de l'énergie, du courage, de l'audace, rien ne vous fera revenir en arrière. Vous foncerez quels que soient vos occupations et votre but. Faites simplement attention de ne pas trop vous fatiguer.

CHAPELLE. Vous aurez de la facilité et de l'entrain à coopérer. Cette capacité pourrait se refléter dans d'autres domaines de votre vie, car vous apprécierez toute compagnie. Gardez du temps pour vous.

CHARADE. Votre intérieur bouillonne ! Votre imagination fonctionne à plein régime, votre créativité cherche à s'exprimer. Votre esprit s'élève au-dessus des petites tracasseries de la vie quotidienne pour se concentrer sur une spiritualité grandissante et de plus en plus évoluée. Vous êtes plus calme et plus serein.

CHARBON. Vous aurez de la méthode dans tout ce que vous accomplirez cette semaine. Votre capacité d'analyse sera excellente. En amour, vous serez peut-être trop occupé pour être vraiment présent. Essayez tout de même.

CHARCUTERIE. Vous aurez du plaisir en compagnie nombreuse. Prévoyez sortir beaucoup durant les prochaines semaines. Même si la saison vous rend habituellement casanier, de nombreuses activités vous seront proposées. Si un plan semble stagné, restez patient.

CHARIOT. Évitez de rester seul à moins d'y être contraint. Vous aurez de bons contacts avec votre entourage. En amour, vous serez jovial, agile et enthousiaste. Vous vous attaquerez à un problème.

CHARPENTE. Vous manifestez beaucoup de persévérance dans vos entreprises et dans vos décisions afin d'assurer la stabilité de votre situation actuelle. Vous vous évertuez à trouver des solutions à tous les problèmes pratiques, à surmonter les contrariétés, quitte à vous opposer à votre entourage.

CHARRETTE. Excellente journée pour les gens qui commencent un travail, un contrat ou tout nouveau cycle. De même, les gens qui négocient seront satisfaits des résultats. Vous êtes toujours bon médiateur et en cette période, vous serez excellent. Dans votre vie sentimentale, vous serez drôle.

CHARRUE. La voir passer. Vous aurez plusieurs sujets de méditation. Vous constaterez à quel point vous vous trouvez bien, tandis qu'il y a tant de gens perturbés qui n'arrivent pas à échapper à leurs misères.

    En conduire une. Sachez apprécier chacun des membres de votre famille avec ses différences. Ils possèdent tous quelque chose qui vous comble, qui vous complète ou qui vous renvoie à vous-même.

CHASSER. Avertissement contre des décisions peu sages. Vous êtes dans l'impossibilité de concilier les tensions contradictoires qui vous oppressent. Vous ressentez de violentes émotions prêtes à se décharger, à exploser, mais votre conscience les réprouve et les refoule. Il en résulte une pénible sensation d'anxiété proche de la panique à laquelle vous ne trouvez pas d'issue ou de dérivatif.

CHAT. Vous pourriez vous sentir confus, assailli par votre propre dualité. Par exemple, vous savez qu'une chose ou qu'un amour est impossible. Pourtant, vous refusez cette réalité et vivez entre le plaisir de croire et le déplaisir de savoir.

CHÂTEAU. En bon état. Sûr de votre bon droit, déterminé à demeurer sur vos positions, vous vous fermez à toute suggestion pour préserver une situation où vous appréciez la considération qui vous est témoignée. Car le sentiment d'importance qu'elle vous procure vous aide à dépasser le découragement et la solitude.

En ruine. Vous recherchez la source d'un malaise qui subsiste en vous. Vous recevrez des conseils judicieux, sachez les écouter et les mettre en pratique. Vous ne pourrez plus ignorer vos souvenirs douloureux enfouis dans votre mémoire. Vous devrez vivre votre peine si vous voulez pouvoir passer à autre chose. Vos espoirs sont pour la plupart réalisés si vous savez vous servir de vos atouts.

CHAUDRON. Ne laissez pas vos perceptions prendre le pas sur la réalité et, surtout, ne laissez pas les autres trop vous influencer. Et dites-vous que quoi que vous fassiez, il y aura toujours quelqu'un quelque part qui fera mieux, mais aussi quelqu'un qui fera pire. Tout comme il y aura toujours des gens mécontents de ce qui leur arrive.

CHAUFFEUR. Conduire soi-même. Quelles que soient vos activités, vous prendrez le temps de faire les choses une à une jusqu'à ce que vous terminiez tout. L'ambiance générale sera animée. Vous observerez ce qui se passe autour de vous avec un œil critique et amusé. Vous pourriez agir comme médiateur.

Se faire conduire. Vous pourriez être pris par des questions familiales importantes. Votre sens de l'organisation sera requis ; cela dit, il serait préférable de ne pas tenter de tout diriger. Prenez un moment pour donner des nouvelles à une personne qui vous est chère.

CHAUSSURE. Après une période de temps plutôt triste et sombre, vous entamerez une période de renaissance et de bonheur. Vous aurez appris à ne plus vous laisser blesser par les autres et vous prendrez la place qui vous revient.

CHAUVE. L'être soi-même. Sur le plan sentimental, il y aura de vives discussions à la maison. Votre partenaire ne sait pas très bien ce qu'il veut ou se montre tellement autoritaire qu'il en devient insupportable.

Voir d'autres personnes chauves. Votre bel enthousiasme ne cesse de croître. Vous parvenez enfin à apprivoiser vos peurs et même à vous en défaire. On ne vous en impose plus, désormais vous vous connaissez très bien. En affaires, rien de tragique à l'horizon, mais vos finances évolueront parfois en dents de scie. Vous devrez refaire votre budget et vous organiser autrement.

CHAUVE-SOURIS. La voir. Un peu de patience et un problème de famille va se régler. Vous pouvez être un compagnon idéal, à condition que l'on ne vous impose pas de contingences et que l'on vous gratifie d'un amour réciproque.

Accrochée aux cheveux. Vous entamez une tranche de vie beaucoup plus facile, dépourvue de grosses déceptions. Il faut dire adieu au passé et recommencer une phase toute neuve de votre existence. De nouvelles expériences enrichissantes sont à prévoir. Votre travail passera par plusieurs transformations.

CHAVIRER. Soi-même dans l'eau. Une conversation pourrait vous faire changer d'opinion sur un sujet qui vous tient à cœur. Si vous êtes déçu par un proche, dites ce que vous pensez plutôt que de conserver des tristesses qui n'ont aucune raison de persister.

Voir d'autres chavirer. Vous aurez l'esprit pratique et aucune envie d'être mené par des illusions. Vos relations sentimentales se porteront au mieux si vous évitez les jugements hâtifs. Vous aurez une idée ingénieuse pour venir à bout d'une petite contrariété.

CHEMIN. Y marcher. Vous aurez la tête remplie d'idées qu'il serait bon de développer. Essayez de ne pas être défaitiste. Votre vie sociale sera active. Vous aurez une bonne nouvelle à propos d'un projet qui vous intéresse.

À la croisée de plusieurs chemins. Vous changerez de ligne de conduite en ce qui concerne vos buts. Les transformations que vous espérez pourraient survenir plus rapidement que vous ne l'aviez imaginé. Vos paroles auront de la portée.

CHEMIN DE FER. Vous ne vous perdrez pas dans de longs discours inutiles. Vos amis bénéficieront de votre compréhension et de votre bonne humeur. Vous aurez le cœur sur la main et l'envie de partager de bons moments.

CHEMINÉE. Très haute. En jouant bien vos cartes, c'est-à-dire en bannissant le laisser-aller et les coups de tête, pour privilégier la sagesse, vous vivrez une existence tout à fait heureuse. Pour ce qui est de la santé, ce sont justement la négligence et le manque de contrôle sur vous qui vous menacent. La gourmandise pourrait épaissir votre silhouette. Le moment est venu de prendre de bonnes décisions.

De taille moyenne. Vous avez tout en main pour gagner sur tous les tableaux. Vous parviendrez à vos fins sans trop d'efforts. Qui sème récolte et par le passé vous avez semé… et parfois la récolte a été maigre. Mais à partir de ce moment, vous récoltez plus que vous pourriez espérer.

Fumante. Arrêtez-vous de temps en temps pour réfléchir et si vous croyez que vous faites fausse route, n'hésitez pas à bifurquer. Assurez vos arrières financiers, privilégiez des gestes et des actions réfléchis, sinon vous vous en mordrez les pouces.

En feu. Vous ressentez encore l'influence de certains événements négatifs du passé, mais vous êtes assez perspicace et débrouillard pour venir à bout des obstacles qui se présentent à vous. Dites-vous que vous connaissez le pire et que le meilleur est à venir.

En mauvais état. Vous manifestez une grande curiosité envers les personnes avec lesquelles vous pourriez établir des relations amoureuses ; par contre, il vous arrive de vous fier aux apparences et de préférer le brillant au solide.

Effondrée. Si on vous fait la moindre proposition, n'hésitez pas à dire oui. De toute façon, vous ne pouvez refuser tant le projet est emballant, original et excitant. Un jour nouveau va se lever, suivez votre intuition et il sera radieux. Vous avez un bel avenir devant vous, ne retenez pas votre joie.

Feu de cheminée. En amour, vous voguez dans une confusion qui vous embrouille l'esprit. Vous faites la rencontre de personnes exceptionnelles qui peuvent vous apporter beaucoup, si vous leur en laissez l'occasion. Les invitations ne manquent pas mais vous préférez l'intimité, voire la solitude. On vous fera une surprise qui vous comblera de joie.

CHEMISE. En laver une. Vous jouez avec votre santé psychologique ; les hauts et les bas trop fréquents vous font beaucoup de mal. N'hésitez pas à consulter un médecin pour vous aider à stabiliser votre état. Reposez-vous davantage, car la fatigue fait voir les choses en noir. Acceptez les invitations et les sorties que l'on vous propose. Ne vous isolez à aucun prix.

En acheter une. Vous êtes plus optimiste et les gens viennent davantage à vous. Vous vivez une expérience que vous n'êtes pas près d'oublier. Une rencontre importante se produit d'ici quelques semaines. Vous jouissez d'une popularité à la hausse. Vous trouvez un écho dans l'échange de vos sentiments. Ce n'est vraiment pas le moment de procéder à des changements dans votre cercle social.

CHÊNE. Une bonne communication est la clé de la réussite d'un couple. Travaillez donc chaque jour à faire en sorte qu'aucun obstacle ne vienne brouiller la bonne entente qui prévaut actuellement dans votre vie sentimentale.

CHENILLE. Ces jours-ci, vous êtes impatient, agressif, intolérant. Vous ne supportez pas la bêtise, même pour un détail. Vous dites ce que vous pensez. Toutefois, comme les idées changent, il se peut que dans quelque temps, vous n'ayez pas la même opinion. Évitez de juger, de critiquer.

CHÈQUE. En recevoir un. Vous êtes plus calme et plus lucide tant pour vos besoins que pour ceux d'autrui. Peut-être aurez-vous envie de cuisiner des plats spéciaux ou d'aller manger dans un restaurant où on sert votre plat préféré.

En faire un. Au travail, deux courants d'idées circulent : l'un prône le modernisme, une vision plus avant-gardiste de l'organisation ; l'autre tient à conserver ses acquis. Quand on vous demandera votre opinion, dites-la franchement. Vous ne ferez plaisir à personne en étant des deux côtés à la fois.

CHERCHER. Quelque chose. Même si vous avez besoin de moments de solitude, ne négligez pas les autres qui vous apporteront beaucoup. Faites confiance à la vie et ouvrez les yeux, car de nombreuses propositions vous arriveront bientôt.

Quelqu'un. Vous pourriez donner un coup de main à un proche. Intérieurement, vous serez en forme et terre à terre, et aucune illusion ne pourra soutenir votre regard. En matière d'argent, faire votre budget vous rassurerait.

CHÉRUBIN. Protection, réussite, bonheur, énergies positives et négatives de l'inconscient. Vous êtes inquiet, tendu, nerveux, vos réactions sont imprévisibles.

CHEVAL. Noir. Au travail, les commérages vont bon train. Ne participez pas aux potins, ils minent le moral et salissent l'esprit. Vous devez vous concentrer, vous êtes sujet à commettre des erreurs par distraction.

Blanc. Au travail, vous êtes protecteur envers vos collègues. Vous les traitez bien et vous les servez ; certains ne vous en seront jamais reconnaissants. Ces gestes amicaux vous font plaisir, ce qui vous rend donc heureux.

Qui se cabre, renâcle, se déchaîne, fuit. Vous désirez que l'on s'occupe de vous plus qu'à l'accoutumée. Vous avez l'impression que personne ne peut deviner vos besoins ni vous comprendre. Vous êtes-vous demandé si vous alliez au-devant de ceux que vous aimez ?

CHEVALIER. Quand on vous parle du côté pratique de votre travail, de l'organisation, vous êtes présent, car vous pouvez vous appuyer sur du concret et cela vous rassure. S'il s'agit de vos émotions, vous ne trouvez plus aucune explication ; votre raison se heurte à l'invisible.

CHEVEUX. Vous êtes nerveux, vous êtes peut-être même proche de l'angoisse. Peut-être avez-vous pris trop de responsabilités ? Votre programme est si chargé que vous ne savez plus par où commencer.

Les coiffer. Une rencontre faite le mois dernier semble vouloir se transformer en quelque chose de plus qu'une simple relation amicale. Vous n'êtes pas pressé et vous décidez de ne pas bousculer les choses. Le règlement d'une situation familiale délicate vous oblige à déployer des trésors de diplomatie. Vous rencontrez quelqu'un que vous aviez perdu de vue depuis des lustres.

CHEVILLES. Les siennes. Doué pour la vie de relation, vous possédez l'art de vous rendre indispensable aux autres, de les mettre en confiance, vous comportant en toutes circonstances avec aménité, gentillesse et courtoisie.

Celles d'une personne du même sexe. Vous vous sentez bien dans votre peau et dans un milieu confortable et sécurisant, où votre grâce et votre charme sont appréciés à leur juste valeur.

Celles d'une personne du sexe opposé. Votre vie affective satisfait actuellement votre besoin de tendresse et d'affection. Décidé à vous accrocher à cet environnement rassurant, vous agissez prudemment, en dissimulant, en rusant, indifférent aux sentiments des personnes concernées.

CHÈVRE. Humour, beauté, intelligence et sensualité ne sont que quelques-unes des caractéristiques que l'on peut vous attribuer. Doté en plus d'une forte personnalité, vous impressionnez beaucoup votre entourage.

CHEVREUIL. Enraciné dans une activité routinière, vous réfléchirez à une autre carrière. Patience ! Trouvez des intérêts inédits pour tenir le coup, sinon vous finirez vite par déchanter en constatant que la terre ne vous aura pas attendu pour tourner. Semez d'abord, cultivez ensuite.

CHEWING-GUM. Accrochez-vous parce que cela va vraiment bouger. Votre séduction fera des ravages ! Vous irez de rencontres en flirts sans jamais savoir à quoi vous en tenir. À un moment donné, vous vous déciderez à en finir avec toutes ces histoires parce que le coup de foudre sera à l'horizon.

CHICANE. Se chicaner avec les autres. Du point de vue professionnel, vous poussez toujours plus loin vos limites, cherchant sans cesse à vous dépasser. Une meilleure gestion de votre argent et un peu de prévoyance vous permettront de vous enrichir.

Voir les autres se chicaner. Vous auriez peut-être avantage à vous montrer un peu plus à l'écoute des besoins de l'autre. Sinon, la situation pourrait se détériorer pendant que vous êtes en train de vaquer à vos activités. Derrière cette attitude se cache une certaine peur de l'intimité ou même une forme de dépendance affective.

CHIEN. Représentation de l'amitié. Votre charme, votre gentillesse, votre esprit de conciliation sont les agents de votre réussite. Ils vous attirent la sympathie et l'adhésion d'autrui à vos désirs. Vous montrez un certain raffinement dans votre recherche de plaisir, mais vous évitez de vous engager autant que possible.

Délaissé ou martyrisé. Vos collègues, associés ou collaborateurs vous réclament sans cesse. Ils savent que vous ne dites jamais non. Faites attention ! Vous vous épuiserez si vous ne vous nourrissez pas bien et ne dormez pas suffisamment.

CHIFFON. Vous pourriez subir les critiques d'une personne de votre entourage ou d'un supérieur hiérarchique. Ne prenez pas la chose trop au sérieux ni trop à la légère ; quelques correctifs suffiront.

CHIFFRE. Rêver à un chiffre. Beaucoup de caractéristiques associées aux nombres sont liées à la personnalité ; leur signification doit être interprétée dans un sens général. Les nombres ont également des relations positives avec des dates importantes de notre vie.

Calculer. Les communications seront faciles aujourd'hui. C'est le moment d'avoir cette conversation qui vous permettrait de comprendre ce qui se passe pour une personne de votre entourage. Un court voyage vous ferait du bien.

CHIRURGIE. Vous serez en mesure de donner à votre existence une dimension de grande stabilité. Faites attention à votre agressivité et à votre laisser-aller. Soyez plus aimable envers votre entourage. Ne vous laissez pas aller à la mélancolie. Mettez en valeur votre charme naturel.

CHOCOLAT. En manger. Votre couple possède plusieurs des caractéristiques d'une union qui vogue à la dérive. L'indifférence semble s'être installée entre vous et, chacun de son côté, vous demeurez sur vos positions pendant que le temps passe et que la situation continue à se détériorer.

En acheter. Vous serez bien dans votre peau et au meilleur de votre forme. Si vous effectuez des travaux qui vous semblent difficiles, vous ne verrez plus les obstacles de la même manière. Les petites joies se feront nombreuses dans les prochains jours.

CHÔMAGE. Perdre son emploi. Vous serez habile et vous pourriez donner un coup de main à quelqu'un de votre entourage. Pour votre santé, vous arriverez à ce que vous voulez en ayant un régime de vie stable mais pas trop sévère !

Se chercher un emploi. Vous serez fier de votre sens de l'initiative et de vos réussites. Toute question d'argent aura avantage à être réglée aujourd'hui. Il est possible que des changements s'imposent dans votre secteur d'activité. Si c'est le cas, vous vous adapterez avec une relative facilité.

CHOU. Vous êtes philosophe. C'est pour cette raison que vous vivrez plus vieux que la moyenne des gens, car vous savez très bien répartir les efforts et le repos. Vous savez parfois mettre de côté de vieilles rancunes pour aller de l'avant.

CHUTE. En effectuant un saut. Vous serez préoccupé par le passage du temps. Même si les conséquences n'en sont pas toujours drôles, il reste que vous verrez à quel point vous êtes mieux dans votre peau grâce à votre expérience. En amour, ouvrez l'œil.

En perdant pied. Vous ferez les choses consciencieusement aujourd'hui et cela vous permettra d'accomplir davantage. Du côté de vos relations intimes, vous verrez comme il est bon de se tourner vers les autres. Bonne journée pour ce qui est des communications.

Avoir peur de chuter. C'est du côté de la famille que vous vous tournerez dans les prochains jours. Vous serez soucieux du bien-être de vos proches et vous ne lésinerez pas sur les efforts à fournir. En tout, vous aurez l'esprit pratique.

CICATRICE. Vous serez porté vers des lectures spirituelles. Vous avez besoin de vous sentir encore plus rattaché à la totalité de l'Univers. Une personne vous aidera dans cette recherche mystique.

CIEL. Y regarder. Dans une question qui vous préoccupe, vous pourriez être tenté par une solution sans avenir. Demandez conseil avant d'arrêter votre choix. Dans votre vie sentimentale, vous trouvez peut-être que la vie manque de piquant.

Être au ciel. Idéaliste, vous cherchez la perfection dans à peu près tout. Des parents proches se manifesteront en cherchant à vous ouvrir les yeux sur vos problèmes. En plus, ils sont susceptibles de vous faire découvrir de nouvelles avenues dans le domaine où vous œuvrez.

CIGARETTE. En fumer une. Des aspects cachés de votre vie retiendront votre attention. Vous pourriez avoir passablement d'émotions durant les prochains jours. C'est une journée idéale pour tous les travaux qui demandent un esprit créatif. Le travail répétitif ne vous ira pas.

Voir quelqu'un d'autre en fumer. Écoutez les conseils d'une personne qui s'y connaît dans un domaine qui vous intéresse de plus en plus, mais que vous connaissez peu. Laissez-vous guider aussi par l'intuition. Pour vos amours, vous aurez tendance à l'introspection.

CIGOGNE. La liberté et la quête du spirituel symbolisent la connaissance de l'inconscient, base de la sagesse. Les crises d'angoisse s'estompent, puis disparaissent enfin. Votre subconscient est moins tourmenté maintenant que vous avez trouvé la cause de ce malaise. Les réponses n'ont pas encore été toutes trouvées mais vous posez les bonnes questions, c'est un excellent début. Vous progressez dans votre cheminement spirituel et la prière est pour vous une source de réconfort et de sérénité.

CIMENT. Friand de nouveauté, vous n'aurez aucun goût pour un passé qui vous semble bel et bien révolu. Vos rapports avec votre entourage seront sincères et amusants. Vous aurez les idées claires et vos actions en découleront facilement.

CIMETIÈRE. Enclin à vous sentir mal aimé, privé de la tendresse, du bonheur que vous méritez, vous revendiquez la compréhension de votre entourage que vous accusez de parti pris parce que personne n'est capable d'apprécier votre affection.

CINÉMA. Nouveaux amis, réussite sociale, extase, identification à l'unité ; force cosmique à la fois génératrice et destructrice.

Jouer dans un film. Vous évoluez ; il est normal que certaines relations ne vous stimulent plus autant qu'avant, Prenez vos distances peu à peu, surtout si vous sentez qu'on essaie de vous manipuler ou de jouer avec vos sentiments. Vous êtes très populaire. Vous croiserez beaucoup de monde et nouerez des amitiés beaucoup plus gratifiantes.

Assister à un film. Vous avez tellement bon cœur ! Pourtant, on dirait que cela attire beaucoup de personnes à problèmes, et ce n'est pas tout à fait faux. Choisissez bien les gens qui vous entourent ; misez sur vos vieux amis et sur ceux avec qui vous vous amusez. Cela changera l'ambiance autour de vous. Vous en avez grandement besoin !

CISEAU. Vous entrerez dans une période euphorique, cela vous effraiera. Habitué à vous battre, vous ne saurez quel fruit cueillir sur l'arbre du bonheur. Luttez contre la peur ! Si vous êtes heureux, c'est que vous le méritez. Restez dans une dynamique de plaisir. Rédigez votre loi, tendez votre arc, visez la cible choisie. La flèche atteindra forcément son objectif.

CIRCONCISION. Le message est évidemment sexuel : soit un manque affectif ou sexuel compensé par des déviations sexuelles, soit des préoccupations tout à fait légitimes de satisfactions sexuelles.

CIRCULATION (dans le sens de trafic). Vous êtes en grande forme et vous avez un bon moral. Essayez toutefois de vous ménager davantage de périodes de loisirs. L'exercice physique en plein air est une bonne façon de refaire le plein d'énergie, car cela stimule le cerveau et aère les voies respiratoires. Pour mieux vous ressourcer, offrez-vous ces balades en campagne qui vous plaisent tant.

CIRCULER. Vous vous affirmez davantage ; bien sûr, votre partenaire est surpris de vous voir si déterminé… Vous avez fait bien des compromis, et c'est maintenant à son tour de s'ajuster. Vous avez une vie mondaine fort remplie ; si vous êtes libre, vous ferez tourner bien des têtes. Quelqu'un de stable pourrait croiser votre chemin et, cette fois, cela durera.

CIRQUE. Certains aspects de vos activités vous déçoivent ; vous avez de plus en plus envie de passer à autre chose, d'exploiter pleinement vos talents. N'allez pas trop vite, voyez ce que vous pouvez faire pour améliorer votre sort ; des changements et de nouvelles fonctions pourraient représenter la solution. Adaptez-vous aux circonstances et vous marquerez des points.

CISEAU. Vous allez toujours au-devant des besoins des autres… N'en faites-vous pas un peu trop ? Il faudrait établir vos limites, gentiment mais fermement, sans quoi vous n'en finirez plus. Des intimes, un frère ou une sœur, pourraient vous manipuler. Un peu d'humour vous aidera à désamorcer des situations embarrassantes. Imposez-vous un peu plus.

CITRON. Vous avez plus de vitalité que d'habitude et vous avez envie de profiter de la vie. En raison de tout ce qui vous attend, cela vaut la peine de faire quelques efforts pour vous maintenir en superforme. Révisez vos habitudes de santé et, surtout, tenez vos résolutions.

CIVIÈRE. S'y trouver. L'argent rentre, mais il ressort bien vite ! Certains coups de tête risquent de vous coûter cher… Ce sera plus facile de contrôler vos dépenses si vous vous méfiez des profiteurs qui sont dans les parages. Ne vous laissez pas avoir, vous maximiserez ainsi vos chances de réussite.

Quelqu'un d'autre s'y trouve. Vous êtes de nature matérialiste, et les fluctuations que vos affaires ont connues vous inquiètent un peu. Vous êtes un peu serré financièrement, mais vous vous ajusterez peu à peu : vous vous organiserez différemment et effectuerez des changements. En misant sur les valeurs sûres, des projets à long terme, vous ne vous tromperez pas. Très bientôt s'amorcera un cycle positif : de nouvelles occasions avantageuses.

CLAIRIÈRE. Certaines petites choses accrochent dans votre vie de couple, rien de plus normal, mais cela ne se réglera pas tout seul. Il faudrait en parler, exprimer davantage vos besoins, vos attentes. Même si votre bien-aimé est un peu réticent au début, vous serez surpris de voir toute la bonne volonté dont il fera preuve par la suite. Votre cœur est libre ? Gardez les yeux bien ouverts.

CLAQUE. En recevoir une. Dans votre vie sociale, vous êtes plus sélectif. Vous commencez même à tenir à distance certaines personnes qui vous demandaient l'impossible : il était temps ! Alors, chassez la culpabilité et concentrez-vous sur vos véritables amis. Attendez-vous à recevoir des invitations ; votre vie mondaine sera effervescente et vous croiserez des gens sympathiques.

En donner une. Vous êtes la vedette plus souvent qu'à votre tour. Vous vous exprimez, vous allez spontanément vers les autres, et cela vous permet de rencontrer des gens très stimulants, de vous faire de nouveaux amis, de vous intégrer dans un milieu différent. C'est le début d'un cycle de popularité.

CLARINETTE. Vous aurez le vent dans les voiles. Voilà une future période de votre vie faite de progrès professionnels et de revenus réjouissants. Vous fendrez les flots avec l'assurance d'un navire amiral ayant atteint sa vitesse de croisière ; ça va bouger. Les prochains mois, des occasions fortuites vont aiguillonner vos objectifs. Vous nouerez des liens avec des personnes qui comptent et vous décrocherez des gains significatifs.

CLAVECIN. En jouer. Au travail, on vous demande d'exercer votre leadership et cela vous plaît. On fait appel à votre tact et à votre diplomatie pour dénouer une situation délicate. Un nouveau défi vous est proposé : acceptez-le ! Changements positifs et bénéfiques. Demeurez réaliste et concret. Les finances se redressent et se stabilisent.

En entendre jouer. Il est passionnant le tourbillon de la vie, du travail, des amours et des enfants, mais il reste nécessaire de vous réserver des moments de détente ! Intérieurement, vous vous sentirez plus seul que d'habitude. Ce sera, malgré tout, une bonne journée pour promouvoir vos idées.

CLAVICULE. Se la briser. Vous êtes travaillant. Vous êtes en possession de tous vos moyens, mais ce ne sera pas toujours le cas… À certains moments, des collègues ou des clients vous causeront des problèmes. Un peu de souplesse vous permettra d'éviter l'affrontement. Vous verrez, de nouvelles tâches vous permettront de faire vos preuves et d'améliorer votre sort.

CLAVIER. D'ordinateur. Tout le monde voudra avoir votre opinion. Intérieurement, vous arriverez difficilement à confier les petites difficultés que vous éprouvez. Dans votre vie affective, chacun réclamera votre attention. Il n'y aura pas assez de 24 heures.

CLÉ. Dans une serrure. Le moral est excellent, et cet état s'intensifie pour plusieurs semaines. D'ailleurs, cette belle attitude vous permet de régler bien des problèmes. Sur le plan physique, par contre, vous semblez un peu fragile par moments : votre métabolisme est lent et votre appareil digestif, paresseux. De bonnes habitudes donneront des résultats concrets.

En trouver une ou plusieurs. À mesure que vous réglez des problèmes, votre moral remonte. Vous avez de plus en plus envie de profiter de la vie, de faire de petits excès. Votre état physique et psychologique s'en ressent. Un brin de modération s'impose. Des mois effervescents s'en viennent : évitez de réduire vos heures de sommeil.

En donner ou en recevoir une ou plusieurs. Votre équilibre est bon. Vous saurez exactement ce que vous avez envie de partager et ce que vous voulez garder pour vous. Avec vos proches, vous verrez au confort de chacun. Journée tranquille.

CLITORIS. Le message est évidemment sexuel : soit un manque affectif ou sexuel compensé par des déviations sexuelles, soit des préoccupations tout à fait légitimes de satisfactions sexuelles.

CLOCHARD. Les sorties et les mondanités vous plaisent mais, par moments, cela vous semble superficiel. Évitez tout de même de rester dans votre coin. Voir du monde ne peut que vous faire du bien. De plus, vous aurez l'occasion de tisser des liens avec des gens qui vous apporteront beaucoup.

CLOCHES. Signification première : réveiller le rêveur. Ce n'est pas toujours rose à la maison mais, peu à peu, les petites tensions se règlent. Il faut dire que votre attitude change et que cela compte pour beaucoup. Vous ferez réaliser bien des choses à vos jeunes en discutant avec eux. Un parent, un frère ou une sœur vit une situation compliquée ; appuyez-le sans vous laisser affecter outre mesure.

Les sonner. Votre petit monde vous aime beaucoup, mais on vous demande souvent l'impossible. Comme toujours, vous dépassez vos limites mais, peu à peu, vous apprenez à dire non, ce qui crée des remous. Ayez confiance, ce n'est que temporaire. Une personne de votre entourage éprouve peut-être des ennuis de santé. Votre réconfort et votre appui l'aident énormément.

CLÔTURE. La recherche, voire la quête spirituelle, est devenue votre principal objectif pour retrouver une parfaite santé sur le plan psychique. Vous avez été bien près de vous taper une dépression nerveuse et maintenant, vous êtes prudent. Vous comprenez que le maintien d'une bonne santé requiert des soins assidus.

CLOU. Qu'on enfonce. Sur le plan intime, vous connaissez de petites insatisfactions. Il faut les régler sans attendre, parler de ce qui ne va pas ; ainsi, votre partenaire et vous pourrez vous ajuster. À court terme, vous vous rapprochez l'un et l'autre ; il est même question d'engagement, de projet d'avenir. Si votre cœur est libre, acceptez les invitations qu'on vous lance ; votre pouvoir de séduction est fort.

Qu'on a de la difficulté à enfoncer. Vous avez la réputation d'être un peu volage… Pourtant, vous rêvez de profondeur et de stabilité. Côté couple, vous avez besoin de sentir que votre partenaire tient à vous. Parlez-lui de vos projets et de vos besoins ; n'attendez pas qu'il les devine. Vous êtes libre ? Vous pourriez croiser quelqu'un de très différent dans les prochains mois et construire enfin une relation sur des bases solides.

CLOWN. Le voir. Vous unirez en vous volonté, vigueur, imagination et douceur. Intérieurement, ce sera tout aussi bien, car vous trouverez un équilibre presque parfait. Profitez de cette semaine favorable à toutes vos entreprises.

Faire le clown. Il y a des changements dans l'air. Des modifications de tâches à votre travail ne font pas votre affaire, mais adaptez-vous. La souplesse a toujours été un de vos atouts, et c'est justement ce qui vous permet de tirer le meilleur parti de ce qui s'offre à vous. À l'avenir, vous serez beaucoup plus en possession de vos moyens ; promotion, recyclage, cours et nouveau poste vous avantageront.

COCCINELLE. Vous voulez vraiment réussir, mais vous êtes un peu inquiet. Vous hésitez à courir des risques, et cela vous empêche parfois de profiter des bonnes occasions qui se présentent. Or, il y en a et, dans certains cas, il faut réagir vite. Peut-être devrez-vous rénover ou déménager. La chance est de votre côté pour quelques mois. Par la suite, mieux vaut vous montrer un peu plus conservateur, exiger des garanties et tout vérifier.

COCHON **(l'animal).** Vous êtes totalement dépourvu de volonté, vous êtes obstiné. Vous avez du mal à vous conformer à certains principes, car vous manquez d'assurance. Vous êtes incapable d'entreprendre quoi que ce soit par vous-même. Si vous ne faites pas d'efforts pour améliorer votre situation, cela va certainement entraver votre avancement dans la vie.

COCKTAIL. Y prendre part. Vous mettez votre ego en veilleuse. Vous travaillez main dans la main avec vos collègues. Bref, vous réalisez que vous n'avez pas besoin de tyranniser votre entourage pour obtenir de bons résultats. On dirait que l'heure de la sérénité a sonné. Du coup, vous gérez habilement votre carrière. Vous rencontrez des gens influents et êtes dans tous les bons coups. Ménagez votre partenaire. La réussite, oui, mais pas à n'importe quel prix.

En organiser un. Une pression énorme. Vous vous sentez harcelé, incompris et seul au monde. Grande est la tentation de laisser s'envenimer la situation, mais plus insupportable sera la culpabilité si vous n'agissez pas… Bref, cela passe ou casse. Votre partenaire n'ouvre la bouche que pour vous critiquer. Si personne n'y met du sien, la rupture est proche. Attention, il va falloir prendre une décision importante.

COCON **(endroit douillet où l'on se sent protégé).** Il y a des changements dans l'air. Des modifications de tâches ne font pas votre affaire, mais adaptez-vous. La souplesse a toujours été un de vos atouts, et c'est justement ce qui permet de tirer le meilleur parti de ce qui s'offre à vous. Dans très peu de temps, vous serez beaucoup plus en possession de vos moyens ; promotion ou nouveau poste vous avantagera.

CŒUR. On ne peut pratiquement pas vous résister. Si vous êtes libre, vous pourriez faire fondre le cœur de quelqu'un, mais ne brûlez pas les étapes, prenez votre temps. Une autre personne apparaîtra peut-être dans le paysage…Si vous êtes en couple, votre partenaire sera très réceptif ; il sera question de projets et d'engagement. Des moments romantiques vous attendent.

COFFRE. Votre situation financière évolue en dents de scie ; l'argent rentre, mais ce n'est pas toujours suffisant pour régler toutes les factures.

Vous êtes porté à vous offrir de petits luxes. Dans quelques semaines, vous prendrez le contrôle de votre budget ; vous réussirez même à mettre des sous de côté et à faire de bons investissements. Bravo ! Cependant, méfiez-vous, les gens ne sont pas toujours tous honnêtes…

COIFFER. Ses cheveux. Une rencontre faite le mois dernier semble vouloir se transformer en quelque chose de plus qu'une simple relation amicale. Vous n'êtes pas pressé et vous décidez de ne pas bousculer les choses. Le règlement d'une situation familiale délicate vous oblige à déployer des trésors de diplomatie. Vous rencontrez quelqu'un que vous aviez perdu de vue depuis des lustres.

COIFFEUR. Vous prenez une décision difficile, mais qui devait être prise depuis déjà longtemps. Ne laissez personne abuser de votre générosité. Votre manie de toujours attendre à la dernière minute vous occasionne des complications. Vous arrivez à contourner un obstacle majeur. Vous êtes bien décidé à récupérer ce qui vous revient de droit.

COLÈRE. Se mettre en colère. Vous arrivez à résoudre une situation embrouillée, vous êtes bien implanté dans la réalité, vous exercez votre activité régulièrement et sérieusement dans un domaine que vous connaissez bien, de manière à obtenir des résultats tangibles.

    Voir quelqu'un se mettre en colère. Vous ne vous laissez pas tromper ou bluffer par les apparences ni influencer par des opinions dont vous n'avez pas expérimenté la justesse. Cependant, vous estimez vos occupations trop absorbantes et souhaiteriez un peu plus de temps pour vous détendre.

COLLE. Vous avez le vent dans les voiles, employeurs et clients ont confiance en vous… Pourtant, vous hésitez à montrer votre savoir-faire. Acceptez les défis que l'on vous propose, vous serez à la hauteur. D'ici un an, il pourra être question de restructuration ; si vous faites preuve de souplesse, tout ira bien pour vous.

COLLIER. En porter un. Vous trouvez une application concrète à votre besoin de conquête active et à votre dynamisme dans une profession où vous avez le loisir d'exercer une certaine autorité.

    Le perdre. Il y a de bonnes chances que vous soyez passablement sérieux aujourd'hui. C'est du côté de vos engagements que les tensions pourraient être fortes. Par ailleurs, vous vous allierez bientôt à une personne qui a les mêmes valeurs que vous.

COLLINE. Bien des choses vous préoccupent. Vous n'êtes pas très disponible et vous pouvez même mettre fin à une vieille amitié. Pourtant, de mois en mois, vous vous ouvrez au monde. Bizarrement, l'attitude de ceux que vous fréquentez devient beaucoup plus conciliante, plus aimable. De nouvelles amitiés se tissent.

COLLISION. Entrer en collision. Vos relations intimes prendront de l'importance ; vous saurez toutefois conserver l'équilibre entre votre besoin d'être entouré et vos désirs de réalisation personnelle. Vous direz ce que vous pensez en toute simplicité.

> **En voir une.** Vous aurez besoin de vous dépenser tant intellectuellement que physiquement. Vous serez heureux de constater à quel point vous êtes apprécié. Durant les prochains jours, invitez des gens ou sortez, cela contribuera à votre bonne humeur.

COLOMBE. Vous avez un grand pouvoir de séduction ; on se retourne sur votre passage. Les solitaires font battre bien des cœurs. Si quelqu'un partage votre vie, quelques discussions vous permettront de régler vos différends très bientôt et cela vous rapprochera l'un et l'autre. Il sera peut-être question de projets amoureux et d'engagements.

COLONNE. Vos fonctions ne correspondent plus tout à fait à votre potentiel. Votre motivation, d'ordinaire si forte, s'en ressent. Préparez-vous, car il y a du changement dans l'air. Une promotion, de nouvelles responsabilités ou un emploi différent vous stimuleront. Vous vous adapterez bien et vos revenus augmenteront. Il y a peut-être de petites possibilités de gagner au jeu de hasard.

COLORER. Vous réglez de vieux problèmes émotifs que vous traînez depuis trop longtemps. La culpabilité et les peurs disparaissent graduellement ; désormais, vous abordez la vie avec confiance. Physiquement, malgré une tension excessive à certains moments, vous vous portez de mieux en mieux. Par contre, faites attention, votre digestion semble plus lente. Si vous faites trop d'excès, votre tour de taille pourrait s'en ressentir.

COLOSSE. Vous êtes tiraillé entre la loyauté et la fidélité à votre milieu ou à quelqu'un et l'envie de nouer de nouvelles relations, de réaliser certains projets. Vous pesez sans cesse le pour et le contre, incapable de vous décider. Cette incertitude est une cause d'anxiété.

COMBAT. Y être impliqué. Vous aurez de bons contacts avec votre entourage et l'on pourrait vous donner des informations vous permettant de modifier vos objectifs. Aujourd'hui, œuvrez de concert avec votre entourage. Si les relations avec vos proches ne sont pas de tout repos, mettez de l'eau dans votre vin et tout rentrera dans l'ordre.

En voir un. Vous aurez des réponses à certaines questions. Vos capacités intellectuelles seront particulièrement vives. Vos relations seront stables, à condition qu'on ne vous presse pas trop. Vous atteindrez un but en procédant systématiquement.

COMÉDIEN. En être un. Votre besoin de succès, d'être important s'appuie sur un solide sens des valeurs matérielles et c'est dans le travail, grâce à des réalisations concrètes, que vous espérez devenir un personnage distingué.

En voir. Vous espérez qu'en vous cuirassant contre les influences extérieures, en n'en faisant qu'à votre tête, vous atteindrez la notoriété, la situation brillante dont vous rêvez.

COMÈTE. N'essayez pas de tout calculer; les imprévus se bousculent devant vous. Ayez confiance, car l'avenir sera plus facile. Vous aurez même l'occasion d'économiser de l'argent et d'investir. Au boulot, même s'il y a des chambardements autour de vous, un peu de souplesse vous permettra de conserver vos droits acquis.

COMMERCE. Votre joie de vivre fait plaisir à voir. Vous avez confiance en vous, mais vous n'êtes pas invulnérable. Davantage de repos vous permet d'améliorer votre forme physique, votre concentration et votre efficacité. À table, vous avez beaucoup d'appétit; faites attention, car vous pouvez avoir du mal à perdre des kilos accumulés. Cela peut même affaiblir votre système immunitaire ou vous occasionner des maux de dos.

COMMODE. Vous étiez de mauvaise humeur dernièrement. Ces jours-ci, vous passerez à la colère, puis à la culpabilité. Pour oublier, pour vous faire plaisir, vous ferez peut-être des dépenses superflues ou vous succomberez aux charmes d'un vendeur qui n'offre aucune garantie, même pour un produit très cher.

COMPAS. Vous êtes encore en train de digérer tous les changements qui se sont produits dans votre vie. Évitez de tout remettre en question; c'est le temps de passer aux actes. Dans un avenir rapproché, de vieux projets peuvent prendre forme, mais cela ne se produira pas tout seul; il faut foncer et prendre certains risques. Osez!

COMPLIMENT. En faire. Vous aurez les intérêts de votre famille en tête. Vous assurez le meilleur à vos proches par des moyens concrets. C'est dans l'intimité que vous serez le plus à l'aise. Au travail, des questions de fond pourraient être soulevées.

En recevoir. Vous verrez les choses telles qu'elles sont, dans une juste perspective. Vous pourriez toutefois avoir tendance à confronter inutilement certaines personnes ou situations. La douceur est certainement plus efficace. Bon esprit de synthèse.

COMPTOIR. Vous avez la puissance nécessaire pour créer et transformer ce que vous entreprenez. Tous les éléments sont en place pour y parvenir ; il vous suffit d'attendre que la situation se règle d'elle-même. Tout se fera rapidement, et un climat de calme s'installera ensuite.

CONCOMBRE. Il représente les nouvelles passions et le désir de se réaliser. Ce symbole vous met sur le bon chemin, au bon moment. C'est un signe de voyages et de déplacements multiples. Vous voulez combler votre besoin d'aventure et de conquête, mais en même temps, vous voulez vivre un amour tranquille et fidèle. Cette contradiction atteindra bientôt son paroxysme.

CONDAMNATION. Être condamné. Votre relation amoureuse se déroule de façon très harmonieuse. Elle est faite de respect, de considération et, bien sûr, de beaucoup d'amour. Votre conjoint et vous êtes conviés à toutes les réceptions et on vous fait la fête partout où vous passez. En ce moment, aucune place pour l'ennui et la tristesse.

CONDIMENT. Un de vos collègues de travail vous fait une confidence étonnante. Une rentrée d'argent imprévue vous permet de payer tous vos comptes en souffrance et même de vous offrir quelques petits luxes. Vous êtes convié à une réunion professionnelle au cours de laquelle on vous fait une offre très intéressante à laquelle vous ne vous attendiez pas du tout…

CONDOM. Le message est évidemment sexuel. Vos relations interpersonnelles sont très animées ; vous faites de nombreuses rencontres… Mais restez loin des personnes à problèmes ; il y en a déjà trop dans votre entourage. Soyez sélectif, particulièrement dans les nouvelles affaires de cœur. Dans votre couple, vous vous affirmez de plus en plus et l'être aimé risque de se rebiffer. Gardez le sourire, mais tenez votre bout. Cela va se replacer peu à peu.

CONFITURE. Vous êtes débordé ; c'est incroyable tout ce qu'on attend de vous. Certaines modifications de tâches s'amorcent et cela vous inquiète un peu. D'ici quelques semaines, vous trouverez la stabilité dont vous avez envie et vos finances suivront la même évolution. De nouveaux défis vous permettront de briller.

CONGÉDIER. Quelqu'un. Vous conclurez des ententes durant la prochaine semaine. Votre souplesse mentale vous fera imaginer les meilleures avenues en ce qui concerne votre futur. En amour, vous aurez une sensibilité à fleur de peau.

> **Être congédié.** Vous aurez envie de changer les choses autour de vous. Vous aurez l'occasion de revoir des gens que vous n'avez pas vus depuis longtemps. Dans peu de temps, vous aurez la touche pour gérer vos affaires au mieux.

CONGELER. Quelque chose. Vous semblez épuisé tant sur le plan physique que sur le plan psychique. Plus de loisirs et, surtout, un changement d'air vous feront du bien ; ne vous cantonnez pas trop dans votre petit univers. Vous retrouverez votre aplomb et vous réussirez même à régler des problèmes qui menaçaient de devenir chroniques.

CONIFÈRE. Un lit douillet avec un bon matelas vous comblera. Votre dos aura besoin d'un confort maximal pour ne pas souffrir. Vous ne choisirez pas la position horizontale pour dormir. Entre les câlins et les bons bouquins, vous pourrez construire un univers intimiste. Ouvrir la porte de votre chambre illustrera le privilège accordé à l'élu de votre cœur.

CONJURER. Un vent d'énergie souffle dans votre vie. Vous vous sentez enfin renaître ! Mais attention, l'existence est rarement toute rose ou toute noire. Ne vous laissez pas tromper par l'ivresse que vous procure votre bien-être. Au contraire, c'est le temps d'établir votre plan de campagne. Que souhaitez-vous réellement changer dans votre vie ?

CONSERVE. Vous faites des pieds et des mains pour vos proches, mais vous trouvez qu'on vous traite de façon négligente. Faites preuve de discernement, apprenez à dire non sans vous sentir coupable ensuite. Le contact avec les jeunes devient beaucoup plus facile, mais une personne âgée vous cause certaines inquiétudes.

CONSOLER. Les autres. Vous aurez tendance à vous remettre en question ; ne vous analysez pas trop. Gardez votre simplicité et un peu d'innocence. Pour ce qui est de l'argent, il y aura des entrées et des sorties, mais vous gérerez vos avoirs du mieux que vous pourrez.

> **Être consolé.** Vous ressentirez le besoin de vivre discrètement certaines émotions. Si l'on attend trop de vous, dites-le et l'on vous comprendra. Côté cadeaux, posez des questions discrètes, ne divulguez pas la surprise !

CONSTIPATION. Révèle un comportement relié peut-être à l'avarice. L'adaptabilité n'est pas votre point fort, pourtant il faut faire face à bien des changements dans votre milieu de travail. Soyez philosophe, adaptez-vous ; de toute façon, vous n'avez pas le choix et, peu à peu, vous reprendrez le terrain perdu. On apprécie votre sens des responsabilités. Il y a même de l'avancement dans l'air.

CONSTRUIRE. La journée sera excellente en ce qui concerne vos relations avec les proches. Vous êtes personnellement favorisé tout en restant attentif aux autres. Par ailleurs, il se pourrait que vous soyez un peu agité. Tâchez de garder quelques moments de détente.

CONSUL. Un conflit trouve enfin son dénouement, celui-ci est positif et vous soulage. Vous perdez pied dans vos propres affaires, reprenez-vous et stabilisez votre position. Il ne faut pas voir les compromis comme des échecs, bien au contraire. On détourne votre attention dans le but de vous ralentir. Vos observations rapportent gros. Votre esprit est vif et vous misez juste.

CONTRAT. Que l'on signe. Vous semblez fébrile, nerveux. Il faut dire que vous faites beaucoup et que vous abusez souvent de vos forces ; cela affecte votre système immunitaire et vous attrapez tout ce qui se passe. Davantage de repos et de moments de détente vous font le plus grand bien. Sur le plan psychologique, il faut couper avec le passé.

Signé par un autre. Certaines transactions sont beaucoup moins avantageuses qu'elles ne le semblent ; on ne vous dit pas tout. Informez-vous et, surtout, exigez des garanties solides ; cela vous évitera des frais et des complications administratives ou juridiques.

CONTRAVENTION. En recevoir une. Vous pourriez être un peu plus ombrageux qu'à votre habitude. C'est une simple question d'équilibre, vous aurez besoin de calme et de vous retirer. En amour, vous aurez pourtant une belle surprise.

Voir quelqu'un en recevoir une. Vous éprouverez peut-être un sentiment de solitude aujourd'hui. Si c'est le cas, ne vous en faites pas car ça ne durera pas. Dans vos activités, vous constaterez que vous accomplissez vos tâches de plus en plus facilement grâce à votre expérience.

CONTREBANDE. Y participer. Bonne journée pour améliorer votre prestige. Si vous voulez modifier certains aspects de votre vie, ce sera possible sous peu. Au cours de la journée, vous subirez certains délais. Soyez patient et ce que vous attendez se produira.

En être témoin. Il serait bon que vous vous accordiez l'attention que vous donnez le plus souvent aux autres. Vous serez chanceux en ce qui concerne l'acquisition de biens et les petits bonheurs matériels de la vie. Vous avez du talent.

CONVALESCENCE. Vous prendrez des initiatives curieusement dictées par votre totale ignorance d'un fait important. Cela aura un effet bénéfique que personne ne comprendra, mais les résultats seront là et vous ne serez pas près d'oublier cette curieuse coïncidence.

CONVERSATION. Parler avec les autres. Les questions d'argent sont au programme. Vous attirerez les heureux hasards. Il serait tout de même bon de consulter une personne qui pourrait vous prévenir de certains obstacles. En amour, vous serez ouvert.

En entendre une. Plutôt secret et retiré, vous ne serez pas malheureux de passer un moment en toute solitude. Par ailleurs, en compagnie de vos intimes, vous pourriez partager de bons moments car vous aurez de la tendresse à donner.

COPIER. Quelque chose. Vous concrétiserez ce que vous voudrez. Tourné vers l'action, vous agirez sans vous poser des questions. En amour, vous prendrez la vie en douceur, voyant le bon côté des événements.

Les faits et gestes d'une autre personne. Vous deviendrez plus ombrageux que dans les derniers jours. C'est une simple question d'équilibre, vous aurez besoin de calme et de détente. Par ailleurs, vos contacts seront chaleureux et simples.

COQ. Si vous êtes amoureux, vous n'avez pas à craindre l'avenir. Si vous entretenez vos peurs, votre partenaire finira par les absorber, car rien ne reste sans effet. Les ondes vibratoires que vous dégagez agissent autant que les paroles.

COQUILLAGE. Événements inhabituels, nouvelles étranges. Vous êtes soucieux de plaire, d'être choyé plus que de vous enrichir et accordez beaucoup d'importance aux jouissances sensuelles.

CORBEAU. Décidé à préserver votre autonomie personnelle, vous avez une parfaite maîtrise de vous, de vos désirs. Vous n'êtes pas obsédé par la recherche de sensations fortes. Fier de votre moralité, vous ressentez toutefois secrètement d'inquiétantes sensations. Le refoulement et le refus de tendresse pourraient susciter des désordres sexuels que vous ne pourriez plus contrôler.

CORBEILLE. Vos collègues ne savent jamais où vous voulez en venir. Affirmant un jour être désintéressé puis négociant pour une peccadille, vous affichez une relation particulière avec l'argent. S'il fallait en gagner pour satisfaire vos désirs, vous seriez rapidement ruiné. Seul le bonheur de vos proches vous motivera à changer d'attitude.

CORBILLARD. En voir un. Vous êtes gourmand et faites de l'embonpoint. Vous tricherez dans votre régime et vous vous sentirez ensuite coupable. Ces jours-ci, il est difficile pour vous de limiter le plaisir. Les pulsions et les impulsions seront difficiles à freiner.

S'y trouver à l'intérieur. Votre énergie est très forte, mais votre volonté faiblit souvent… Résultat : vous vous négligez, votre digestion et votre vigueur s'en ressentent, sans parler de votre tour de taille. Ajoutons qu'on dénote une certaine fébrilité et des troubles de sommeil.

CORDE. En acheter une. Au travail, vous obtenez ce que vous voulez ou presque. On vous vient en aide sans que vous ayez à le demander. Une personne reconnaît ce que vous faites pour autrui ; elle tient à vous rendre la pareille en signe de reconnaissance.

En vendre. Dans votre famille, l'entente laisse à désirer par moments. Vous avez parfois du mal à vous accorder avec vos proches. Même si vous avez raison, essayez de les prendre par la douceur ; cela vous permet d'atteindre vos objectifs sans les blesser. Activités en famille, projets pour la maison et déplacements sont très stimulants.

Tirer sur une corde. Il y aura beaucoup de stimulations dans votre vie : du monde, de nouvelles activités, des retards à rattraper. Dans tous les cas, vous ferez avancer les choses. Vous tiendrez compte des autres.

En voir une usée. En amour, vous ne voulez plus faire de compromis, vous avez besoin d'un partenaire qui vous appuie et sur qui vous pouvez compter. Au cours des mois qui viennent, vous vous rapprochez l'un et l'autre. Peu à peu, la passion réapparaît dans votre couple. Les cœurs solitaires font des ravages. Cette fois, vous savez ce que vous voulez ; cela vous permet d'être plus sélectif.

CORNE. Vous êtes appelé à faire plusieurs déplacements directement ou indirectement reliés à votre travail. Il est temps de vous affirmer, mais toujours de façon correcte. Certains détails ne sont pas au point, mais dans l'ensemble, tout baigne dans l'huile. Vous êtes mis devant un choix difficile.

CORNEILLE. Décidé à préserver votre autonomie personnelle, vous avez une parfaite maîtrise de vous, de vos désirs. Vous n'êtes pas obsédé par la recherche de sensations fortes. Fier de votre moralité, vous ressentez toutefois secrètement d'inquiétantes sensations. Le refoulement et le refus de tendresse pourraient susciter des désordres sexuels que vous ne pourriez plus contrôler.

CORPS. Le sien. L'ambiance générale sera bonne et vous bénéficierez de quelques jours de chance dans votre vie matérielle. Si ce n'est déjà fait, une occasion pourrait se présenter. Une personne de votre entourage pourrait vous demander une assistance ponctuelle, ne la lui refusez pas.

> **Celui d'une autre personne.** La chance sera au rendez-vous en ce qui concerne les questions d'argent. Vous réfléchirez à l'équilibre entre vos besoins matériels et spirituels. Dans votre vie sentimentale, vous serez tendre comme du bon pain.

CORRIDOR. En voir un sans fin. Vous n'avez pas froid aux yeux, vous avancez dans la vie d'un pas déterminé. Vous êtes lucide, vous appelez les choses par leur nom. Personne ne réussit vraiment à vous mettre des bâtons dans les roues. Vous ne faites pas de concessions et vous savez vous défendre avec habileté.

> **Y marcher.** Si vous désirez obtenir de meilleures conditions, il est temps de poser quelques jalons en ce sens. Les démarches nécessitant l'accord d'une personne en situation d'autorité ont de bonnes chances de succès.

CORSAGE. Votre vie sentimentale est au beau fixe. Vous savez ce que vous voulez et votre partenaire répond à vos attentes. Votre vie à deux prend un tournant positif. Vous misez davantage sur le dialogue, et c'est rentable. Si la solitude vous pèse, prenez un peu de recul, attendez de savoir ce que vous voulez vraiment. Quelqu'un avec qui vous avez beaucoup d'affinités pourrait se trouver dans les parages dans peu de temps.

COSTUME. Se costumer. Les problèmes se résoudront d'eux-mêmes ; laissez le temps passer en ne forçant rien. Les relations avec votre famille seront bonnes. Question argent, vous pourriez avoir une petite surprise agréable. Vous serez satisfait des résultats en fin de journée.

> **En trouver un beau.** Les prochaines semaines seraient propices à une escapade. Vous aurez l'esprit curieux et ce serait le moment d'acquérir de nouvelles connaissances. Vous jugerez aisément de ce qui est le mieux pour vous.

COU. D'un homme. Vos efforts pourraient être reconnus. Dans vos relations intimes, vous pourriez avoir une certaine difficulté à communiquer vos sentiments. Laissez le temps passer tout en y songeant, la meilleure manière de dire ce que vous ressentez arrivera comme par enchantement!

D'une femme. Une conversation vous permettra d'exprimer une opinion à laquelle vous tenez beaucoup. Vous persuaderez un proche du bien-fondé de vos opinions. Vous aurez une grande force de persuasion. Certaines obligations vous sembleront lourdes.

COUCHER. Être couché seul. Vie amicale chaleureuse. Vous pourriez revoir des gens que vous aviez perdus de vue. Il sera aussi question des objectifs de votre vie. Quelle que soit votre situation, vous aurez un grand sens de la coopération.

Être couché avec un autre. Votre bonne humeur pourrait être mise à l'épreuve par une personne bête. Les questions pratiques seront à l'ordre du jour. Il est peut-être temps d'ajuster votre emploi du temps. La soirée sera plus calme que la journée.

COUDRE. Sur le plan professionnel, vous réglez plusieurs problèmes, prenez une grande décision et faites quelques mises au point. Une dépense imprévue menace l'équilibre de votre budget. Vous avez déjà en tête quelques résolutions pour l'avenir, des projets, des idées et des désirs. À chaque jour suffit sa peine. N'entreprenez qu'une chose à la fois et menez-la à terme avant de commencer autre chose.

COULER. Entendre de l'eau couler. Votre esprit analytique vous permettra de comprendre un problème qui ne vous concerne pas directement; vous pourriez le dire aux principaux intéressés. Aujourd'hui, il y aura du mystère dans l'air et vous apprécierez cette étrangeté. Dans vos activités, vous serez habile, rien ne vous échappera.

Se couler dans l'eau. Une conversation pourrait vous faire changer d'opinion sur un sujet qui vous tient à cœur. Si vous êtes déçu par un proche, dites ce que vous pensez plutôt que de conserver des tristesses qui n'ont aucune raison de persister.

Voir d'autres couler à l'eau. Vous aurez l'esprit pratique et aucune envie d'être mené par des illusions. Vos relations sentimentales se porteront au mieux si vous évitez les jugements hâtifs. Vous aurez une idée ingénieuse pour venir à bout d'une petite contrariété.

COULEUVRE. Vivante. Vous êtes un authentique extraverti, car vous avez tendance à extérioriser vos sentiments et vos réactions. Vous êtes sociable, expansif, et vous n'aimez pas la solitude ou la vie d'intérieur. Vous savez imposer votre présence, et votre facilité à vous exprimer permet aux gens de rapidement vous connaître.

En tuer une ou plusieurs. Votre humeur est maussade et vous manquez de patience envers les membres de votre entourage, mais cela est de très courte durée. Quelques petits malaises, dont des maux de tête lancinants, sont vite relégués aux oubliettes après quelques journées de repos et une révision de votre alimentation. Ne négligez pas le sommeil.

COUP. En recevoir un. Il signifie que les éléments sont réunis pour que vous réussissiez complètement votre vie. C'est aussi le signe que le temps est venu de bien faire les choses. Vous avez rassemblé toutes les pièces de votre casse-tête, mais il vous faut encore un peu de patience pour attendre qu'elles se mettent toutes en place. Votre attitude sera largement récompensée et vous finirez par connaître le succès.

En donner un. Vous êtes dans une période de transformation ; vous savez et sentez qu'il faut changer quelque chose, qu'un choix s'impose. Un proche vous fait connaître des secrets cachés et découvrir les possibilités qui s'offrent à vous. Quoi qu'il en soit, vous possédez tout ce qu'il faut pour réussir.

COUPER. Quelque chose. Vous êtes travaillant, vous fournissez de gros efforts pour faire avancer vos projets et, petit à petit, vous vous rapprochez de vos objectifs. Vous pourriez même faire un contrat avantageux, ce qui vous motiverait beaucoup. L'ambiance est chaleureuse dans votre demeure, il y a beaucoup d'amour dans l'air.

Se couper avec un couteau. Apprenez à vous détendre et à jouir enfin de la vie. Mettez au rancart toutes vos craintes inutiles. Devenez maître de vos pensées et de votre corps afin de mieux récupérer vos forces et de régénérer votre énergie.

COURGE. En manger. De nature soumise, vous ne cherchez pas à dominer votre entourage, à vous imposer. Au contraire, vous manquez souvent de courage pour affirmer ou défendre vos droits. Vous préférez la tranquillité et l'anonymat. Cependant, vous aimeriez avoir un caractère plus ferme, une puissante force de volonté.

COURIR. Vers quelque chose. Votre activité vise davantage à préserver votre indépendance et à vous attirer la considération de vos semblables qu'à acquérir des biens matériels.

Pour fuir quelque chose. Problèmes, difficultés. Insatisfait, mécontent, irritable, vous participez de façon active à des occupations qui ne présentent cependant pas à vos yeux un réel intérêt. Il ne s'agit là que d'un dérivatif au sentiment de vide qui vous accable.

Incapacité de courir. Manque de confiance en soi. Incertain de vous, de vos désirs, incapable de prendre une décision ferme, vous vous laissez vivre, flottant dans une sorte de brume, vous contentant de saisir au vol toutes les occasions de plaisir qui se présentent.

COURS D'EAU. Votre vie mondaine est pétillante. On vous convie à toutes sortes d'activités et de sorties. Cela vous surprend un peu, mais vous ne vous faites pas prier. C'est l'occasion de vous divertir, mais également de vous lier avec des gens qui partagent vos goûts et vos valeurs. Votre cercle d'amis correspond de plus en plus à vos besoins.

COUSSIN. Vos compétences sont reconnues. Votre application au travail vous vaut de nombreuses marques de considération et d'estime. Vous réglez un problème qui paraissait insurmontable à vos collègues. Sur le plan financier, vous devez vous serrer un peu la ceinture, mais pour peu de temps.

COUTEAU. Votre santé pourrait retenir votre attention ; il y aurait des moyens simples d'améliorer votre état comme la pratique d'un sport. En soirée, les histoires d'un proche vous amuseront.

Se couper avec un couteau. Apprenez à vous détendre et à jouir enfin de la vie. Mettez au rancart toutes vos craintes inutiles. Devenez maître de vos pensées et de votre corps afin de mieux récupérer vos forces et de régénérer votre énergie.

COUVENT. Sur le plan financier, c'est tout ou rien. Difficile de tenir un budget avec tant d'imprévus ! Mais finalement, vous vous débrouillez assez bien, et de petites rentrées d'argent vous dépannent souvent à la dernière minute. Évitez cependant de vous laisser impliquer dans des affaires douteuses et ne spéculez pas ; votre prudence risquerait de vous coûter cher.

COUVERTURE. Votre petit côté mondain est bien servi, étant donné toutes les sorties et les invitations que l'on vous lance. Vous rencontrerez des gens amusants et vous vous faites de nouveaux amis. Votre vie sociale est si animée que vous devez faire des choix. C'est peut-être le moment de vous éloigner de certaines personnes, d'être plus sélectif : vous pouvez vous le permettre.

COW-BOY. Tout va bien dans votre vie professionnelle. Vous arriverez à contourner les obstacles. Vos qualités d'observation et d'adaptation vous donneront des outils remarquables pour réussir dans tout ce que vous entreprendrez.

CRABE. En manger. Dans votre famille, l'ambiance est sereine mais animée. Vous vous rapprochez de vos intimes. Des projets en famille et un séjour à l'extérieur vous permettront de vivre de beaux moments. Vous êtes conciliant de nature, mais ce n'est pas une excuse pour tout accepter.

En pêcher. Il vous arrive de garder une certaine rancune contre une personne qui n'a pas voulu vous blesser, mais à qui vous n'avez pas permis de s'expliquer. Tout à coup, vous vous rendez compte que vous avez coupé un pont important et que vous avez maintenant besoin d'elle.

CRACHER. L'autre sexe exerce une influence considérable sur vous ; conservez votre optimisme, rien ne vous est impossible. Vous croyez que les autres sont meilleurs : vous avez tort. Apprenez à vous affirmer, à avoir pleinement confiance en vous et à vous sentir bien dans votre peau. Multipliez vos chances de succès en développant votre personnalité et vos qualités.

CRAIE. Vous aurez le cœur romantique. Profitez-en pour vous permettre toutes les extravagances dont vous avez envie. Si vous êtes au travail, ce serait bon de laisser émerger vos trésors d'imagination. En amour, vous aurez les yeux ouverts.

CRAINDRE. Quelqu'un. Vous comprendrez mieux certains états émotifs. Vous tirerez des leçons du passé. Quelques jours de tranquillité et de calme vous feraient du bien. Il est possible qu'une nouvelle amitié naisse avec une personne du sexe opposé.

Un événement. Vous pourriez terminer les petites tâches que vous avez négligées depuis quelque temps. Par ailleurs, une rencontre avec une personne que vous voyez rarement vous distraira. Vous serez gourmand !

CRÂNE. Votre force est certainement votre sens du leadership. Votre faiblesse : votre manie de tout diriger sans consulter. En amour, il vous faudra veiller à élargir votre esprit et à accepter l'autre tel qu'il est.

CRAPAUD. Sympathique. En amour, après les difficultés des derniers temps, vous entrevoyez des signes encourageants. Il est cependant préférable de demeurer flegmatique devant une incompréhension passagère pour ne pas blesser la personne qui vous est chère.

Antipathique. En amour, vous voici en pleine transformation. Commencez par travailler sur vous avant d'entreprendre une nouvelle relation. Dans peu de temps, vous y verrez plus clair. Vous pouvez songer à vos sentiments, car dans quelques mois, des rencontres excitantes sont possibles. Si vous êtes en couple, certaines mises au point s'imposent ; petit à petit, vous faites valoir vos idées. Le temps et le dialogue travaillent pour vous.

CRAVATE. Belle. On essaiera de vous impressionner. Toutefois, votre système d'analyse est en place. Vous ne vous laisserez donc pas prendre par les apparences. Lors d'une conversation où vous sentez le mensonge, vous aurez une réplique saisissante pour votre interlocuteur.

Laide. Problèmes, insatisfactions, mécontentement, irritabilité. Vous participez de façon active à des occupations qui n'ont pas un intérêt réel à vos yeux. Il ne s'agit là que d'un dérivatif au sentiment de vide qui vous accable.

En nouer une. Vous démontrez une grande capacité d'organisation et de décision. Votre efficacité sera reconnue et on vous en félicitera. Il ne serait pas étonnant que l'on vous fasse même une proposition intéressante.

En dénouer une. Vous serez tenté de discuter d'argent, des responsabilités financières des autres autant que des vôtres. Il n'est pas certain que vous soyez juste. Émotif, vous calculez que vous en faites plus que les autres.

CRAYON. Manque de confiance en soi. Incertain de vous, de vos désirs, incapable de prendre une décision ferme, vous vous laissez vivre en flottant dans une sorte de brume, vous contentant de saisir au vol toutes les occasions de plaisir qui se présentent.

CRÉANCIER. Il y a du chambardement dans l'air. Vous trouvez que cela ne donne pas grand-chose, mais vous n'avez pas le choix : il faut vous ajuster. Jouez la carte de la souplesse et évitez les affrontements ; peu à peu, vous gagnerez le terrain perdu. L'avenir est prometteur. Vos finances vont remonter, on dénote même un brin de chance.

CRÉMATION. Elle évoque la clé des mystères suprêmes, l'accomplissement, la réconciliation, la sagesse, la clarté d'esprit, les révélations, la justice, la libération, la grâce et l'amitié.

La sienne. Vous vous sentez perdu face aux multiples chemins que vous pouvez prendre ; il vous faut écouter votre intuition, sinon vous chercherez à forcer les événements, ce qui n'est pas souhaitable pour l'instant.

D'un inconnu. Laissez-vous guider par votre flair ; cela vous permettra de voir vraiment ce qui doit être vu et perçu. Vous vous dirigez vers un accomplissement qui dépasse vos perceptions.

D'une personne connue. Le chemin à suivre est clair, et la voie est libre ; il vous suffit de la prendre. Soyez assuré du résultat positif qui découlera de la demande que vous avez faite, de la démarche que vous entreprenez ou des décisions que vous avez prises. Dans un très court laps de temps, votre souhait sera réalisé. C'est le temps de créer.

CRÈME. Désireux de goûter à toutes les joies de la vie, vous saisissez avidement les objets de plaisir qui se présentent sans vous accrocher de façon durable, dans le but d'éviter les problèmes affectifs. Votre attitude ne favorise pas une réelle intégration au milieu et vous vous sentez isolé, vous avez tendance à ruminer ces insatisfactions.

CRÊPES. En manger. Vous recevrez des compliments pour un travail que vous avez fait. Vous verrez au confort de chacun. Dans votre vie sentimentale, vous serez un brin possessif durant les prochains jours, ce qui ne fera que confirmer votre attachement sentimental.

En faire. Vous serez actif et en pleine possession de vos capacités. Du côté de votre vie sentimentale, vous adopterez une attitude raisonnable et vous y verrez plus clair. N'hésitez pas à vous confier à un ami.

CRÉPUSCULE. L'amour n'offre aucune sécurité, mais vous invite au partage. Si vous avez une attitude de dominant, vous pourriez tout à coup vous rendre compte à quel point vous étouffez votre partenaire.

CREUSER. Justice se fera, ce n'est qu'une question de temps. Ne soyez pas mesquin et n'essayez pas de vous faire justice vous-même ; cela tournerait au vinaigre. Vous entrez dans une période de transformation et vous avez à choisir entre le bien et le mal : attention !

CREVETTE. Vous vous sentez plus motivé ; c'est excellent sur tous les plans et votre forme en bénéficie. Un programme d'exercices, un régime et une cure donneront des résultats encourageants, même votre mine en bénéficiera. Cela vaudra la peine de faire ce petit effort, vous aurez un look plus jeune.

CRIER. Essayer de crier. Vous manquez de confiance en vous. On a l'impression que vous êtes bien intégré à votre milieu, mais votre vie sociale n'est que superficielle. Au fond, vous demeurez distant et indifférent, peu désireux de vous attacher à quelqu'un.

Fort. Problèmes insolubles, besoin urgent d'aide ; votre entourage ou peut-être les gens qui le composent sont pour vous une cause de mécontentement. Mais vous vous sentez épuisé mentalement et privé de courage ou de force pour affronter l'inconnu.

Entendre crier un inconnu. Vous serez actif physiquement. Votre énergie vous permettrait de commencer une nouvelle activité. En amour, vous serez moins présent que vous en avez l'habitude. Vos ambitions prendront beaucoup de place.

Entendre des cris de joie. Excitation dans l'air. Les gens s'empressent et se bousculent, comme si chacun voulait passer le premier. Si vous faites partie de la course, attention aux coups de coude que vous pourriez donner ou recevoir !

CRINOLINE. Le romantisme est le centre de votre vie et de ce côté, vous êtes gâté. Des moments enivrants vous attendent ; il peut même être question d'union ou de projets pour la maison. Si vous êtes libre, votre popularité est forte, mais n'allez pas trop vite ; avec toutes les rencontres qui vous attendent, vous aurez l'embarras du choix.

CRISTAL. L'entendre tinter. Vous aurez besoin de vous libérer de certains liens. Période où vous passerez en revue les gens qui vous sont utiles, agréables et sincères avec vous depuis toujours. Quant aux autres, vous déciderez de leur donner un congé prolongé.

Casser un objet en cristal. Votre humeur sera changeante et capricieuse. Vous ne saurez plus sur quel pied danser, et cela vous irritera au point que vous vous en prendrez à des personnes qui ne sont vraiment pas responsables de vos ennuis.

CROCODILE. Désireux de goûter à toutes les joies de la vie, vous saisissez avidement les objets de plaisir qui se présentent sans vous accrocher de façon durable pour éviter les problèmes affectifs. Votre attitude ne favorise pas une réelle intégration au milieu et vous vous sentez isolé. Vous avez tendance à ruminer ces insatisfactions.

CROISSANT. En manger. Bonne journée pour accomplir les tâches qui demandent de la minutie. En amour, vous vivrez de bons moments. Si vous êtes célibataire, ce sera calme, mais rien ne vous empêchera de rêver. Il y a peut-être quelqu'un qui ne demande qu'à vous connaître.

En cuire. Vous serez dans une forme exceptionnelle. Avec vos proches, vous parlerez beaucoup et vous aurez du plaisir. Réservez les démarches ardues pour un autre jour. Prenez le temps de parler avec une personne de votre entourage que vous connaissez peu.

En servir aux autres. Vous serez tendre tout en étant en pleine possession de vos moyens et très clair quant à vos buts. Cet heureux mélange vous permettra de conserver un équilibre dans vos relations avec les autres. Bonne journée pour signer un contrat.

Lune ascendante. Vous songerez que votre bonheur dépend en bonne partie des liens avec ceux que vous aimez. En même temps, vous serez indépendant aujourd'hui et vous pourriez trouver du plaisir à accomplir vos activités en solitaire.

Lune descendante. Votre sourire fait fondre, éclaire, illumine, enjolive la vie de votre entourage. Vous épatez les nouvelles personnes que vous rencontrez. Si vous flirtez, vous serez embarrassé de plaire à autant de personnes.

CROIX. Elle évoque la connaissance et l'inspiration divine, le pouvoir de changer les choses ainsi que la protection dans les déplacements. Elle annonce des changements positifs.

CROQUER. Au travail, évitez les discussions trop animées. Exposez calmement vos idées et vos opinions, et vous obtiendrez non seulement l'appui de ceux qui vous entourent, mais aussi leur estime et leur collaboration.

CRUCHE. Vous verrez la vie avec confiance. Bonne journée pour voir à l'amélioration de votre quotidien. Vous donnerez un coup de main à une personne de votre entourage qui éprouve quelques ennuis. Vos idées seront utiles.

CRUEL. L'être soi-même. Vous arrivez à résoudre une situation embrouillée, vous êtes bien implanté dans la réalité, vous exercez votre activité régulièrement et sérieusement dans un domaine que vous connaissez de manière à obtenir des résultats tangibles.

Voir quelqu'un être cruel. Vous ne vous laissez pas tromper ou bluffer par les apparences ni influencer par des opinions dont vous n'avez pas expérimenté la justesse. Cependant, vous estimez vos occupations trop absorbantes et souhaiteriez un peu plus de temps pour vous détendre.

CRYPTE. Construite sous un temple. Bon moment pour prendre des résolutions en vue d'améliorer votre condition physique. Vous voudrez peut-être changer certaines habitudes dès le début de l'an prochain. Quoi qu'il en soit, vous serez stimulé et positif dans votre approche.

CUBE. Concret et terre à terre, vous aurez du plaisir à vivre tout ce qui est simple. Ce qui touche la maison vous donnera de la joie et vous donnerez la priorité à l'intimité. Vous serez flexible dans une histoire qui demande de la délicatesse.

CUILLER. Perdue ou volée. Vous ne manifestez pas un grand souci d'améliorer votre condition matérielle; soit que vous la jugiez satisfaisante, soit que les contingences extérieures ne vous intéressent pas.

En utiliser une. Élévation vers une position de pouvoir; grâce à votre sens inné de la justice, vous équilibrez le jugement sévère que vous seriez tenté de porter sur vos semblables, vous évitez de froisser ou d'offenser les personnes qui vous entourent.

CUISINER. Bien-être matériel, pouvoir matériel, tout vous est indifférent, sauf la réussite du projet que vous avez conçu, que vous entendez mener à bien, quoi qu'il vous en coûte, en dépit de l'opposition de votre entourage.

CUISSE. Représente la provocation sexuelle. Des restrictions et des contradictions face à vos désirs charnels vous empêchent de vous épanouir à votre gré. Vous devrez faire preuve de patience.

CUIVRE. Le métal. Dans vos activités, vous prendrez le temps qu'il faut pour réussir ce que vous avez commencé. Vous continuez de profiter d'aspects créatifs. Vous aurez un charme très mystérieux aujourd'hui.

La couleur. Des activités en famille ou avec vos intimes pourraient vous tenter aujourd'hui, mais il est probable que le tourbillon de la vie vous emporte dans mille occupations. Intérieurement, vous vivrez des sentiments troubles; cela arrive.

CULBUTE. La sécurité et la petite routine ne vous suffisent plus; vous rêvez d'exploiter vos talents et d'essayer de nouvelles choses. Prenez le temps de mesurer la portée de vos décisions; ainsi, les nouveaux contrats et la recherche d'un emploi donneront des résultats concrets. Il peut également être question d'occasions d'affaires: si vous vous préparez bien, elles seront avantageuses.

CUL-DE-JATTE. Vous aurez l'impression que l'on fait exprès pour vous contrarier. Vous pourriez avoir des sautes d'humeur sans que vous soyez capable de vous expliquer. De vieux souvenirs refont surface en votre âme. Ne les laissez pas vous absorber: regardez-les en face.

CUL-DE-SAC. Vos émotions valsent et ne trouvent pas un rythme régulier. Elles viennent par bouffées, pouvant passer du chaud au froid. Cela ressemble à un film qui se déroulerait dans votre tête et que vous avez vu de multiples fois.

CULOTTE. Belle. La journée sera riche en événements pour tout ce qui concerne vos rapports avec les autres. Il ne tiendra qu'à vous de partager le fruit de votre expérience. Dans votre intimité, vous pourriez être étonné des sentiments qu'une personne a pour vous.

Laide. Si vous éprouvez le besoin d'avoir une explication avec un proche, sachez qu'il n'en est peut-être pas au même point que vous. Dans vos activités, vous aurez de la concentration. Vous pourriez être surpris de l'attitude de quelqu'un.

CULTIVATEUR. Dans vos activités, vous trouverez la solution d'un problème en vous inspirant d'une personne pour qui vous avez de l'admiration. Vous vivrez quelques jours agréables du point de vue de vos relations et de votre créativité. Il y a de tendres émotions en vue.

CULTIVER. Vous vous livrez à une personne de confiance, et celle-ci vous fait voir les choses sous un nouvel angle. Vous n'avez pas très envie de sortir, alors vous privilégiez les soirées entre amis dans l'intimité de votre demeure. Vous êtes entouré de gens qui vous aiment et pourtant, vous avez de la difficulté à vous sentir à votre place. Vous avez besoin constamment d'être rassuré.

CUPIDON. Vos beaux yeux ne laissent personne indifférent et vous faites sensation au cours de vos sorties ; l'avenir s'annonce effervescent. Il y a tellement d'amour dans l'air que même les solitaires sont gâtés. Même si vous demeurez populaire, vous avez envie de vous concentrer davantage sur vos sentiments vers l'être aimé, avec raison !

CURÉ. Tous les désordres d'ordre émotionnel que vous avez connus ces derniers temps vous ont forcé à réfléchir intensément, à fouiller intimement et honnêtement en vous pour tenter de trouver les causes profondes de ces problèmes. Vous y êtes en bonne partie parvenu même si, en ce domaine, rien n'est jamais acquis. Vous avez retrouvé votre sourire à faire craquer.

CYCLISTE. Vous avez la pénible impression que votre vie affective prend un virage négatif. Mais ce n'est qu'une impression. Les changements de ces derniers temps sont sans doute responsables d'une certaine indifférence de la part de votre conjoint. Soyez positif et tout va s'arranger.

CYCLOPE. Vous êtes motivé ; cela fait plaisir à voir. Sur le plan psychologique, vous êtes beaucoup plus réaliste qu'avant ; vous misez sur le concret et les résultats sont éloquents. Des exercices et un régime donneront des résultats du tonnerre, pour autant que vous soyez tenace.

CYGNE. La liberté et la quête du spirituel symbolisent la connaissance de l'inconscient, base de la sagesse. Les crises d'angoisse s'estompent, puis disparaissent enfin. Votre subconscient est moins tourmenté maintenant que vous avez trouvé la cause de ce malaise. Les réponses n'ont pas encore été toutes trouvées mais vous posez les bonnes questions, c'est un excellent début. Vous progressez dans votre cheminement spirituel et la prière est pour vous une source de réconfort et de sérénité.

CYPRÈS. Vous aurez tendance à analyser le présent avec une perspective ancienne. Il n'est pas mauvais de se rappeler ses vieilles histoires, mais il ne faut pas en faire un culte. Vous pourriez conclure une entente à long terme. Vous aurez le cœur sur la main.

DACTYLO. Tout le monde voudra avoir votre opinion. Intérieurement, vous arriverez difficilement à confier les petites difficultés que vous éprouvez. Dans votre vie affective, chacun réclamera votre attention. Il n'y aura pas assez de 24 heures.

DAHLIA. Cette plante représente la confiance en soi, la protection. Elle apporte les prémonitions, l'intuition, le respect, la renommée et la protection suprême.

    Pâle. Vous êtes tiraillé entre, d'une part, la loyauté et la fidélité à votre milieu ou à quelqu'un et, d'autre part, l'envie de nouer de nouvelles relations, de réaliser certains projets. Vous pesez sans cesse le pour et le contre, incapable de vous décider. Cette incertitude est une cause d'anxiété.

    De couleur vive. Vous avez la mauvaise habitude de couper les ponts, mais vous vous attendez par la suite à obtenir de l'aide des autres. Changez votre philosophie : efforcez-vous de garder de bonnes relations avec autrui.

DAME. Jouer aux dames. Travailler de concert avec d'autres vous conviendrait parfaitement aujourd'hui. Vous tiendrez compte des opinions de ceux qui vous entourent. Il y aura des signatures de contrat et des ententes.

Voir quelqu'un jouer aux dames. Vous deviendrez mystérieux. Côté plaisirs, ce sera une bonne soirée pour vous concocter un bon petit plat en compagnie ou en solitaire. Prenez quelques minutes pour donner des nouvelles à une personne de votre famille.

DANGER. Se voir en danger. Vous avez abandonné l'espoir d'être heureux, de réaliser certaines ambitions qui vous tenaient à cœur. Blasé, amer, vous vous montrez indifférent aux choses et aux personnes qui vous entourent.

Voir quelqu'un d'autre en danger. Vous aurez de belles surprises et le vent dans les voiles en ce qui concerne vos projets futurs. Les gens de votre entourage semblent maintenant prêts à tenir compte de vos opinions et de vos capacités. Vous obtiendrez la reconnaissance que vous souhaitez tant.

DANSE. Nouveaux amis, réussite sociale, extase, identification à l'unité ; force cosmique à la fois génératrice et destructrice.

Se voir danser. Vous évoluez ; il est normal que certaines relations ne vous stimulent plus autant qu'avant. Prenez vos distances peu à peu, surtout si vous sentez qu'on essaie de vous manipuler ou de jouer avec vos sentiments. Vous êtes très populaire. Vous croiserez beaucoup de monde et nouerez des amitiés beaucoup plus gratifiantes.

Voir les autres danser. Vous avez tellement bon cœur ! Pourtant, on dirait que cela attire beaucoup de personnes à problèmes, et ce n'est pas tout à fait faux. Choisissez bien les gens qui vous entourent ; misez sur vos vieux amis et ceux avec qui vous vous amusez ; cela changera l'ambiance autour de vous. Vous en avez grandement besoin !

DARD. Au travail, vous apprécierez enfin la notoriété ! Vous effectuerez votre tâche pour accéder à une reconnaissance méritée. Rangeant la discrétion de côté, vous prendrez des initiatives surprenantes. Des décisions en haut lieu freineront vos ambitions, mais vous ne baisserez pas les bras. Dans quelques semaines, l'évolution de votre carrière vous donnera raison.

DATTES. Symbole sensuel. Désir sexuel. Votre conjoint fera la sourde oreille à vos avances. À aucun moment, vous ne ferez marche arrière, suscitant ainsi son étonnement et même une certaine forme de jalousie. Le menaçant d'aller vous glisser dans d'autres draps, vous réveillerez enfin sa passion. Et lorsque celle-ci s'enflammera, rien ne pourra l'éteindre ; vous aurez gagné.

DAUPHIN. En amour, vous ferez moins de petits coups en douce ; fidèle à droite, séducteur à gauche. Vous n'aurez d'yeux que pour votre partenaire. Fuyant les rapports complexes, vous apprendrez à parler franc et à être clair. Toute la famille sera rassurée et vous remerciera d'être aussi présent.

DÉ. À coudre. Vivant avec votre temps, vous appliquerez la politique de l'immédiat. Une migraine, un comprimé ; une insomnie, une pilule ; une baisse d'énergie, une pastille. Attention de ne pas habituer votre corps à des remèdes dangereux dont il ne pourra bientôt plus se passer.

À jouer. Vos collègues de travail vous imaginent penché sur vos dossiers, concentré sur des sujets qui les dépassent. Certains estimeront que vous n'avez ni l'âme ni la carrure d'un chef. Vous ferez taire ces préjugés en vous exposant constamment. Ils vous testeront et provoqueront votre colère.

DÉBÂCLE. La sexualité tiendra une grande place dans votre vie. L'acte charnel vous stimulera, vous partirez travailler l'esprit libre et entreprenant. Célibataire, vous chercherez l'âme sœur à tout prix. Avant une liaison durable, vous opterez pour une relation légère, aussi douce qu'une sucrerie.

DÉBARBOUILLETTE. Vous prendrez du recul. Le sourire deviendra votre bouclier et vous l'utiliserez pour répondre aux attaques. De nature insatisfaite, vous apprendrez enfin à goûter aux joies simples de l'existence. Vous exprimerez vos émotions et votre sensibilité.

DÉBAUCHE. S'y livrer. Vous exploiterez vos cinq sens, vous montrant tout à la fois surprenant, fantaisiste et terriblement câlin. Le pouvoir sexuel finira par vous emprisonner si vous êtes tenté de le substituer aux sentiments profonds. Allier le corps et le cœur vous demandera un certain temps. Si vous êtes célibataire, vous passerez des nuits blanches dans les bras d'une personne à laquelle vous ne serez pas attaché.

En être témoin. Vous rougirez d'abord lorsque votre partenaire se lancera dans un corps à corps audacieux, puis c'est vous qui tiendrez les rênes. À la vitesse d'un éclair, vous partirez à l'aventure de relations exceptionnelles. Les baisers occuperont une place importante dans votre cœur. Sucrés, tendres ou timides, vous allez user, ou même abuser, de ces démonstrations sensuelles. Votre atout résidera dans l'imagination que vous aurez à nuancer chaque étreinte.

DÉCHET. Vous ne pouvez vous confier ni vous fier à tout le monde. Vous aurez des intuitions justes par rapport à de nouvelles personnes que vous rencontrerez. Les unes seront parfaitement honnêtes ; les autres ne chercheront qu'à tirer profit sans aucune intention de vous donner ce qui vous revient en échange.

DÉCHIRER. Vêtement déchiré. Vous aurez de l'influence sur les personnes de votre entourage. Les proches se presseront autour de vous pour demander votre opinion. Il serait avantageux de diversifier vos activités. Vous pourriez avoir bientôt une occasion de gagner plus d'argent.

Papier déchiré. Vous entreprendrez sous peu un travail qui mobilisera votre énergie. On pourrait vous reprocher d'être moins disponible ; si c'est le cas, tâchez de garder des plages de tranquillité pour vos relations intimes et la vie familiale. Les questions financières seront à l'ordre du jour.

DÉCORATION. Sentimentalement, si vous pouviez utiliser la mimique pour transmettre vos messages, vous seriez soulagé. Or, votre conjoint attendra un discours afin de mieux comprendre ce que vous voulez de lui. Vous enfermerez vos sentiments dans votre ventre. Ils vous noueront l'estomac et auront du mal à jaillir de votre bouche. L'agressivité finira même par détourner leur contenu.

DÉCOUCHER. En ravivant le désir sexuel de votre partenaire, vous augmenterez le vôtre. Parcourir son corps, du sommet de son crâne jusqu'à la pointe de ses pieds, quel luxe ! Vous vous rendrez compte combien vous avez pu manquer d'audace dans le passé, attitude liée à la pudeur. La noirceur de la nuit sera le seul moyen de vous retrouver comme au premier jour. La complicité des gestes, le murmure des mots et les battements rapides de votre cœur vous mettront en émoi.

DÉCOUDRE. Sur le plan psychologique, vous êtes dans une forme incroyable ! Vous croyez en vous, vous êtes dangereusement convaincant, et cela vous aide énormément. Par ailleurs, la modération n'est pas votre point fort. À la longue, les petits excès peuvent altérer votre silhouette et votre vitalité. Or, vous avez besoin d'énergie étant donné tout ce qui s'en vient. Misez sur la forme, vous y gagnerez.

DÉCOURAGER. Être découragé. Vous avez de nombreux atouts sur le plan professionnel. Vous posséderez la maîtrise de votre savoir et une curiosité insatiable. Le désir de vous perfectionner et votre sens de la diplomatie vous ouvriront de nouvelles portes. Patient, vous prendrez le temps de vous adapter et de cerner votre mission.

DÉCROCHER. Un objet. En amour, l'élégance de votre silhouette sera irrésistible. Mais les mots les plus romantiques du dictionnaire ne combleront pas votre désir d'être aimé. Vous n'en aurez jamais assez et souffrirez de passer inaperçu aux yeux de votre partenaire. Trouvez des intérêts communs et guidez-le vers des activités nouvelles. Vous pourrez éveiller son désir en l'incitant à vous regarder différemment.

DÉFILÉ. Vous êtes sur le point de passer à une autre étape de votre vie, de quitter mentalement et émotivement votre passé pour faire peau neuve. Également, vous pourriez rencontrer une personne que vous n'avez pas vue depuis longtemps et constater qu'elle s'est transformée.

DÉFIGURER. Être défiguré. Vous serez magnétique et romantique, les regards ne manqueront pas d'aller vers vous. Pour les communications, vous excellerez et l'on adhérera à votre point de vue. Il est possible que vous choisissiez de diminuer vos heures de travail. Il est temps d'évaluer votre situation et de la modifier.

Voir quelqu'un d'autre défiguré. Vous serez songeur. Si vos activités demandent beaucoup d'attention, vous ne trouverez pas la journée facile. Il y a peut-être des options qui vous conviendraient mieux. Vous aurez de bonnes idées pour votre vie future.

DÉGEL. Lors de vos conversations, vous pourriez remettre à sa place une personne qui croit en savoir plus que vous et qui affirme des choses sans preuve. Un jaloux se trouve dans votre milieu de travail. Ne lui donnez pas d'importance.

DÉGOÛTER. Être dégoûté. Vous nuancerez votre vie sentimentale en plaçant votre conjoint dans une situation de désir. Il souhaitera vous voir, vous serez inaccessible ; il pensera à autre chose, vous apparaîtrez. Vous cultiverez des secrets. À lui de trouver la formule afin que s'ouvre votre cœur.

DÉGUISEMENT. Se déguiser. Votre moral plongera dans un pessimisme harassant. Déprimé sur le plan affectif, vous perdrez vos repères. Le goût d'entretenir votre demeure disparaîtra si votre conjoint ne vous montre pas tendresse et considération. Ne baissez pas les bras. Misez sur le charme, le reste suivra.

Voir d'autres se déguiser. Mouvements et rebondissements multiples au cœur de votre vie sentimentale. Attention aux sautes d'humeur provoquant les ruptures. Vos paroles dépassent votre pensée. Professionnellement, vous décrochez de belles victoires, en particulier dans le secteur de la communication.

DÉGUSTER. Vous effectuerez une rotation à 190 degrés en vous tournant vers l'actualisation de soi, le culte de soi, bref, vers un certain égoïsme, virage que votre entourage aura plus de difficultés à négocier que vous… Moins disponible aux autres, vous aurez tout votre temps pour vous-même. Vous planifierez vos journées en fonction de vos goûts et de vos besoins personnels, et tant que faire se peut, vous ne vous refuserez rien.

DÉLAISSER. Ne tentez pas de provoquer les événements. Freinez votre impulsivité et votre impatience. Tout vient à point à qui sait attendre ! Pas de place pour le laisser-aller, le moindre détail est important, tout doit être fait dans les règles. Comme vous servez de modèle, vous devez donner l'exemple… et le bon ! De toute façon, vous ne laissez rien passer, et c'est tout à votre avantage.

DÉLIVRER. Se voir délivré. Vous pourriez être confronté à une situation qui vous convient plus ou moins. Votre intuition sera votre meilleur guide, alors suivez donc simplement ce que vous ressentez. En amour, vous serez parfaitement à l'aise avec l'être aimé. Si vous êtes célibataire, c'est un bon moment pour les rencontres.

Les autres. Vous serez intuitif aujourd'hui et vous verrez venir les événements avant qu'ils se produisent. En amour, prenez le temps d'être tendre. Si vous êtes célibataire, vous serez heureusement étonné de l'attention que l'on vous porte.

DÉLUGE. Vous avez tendance à flirter et à changer fréquemment de partenaire. Votre vie sentimentale et sociale risque de vous causer bien des ennuis et de devenir une source de mécontentement autour de vous.

DÉMANGEAISON. Cessez d'être inquiet ; insatisfait, mécontent de tout et de tous, en proie à l'amertume, vous adoptez une attitude de froideur, d'indifférence. Votre manque de chaleur, de spontanéité ne facilite pas les relations sociales ou sentimentales que vous aimeriez créer.

DÉMÉNAGEMENT. Se voir déménager ses choses. L'argent motivera votre volonté, ce qui vous aidera à atteindre vos objectifs. Votre entourage vous qualifiera de matérialiste, vous leur prouverez qu'un portefeuille bien rempli peut contribuer au bonheur. En amour, les silences et la pudeur freineront souvent les échanges et les dialogues.

Se voir déménager les choses des autres. Vous tiendrez votre destin entre vos mains. Quelle que soit la situation, vous devrez faire preuve d'observation, d'intelligence, afin qu'elle tourne en votre faveur. Freinez votre nature impulsive. La patience vous servira dans le travail et, surtout, sur le plan financier.

DÉMISSIONNER. Une de vos connaissances éprouve des difficultés sentimentales. Vous tenez à conserver l'affection et la tendresse que vous témoigne cet être cher, bien que vos propres sentiments ne soient pas désintéressés.

DÉMOLIR. Vos propos sont parfois brutaux et vous ne vous en rendez pas toujours compte ; une tendance à être égocentrique vous empêche d'être sensible aux sentiments des autres.

DÉMON. Une certaine incertitude existe sur la nature du sentiment que vous éprouvez. Quoiqu'il y ait plusieurs points positifs dans la relation que vous avez avec votre partenaire, ce n'est pas encore le grand amour. Il semble que vous soyez un peu réaliste et précautionneux.

DÉNEIGER. Vous vous soumettez à l'amour avec tous les risques que cela impliquera. Dépendance du cœur, soumission aux sentiments, votre entourage prétendra ne plus vous reconnaître. Célibataire, une rencontre arrivera à court terme, mais plonger trop vite dans une histoire vous fera avoir des mésaventures.

DENTS. Maux de dents. Par tous les moyens, vous tenterez de vous raisonner, histoire de chasser ces maudites angoisses qui vous harcèleront. Vous êtes d'une nature mélancolique, et la moindre épine sous le pied devient maladie grave. On vous verra frapper aux portes des conseillers psychiques, des naturopathes ou des médiums capables de vous voir centenaire.

En perdre une. Vous pourriez vivre un certain détachement ou une petite retraite intérieure. Cet état ne sera pas inconfortable, vous y trouverez l'occasion de vous ressourcer. Les activités qui demandent de collaborer pourraient être remises à plus tard.

Cariées ou cassées. Vous voudrez que les choses bougent rapidement et vous aurez de la difficulté à endurer les gens lents. Par ailleurs, vous serez tout à votre aise si ça bouge beaucoup autour de vous. En amour, vous serez sûr de vos sentiments.

Qui poussent. L'amour sera au cœur de vos préoccupations. Attaché aux valeurs sentimentales, vous ne pourrez vous empêcher de répondre aux sourires inconnus. Fidèle dans votre tête, vous le deviendrez en totalité, grâce aux « je t'aime » sincères, répétés de votre partenaire. Vous ferez le bon choix.

Avoir des aliments entre les dents. Vos proches influenceront votre vie financière. Vous compterez sur eux en cas de problème, ils seront les premiers à vous accorder un prêt. Malgré votre pudeur morale à exprimer les sentiments, vous prouverez votre gratitude en faisant bon usage de leurs deniers.

DENTELLE. Vous nouerez des amitiés sentimentales. Célibataire, un proche vous invitera à transformer une relation courtoise en liaison amoureuse. En couple, votre partenaire vous reprochera d'être trop lié à un ami. Sa jalousie provoquera des heurts. Par esprit de contradiction, vous insisterez.

DENTIER. À la maison, vous serez efficace si vous commencez une activité qui demande de la minutie et de l'attention. Si vous êtes au travail, vous fignolerez jusqu'à ce que vous arriviez à ce que vous voulez. Aujourd'hui, vous pourriez remettre en question vos liens avec certaines personnes.

Le perdre. Certains liens que vous avez établis pourraient se révéler moins forts que vous ne le pensiez. Ce ne sera pas grave car vous aurez le cœur assez simple pour accepter les choses telles qu'elles sont. Ne soyez pas trop casanier.

DÉPART. Assister à un départ. Vous songerez à d'autres activités professionnelles. Mais les risques qu'elles engendreront vous rebutent. Vous compterez sur les autres ou sur la providence pour vous stimuler. Rien n'arrivera si vous n'amorcez pas une situation constructive. La peur n'évitera pas le danger, lancez-vous.

Partir soi-même. L'argent arrivera par petites gorgées comblant votre soif de gagner davantage. Vous affirmerez utiliser vos gains à des fins utiles, mais vous ne pourrez résister à l'envie d'acheter tout et n'importe quoi. Votre conjoint s'appuiera sur vos ambitions et se montrera peu enclin aux efforts.

DÉPENSER. Vos facultés créatrices encourageront la naissance de nouveaux concepts. Il y aura du révolutionnaire en vous. Ne soyez pas révolté par les ambitions timides de vos collaborateurs. Montrez-leur le début et la fin, ils accepteront davantage de faire la route avec vous. Soyez explicite.

DÉRACINER. Un arbre. Les questions de santé, de beauté, d'apparence retiendront votre attention. C'est un bon moment pour cela. Vous rencontrerez beaucoup de monde durant les prochains jours, il est plus heureux d'être à son meilleur! Vous prendrez les décisions les plus logiques.

Une plante. Les questions matérielles prendront plus d'importance que dans les derniers jours. Vous pourriez dénicher un bel objet. N'hésitez pas à l'acheter si vous en avez les moyens. Vous comprendrez une situation qui paraissait plus compliquée qu'elle ne l'est en réalité.

DÉRAILLER. Vos ambitions personnelles seront vos bougies d'allumage. Fini de chercher la reconnaissance, de se distinguer pour être aimé. Votre seule quête : trouver un créneau professionnel ou sentimental correspondant à vos désirs.

DESCENDRE. Un escalier. Vous aurez des contrariétés au travail. Toutefois, il se peut que vous dramatisiez. Vous serez tenté de perdre patience envers une personne qui se plaint à vous pour la centième fois. Avez-vous mesuré les conséquences de cette attitude?

De haut. Vous pensez que le monde n'existe que pour vous. Vous n'avez pas conscience de vos multiples demandes, ou encore vous prenez constamment sans jamais dire merci, sans jamais rien donner en retour. Une personne qui vous aime beaucoup malgré votre égoïsme reconnaît vos qualités.

Être craintif de descendre. Une personne qui vous aime beaucoup n'ira pas par quatre chemins pour vous ouvrir les yeux sur votre manque de respect envers autrui. Vous n'êtes pas heureux, puisque vous devez constamment expliquer à tout le monde ce que vous êtes.

DÉSERT. Vous serez las de payer pour les autres, y compris pour votre famille. Vos difficultés financières vous révolteront. Vous pesterez contre la société, les banques, les administrations. Un ami dévoué vous apprendra à reprendre point par point chaque dossier ou facture.

DÉSHABILLER. Enlever ses vêtements. Parler de vos sentiments vous rendrait vulnérable et votre partenaire se reposerait sur un amour acquis. Votre intelligence vous fera opter pour la liberté plutôt que la jalousie. Chacun fera ce que bon lui semblera; jamais vous ne laisserez planer le doute sur une infidélité éventuelle. Ce côté machiavélique sera un moyen de torture infaillible. Il ne pourra rien vous reprocher, si ce n'est d'avoir envie de penser un peu à vous. Vous lui prouverez votre gratitude après qu'il a accepté la règle du jeu.

DÉSIRER. Quelque chose. À propos de vos sentiments, vous serez bien loin du syndicaliste militant. Vous vous empêcherez de provoquer des conflits qui feraient fuir votre conjoint. Dire «je t'aime» sera défendu, mais l'extase triomphera de tous vos interdits. Vous prétendrez demeurer libre et accueillir l'amour comme il se présentera. Balivernes et sornettes! Vous tomberez dedans, vous délectant de l'aimer et vous reprochant de dépendre de l'autre. La solution sera élémentaire. Vos vœux s'exauceront en l'intéressant à autre chose qu'à votre corps. Restez-vous même, curieux, passionné et inventif.

Sexuellement l'autre. Vous considérerez l'acte charnel comme un divertissement et prendrez du recul afin de pouvoir toujours rire. Vous ferez des pirouettes et des galipettes pour l'étonner. Il adorera, à condition d'être amoureux de vous. Vous n'aimerez pas partager une étreinte avec un être trop sérieux. Les coincés devront s'abstenir. Votre appétit sera vorace, comme si vous souhaitiez rattraper le temps perdu.

Vous ne le perdrez pas sous les draps mais votre cœur empruntera des corridors inexplorés et troublants. L'amour dominera votre corps, ce qui sera plutôt positif. Mais lorsqu'il envahira votre esprit, vous aurez quelques soucis à vous faire !

Sexuellement un inconnu. Vous songerez à des draps de soie, matière noble, digne de vos sentiments. À la quantité des rapports, vous préférerez la qualité. Peu habitué à dire «je t'aime», vous sentirez cette phrase jaillir de votre cœur. Vous avez déjà eu des relations si fusionnelles que vous y laissiez votre âme ; maintenant, vous communierez. Chacun restera à sa place, en apprenant à donner et à recevoir. Physiquement, l'extase vous révélera fragile et vulnérable. Moins de retenue ou de passion brûlante ; vous aimerez au quotidien, sans tomber dans la routine. Vous accepterez que la lumière reste allumée et ne fermerez plus les yeux par pudeur.

DÉSORDRE. Difficile d'accepter de vous remettre en question, dans le travail notamment. Des avis opposés freineront la réalisation de vos projets. Si vous voulez vaincre, ne vous braquez pas. Essayez d'admettre et d'analyser ces points de vue, les remarques ne vous viseront pas personnellement.

DESSERT. En manger. Votre point faible est votre système nerveux ; vous êtes stressé, irritable, ce qui nuit à votre sommeil et même à votre concentration. Pour décompresser, vous ferez de petits excès, c'est un cercle vicieux. Essayez de vous ressaisir et de ménager des moments de détente dans votre horaire.

En cuisiner un. Vous avez la tête pleine de projets, mais vous n'arrivez pas à les faire accepter. Là encore, votre attitude risque de jouer contre vous. Préparez-vous soigneusement, gardez votre sang-froid ; si on vous oppose un refus, revenez à la charge plus tard. Un peu de détermination vous aidera beaucoup. Avec vos collègues, les rivalités sont fréquentes ; c'est par la diplomatie que vous arriverez à faire votre chemin. Allez chercher des appuis. De belles offres vous attendent dans très peu de temps.

DESSINER. On pourrait vous dire quelque chose de bête. Réagissez calmement, mais ne vous laissez pas impressionner. Bonne journée pour les activités qui demandent de la concentration. Vous irez vers ce que vous voulez.

Voir quelqu'un dessiner. Si on vous fait de l'œil, le mieux serait de vivre les petits moments heureux sans vous questionner. Votre journée devrait être remplie par de multiples occupations. Bonne journée pour les relations avec les autres en général.

DÉTECTIVE. Avant d'offrir votre confiance, vous attendrez des preuves susceptibles de dissiper vos doutes. Les trahisons du passé vous auront échaudé et vous ne commettrez pas les mêmes erreurs. D'ici quatre à six semaines, vous nouerez de nouvelles relations. Vos proches ramèneront du monde à la maison, et vous vous découvrirez des atomes crochus avec une personne sincère. Les épreuves qu'elle aura traversées vous sensibiliseront ; vous vous promettez d'être présent en toute circonstance.

DÉTERRER. Un mort. Votre moral a des hauts et des bas. Pour compenser, vous auriez envie de vous gâter, de vous offrir de petits plaisirs. Cependant, votre système immunitaire en souffrirait, et cela augmenterait votre vulnérabilité. Gare à la boulimie ! Mieux vaut agir de façon préventive, réduire un peu les portions et bouger davantage. De l'exercice vous ferait du bien tant physiquement que moralement.

Un objet. Vous faites de gros efforts pour que tout aille bien dans votre petit univers. Vous êtes très présent avec votre famille, mais ils ne s'en aperçoivent pas toujours, ils sont gâtés. Ce serait bon de leur apprendre à apprécier ce qu'ils ont.

Un arbre ou une plante. Votre intuition ne vous trompe pas : dans les questions financières, mieux vaut être prévoyant. Si les rentrées d'argent sont irrégulières, les imprévus ne manqueront pas. Au cours de transactions et de négociations, ne croyez pas tout ce qu'on vous dit, renseignez-vous : vous apprendrez des choses étonnantes. Votre grand cœur risque également de vous coûter cher à certains moments.

Refuser de creuser le sol. Vos intimes vous en demandent beaucoup ; ce n'est pas nouveau. Mais actuellement, vous établissez vos limites, vous apprenez à dire non ; admettez qu'il était temps ! Petit à petit, on s'habituera à cette nouvelle attitude, et ce sera pour le mieux. Un membre de votre famille pourrait devenir autoritaire, mais vous voyez rapidement dans son jeu.

DÉTESTER. Quelqu'un. Vous vous sentez sûr de vous et l'amour guide vos pas, surtout si vous êtes célibataire. Vous sentez en vous un renouveau affectif bienfaisant et vous passerez des moments merveilleux avec l'autre sexe qui occupe vos pensées. Vous sortirez beaucoup et enchaînerez les nuits blanches. Un vent d'indépendance vous envahira et vous éprouverez le besoin de prendre du recul. Attendez-vous d'ici quelques semaines à être adulé et même courtisé, votre séduction est au maximum et vous ne risquez pas de passer inaperçu.

Quelque chose. Vous vous posez beaucoup de questions sur la valeur de vos sentiments. Rassurez-vous, certaines réponses viendront très bientôt. D'ici là, vous vous sentirez indépendant et vous aurez envie de faire cavalier seul, d'autant que votre couple donnera des signes de faiblesse et que la nouveauté viendra envahir votre vie. On vous sollicitera, on vous invitera, mais vous ne pourrez chasser vos doutes. Il faudra attendre quelques mois pour que tout s'éclaircisse. L'amour guidera alors vos pas sans que la logique interfère et vous vivrez des moments de bonheur intense.

DÉTRUIRE. Vous vous sortez de plusieurs difficultés et vous aurez des projets nouveaux qui vous rendront heureux. Vous êtes dans une période de votre existence où tout ce que vous faites a un impact rapide. Vous voudrez vivre des choses dans une atmosphère affective et vous accorderez de la valeur à tout ce que vous comprendrez d'une manière intérieure. Des jours heureux sont à prévoir. Côté argent, vous aurez à régler de graves problèmes. Possibilités de chance exceptionnelle. En santé, vous aurez une grande énergie psychologique et physique ; sachez bien la distribuer.

DETTES. Se voir endetté. Un travail d'équipe vous conviendrait tout à fait aujourd'hui. Vous aurez de la facilité à comprendre ce que l'on vous demandera. Comme vous aurez une approche pratique, vous pourriez rendre plus fonctionnel un aspect de votre vie. Ce soir, sortez si l'occasion se présente.

Les payer. Vous serez curieux de tout aujourd'hui. Vos rapports amoureux en particulier pourraient être chaleureux, car vous verrez la vie en rose. Bonne journée pour préparer une escapade ; ce serait une porte ouverte sur du nouveau.

DEUIL. Être en deuil. Remontée de vos énergies. Vous êtes persuasif, original et audacieux. Votre magnétisme est puissant. Il faut profiter de cette bonne passe pour accomplir le nécessaire en vue d'une progression dans votre cheminement.

Voir quelqu'un d'autre en deuil. Vous avez du mal à révéler vos sentiments parce que vous craignez qu'on ne vous aime plus autant. C'est non seulement un manque de confiance en vous, mais la certitude que l'autre ne peut pas vous comprendre.

DÉVORER. Être dévoré. Vous baignerez dans la volupté ; la relation charnelle sera capitale. Vos bras envelopperont votre partenaire à tel point qu'il pourrait se sentir étouffé. Entre protection et domination, vous ne saurez plus comment interpréter ces élans amoureux. Si vous êtes en couple, attention à une attirance inattendue pour un inconnu. Votre charme attisera votre érotisme et de nombreux regards se poseront sur vous. Vous serez fragilisé par une perte de contrôle enivrante. L'allumette du corps se consume rapidement, privilégiez le cœur pour ne pas être brûlé au troisième degré. Ou alors, c'est que vous voulez être dévoré par la vie.

Voir quelqu'un d'autre se faire dévorer. Vous exprimerez mieux vos sentiments par les actes que par des mots ; cela ne sera pas suffisant. Il faudra parler, lui dire que vous souffrez de son absence, sans reproches. Vous croyez au mariage ; alors demandez à votre partenaire qu'il vous épouse, qu'il vous dise que votre histoire durera toute la vie. Vous nuancerez votre personnalité, misant sur votre côté artiste pour le surprendre. Vous avez une attirance pour le mysticisme. En lui tirant les cartes, vous lui confierez ô combien il est aimé et ô combien cet amour est éternel.

Voir des animaux se dévorer entre eux. Le bonheur et l'abondance s'installeront dans votre vie pour longtemps. À vous de savoir quoi en faire et de ne pas trop vous éparpiller. Un poste important vous sera offert ; vous possédez les capacités nécessaires pour l'occuper. Des horizons nouveaux et un avenir prometteur s'offrent à vous.

DIABLE. Une certaine incertitude existe sur la nature du sentiment que vous éprouvez. Quoiqu'il existe plusieurs points positifs dans la relation que vous avez avec votre partenaire, ce n'est pas encore le grand amour. Il semble que vous soyez un peu réaliste et précautionneux.

DIALOGUE. Avec les autres. Les questions d'argent sont au programme. Vous attirerez les heureux hasards. Il serait tout de même bon de consulter une personne qui pourrait vous prévenir de certains obstacles. En amour, vous serez ouvert.

En entendre un. Plutôt secret et retiré, vous ne serez pas malheureux de passer un moment en toute solitude. Par ailleurs, en compagnie de vos intimes, vous pourriez partager de bons moments car vous aurez de la tendresse à donner.

DIAMANT. En recevoir. Cela éloigne la peur, favorise la chasteté, subjugue les fantômes et les terreurs nocturnes. Vous trouvez un dérivatif à la mélancolie dans une activité absorbante et soutenue vous permettant de dominer autrui. Toutefois, vous vous imposez des contraintes et des limitations qui engendrent une forte tension nerveuse, et la passion ardente que vous maîtrisez risque d'exploser brutalement.

En offrir. Vos collaborateurs vous épauleront et nourriront de grandes ambitions grâce à vous. Vous les aiderez à ne pas regarder en arrière. Ils lutteront courageusement pour atteindre les objectifs que vous aurez fixés ensemble. Vous rangerez votre individualisme au vestiaire, conscient qu'on ne peut réussir sans le concours des autres. Ils loueront votre capacité à allier humour et discipline et vous inviteront souvent hors du cadre professionnel.

En porter un ou plusieurs. Journée d'enthousiasme. Canalisez vos énergies et ne vous laissez pas entraîner dans une direction qui ne vous mènerait nulle part. Vous serez trop sociable pour être parfaitement à l'aise dans l'intimité ; voyez du monde.

Perdu ou volé. Vous aurez du plaisir en compagnie de personnes qui ont le même humour que vous. Les possibilités sont grandes de vous rapprocher d'une personne que vous aimez bien. Faites les premiers pas sans hésiter.

DIGESTION. Douloureuse et difficile. Si vous êtes en compétition, n'allez surtout pas souhaiter quoi que ce soit de négatif à votre adversaire. Sinon, cette projection destructrice se retournera contre vous, puis vous vous demanderez pourquoi les choses se passent ainsi.

DIMINUER. Freiner. Un revirement de votre situation sentimentale vous laissera pantois. Votre chaleur et votre charme vous attireront les regards amoureux de l'autre sexe. Vous avez soif de plaire, de séduire, d'attirer et vous y arriverez très bien ! Vous compterez des points auprès d'une personne attirante mais très indépendante. Vous saurez convaincre les autres en quelques mots ! Votre sourire sera radieux.

DINDON. En faire cuire. Vous serez curieux et vous pourriez entreprendre une nouvelle activité. Vos rapports avec votre entourage seront constructifs. Vous y mettrez de la bonne volonté sans pour autant être envahissant. Bonne journée pour les activités liées aux communications en général.

En manger. Vous serez en bonne forme aujourd'hui. Vous contribuerez pour beaucoup à rendre les gens qui vous entourent plus heureux et à l'aise. Intérieurement, vous serez stable et apte à comprendre certaines sensibilités.

DIPLÔME. Être diplômé. Vous aurez beaucoup d'audace et serez capable de faire face à ce qui autrefois vous aurait semblé impossible à vivre. Vous savez davantage ce que vous voulez et vous allez vers ce que vous désirez avec une belle ardeur. Vous pourriez régler des choses qui traînent depuis longtemps. Vous vous sentez vivre au maximum. Financièrement, vous voudrez comprendre plusieurs choses dans le monde de l'argent et vous y parviendrez. En santé, soyez prudent dans toutes les questions reliées à l'alimentation. Il est possible que vous décidiez de changer radicalement votre façon de vivre, et ce, pour le mieux.

Ne pas être diplômé lorsqu'on s'y attend. Vous voulez que les choses soient correctes et, en même temps, vous ressentez que plusieurs situations ne sont pas aussi claires qu'elles le paraissent. Vous vivez des tensions qui ont un impact très lourd dans votre existence, surtout sur le plan professionnel. Vous ne savez plus quoi faire pour que tout soit harmonieux. Des choses merveilleuses vous arriveront par des situations ambiguës. Vous allez vers le succès, mais il faut que vous soyez prudent dans tout ce qui concerne votre travail.

DIRIGER. Les autres. Ironique, vous adresserez des paroles cinglantes à ceux qui vous contrediront. Vos amis vous qualifieront d'intolérant, vous vous en moquerez. Gare au revers de la médaille! En amour, vous deviendrez vulnérable, capable de vous laisser dominer par un caractère plus fort que le vôtre.

Être dirigé par les autres. Vous porterez un jugement sans preuve suffisante juste parce que vous le ressentez ainsi, mais vous pourriez vous tromper. Voyez au-delà des apparences. Vous craignez l'opinion d'une personne sur un sujet précis. Vous avez peur qu'elle ne soit pas d'accord avec un projet que vous avez en commun ou qu'elle ait changé d'idée.

DISCOURS. Que l'on fait. Les intrigues sentimentales vous épuiseront : «Je t'aime, je te veux, je te hais mais je te veux quand même…» Atmosphère oppressante pour les spectateurs de vos démêlés. Ne demandez pas à vos amis de jouer aux arbitres. Ils refuseront ou finiront par prendre parti contre vous.

Que l'on écoute. Vous vivrez plusieurs choses incroyables. D'une part, vos relations avec les gens que vous aimez changeront et, d'autre part, vous voudrez être sûr de vous-même face à vos sentiments. Vous serez aussi placé dans des situations où vous ressentirez plus que jamais le magnétisme des autres et vous verrez d'une façon très claire le rôle qu'ils jouent dans votre vie. Dans le domaine de l'argent, vous aurez des possibilités immenses de mieux vivre. En santé, il vous faut tenir compte de tout ce qui vous épuise et fatigue. Vous aurez besoin d'aérer votre esprit.

DISPARAÎTRE. Soi-même. Vous découvrirez en vous des ressources vous permettant de vieillir sans frémir, de progresser sans traumatisme. Vous éviterez le pire et succomberez au meilleur. Cependant, vous devrez surveiller votre santé, éviter les voyages en avion et réduire les déplacements en voiture pour un certain temps. Par ailleurs, la chance pure commence à vous sourire.

Voir quelqu'un disparaître. Des petits inconvénients pèsent sur votre quotidien. Une infraction peut mener plus loin que le simple paiement d'une contravention. Votre gestion financière commence à vous donner des cheveux blancs ; vous arrivez mal à couper dans les dépenses. À la maison, des différends surviennent avec la famille lors de discussions oiseuses. Une défectuosité mécanique devient agaçante ; vous prenez en grippe le côté mécanique des choses.

Des objets disparus. Vous aimez magistralement, vos sentiments s'expriment dans toute leur force et leur puissance. Le bonheur est au rendez-vous quotidiennement. Vous transpirez la joie de vivre. Vous donnez votre plein rendement en tant que cadre ou leader. Renommée et distinctions à recevoir dans quelques semaines. Éventuellement, vous pourriez décrocher un emploi à votre mesure.

DISPUTER. Se disputer avec les autres. Du point de vue professionnel, vous poussez toujours plus loin vos limites, cherchant sans cesse à vous dépasser. Une meilleure gestion de votre argent et un peu de prévoyance vous permettront de devenir plus riche.

Voir les autres se disputer. Vous auriez peut-être avantage à vous montrer un peu plus à l'écoute des besoins de l'autre. Sinon, la situation pourrait se détériorer pendant que vous êtes en train de vaquer à vos activités. Derrière cette attitude se cache une certaine peur de l'intimité ou même une forme de dépendance affective.

DISQUE (ou CD). Écouter de la musique. Vous vous sentez inquiet, il y a beaucoup de chambardements autour de vous. Ce n'est pas toujours facile, mais vous avez une bonne capacité d'adaptation ; vous allez vous en sortir relativement bien. D'autres collègues n'ont pas votre chance. Il sera sans doute question de nouvelles technologies, de recyclage ou de formation. Ce sera l'occasion de faire vos preuves… et d'améliorer votre sort.

DIVAN. Y être allongé. Il est possible que vous soyez dans l'obligation de délaisser une ou deux idées pour en faire valoir une plus importante. Faites un choix, mesurez, calculez. Comparez ce que vous gagnerez en éliminant ce qui n'est pas vraiment essentiel.

Voir quelqu'un d'autre allongé. Vous serez en pleine forme, ce qui vous rendra attirant. Dans vos activités, vous serez efficace et vos efforts seront couronnés de succès. Vous êtes parfois trop bon et les gens calculateurs peuvent profiter de vous, ne l'oubliez pas.

DIVORCE. Si l'on divorce. L'état actuel des choses exige une intervention de votre part. Mais, désespéré, vous n'êtes pas à même de porter sur les faits un jugement rationnel et vous refusez catégoriquement d'en discuter. La tension et l'anxiété s'intensifiant, vous risquez de prendre une décision brusque, de vous jeter à l'aveuglette dans une action mal appropriée.

Si les autres divorcent. Votre souci actuel est de maintenir l'ambiance détendue qui vous est nécessaire. Vous vous efforcez de vous montrer sociable et compréhensif, d'être moins taciturne, pour mettre fin au sentiment d'isolement qui vous fait souffrir.

DOCTEUR. Vos collègues de travail sentiront votre besoin d'amour. Vous ne partagerez pas toujours leurs opinions, mais ils seront heureux de voir votre esprit de contradiction légendaire en veilleuse. Tel un porte-parole dont la mission est de convaincre, vous serez le chef et mettrez votre ego au service du travail collectif, on vous en sera reconnaissant. Vos collaborateurs apprécieront votre énergie. Votre intelligence pratique aidera à cerner les problèmes pour avancer à grands pas.

DOIGT. Beaucoup d'argent à ramasser, à condition de vous baisser et de courber l'échine. Le goût de l'effort et de la discipline vous vaudra de belles récompenses. Vous chercherez un alter ego pour vous stimuler et vous suivre dans vos projets. Il vous faudra souvent vous faire violence.

S'en couper un. Un rien vous impressionnera et la moindre contrariété vous plongera dans un grand désarroi. Vous jouerez le martyr, n'attendant qu'un mot réconfortant pour aller mieux. Vous obtiendrez ces douces paroles, mais apprendrez aussi à les exprimer à votre tour.

DÔME. Il y a de l'amour dans l'air et même de la passion… débordante. Ceux qui vous approchent ou qui sont déjà dans votre vie sentimentale deviennent votre cible. Ils auraient tort de s'en plaindre toutefois, puisqu'ils sont les premiers à en bénéficier.

DOMICILE. Le sien. Vous avez d'importantes décisions à prendre. N'hésitez pas à demander l'aide de professionnels pour y voir plus clair. Une zone d'ombre vous dérange et vous apeure. Vous faites des pieds et des mains pour arriver à vos fins, mais certaines difficultés entravent votre route. Un malaise s'installe dans vos relations professionnelles, vous pouvez y remédier.

DONJON. S'y trouver. À propos de vos sentiments, vous demanderez qu'on vous accorde du temps pour savoir où vous en serez, comment envisager votre avenir à ses côtés. Entrer vite dans l'arène vous exposera à des responsabilités trop lourdes à assumer. Votre conjoint attendra si vous dites clairement votre opinion. Vous échouerez souvent ; maladroit, vous vous prendrez les pieds dans le tapis, mais son amour et sa compréhension amortiront la chute. Honnête, vous présenterez vos excuses et corrigerez vos défauts, ce qui, à ses yeux, est une vraie preuve d'indulgence et de considération.

Y voir quelqu'un d'autre. Vous posséderez ce je-ne-sais-quoi d'austère dans le regard, peut-être pour ne pas décoller de la réalité et ne pas être pris au dépourvu. Vos sentiments seront élevés, dignes d'une histoire romanesque. En cas de problème, conflit ou suspicion, vous trouverez la solution. Vous n'accepterez pas de mettre votre couple en péril, sachant que votre attachement mutuel sera sincère. Vous serez l'une des rares personnes de votre entourage à prouver qu'en aimant on peut tout surmonter. Vous vous battrez pour transmettre cette philosophie à votre partenaire.

DONNER. Vos repères familiaux se présenteront comme les meilleurs reconstituants. Votre entourage agira alors sur vous comme un moteur sur votre équilibre physique et moral. Pour votre partenaire, vous n'aurez pas le droit de paraître affaibli. Il comptera sur vous, et votre devoir vous imposera de garder vos soucis secrets.

DORMIR. Se voir dormir. Vous vous trouvez en face de difficultés imprévues. Recherchant d'abord votre bien-être et votre agrément, vous souhaiteriez mener une existence tranquille dans une atmosphère douillette et intime, dans un groupe social ou auprès d'une personne dont vous vous sentiriez aimé et protégé.

Avec une personne du sexe opposé. Sur le plan intime, vous voyez très clair. Lorsque votre intuition vous dira que vous êtes sur la bonne voie, faites preuve de courage et foncez. C'est en discutant avec votre conjoint que vous pourrez régler ce qui cloche et vivre cette complicité dont vous avez tant besoin. Vous êtes seul ? Commencez par être bien avec vous-même. Cela peut prendre quelques mois ; ensuite, vous pourrez penser à vivre une nouvelle relation.

Avec une personne du même sexe. Votre vie sociale est tantôt électrisante, tantôt d'un calme plat. Votre entourage apprécie généralement votre franchise, mais certaines de vos remarques sont blessantes et peuvent créer des tensions autour de vous. Soyez plus discret, plus conciliant, cela facilitera beaucoup vos rapports humains. L'avenir à moyen terme s'annonce fort animé.

Avec un inconnu. En amour, vous avez bien des préoccupations, mais ce n'est pas une raison pour ne tenir aucunement compte de votre partenaire. Il pourrait penser que vous vous désintéressez de lui. Investissez un peu de temps et d'énergie dans votre vie à deux ;

faites certains compromis. Quelques rencontres sont possibles si vous êtes seul, mais vos attentes ne sont pas toujours réalistes.

DOS. Voir une personne de dos. Le climat est souvent tendu à la maison, et les discussions tournent au vinaigre. En fait, la bonne harmonie dépend beaucoup de votre attitude. Vos proches ont à vivre certaines expériences, à faire des choix; n'essayez pas de tout contrôler. Très bientôt, la communication sera plus facile.

Tourner le dos à quelqu'un. Vous jouez les durs, mais à quoi bon quand on a un cœur d'or et que vous flanchez à la moindre occasion! Réveillez-vous et revenez à la réalité. Laissez libre cours à votre sensibilité, cela aura de bien meilleurs effets.

DOUANES. Passer aux douanes. Du côté des amitiés, vous aurez des nouvelles d'une personne qui vous est chère. On pourrait vous confier certaines responsabilités qui, quoi que vous en pensiez de prime abord, seront tout à fait dans vos cordes.

S'y faire fouiller. Éloignez-vous des tensions, car vous les supporteriez mal. Ne tentez pas de prendre les devants, car vous serez meilleur second aujourd'hui. C'est en vous adonnant à un passe-temps que vous aurez le plus de plaisir. Vous pourriez faire des achats.

Les bagages y sont fouillés. Si vous devez terminer un travail, faites-le dès maintenant car vous en aurez de moins en moins envie au fur et à mesure que le temps passera. En matière d'argent, il est temps de dépenser un peu. En amour, ce sera paisible.

DOUCHE. En prendre une. Besoin de se régénérer, d'oublier le passé. Passionné, entier, sceptique et blasé, vous réprimez votre ardent besoin d'affection. La sécheresse et la froideur que vous témoignez à ceux qui vous approchent ne sont qu'une façade derrière laquelle vous cachez votre insatisfaction. Vous tentez de compenser par la réussite professionnelle.

Voir quelqu'un d'autre en prendre une. Au travail, les complications ne manquent pas. L'ambiance est parfois stressante. Certains collègues ont de graves ennuis. Si vous jouez bien vos cartes, vous passerez au travers sans trop de mal. À court terme, de nouvelles possibilités s'offriront à vous; ce sera l'occasion de montrer votre potentiel, et vous en avez.

DOULEURS. En ressentir. Le remède à votre désenchantement, vous tentez de le trouver dans une relation sentimentale exclusive, basée sur votre satisfaction personnelle. Vous estimez que l'on doit se soumettre avec amour à vos exigences et subir votre jalousie.

Au côté. Préoccupation de votre état de santé. Vous ne ménagez ni votre peine ni votre patience pour améliorer votre situation matérielle, assurer votre confort et votre sécurité.

En soigner. Secret, indifférent au milieu, vous agissez à votre guise, sans souci des convenances, ne vous fiant qu'à vos principes. Derrière votre masque dur et fermé, vous cachez une âme rêveuse mais inquiète et meurtrie.

À la tête. Vous n'êtes pas parvenu à établir des relations affectives harmonieuses et stables avec l'entourage. Vous vous en voulez d'avoir manqué de tolérance et de souplesse. Vous reprochez également aux autres d'avoir contribué à cet échec.

DRAGON. Certains projets qui vous tenaient à cœur n'ont pu se matérialiser soit parce que vous avez peur d'échouer, soit à la suite d'initiatives malheureuses. Frustré, vous vous sentez abandonné, indigne de l'idéal que vous aviez choisi. Vous avez tendance à reporter sur autrui vos ressentiments et votre insatisfaction.

DRAP. Le drap représente la transformation, l'obligation de prendre ses responsabilités, le pouvoir, l'illumination, la gloire de courte durée et les redevances envers autrui.

Propre. Attention de ne pas vous laisser gagner par la facilité qui guide vos pas sur d'autres chemins que ceux que vous suivez. Tout ce que vous faites est marqué par la passion ; profitez-en pour faire le point. Ne vous laissez pas influencer par la méchanceté.

Sale. Vous êtes divinement protégé, mais vous n'écoutez pas. Votre rancœur est plus forte que tout. N'oubliez pas que le pouvoir est destructeur s'il n'est pas utilisé avec discernement. Vous vivrez une période difficile si vous abusez du pouvoir de persuasion que vous avez.

DRAPEAU. Vous supportez mal la subordination et envisagez des solutions pour vous rendre indépendant. En même temps, vous invoquez des prétextes, admettant difficilement que vous manquez de force et de courage pour vous mettre à l'ouvrage.

DROGUE. En prendre. Au travail, vos paroles revêtent une importance plus grande que vous ne le soupçonnez. Vous n'êtes pas sans émotions ; elles sont contenues dans vos paroles. On peut parfois même percevoir une pointe d'agressivité, c'est d'ailleurs ce qu'on retiendra le plus.

Voir les autres en prendre. Inutile de vous questionner sur votre état de santé, votre mine est superbe. Cet optimisme vous va bien. C'est le temps de vous attaquer à vos petits malaises : les résultats seront rapides, mais ne vous croyez pas invulnérable. Vos excès risquent d'affecter non seulement votre vitalité, mais également votre moral, et de vous rendre nerveux, inquiet même.

DRUIDE. Sur le plan social, votre magnétisme fait de vous une personne que plusieurs aimeraient séduire. Cela cause des frictions, parfois importantes, avec votre partenaire. Par ailleurs, la routine qui s'est installée dans votre relation amoureuse commence à vous peser. Vous songez à des changements et à la liberté. Possibilité d'une aventure à caractère strictement physique. Plusieurs sorties en perspective.

DUEL. Être soi-même en duel. À votre travail, vous avancerez grâce à vos contacts et à vos relations. Vous bénéficierez d'un climat chaleureux, entouré d'une équipe solide. Leader, vous lancerez de nouvelles idées avec diplomatie. Vous rénoverez en éduquant votre entourage. Votre élocution brillante vous aidera à négocier, à manipuler habilement votre entourage. Vous aurez du succès dans le domaine des arts, mais aussi dans celui du commerce et de la finance.

> **Y assister.** Vous entretiendrez des relations enrichissantes et vivrez des situations constructives. Vous n'avancerez pas à l'aveuglette dans l'évolution de votre travail. Vous ferez le tri dans votre passé. Vous balaierez tout ce qui vous aura freiné pour atteindre vos buts. Les secteurs de la communication n'auront aucun secret pour vous.

DUPER. Vous vous questionnez beaucoup en ce moment. Les « si » et les « peut-être » pleuvent abondamment. S'il est bon d'apprendre des erreurs du passé, il est mauvais de s'y apitoyer. Vous avez tout ce qu'il faut pour être heureux. Un léger obstacle vous oblige à faire un détour, mais cela vous laisse le temps de mesurer les gestes à faire.

DUVET. Excellente journée pour relaxer et ne vous imposer aucune obligation. Vous saurez choisir les beaux et les bons objets, le confort et la meilleure musique. Vous serez bon vivant à l'extrême. En amour, ne vous laissez pas convaincre si vous n'y croyez pas.

DYNAMITE. Vous ferez vos activités avec application. Vous irez au bout de vos possibilités. Une certaine discipline vous permettra d'arriver à bon port. En amour, vous aurez la tête sur les épaules et une logique à toute épreuve.

DYSPEPSIE. Si vous êtes en compétition, n'allez surtout pas souhaiter quoi que ce soit de négatif à votre adversaire. Sinon, cette projection destructrice se retournera contre vous, puis vous vous demanderez pourquoi les choses se passent ainsi.

EAU. Elle représente la vie, la patience, la tolérance, la sagesse, la clair-voyance, la vérité, l'action responsable, la fécondité, le succès, l'harmonie, la guérison et la compréhension.

> **En boire.** Agissez avec sagesse, car aucune décision ne doit être prise de façon hâtive ; c'est la seule manière d'obtenir un résultat positif. Soyez patient, les résultats seront au-delà de vos aspirations. Vous avez la détermination nécessaire pour faire face aux situations et pour les régler.

ÉBLOUIR. Vous n'aurez pas peur de courir des risques afin que vos finances deviennent florissantes. Pas étonnant que l'on retrouve autant de gens de votre genre dans le monde des affaires et de la Bourse.

ÉBOULEMENT. Vous ne serez pas tenté de forcer les événements dans une question qui demande de la diplomatie et de la patience. Vous serez romantique aujourd'hui. Laissez-vous guider par votre bonne étoile.

ÉCHAFAUD. Vous passerez une journée plutôt calme. Si vous êtes entouré de vos proches, vous en profiterez pour leur parler de certaines questions qui vous préoccupent. Cette semaine, vous devrez terminer une tâche que vous avez laissée en plan. Dans votre vie amoureuse, on vous fera du charme.

ÉCHALOTE. Elle signifie la manipulation et le désordre. Que vous manipuliez les autres ou que vous vous fassiez manipuler, le résultat est le même : désastreux. Cette plante potagère symbolise également le travail, la collaboration, le partage et les associations.

ÉCHANGER. Quelque chose. Votre générosité de cœur et d'esprit vous incite à conseiller vos amis quand ils ont des problèmes à résoudre et vous sentez que l'on vous estime beaucoup.

ÉCHAPPER. Vous réfléchissez beaucoup, le moral laisse à désirer, mais c'est justement ce qui vous donne envie de prendre les choses en main et, somme toute, c'est très positif. Dans peu de temps, vous serez dans une forme splendide. On vous complimentera sur votre allure… mais attention de ne pas retomber dans vos mauvaises habitudes.

ÉCHARDE. L'amour dominera votre personnalité, mais vous apprendrez à le canaliser alors qu'il évoluait de manière anarchique. Vous sentirez des transformations physiques en vous. Vous n'aurez plus mal au ventre à cause de son départ ; vous souffrirez de bonheur en tenant sa main. L'avenir vous libérera de vos émotions et des principes dictés par une éducation étouffante, et ce, peu importent les différences d'âge ou de statut. Vos objectifs correspondront à la réalité, car vous ne chercherez plus à l'embellir.

ÉCHARPE. Votre intellect est vif ; vous êtes alerte et à l'écoute rapidement. Vous oubliez vos craintes et cela vous permet de profiter pleinement de votre potentiel. Sur le plan physique, la vitalité est à la baisse à certains moments ; une saine alimentation et davantage d'exercice physique vous conviendraient. Faites attention à la décalcification et aux problèmes d'articulation.

ÉCHASSE. Marcher sur des échasses. Vous en avez assez des restrictions ; vous voulez profiter de la vie et des bonnes choses. Pourtant, les excès ne vous valent rien de bon ; faites un petit effort. Sur la route, vos réflexes peuvent laisser à désirer ; gare aux faux mouvements ! Il faut dire que vous êtes bien nerveux à certains moments. Par ailleurs, votre intuition est incroyable.

ÉCHÉANCE. Vous aimez habituellement sortir et voir des gens ; les occasions ne manquent pas. Pourtant, vous commencez à trouver tout cela un peu superficiel ; vous avez soif d'échanges vrais et profonds. Votre partenaire et vous êtes sur la même longueur d'onde. Le cœur solitaire peut rencontrer quelqu'un de très différent des gens qu'il connaît ; cette personne sera prête à s'engager dans une belle relation.

ÉCHECS. Y jouer. Vous avez vécu un choc au cours du dernier mois et vous vous questionnez. Il arrive parfois des événements ayant comme seul objectif de vous faire constater que la route choisie doit être modifiée ou que votre attitude face à la vie et aux gens doit être transformée.

Voir quelqu'un en jouer. La chimie amoureuse entre vous et l'être aimé est explosive. Elle dévaste tout sur son passage. Mais vous ne comprenez pas très bien ce qui vous arrive. Laissez-vous faire, il y a beaucoup de bonheur en perspective.

Insuccès. En amour, vous voyez clair; vous ne supportez plus les petites cachotteries. Mettez cartes sur table, calmement mais fermement. Vous pouvez ainsi régler ce qui accroche et constater probablement que vous vous inquiétiez pour des vétilles… Le cœur solitaire peut voir une amitié se transformer, petit à petit, en quelque chose de très tendre.

ÉCHELLE. Ascension progressive de la valorisation à partir du monde matériel vers la spiritualité. Il est possible que vous ayez à faire des choix cruciaux concernant votre travail et à être très prudent dans tout ce qui touche votre santé. L'avenir à court terme vous apportera des choses sérieuses et mettra en évidence votre désir de vous dépasser. Votre vie personnelle est très perturbée par des conditions extérieures qui échappent à votre volonté. Il ne faut pas vous laisser trop impressionner par ce que les autres démontrent.

Y grimper. En ce moment, c'est le grand coup qui s'amorce. Vous ne pouvez plus supporter cette routine qui vous était si chère, il faut que cela change. Vous avez envie d'un destin plus palpitant et vous êtes prêt; cela promet. En santé, rien de sérieux ne devrait vous tracasser, mais bientôt vous pourriez payer pour des négligences que vous avez accumulées.

ÉCHO. L'entendre. Vous voulez savoir ce que chacun fait en dehors de ses heures de travail. Ne cherchez pas à vous comparer à qui que ce soit. Si vous êtes bien avec vous-même, l'envie devient un sentiment inutile et même nuisible à votre équilibre.

ÉCHOUER. Insuccès. En amour, vous voyez clair, vous ne supportez plus les petites cachotteries. Mettez cartes sur table, calmement mais fermement. Vous pouvez ainsi régler ce qui accroche et constater probablement que vous vous inquiétiez pour des vétilles… Le cœur solitaire peut voir une amitié se transformer, petit à petit, en quelque chose de très tendre.

Voir une embarcation échouée. À propos de votre bien-être, c'est auprès de votre partenaire que vous puiserez toute votre énergie. Ne tarissez pas la source de son cœur en l'accaparant constamment, car il se sentira étouffé. Dans quelques mois, vos sentiments se perdront dans le désert, en quête d'une oasis de tendresse, mais votre conjoint s'en rendra compte et son amour vous désaltérera. Un dépaysement imprévu, à deux, dans un lieu magique, vous attirera. Choisissez la destination, votre partenaire suivra.

ÉCLABOUSSER. Les autres. Il vaudrait mieux éviter de vous inquiéter avant que les événements se produisent. Vous serez très vif et vos capacités de raisonnement seront fortes. Vous aurez beaucoup de tâches à terminer.

L'être soi-même. Vous saurez créer un climat de compréhension. La période est plaisante et vous avez de plus en plus plaisir à sortir. S'il y a des choses que vous souhaitez dire depuis longtemps, le moment est venu de vous ouvrir. On pourrait vous faire de l'œil.

ÉCLAIR. Images d'événements subits et terribles, symbole de l'intuition, de la révélation subite et de l'impétuosité. Vous vivez une période où l'agressivité prendra du terrain si vous la laissez entrer. L'individualisme nuit aux relations que vous tentez d'établir. Vous avez peut-être une attitude trop égocentrique dans le but de vous protéger, d'assurer votre sécurité, sans jamais vous demander si tout cela est bien utile.

ÉCLAIRER. Faire de la lumière. Vous avez le goût d'offrir une petite recette de votre cru à ceux qui vous font du mal. Œil pour œil, dent pour dent. Vous pensez en particulier à une personne qui ne vous lâche pas. Faites attention ! La vengeance ne règle absolument rien, bien au contraire. N'oubliez pas, on sait comment la guerre commence, mais on ne sait jamais comment et quand elle se terminera.

ÉCLAT. C'est toujours la tempête chez vous, et ceux qui vous entourent commencent à en avoir par-dessus la tête. Pour vous, le stress, c'est comme une drogue. Il est urgent de vous relaxer. Revenez sur terre, sinon, vous aurez de graves problèmes.

ÉCLIPSE. Lunaire. Vous verrez la vie d'un autre œil. Vous, si craintif par moments, vous affirmez vos besoins et vos désirs avec plus de force. Dans votre vie professionnelle, beaucoup de changements se préparent. Vous vivrez une harmonie d'énergie dans les prochains mois et votre vie matérielle en sera bonifiée. Votre autodiscipline est remarquable et, sur le plan financier, les résultats ne se font pas attendre. Vos ambitions sont réalisables.

Solaire. Vous continuerez votre route vers la prospérité. Vous pouvez espérer poursuivre vos beaux projets, tant sur les plans sentimental que professionnel. Justement, la vie professionnelle bat son plein. Même si vous ne savez pas toujours où vous allez, vous foncez. Vous relevez de nouveaux défis et la chance vous sourit. À court terme, vous atteindrez vos buts, alors il n'y a pas une minute à perdre. Vous savez ce que vous voulez.

ÉCOLE. Vous êtes raffiné et cultivé, votre curiosité intellectuelle est constamment en éveil. Très bientôt, la réussite sociale sera manifeste. Attiré par une formation nouvelle, vous serez le porte-parole des idées progressistes et révolutionnaires. Tout ira très vite, vous ne serez jamais à la traîne. Vous serez amené à bouger ou à voyager. À vous de conjurer harmonieusement vie active et vie privée. Et il y aura du pain sur la planche.

ÉCONOMISER. Pour soigner l'esprit, n'hésitez pas à mettre votre corps en mouvement. Gymnastique et exercices physiques vous aideront à mieux évacuer votre stress. Vous stimulerez vos jambes, vos cuisses et vos pieds en faisant de la course, du vélo ou de la danse. Quitte à se dépenser, autant le faire à fond. Ce ne sera pas toujours vrai, et lorsque la fatigue vous gagnera, vous serez incapable du moindre effort. Ces quelques baisses de régime vous rendront plus sensible aux fièvres et aux maladies contagieuses. Attention notamment aux rhumes ou encore aux bronchites. Les mois à venir ne vous feront pas de cadeaux.

ÉCORCE. Vous saurez vivre agréablement et confortablement. Vous rayonnerez aujourd'hui. La journée est propice à l'atteinte de certains de vos objectifs. Le tout sera de procéder posément et avec méthode.

> **L'enlever d'un arbre.** Vous serez curieux. Vous voudrez amorcer des activités qui vous enrichiront intellectuellement. Vos contacts avec votre entourage seront agréables, car vous aurez de la parlotte et une simplicité agréable.

ÉCOUTER. Vous cherchez une relation amoureuse de qualité. Par contre, vous êtes toujours prêt à attaquer pour des riens, ce qui rend l'être aimé malheureux. Soyez conscient qu'en amour, il faut savoir mettre de l'eau dans son vin.

ÉCRASER. Se faire écraser par un véhicule. Votre moral est en dents de scie ; la bonne humeur et la déprime se succèdent encore plus rapidement que d'ordinaire, et ce n'est pas facile de vous suivre. Sur le plan physique, maintenez de bonnes habitudes alimentaires ; évitez de mener une vie trop sédentaire, car vous risquez de vous ankyloser rapidement… Ce serait dommage, l'avenir est devant vous.

Quelqu'un. Vous bouillonnez d'énergie, mais la modération n'est pas votre force. Vous n'êtes pas assez à l'écoute de votre corps et vous courez trop de risques. Cela vous expose à divers malaises, à des faux mouvements ou même à de petits accidents. Un peu de modération vous aidera à contrer ces ennuis. Dans très peu de temps, vous vous sentirez plus calme avec plus de contrôle sur vous-même.

ÉCREVISSE. Vous vivrez des émotions et une communication sensible avec vos proches. L'amitié prendra une grande place cette semaine. Allez vers ceux qui vous entourent. Côté cœur, songez à un absent si vous en sentez le désir, cela ne fait de tort à personne.

ÉCRITURE. La sienne. Pour étancher votre soif d'harmonie, vous faites beaucoup de compromis, parfois trop... On vous pousse à bout et, très bientôt, vous refuserez qu'on ne tienne pas compte de vous. Les personnes qui vous aiment s'ajustent. Laissez faire les autres ; populaire comme vous l'êtes, vous aurez tôt fait de les remplacer. Sur le plan de l'intimité, vous vous impliquerez davantage dans votre couple ; vous vous exprimez et cela fait la différence.

De quelqu'un d'autre. Vos beaux yeux ne laissent personne indifférent et vous faites sensation au cours de vos sorties. Les prochains mois s'annoncent effervescents. Il y a tellement d'amour dans l'air que même les célibataires sont gâtés. Même si vous demeurez populaire, l'avenir à court terme s'annonce quand même relativement tranquille. Vous avez envie de vous concentrer davantage sur votre petit univers et sur votre couple, avec raison !

ÉCRIVAIN. Soyez plus réaliste et plus concret. Vous vous imaginez que l'argent va tomber du ciel. Malheureusement, cela n'arrivera pas. Il est vrai qu'il y a des gens qui gagnent le gros lot à la loterie, mais il faut être conscient que vos chances sont très faibles. Changez votre vie par d'autres moyens plus à votre portée.

ÉCROULEMENT. Vous ne serez pas tenté de forcer les événements dans une question qui demande de la diplomatie et de la patience. Vous serez romantique aujourd'hui. Laissez-vous guider par votre bonne étoile.

ÉCUREUIL. Au travail, les commérages iront bon train. Ne laissez personne parler contre un absent. Ne participez pas à ce genre de destruction. Vous passeriez à la moulinette la prochaine fois que vous n'y seriez pas.

ÉCURIE. Vous souffrez de l'échec d'une tentative, d'un projet dont le succès vous aurait valu l'estime et la considération de vos semblables. Sûr de posséder les qualités nécessaires à la réussite, vous accusez autrui d'avoir provoqué votre insatisfaction. À d'autres moments, vous doutez de votre valeur ou de vos capacités pratiques.

ÉDREDON. Malheureux, blessé par l'effondrement de votre vie sentimentale, vous vous sentez abandonné et tentez de surmonter le sentiment de jalousie qui ne fait qu'augmenter votre chagrin.

ÉDUQUER. Vous avez un besoin irrésistible de vérité. Vous vous arrêterez devant de belles vitrines ou boirez un verre à la terrasse d'un café en savourant ce doux moment. Votre confort ne passera plus par un compte de banque bien rempli ; l'amour sera votre seule priorité. Se voir peu mais se voir mieux, se parler pour se dire des mots qui font du bien. Les prochains mois rendront votre âme romantique. Vous aspirerez à vivre une histoire d'amour, une vraie, celle qui laisse une empreinte inoubliable. Vous caresserez le cœur de votre partenaire, longeant ses courbes avec douceur et sensualité.

EFFACER. Il se trame un heureux remue-ménage autour de vous. Depuis un certain temps, les choses n'ont cessé d'évoluer en votre faveur et le mouvement persiste, ce qui rend votre avenir à court terme si excitant. Vous pouvez vous attendre à une période exaltante. C'est votre tour, ne le ratez pas, allez au bout de vos capacités, dépassez vos limites. Vous aurez le cœur heureux, l'esprit calme et les goussets bien remplis.

Gomme à effacer. Une émotion, un frisson, une envie de revoir cette personne, songer à elle ; autant de signes que le sentiment est plus qu'amical ! Cette extase vous ravit en même temps qu'elle vous apeure un peu. Une situation délicate demande beaucoup de doigté. Vous êtes amené à vivre de nouvelles expériences ; des activités, des lieux, des gens. Une relation trouve un second souffle.

ÉGLISE. En voir une. La journée se passera sous le signe de la rêvasserie. Vous aurez une propension à changer d'idée à tout moment. En amour, vous pourriez être un peu lointain au goût d'une personne qui éprouve de l'amour pour vous. Vous serez une inspiration pour les gens de votre entourage.

Y entrer. Offrez-vous une petite gâterie dont vous rêvez depuis un moment. Votre bonne humeur sera douce pour vos proches. En amour, vos paroles seront sages. Reprenez tranquillement votre souffle.

Y prier. Un projet auquel vous tenez pourrait occuper une bonne part de votre temps. Vous préciserez ce qu'il faudrait accomplir pour réussir. Soyez attentif, on pourrait vous donner des informations utiles. Vous irez vers les autres en toute simplicité. Bonheur de vivre.

En voir brûler une. Bonne journée pour les activités intellectuelles. Vous serez en forme. Vous saurez faire les liens entre les idées, les gens, les événements. Les personnes qui sont aux études ou qui enseignent seront particulièrement favorisées.

ÉGORGER. La chimie amoureuse entre vous et l'être aimé est du type explosif. Elle dévaste tout sur son passage, mais vous ne comprenez pas très bien ce qui arrive. Laissez-vous faire ; il y a beaucoup de bonheur en perspective.

ÉGOUT. On fait appel à vos connaissances. Tous doivent avoir un idéal. Grande surprise à la croisée des chemins. Vos soucis financiers sont au point de se régler. Mais, à l'avenir, il faudra plus de prudence. Vous devriez aussi chercher à améliorer votre sort.

ÉGRATIGNER. Se faire égratigner. Vous devez absolument être plus organisé. D'accord, la plupart du temps, vous vous retrouvez dans votre désordre, mais vous vous y perdez souvent aussi ! Pesez bien le pour et le contre avant d'apposer votre signature sur quelque papier que ce soit. Ne vous laissez ni influencer ni forcer la main dans votre prise de décision. Un conseil d'un professionnel arrivera à point…

ÉLASTIQUE. Notre société est si compétitive que seules les valeurs intellectuelles et scientifiques sont applaudies. Vous vous adaptez très bien à cette maxime. Mais vous ne vous rendez pas compte que vous manquez d'amour et d'affection. Vous avez perdu votre sens des perceptions ; vous n'écoutez pas vos intuitions. Il est encore temps de changer.

ÉLÉPHANT. Il évoque la puissance, la divine justice, la créativité, les possibilités inattendues, la chance, l'harmonie, la libération des oppressions, le discernement et la détermination.

Être à dos d'éléphant. Des possibilités concernant un nouveau projet s'offrent à vous. Votre créativité est à son maximum et vous devez l'utiliser. L'harmonie s'installe pour longtemps. Vous trouverez la perle rare, et un engagement sérieux s'ensuivra.

En voir un au cirque. Il y a une solution à tous vos problèmes ; vous la trouverez grâce à l'inspiration et à votre sens de la créativité. L'ordre s'installe à nouveau dans votre vie. Il est possible qu'un déplacement vous apporte des occasions nouvelles.

En voir un libre. Attendez-vous à recevoir un cadeau d'une personne que vous appréciez beaucoup. Vous entrez dans une période de chance que vous n'attendiez plus. L'harmonie et la paix prennent place dans votre quotidien. La chance est avec vous et vous offre de la facilité sur tous les plans.

ÉLIXIR. Avertissement contre des décisions peu sages. Vous êtes dans l'impossibilité de concilier les tensions contradictoires qui vous oppressent. Vous ressentez de violentes émotions, prêtes à se décharger et à exploser, mais votre conscience les réprouve et les refoule. Il en résulte une pénible sensation d'anxiété proche de la panique à laquelle vous ne trouvez pas d'issue ou de dérivatif.

EMBALLER. Votre cœur sera ouvert aux plaisirs en tout genre, rencontres inusitées et expériences sexuelles comprises. Vous vivrez une période parsemée de torrides coups de foudre pendant quelques mois. Profitez-en pendant que cela passe. Plus tard, par contre, tâchez de maîtriser votre tempérament. Vous risquerez de vous mettre à dos des personnes qui vous sont chères et de regretter amèrement de vous être emporté si passionnément.

EMBARCATION. Être à bord. Votre période de questionnement doit être suivie d'une période de transition. Vous faites des choix importants mais souvenez-vous que vous devez assumer ceux-ci, alors ne précipitez rien. Adoptez la théorie des petits pas et assurez-vous de la solidité des acquis avant de passer à autre chose. Les finances se portent bien malgré quelques petits tracas d'argent.

    En voir naviguer une. Sur le plan professionnel, possibilité de changer de domaine, mais également d'un retour aux études à temps partiel. Vous caressez des projets ambitieux et viables, mais il vous manque quelques éléments pour y arriver avec succès. Un ancien collègue de travail perdu de vue depuis longtemps refait surface.

    Échouée. À propos de votre bien-être, c'est auprès de votre partenaire que vous puiserez toute votre énergie. Ne tarissez pas la source de son cœur en l'accaparant constamment car il se sentira étouffé. Dans quelques mois, vos sentiments se perdront dans le désert, en quête d'une oasis de tendresse, mais votre conjoint s'en rendra compte et son amour vous désaltérera. Un dépaysement imprévu, à deux, dans un lieu magique, vous attirera. Choisissez la destination, votre partenaire suivra.

EMBARQUER. Vous arrivez à contourner les obstacles, et vos qualités d'observation et d'adaptation vous donneront des outils remarquables pour réussir dans tout ce que vous entreprenez.

EMBLÈME. Vous supportez mal la subordination et envisagez des solutions pour vous rendre indépendant. En même temps, vous invoquez des prétextes, admettant difficilement que vous manquez de force et de courage pour vous mettre à l'ouvrage.

EMBONPOINT. En faire soi-même. Vous voudrez gagner. Si les situations ne se présentent pas tout à fait comme vous l'auriez souhaité, ne ruez pas dans les brancards, n'attaquez pas de front, prenez un autre chemin. Vous arriverez à vos fins, un tenace comme vous arrive toujours à ses fins.

De quelqu'un d'autre. Vous agirez avec sérieux aujourd'hui. Faites attention de ne pas traiter certaines personnes injustement. En amour, on vous fera de la façon, mais il est possible que vous soyez plus préoccupé par vos activités.

EMBOURBER. À bien regarder autour de vous, vous conviendrez que vous avez acquis un certain confort, si ce n'est un confort certain. Et ce n'est pas fini. La chance vous sourira dès le mois prochain et ne vous quittera plus pendant des semaines. Mais, par la suite, une multitude de rebondissements vous forcera à votre routine chérie pour une vie beaucoup plus calme.

EMBRASSER. C'est toute une leçon de vie que vous vivrez bientôt. Vous changez de cycle ; finie, l'introspection. Un vent de liberté souffle sur vous. Vous vous sentirez renaître. Ce n'est pas trop tôt. Au programme : fiesta, samba et tout le tralala. L'amour sera au rendez-vous ! Ce sera romantique et amusant. Attention toutefois de ne pas tomber dans les bras de n'importe qui.

Éviter un baiser. Il y a beaucoup de changements positifs autour de vous ; c'est le temps de voir où vous en êtes et de renégocier votre entente avec votre conjoint, s'il y a lieu. Vous êtes sur la même longueur d'onde et la passion renaîtra dans votre couple. Rencontres électrisantes pour les personnes seules, particulièrement dans un mois ou deux.

Des enfants. Certaines personnes vous ont déçu et la communication est devenue impossible. C'est devenu lourd et, dans certains cas, vous coupez les ponts. Il est grand temps de passer à autre chose. N'ayez pas peur de rester seul. Avec l'arrivée d'une période plus clémente, votre vie sociale redémarre ; vous volerez souvent la vedette et ferez un tas de rencontres.

ÉMERAUDE. En recevoir une. Cela éloigne la peur, favorise la chasteté, subjugue les fantômes et les terreurs nocturnes. Vous trouvez un dérivatif à la mélancolie dans une activité absorbante et soutenue vous permettant de dominer autrui. Mais vous vous imposez des contraintes et des limitations qui engendrent une forte tension nerveuse, et la passion ardente que vous maîtrisez risque d'exploser brutalement.

En offrir une. Vos collaborateurs vous épauleront et nourriront de grandes ambitions grâce à vous. Vous les aiderez à ne pas regarder en arrière. Ils lutteront courageusement pour atteindre les objectifs que vous aurez fixés ensemble. Vous rangerez votre individualisme au vestiaire, conscient qu'on ne peut réussir sans le concours des autres. Ils loueront votre capacité à allier humour et discipline et vous inviteront souvent hors du cadre professionnel.

En porter une. Journée d'enthousiasme. Canalisez vos énergies et ne vous laissez pas entraîner dans une direction qui ne vous mènerait nulle part. Vous serez trop sociable pour être parfaitement à l'aise dans l'intimité ; voyez du monde.

Perdue ou volée. Vous aurez du plaisir en compagnie de personnes qui ont le même humour que vous. Il y a de grandes chances que vous vous rapprochiez d'une personne que vous aimez bien. Faites les premiers pas sans hésiter.

ÉMEUTE. En voir une. Vous aimez les bonnes choses et vous profitez de la vie. C'est excellent pour le moral mais, physiquement, votre vigueur dépend de plus en plus des efforts que vous êtes prêt à faire. Si vous avez des ennuis de santé, même chroniques, vous pouvez trouver un traitement qui guérira ou, du moins, améliorera nettement votre état. Un petit conseil : protégez-vous contre les accrochages.

S'y trouver. Sur le plan émotif, vous vous transformez ; vous acquérez une grande confiance en vous, et cela vous ouvre des portes. Pour les quelques mois, vous prenez la vie en riant ; par la suite, vous comprendrez bien des choses, vous vous métamorphoserez en profondeur, et ce sera pour le mieux. Un petit conseil : demeurez à l'écoute des symptômes que vous envoie votre organisme ; la prévention est votre meilleure arme.

ÉMIETTER. Une attitude trop rationnelle pourrait être mal comprise. En matière de santé, votre vitalité ira en dents de scie. Gardez-vous des moments de détente. En amour, vous serez tout feu tout flamme et l'on sera bien avec vous.

ÉMIGRER. Vous aurez l'esprit concret et vous serez peu intéressé à perdre du temps en vaines discussions. À la maison, donnez-vous tout le confort que vous souhaitez en tenant compte de vos besoins et de vos moyens. Vous pourriez progresser dans le sens souhaité en changeant de toutes petites choses.

EMPÊCHER. Vous aurez le cœur romanesque. Vous rêverez de vous faire conter fleurette. Vous pourriez recevoir la visite d'un ami qui vous changerait les idées. Vous aurez une influence apaisante sur votre entourage.

EMPEREUR. Est-ce l'amour qui vous cause de l'insomnie ? Il faut dire que la personne qui hante vos pensées en ce moment est plutôt difficile à conquérir. La partie n'est pas encore gagnée et vous ne ménagez pas vos efforts pour lui plaire. Vous avez l'impression d'être revenu au temps de votre adolescence. Les amis observent avec un certain amusement le déploiement de vos charmes.

EMPILER. Vous continuerez de vous poser des questions à propos d'un aspect de vos activités. Il serait peut-être bon de prendre contact avec une personne qui vous guidera vers le meilleur choix possible. Ne craignez pas de sortir des sentiers battus et de faire appel à quelqu'un que vous connaissez peu. Avec gentillesse, on convainc mieux.

EMPLOI. Perdre le sien. Vous serez habile et vous pourriez donner un coup de main à quelqu'un de votre entourage. Pour votre santé, vous arriverez à ce que vous voulez en ayant un régime de vie normal mais pas trop sévère !

    S'en chercher un. Vous serez fier de votre sens de l'initiative et de vos réussites. Toute question d'argent aura avantage à être réglée aujourd'hui. Il est possible que des changements s'imposent dans votre secteur d'activité. Si c'est le cas, vous vous adapterez avec une relative facilité.

EMPOISONNER. S'empoisonner. Vous aimez agir pour être utile. Vivre, c'est avant tout s'investir et s'impliquer. La roue du destin est une éternelle remise en question, et vous n'hésitez pas à vous arrêter de courts instants pour faire le point. Vos yeux sont tournés vers l'intérieur et vous n'avez qu'une seule idée : vous trouver. Vous n'avez pas peur, car vous savez que vous pouvez méditer.

    Voir quelqu'un d'autre s'empoisonner. Vous marcherez dans le monde et prendrez de nouveaux chemins. Vous idéalisiez tout et la désillusion vous gagnait en cas d'échec. Vous ne raisonnerez plus en vainqueur ou en vaincu ; les rapports de force s'évanouiront au profit d'un plus grand respect. Votre entourage sera surpris de vous voir aussi silencieux. Vous parlerez moins, peut-être par lassitude, sûrement par sagesse.

EMPRISONNER. L'être soi-même. Cessez donc de vous plaindre sans arrêt et de tout dramatiser. Sortez de votre coquille et préparez-vous à vivre de grands émois dès le prochain mois. Votre vie affective risque fort de ressembler à un roman d'amour dans lequel vous tiendrez le rôle de l'héroïne. De nombreuses nouvelles connaissances pourraient ajouter d'agréables complications à votre existence. Attention, les mois à venir seront torrides.

Voir quelqu'un d'autre l'être. Des soucis familiaux ainsi que des insatisfactions amoureuses risquent d'ombrager votre quotidien. Vous serez tenté de vouloir compenser par des escapades romantiques et sexuelles. Les occasions se bousculeront au portillon. Un bon conseil : fuyez les relations alambiquées, elles ne vous apporteront que des pépins. D'ici quelques mois, la tempête sera passée. Ce sera le début d'une période favorable au cours de laquelle vous pourriez rencontrer le grand amour.

EMPRUNT. Votre soif de sobriété sera mise à rude épreuve avec un festival de dépenses imprévues. Vous aurez beau administrer votre compte en banque avec grand soin, l'argent filera à droite et à gauche. Côté boulot, la prudence est de rigueur. Attention à ce que vous dites et choisissez bien les gens qui vous entourent. Restez vigilant, conservez votre calme et ne vous éloignez pas de vos objectifs. À moyen terme, vous aurez des gains inespérés ainsi que la promotion tant attendue.

ENCEINTE. L'être soi-même. Votre amour sera explicite. Vous pourriez écrire vos sentiments sur un papier. Introduction : « Je t'aime » ; développement : « Je vais le prouver » ; conclusion : « On continue la route ensemble. » Rédaction aux termes éloquents ! Vous n'irez pas par quatre chemins pour attirer son attention. Votre conjoint se plaignait de votre réserve, de votre discrétion. Vous lui prouverez votre grand amour. L'ouragan qui passera sur votre union bouleversera les habitudes et remettra les émotions à leur place.

Voir quelqu'un d'autre l'être. Vous distillerez vos sentiments au gré de vos humeurs, quitte à paraître égoïste. Cette attitude vous enlèvera tout contrôle. Derrière l'apparence de liberté se cachait un être possessif incapable de dire « Je t'aime » durant trois jours ou le répétant quinze fois en trente minutes, bref, vous déconcertiez votre partenaire. Les pendules et les mots d'amour se remettront en place. L'exaltation de votre vie personnelle libérera des émotions enfouies. Bien dans votre peau, vous communiquerez votre passion. Cette attitude incitera votre conjoint à exprimer sa tendresse.

ENCENS. Vous pourriez rendre un service à une personne de votre entourage. Vous serez attentif aux sentiments et aux besoins de vos proches. Vous aurez le cœur sur la main. Accordez-vous un temps de réflexion avant de prendre une décision qui aura des conséquences à long terme.

ENCERCLER. Vous réglerez un problème que vous aviez laissé grossir depuis longtemps. Vous feriez bien de vous occuper de vous. C'est le moment d'acheter des cadeaux et vous pourriez vous en acheter quelques-uns tout en pensant aux autres.

ENCHÈRE. Vous serez d'une humeur agréable et avenante aujourd'hui, malgré quelques petites difficultés mineures. Pour votre santé, si vous vous sentez fatigué, une sieste vous fera du bien. En amour, tout ira bien car vous serez tendre.

ENCLOS. Vous serez plutôt calme aujourd'hui. Dans vos rapports avec les autres, vous vous occuperez d'abord et avant tout de vos proches. Les relations sociales, aussi agréables soient-elles, auront moins d'importance. Une personne de votre famille souhaitera votre appui.

ENCLUME. Vous serez plutôt méthodique. Vous accorderez de l'importance aux apparences et à la beauté. Quelles que soient vos activités, vous continuerez de voir clairement où se situent vos intérêts, c'est donc le jour idéal pour négocier et marchander. Dans votre vie sentimentale, vous comprendrez que la personne aimée ne pense pas forcément de la même manière que vous. Une petite surprise surviendra.

ENCOURAGER. Vos finances ne vont pas mal du tout. Vous réussissez à boucler votre budget malgré tous les petits luxes que vous vous offrez. De bonnes nouvelles concernant vos affaires sont possibles, mais soyez discret ; en effet, il y a beaucoup de profiteurs dans les parages. Gare aux beaux parleurs et aux emprunteurs !

ENCRE. Vous voudrez comprendre les choses à fond avant de vous engager et vous faites bien. Il y aurait peut-être moyen de vous affirmer avec plus de conviction. C'est le moment d'y aller avec beaucoup de finesse dans tous vos projets.

ENDOMMAGER. Qu'est-ce qui prime en ce moment, vos qualités ou vos défauts ? Avec quoi choisissez-vous de vivre ? Personne ne vous impose d'être ce que vous êtes, même si vous soutenez le contraire. Réfléchissez et donnez un bon coup de barre à votre vie.

ENDURER. Les personnes qui travaillent dans la vente seront favorisées. C'est une bonne journée pour les achats. Vous pourriez trouver exactement ce qui ferait plaisir. En amour, vous serez tendre et attentionné.

ENFANT. Fraîcheur, spontanéité, simplicité, le naturel ; une nouvelle possibilité de vie monte de l'inconscient dans la conscience surchargée de conflits, l'enfant apporte une harmonie. Peut aussi signaler l'existence d'un complexe provoquant un comportement infantile à surmonter pour amorcer un processus d'évolution.

ENFER. Le remords, les affres de la souffrance morale ou de la jalousie. Tantôt vous vous adressez des reproches pour avoir manqué de discipline et de persévérance dans votre recherche de sécurité, tantôt vous accusez les circonstances ou le hasard.

ENFERMER. Être enfermé ou emprisonné. Cessez donc de vous plaindre sans arrêt et de tout dramatiser. Sortez de votre coquille et préparez-vous à vivre de grands émois dès le prochain mois. Votre vie affective risque fort de ressembler à un roman d'amour dans lequel vous tiendrez le rôle de l'héroïne. De nombreuses nouvelles connaissances pourraient ajouter d'agréables complications à votre existence. Attention, les mois à venir seront torrides.

Voir quelqu'un d'autre enfermé ou emprisonné. Des soucis familiaux ainsi que des insatisfactions amoureuses risquent d'ombrager votre quotidien. Vous serez tenté de vouloir compenser par des escapades romantiques et sexuelles. Les occasions se bousculeront au portillon. Un bon conseil : fuyez les relations alambiquées, elles ne vous apporteront que des pépins. D'ici quelques mois, la tempête sera passée. Ce sera le début d'une période favorable au cours de laquelle vous pourriez rencontrer le grand amour.

ENFLAMMER. Votre vie sociale sera très mouvementée. Cependant, vous perdrez beaucoup de temps et d'énergie sur des sujets qui n'en valent pas la peine. Vous devriez faire un effort pour tenter de rencontrer des gens plus cultivés afin d'élargir votre champ de connaissance.

ENFLURE. Une personne de votre entourage pourrait demander votre appui. Vous êtes fort, c'est entendu, mais avez-vous le temps et les moyens de donner cet appui ? Vous verrez. Comme vous serez appliqué, vous feriez bien de terminer une tâche qui demande de la minutie.

ENFOUIR. Quelque chose dans la terre. Vous amusiez ou agaciez vos collègues de travail par vos sautes d'humeur et votre inconstance. Ils seront surpris de vous voir obéir à une loi plus cohérente. Clair dans votre discours, vos projets feront autorité. Autrefois, vos collègues vous reprochaient de brasser de l'air, estimant que vos paroles étaient du vent. La fermeté de vos décisions et la détermination que vous exercerez pour les faire respecter transformeront les opinions. Votre image sera revalorisée.

ENGOURDIR. Une personne parlera de vous en bien ; elle fera l'éloge de vos compétences, vous mettra en relation avec une entreprise. Sa mission effectuée, vous devriez négocier financièrement vos futures responsabilités. Pour gagner la bataille, vous ne compterez que sur votre force de persuasion.

ENGRAISSER. Votre vie professionnelle est inscrite sous le signe de l'évolution. Grâce à votre discernement habituel, vous obtiendrez des gains substantiels. Vous vous sentez stressé malgré tout? N'ayez pas peur de lâcher prise. Vous aurez un flair hors du commun pour sentir venir les catastrophes durant les prochains mois. Si bien que, en cas de crise, vous réussirez à sauver les meubles à la dernière minute. Éventuellement, tout rentrera dans l'ordre. Votre vie au travail redeviendra un long fleuve tranquille et vous pourrez traverser les obstacles sans problème.

Faire soi-même de l'embonpoint. Vous voudrez gagner. Si les situations ne se présentent pas tout à fait comme vous l'auriez souhaité, ne ruez pas dans les brancards, n'attaquez pas de front, prenez un autre chemin. Vous arriverez à vos fins, un tenace comme vous arrive toujours à ses fins.

Voir quelqu'un d'autre engraisser. Vous agirez avec sérieux aujourd'hui. Faites attention de ne pas traiter certaines personnes injustement. En amour, on vous fera de la façon, mais il est possible que vous soyez plus préoccupé par vos activités.

ENGRENAGE. Malheureux dans votre milieu, vous aimeriez trouver un environnement sécurisant, rassurant. Mais, pour le moment, vous vous contentez de ressasser vos griefs, incapable d'envisager une solution réaliste.

ENGUEULER. S'engueuler avec les autres. Du point de vue professionnel, vous poussez toujours plus loin vos limites, cherchant sans cesse à vous dépasser. Une meilleure gestion de votre argent et un peu de prévoyance vous permettront de devenir plus riche.

Voir les autres s'engueuler. Vous auriez peut-être avantage à vous montrer un peu plus à l'écoute des besoins de l'autre. Sinon, la situation pourrait se détériorer pendant que vous êtes en train de vaquer à vos activités. Derrière cette attitude se cache une certaine peur de l'intimité ou même une forme de dépendance affective.

ÉNIGME. Votre intérieur bouillonne! Votre imagination fonctionne à plein régime, votre créativité cherche à s'exprimer. Votre esprit s'élève au-dessus des petites tracasseries de la vie quotidienne pour se concentrer sur une spiritualité grandissante et de plus en plus évoluée. Vous êtes plus calme et plus serein.

ENLACER. Misez sur votre ego. Vous êtes unique et la terre entière devra le savoir. La vie, elle, vous poussera à émettre clairement toutes vos revendications. Ce n'est plus le temps de passer l'éponge. Vous aurez une occasion sur le plan professionnel à saisir très bientôt ; faites confiance à votre instinct pour relever le défi et assumer ces nouvelles responsabilités. Votre évolution sera accompagnée d'une amélioration financière si vous la réclamez avec insistance.

ENLÈVEMENT. Estimant avoir failli à votre idéal ou à votre devoir, vous vous adressez des reproches, mais vous refusez d'envisager la possibilité que cet idéal puisse être trop élevé ou utopique.

ENRAGER. L'être soi-même. Vous arrivez à résoudre une situation embrouillée, vous êtes bien implanté dans la réalité, vous exercez votre activité régulièrement et sérieusement dans un domaine que vous connaissez bien, de manière à obtenir des résultats tangibles.

> **Voir quelqu'un l'être.** Vous ne vous laissez pas tromper ou bluffer par les apparences ni influencer par des opinions dont vous n'avez pas expérimenté la justesse. Cependant, vous estimez vos occupations trop absorbantes et souhaiteriez un peu plus de temps pour vous détendre.

ENRICHIR. S'enrichir. Journée très active. En amour, vous aurez des sentiments troubles et sûrement très agréables. Vous pourriez recevoir des bénéfices pour un service que vous avez rendu. Soyez consciencieux, vous ne le regretterez pas.

> **Voir les autres s'enrichir.** Vous aurez de bonnes raisons d'être fier de vous. Les personnes à la recherche d'un meilleur statut bénéficieront de contacts sûrs. Certaines questions se régleront à votre avantage. Vous serez à la bonne place, au bon moment.

ENSEIGNER. Vous avez un besoin irrésistible de vérité. Vous vous arrêterez devant de belles vitrines ou boirez un verre à la terrasse d'un café en savourant ce doux moment. Votre confort ne passera plus par un compte de banque bien rempli ; l'amour sera votre seule priorité. Se voir peu mais se voir mieux, se parler pour se dire des mots qui font du bien. Les prochains mois rendront votre âme romantique. Vous aspirerez à vivre une véritable histoire d'amour, celle qui laisse une empreinte inoubliable. Vous caresserez le cœur de votre partenaire, longeant ses courbes avec douceur et sensualité.

ENTERREMENT. Il évoque la clé des mystères suprêmes, l'accomplissement, la réconciliation, la sagesse, la clarté d'esprit, les révélations, la justice, la libération, la grâce et l'amitié.

Le sien. Vous vous sentez perdu face aux multiples chemins que vous pouvez prendre ; il vous faut écouter votre intuition, sinon vous chercherez à forcer les événements, ce qui n'est pas souhaitable pour l'instant.

D'un inconnu. Laissez-vous guider par votre flair ; cela vous permettra de voir vraiment ce qui doit être vu et perçu. Vous vous dirigez vers un accomplissement qui dépasse vos perceptions.

D'une personne connue. Le chemin à suivre est clair et la voie, libre ; il vous suffit de la prendre. Soyez assuré du résultat positif qui découlera de la demande que vous avez faite, de la démarche que vous entreprenez ou des décisions que vous avez prises. Dans un très court laps de temps, votre souhait sera réalisé. C'est le temps de créer.

ENTONNOIR. L'intelligence seule ne suffit pas à atteindre les sommets de l'échelle sociale. L'esprit d'équipe, l'efficacité ainsi que la capacité d'exercer une certaine influence sont des éléments tout aussi importants.

ENTORSE. Vous n'aurez pas tendance à en demander trop aux autres. Vous comprendrez que tout le monde n'a pas les mêmes buts que vous. En amour, vous serez romantique et attirant. Votre compagnie sera recherchée.

ENTRAÎNEMENT. S'entraîner soi-même. Professionnellement, vous agirez seul, prenant vos décisions en votre âme et conscience. Les bavardages vous ennuieront. En amour, vos gestes et vos actes seront plus éloquents que vos paroles. Si votre conjoint possède un décodeur, pas de problème, sinon… vous masquerez vos peurs sous des dehors un peu rustres, pour paraître invulnérable et avoir la paix

Voir les autres s'entraîner. La vie vous plongera dans des situations inextricables, sur le plan financier particulièrement. Dès le mois prochain, apprenez à contrôler vos dépenses, sinon vous finirez les prochains mois sur les genoux. Si vous souhaitez vous lancer seul dans une entreprise professionnelle, prenez le temps de bien peser le pour et le contre. Vous aurez encore mille et une choses à apprendre avant de tout maîtriser.

ENTREPÔT. Vous serez intéressé par les questions d'argent et par de nouvelles acquisitions. Vous aurez la touche pour trouver de jolis cadeaux. En amour, vous serez plutôt possessif, mais si tendre qu'on ne trouvera rien à en redire.

ENVELOPPE. Vous pourriez saisir l'occasion d'améliorer votre situation financière. Si on vous en demande beaucoup, négociez fermement. Vous choisirez d'être sérieux et de ne pas flamber les profits que vous ferez. En amour, vous charmerez.

ENVOLER. Insatisfaction, désir de dominer ses difficultés. Votre personnalité est introvertie, car vous aimez être seul et préférez travailler seul. Il est vrai que la solitude favorise la réflexion, mais elle favorise aussi le pessimisme. Votre goût de la solitude est un indice de timidité, c'est pour cela que vous êtes discret, effacé et presque absent. Vous vous sentez sûrement bien ainsi, mais votre vie sociale doit être très restreinte. Il reste donc à souhaiter que la solitude que vous vivez ne vous soit pas trop lourde.

ÉPAVE. Vous serez plus secret aujourd'hui que dans les derniers jours. Évitez les grandes émotions. Profitez de ce petit moment de répit pour vous adonner à une activité plaisante. Si vous êtes au travail, vous serez silencieux et mystérieux.

ÉPÉE. Toutes les activités sociales vous donneront du plaisir. En amour, vous n'aurez pas tendance à exiger des sentiments impossibles. En matière d'argent, vous pourriez dépenser plus que d'habitude. Vous pourriez faire quelques transformations.

ÉPI DE MAÏS. Vous vous adapterez avec facilité à des changements imprévus. Votre capacité d'adaptation vous permet de vivre plus heureux. N'hésitez pas à donner des nouvelles à des gens qui sont loin de vous. Vous partagerez de bons moments.

ÉPICE. Un de vos collègues de travail vous fait une confidence étonnante. Une rentrée d'argent imprévue vous permet de payer tous vos comptes en souffrance et même de vous offrir quelques petits luxes. Vous êtes convié à une réunion professionnelle au cours de laquelle on vous fait une offre très intéressante à laquelle vous ne vous attendiez pas du tout…

ÉPINE. L'amour dominera votre personnalité, mais vous apprendrez à le canaliser alors qu'il évoluait de manière anarchique. Vous sentirez des transformations physiques en vous. Vous n'aurez plus mal au ventre à cause de son départ; vous souffrirez de bonheur en tenant sa main. L'avenir vous libérera de vos émotions et des principes dictés par une éducation étouffante, et ce, peu importe les différences d'âge ou de statut. Vos objectifs correspondront à la réalité, car vous ne chercherez plus à l'embellir.

ÉPINETTE. Un lit douillet, avec un bon matelas, vous comblera. Votre dos aura besoin d'un confort maximal pour ne pas souffrir. Vous ne choisirez pas la position horizontale pour dormir. Entre les câlins et les bons bouquins, vous pourrez construire un univers intimiste. Ouvrir la porte de votre chambre illustrera le privilège accordé à l'élu de votre cœur.

ÉPINGLE. En porter une. Sur le plan de la sexualité, la rumeur prétend que vous êtes «porté sur la chose». C'est vrai si cela se passe dans de bonnes conditions. Au cours des trois prochains mois, vous ferez mentir cette rumeur. Votre partenaire sera responsable de votre discrétion sexuelle. Passionné, vous donnerez tout ou rien. Par la suite, c'est plutôt la seconde solution qui sera souvent envisagée. Puis, un regain d'énergie vous aidera à rattraper le temps perdu en deux temps, trois mouvements. Finalement, vous n'abandonnerez votre corps qu'en étant bien dans votre tête.

Voir d'autres en porter. Que de contradictions dans votre cœur! On vous enviera et on vous persuadera que vous avez croisé le partenaire idéal; vous n'en serez pas convaincu. Il faudrait être une souris et se glisser dans vos draps pour constater que ce ne sera pas la fête tous les jours. Quelque chose en vous n'admettra jamais que la vie amoureuse se résume à un baiser fougueux, remplacé avec le temps par des bisous furtifs.

ÉPONGE. Vous aurez tendance à élever la voix si on s'oppose à vos directives ou à vos propos. Cette attitude impressionne. Vous-même effrayez ceux qui ne vous connaissent pas et qui ne savent pas qu'une fois votre emballement terminé, vous oubliez l'incident et passez à autre chose.

ÉPOUVANTAIL. Vous vous sentez plus tendu et irritable que d'habitude. Vous aurez de la difficulté à supporter les autres, ce qui ne vous rendra pas particulièrement populaire auprès de votre entourage. Forcez-vous à prendre les choses avec calme afin d'éviter les disputes.

ÉPROUVETTE. Comme vous aurez un peu moins d'énergie, profitez-en donc pour effectuer un travail de routine. Les relations intimes seront agréables. Vous exprimerez vos opinions et vos désirs de manière constructive. C'est le moment de faire quelques achats. Humeur stable.

ÉQUERRE. Si vous êtes témoin d'une dispute, vous pourriez avoir le bon mot pour calmer tout le monde autour de vous. Dans votre vie sentimentale, vous serez à la recherche de l'harmonie. Les marques d'affection seront bien reçues.

ÉQUIPE. Journée santé par excellence. Il serait souhaitable que vous fassiez une activité physique. Si vous êtes au travail, vos rapports avec les patrons ne seront peut-être pas de tout repos. Cependant, vous recevrez de bonnes nouvelles.

ÉRECTION. Sur le plan sentimental, montrez-vous fidèle. Ne cédez pas à la tentation d'une relation éphémère et sans issue, alors que la personne aimée fait preuve de compréhension et de tendresse.

ÉREINTER. Vous aurez la sensation d'être isolé, mal aimé, incompris. Vous vous questionnerez sur votre véritable raison de vivre. Vous ressentirez une sorte de poussée intérieure vous signifiant qu'il est temps de changer votre orientation, d'aller plus loin, de relever un autre défi.

ÉROTIQUE. Malgré les réserves, la discrétion, la pudeur dont vous faites preuve ou dont fait preuve la personne qui vous est chère, votre vie sentimentale est tout à fait normale. Un tel rêve peut être lourdement chargé de sens, mais il se peut aussi qu'il ne reflète qu'une anxiété quotidienne. Faites confiance à ce qu'il vous inspire pour en situer le contexte.

ESCALADER. En amour, de nombreuses occasions vous seront offertes de faire des rencontres marquantes. Vous vivrez intensément toutes sortes d'émotions. Les invitations seront nombreuses. Une preuve remuera des sentiments anciens en vous. N'oubliez pas que l'amour est comme un jardin et qu'il doit être entretenu quotidiennement. Vous aurez beaucoup d'imagination et vous trouverez d'intéressantes façons de mettre du piquant dans votre vie.

ESCALIER. En colimaçon. Se rattache à la spiritualité. Tantôt prêt à tout sacrifier à votre intérêt, à votre activité, vous vous désintéressez soudain de tout, ne recherchant que le repos et la détente.

Sans issue. Transformation radicale dans votre manière de vivre. Tendu, irritable, vous êtes tantôt ferme, courageux, prêt à toutes les audaces, tantôt désemparé et vous perdez alors confiance en votre force ; vous vous soumettez aux événements sans réagir activement.

En monter un. Vous avez beaucoup de succès, mais vous supportez mal les limitations à vos actes et à vos désirs. Si vous vous faites parfois une raison, il vous arrive d'exploser lorsque les circonstances ou les gens s'opposent à votre besoin de variété.

En descendre un. Généralement actif, dynamique, plein d'entrain, vous doutez quelquefois de vous et vous vous laissez désarmer par les difficultés éprouvées dans le cadre de votre activité, hésitant devant la marche à suivre.

ESCARGOT. Vous vous sentirez exilé, vous aurez l'impression que personne ne peut vous aider et que vous devez tout faire seul. Vous pourriez même douter de vos amis qui, pourtant, vous sont fidèles depuis bien des années.

ESCLAVE. En être un. Les relations sentimentales pourraient être riches en rebondissements. Par ailleurs, vous auriez de l'agacement à fréquenter des gens qui vous ennuient. Côté finances, c'est le moment d'ouvrir votre bas de laine, il reste pas mal de choses à acheter.

En voir. Si vous avez des amis qui vivent loin de chez vous, c'est peut-être le moment de leur donner des nouvelles. Ça fera toujours plaisir. Vous aurez du plaisir à parler longuement et à voir du monde. Dans vos activités, les communications seront efficaces.

ESCRIME. Être soi-même impliqué dans un combat. Vous aurez de bons contacts avec votre entourage et l'on pourrait vous donner des informations vous permettant de modifier vos objectifs. Aujourd'hui, œuvrez de concert avec votre entourage. Si les relations avec vos proches ne sont pas de tout repos, mettez de l'eau dans votre vin et tout rentrera dans l'ordre.

Voir un combat. Vous aurez des réponses à certaines questions. Vos capacités intellectuelles seront particulièrement vives. Vos relations seront stables, à condition qu'on ne vous presse pas trop. Vous atteindrez un but en procédant systématiquement.

ESPION. S'il vous arrive de vous montrer sociable, aimable et de vous plier aux circonstances, votre susceptibilité est souvent piquée au vif pour une peccadille. Il devient alors impossible de maîtriser votre agressivité et vos tendances à la tyrannie.

ESQUIMAU. Restez calme et prenez du repos si possible. Préparez-vous des repas spéciaux qui occuperont votre esprit et vos mains. Essayez de faire abstraction des remarques de votre entourage qui ne chercheront qu'à vous provoquer.

ESSENCE. Faire le plein. Si vous êtes amoureux, vous prendrez la personne aimée pour une de vos possessions, mais votre affection sincère excusera tout. Bonne période pour effectuer des placements ou faire des achats. Tout ce qui a trait à votre vie matérielle s'organisera de manière harmonieuse.

ESSUYER. Vos relations prendront une tout autre couleur. Vous comprendrez comme il est bon de partager certains fardeaux de la vie. Si vous êtes au travail, consacrez-vous aux côtés plaisants de celui-ci. Vous rendrez la vie agréable aux gens que vous côtoyez.

ESTOMAC. Votre détermination vous permettra de régler un problème. Vous aurez aussi l'envie d'exposer vos connaissances. On vous écoutera et on tiendra compte de votre expérience. Si vous êtes amoureux, vous serez espiègle. Sinon, laissez-vous charmer.

ESTRADE. Vous aurez des nouvelles d'une personne que vous aviez presque oubliée. Vous êtes dans une période de chance pour ce qui est de vos gains. Vous pourriez commencer un nouveau projet bientôt.

ÉTABLE. Vous aurez des préoccupations concrètes aujourd'hui et un bon sens de l'organisation. Si vos activités demandent de telles qualités, vous serez efficace et heureux. Vous rencontrerez des gens qui vous feront voir les choses de manière différente.

ÉTAGE. Vous aurez la chance de votre côté en matière d'argent. Une personne de votre entourage pourrait vous demander de l'aide que vous saurez donner avec plaisir. De même, on pourrait vous donner un conseil utile. En amour, ça ira de mieux en mieux.

ÉTAGÈRE. Vous aurez une volonté soutenue aujourd'hui. Vous devrez tenir compte de la volonté de ceux qui vous entourent. Il vous viendra en tête qu'on ne peut pas tout comprendre et tout savoir. Sagesse.

ÉTANG. Vous comprendrez que vous avez le droit de vous tromper ; avec toute action vient la possibilité de commettre des erreurs, mais on apprend plus de celles-ci. Cela dit, s'excuser ne fait pas de mal. Vos relations intimes seront sous le signe de l'entente et de la bonne humeur.

ÉTEINDRE. Un feu. Vous qui avez plutôt tendance à privilégier le changement et la nouveauté, vous serez disposé à fournir les efforts nécessaires pour renforcer vos liens avec votre partenaire. Un choix que vous ne regretterez pas, bien au contraire. Vous pourrez même savourer les joies d'un bonheur paisible, serein, à l'abri des mauvaises surprises. Célibataire, vous n'aurez guère envie de vous fixer, préférant profiter de votre liberté. Pourtant, dans quelques mois, une amourette a de grandes chances de se transformer en une relation durable.

ÉTENDARD. Vous supportez mal la subordination et envisagez des solutions pour vous rendre indépendant. En même temps, vous invoquez des prétextes, admettant difficilement que vous manquez de force et de courage pour vous mettre à l'ouvrage.

ÉTOILE. Vous ferez souvent appel à votre ange gardien pour vous sortir de l'impasse. Et il interviendra. Votre entourage jalousera vos bons coups de chance. Vous êtes sûr de vous, vous n'avez pas peur, et cette sérénité vous ouvrira toutes les portes. Vous faites confiance à votre tempérament débrouillard et indépendant. Amoureux de la liberté, vous rêverez d'exercer une activité non contraignante et, après plusieurs expériences, vous atteindrez vos objectifs.

ÉTOUFFER. Vous sortez enfin de votre cocon, et vous vous ouvrez au monde. Partout, on vous accueille à bras ouverts. De vieilles relations s'estompent, mais grâce à toutes les sorties et les rencontres que vous faites, vous aurez tôt fait de les remplacer.

ÉTOURDISSEMENT. Dans votre vie sentimentale, vous aimez être considéré comme l'élément dominateur, admiré, chéri. Mais vous êtes envahi parfois d'un sentiment d'impuissance et de faiblesse. Vous vous contentez alors de vous laisser faire, vous soumettant aux événements ou à la volonté de votre partenaire.

ÉTOURNEAU. La liberté, la quête du spirituel, symbolise la connaissance de l'inconscient, base de la sagesse. Les crises d'angoisse s'estompent, puis disparaissent enfin. Votre subconscient est moins tourmenté maintenant que vous avez trouvé la cause de ce malaise. Les réponses n'ont pas encore été toutes trouvées mais vous posez les bonnes questions, c'est un excellent début. Vous progressez dans votre cheminement spirituel et la prière est pour vous une source de réconfort et de sérénité.

ÉTRANGER. Amour encombré par des futilités, des pertes de temps, des paroles vides de sens. Reconsidérez sérieusement votre comportement affectif pour éviter les pièges de la passion qui pourraient bien perturber votre vie sentimentale.

ÉTRANGLER. Quelqu'un. Vous avez un énorme potentiel de réussite en ce moment. Des projets auxquels vous osez à peine songer sont en train de prendre forme. De nouvelles avenues s'offrent à vous ; c'est à la fois excitant et stressant. Vous avez l'esprit vif et vous êtes en mesure de faire les bons choix. Il y a des changements dans l'air, parfois inattendus, mais vous vous en sortez brillamment.

Être soi-même étranglé. Vous aimez prévoir et calculer, mais rien ne va selon vos plans. Vous risquez même d'être contrarié par des décisions qu'on vous impose. Ne réagissez pas trop vite, gardez votre sang-froid… et préparez bien toutes les discussions. Recyclage, réorientation et nouveaux projets vous permettent de briller pendant un bon moment.

ÉTUDIER. Vous pourriez avoir certaines inquiétudes face à votre avenir. Que cela concerne votre travail ou tout autre domaine, il ne faut pas vous tourmenter car ce n'est qu'un moment de sensibilité que vous traversez. Vous verrez vos inquiétudes fondre comme neige au soleil.

ÉVACUER. Vous pourriez être étonné de l'attitude d'une personne de votre entourage. Vous prendrez du plaisir à la compagnie d'amis. Vous aurez une bonne adresse mentale aujourd'hui et accomplirez facilement ce qui demande réflexion.

ÉVANOUIR. Ne vous attardez pas à des enfantillages et vous ne risquerez pas une désillusion. Parfois dur, intransigeant, il vous arrive de vous montrer complètement indifférent, détaché et animé de bonnes intentions.

ÉVASION. On peut être sensuel et ne pas s'abandonner, on peut partager un acte charnel sans aimer. Mais devant le miroir, quel visage contemplerez-vous ou fuirez-vous? Votre corps délivrera un message à votre partenaire. Vous le prononcez rarement, et il n'y comprendra rien. Désespérément, il tentera de reconnaître l'être qui aura incendié son cœur.

ÉVENTAIL. Comme dit le proverbe, qui veut aller loin doit ménager sa monture. Et vous irez très loin! Vous fonctionnerez selon une règle que vous vous imposerez. Éviter la faille et parer à toutes les éventualités, tel sera votre cheval de bataille. Vous ne serez pas toujours très drôle en affaires, mais votre rigueur vous fera signer de beaux contrats. Vous excellerez dans les secteurs commerciaux, dans l'immobilier et le secteur des banques. Vous aimerez beaucoup compter les billets, mais vous aurez aussi à être généreux et à les distribuer à vos proches.

ÉVÊQUE. Vous distribuerez des promesses comme des bonbons; la personne à qui elles seront destinées les trouvera acidulées. Prendre le temps de parler de vos sentiments vous coûtera; vous continuerez de fuir le face-à-face. Votre conjoint en souffrira et vous mettra en garde. Une pointe de nostalgie apparaîtra dans vos yeux lorsque vous évoquerez vos relations passées. Vous essayerez toujours de garder en mémoire les instants les plus forts.

ÉVITER. Vous pourriez subir l'humeur de proches qui n'auront pas le cœur à rire. Malgré tout, vous resterez enjoué. Un proche vous donnera des idées nouvelles sur un sujet qui vous passionne.

EXAGÉRER. Vous aurez besoin d'harmonie et vous ferez ce qui est possible pour vous l'assurer. Vous serez sensible et intuitif, rien ne se passera dont vous n'aurez conscience. L'ambiance sera stable. Vous saurez faire plaisir.

EXAMEN. Vous serez conscient de vos aptitudes. N'ayez crainte d'innover, c'est comme cela que vous accomplirez des choses intéressantes. En amour, la journée est propice. Vous pourriez faire une rencontre ou vivre un renouveau.

EXCITER. Vos finances ne vont pas mal du tout. Vous réussissez à boucler votre budget malgré tous les petits luxes que vous vous offrez. De bonnes nouvelles concernant vos affaires sont possibles, mais soyez discret; en effet, il y a beaucoup de profiteurs dans les parages. Gare aux beaux parleurs et aux emprunteurs!

EXCRÉMENTS. Libération psychique, élimination de sentiments de culpabilité, refoulement et inhibition nuisibles à l'épanouissement individuel; la constipation au contraire reflète l'auto-intoxication et révèle un comportement lié à l'avarice.

EXCURSION. Vous serez plein d'entrain et de joie de vivre. L'ambiance sera bonne et vous saurez en profiter. Les prochains jours seront propices aux communications. Un petit mot ou un appel téléphonique feront plaisir.

EXCUSE. Vous aimeriez être moins occupé, mais le sort pourrait en décider autrement. Tout se bouscule autour de vous. Il est possible que vous décidiez de modifier votre rôle au sein de votre groupe d'amis ou dans votre famille. Vous changez tranquillement.

EXERCICE. Certaines relations deviennent difficiles et pourraient vous blesser. On répondra favorablement à une démarche effectuée dernièrement. N'hésitez pas à changer d'idée si une situation ne vous convient plus. Pas d'idées fixes.

EXPLICATION. Dans votre entourage, une histoire d'amour fait jaser. Ne vous en mêlez pas, à moins que vous ne soyez impliqué indirectement. Il faudra alors prendre l'intéressé à part et lui expliquer que l'amour, c'est personnel et ça ne doit pas être claironné à tout le monde.

EXPLOSION. Des contrariétés agiront sur votre organisme et le déséquilibreront. Deux solutions: compenser par des soins appropriés ou nettoyer votre passé pour ne plus souffrir. Vous aurez pour quelque temps un fond de migraine par-ci, par-là, de petites douleurs. Psychologiquement, vous redouterez le temps qui passe. Un sport régulier ou une activité spirituelle vous aidera à évacuer votre souffrance.

EXTRATERRESTRE. Une dépense imprévue et relativement importante vient faire un trou dans votre budget et cela entraîne du retard dans le paiement de vos comptes. Réduisez vos dépenses au minimum. Sur le plan du travail, vos supérieurs testent, à votre insu, vos aptitudes. On vous confie des responsabilités nouvelles et on diminue votre charge de travail…

EXTRAVAGANT. Vous sortirez avec des amis. Il est possible que cela ne soit pas aussi calme que vous l'auriez souhaité. Vous êtes impatient, intolérant ces jours-ci. Vous plongez mentalement dans vos projets et vous supportez mal qu'on vous y dérange.

FACE. Visage. Vous recevrez des invitations, ne sachant plus à quelle soirée vous rendre. Une fois que vous y serez, vous commencerez par vous amuser et finirez par vous lasser. Autour de vous, une ribambelle d'êtres en devenir. Leur côté superficiel vous déridera trente secondes, mais leur situation d'échec vous renverra à vos propres failles, et cela vous angoissera. Vous reprocherez à vos amis de ne pas vouloir quitter l'adolescence, de jouer la carte de l'éternelle jeunesse, masquant une vie affective bien triste.

FÂCHER. Se fâcher. Apprenez à faire confiance à votre entourage ainsi qu'à vous-même. Vous pouvez toujours demander l'aide de votre ange gardien pour qu'il vous enveloppe et vous protège si vous en ressentez le besoin. De nouvelles passions feront surface pour votre grand bien, car elles vous apporteront beaucoup.

> **Voir quelqu'un se fâcher.** Vous faites preuve de détachement, ce qui vous permet de voir clairement la vérité et d'établir des relations stables avec votre entourage ou à votre travail. Votre bonne étoile vous mène vers de nouvelles possibilités dans votre vie personnelle ou professionnelle.

FACTEUR. Votre besoin de bien paraître et votre goût de l'esthétisme vous feront faire des dépenses pour améliorer votre image. Vous êtes conscient de l'influence qu'une belle apparence peut avoir sur les autres.

FACTURE. Au travail, vous avez le vent dans les voiles, vous avancez lentement mais sûrement. On peut d'ailleurs vous proposer des défis. Très bientôt, il faudra mettre les bouchées doubles. Il pourra être question de modification de tâches ou d'un nouveau poste. Cela vous inquiétera, mais vous vous en sortirez brillamment. Une personne influente peut vous donner un bon coup de main.

FAILLITE. Faire faillite. Dans vos activités, vous considérerez les possibilités de réussite d'un projet. Même si les choses semblent exaltantes, vous pourriez vous rendre compte qu'elles ne résisteraient pas au contact de la réalité. En amour, vous serez plutôt pantouflard.

Une société en faillite. Il est possible que vous soyez perplexe devant un choix que l'on vous demande de faire. Vous pèserez le pour et le contre à n'en plus finir; si vous le pouvez, remettez toute décision à plus tard. La période n'est pas propice aux grandes décisions. Vous participerez de bon cœur aux activités que l'on vous proposera.

FAIM. Avoir faim. Même si vous travaillez fort, vous avez toujours l'impression d'être au bout de vos sous. Certains imprévus surgissent, c'est vrai, mais il serait peut-être temps de revoir votre façon de gérer votre budget et de réduire certaines dépenses. Dans quelques mois, cela ira mieux sur le plan financier, mais des amendes ou des complications administratives sont possibles; soyez aux aguets.

FAISAN. Le chasser. Vous feriez mieux de consolider votre position avant d'exprimer vos insatisfactions. Vous êtes dans la bonne voie et ce que vous voulez se réalisera. En amour, vous aurez une petite surprise plaisante.

En manger. Il est possible que vous en ayez par-dessus la tête des remarques de certaines personnes à votre égard. Vous voudriez qu'on vous prenne au sérieux. Les questions d'argent ne devraient pas prendre trop de place, juste assez. Il reste quelques cadeaux à acheter!

FALAISE. En grimper une. Journée plutôt inégale en perspective. Vous trouverez que tout va trop vite autour de vous. Vous aurez raison de croire que vite et bien ne vont pas ensemble. En amour, vos émotions pourraient être à fleur de peau. Ne gaspillez pas votre énergie.

En descendre une. La journée s'annonce active. Une rencontre pourrait vous surprendre grandement. Prenez le tout avec un grain de sel. Vous aurez grand plaisir à échanger des idées. Soirée plaisante en perspective.

En voir une inaccessible. Il se peut que vous ayez des difficultés avec une personne qui travaille ou vit auprès de vous depuis longtemps. Vous saurez régler ce petit problème en disant avec simplicité ce qui vous fatigue. Par ailleurs, vous pourriez croiser une personne sympathique.

FAMILLE. Votre faille la plus profonde : l'impossibilité presque permanente de trouver et de formuler les mots qui traduiraient vos émotions. En écoutant et en observant, essayez de prendre modèle sur une personne extravertie et communicative. Vous ne perdrez pas votre personnalité à reproduire certains comportements. Bien au contraire, vous avancerez. Devenez comédien et n'hésitez pas à vous mettre en scène. Pour commencer, dialoguez avec le commerçant du coin, séduisez-le par des échanges conviviaux. Vous rentrerez le panier bien rempli et le sourire aux lèvres. Si vous avez oublié le pain, n'hésitez pas à sortir pour en trouver. Certes, la paresse a parfois de bons côtés, mais vous risquez de passer à côté d'expériences enrichissantes. Pleurer sur votre sort ne saura émouvoir votre entourage.

FANAL. Les actions impulsives d'un proche pourraient modifier vos plans de la journée. Vous ne serez pas dérangé outre mesure par cela. Vous parviendrez à établir un accord dans une histoire qui demande du tact. Des bénéfices financiers pourraient vous surprendre.

FANFARE. Vous êtes en bonne position pour obtenir quelque chose que vous souhaitiez depuis un certain temps. Dans vos relations amicales, vous percevrez ce qui n'est pas exprimé. Chance en matière d'argent.

FANTAISIE. Vous ferez de votre mieux et accepterez difficilement que votre entourage ne s'en aperçoive pas. La meilleure attitude serait de persévérer encore sans vous questionner sur ce que l'on pense de vous. En amour, vous serez secret.

FANTÔME. Laissez les critiques de côté, vous pouvez satisfaire une grande ambition. Vous remettez en question les principes qui vous ont guidé et vous ont poussé à vous adapter à votre entourage dans le but d'assurer votre sécurité ou votre avenir.

FARCE. L'amour se présente sous plusieurs formes, n'en rejetez aucune ! C'est une période où l'on vous gâte, vous chouchoute et où les invitations sont nombreuses. Ne prenez pas à la légère une déclaration timide que l'on vous fait. Si vous décidez de courir plusieurs lièvres à la fois, vous le regretterez.

FARCIR. Un oiseau pour la cuisson. Une personne de l'autre sexe peut vous aider grandement. Soyez sincère, montrez-vous sous votre vrai jour. Si quelques divergences vous séparent, ne craignez pas de revenir en arrière pour renouer une affection solide.

FARDEAU. Avoir un poids trop lourd sur les épaules. Vous êtes peu patient et peu tolérant, et les conseils des autres vous irritent. Cet entêtement et cette impatience vous nuisent et peuvent même perturber la bonne marche de vos affaires.

FARINE. Vous avez tendance à jouer un personnage qui prend son rôle au sérieux. Nerveux, irritable, il vous arrive fréquemment d'exploser, d'accuser votre entourage d'être la cause de votre état d'excitation. Cependant, vous voudriez préserver l'harmonie dans vos relations avec le milieu.

FATIGUE. Être fatigué. Vous vous sentez limité; pourtant, votre détermination est grande, et ce que vous entreprendrez très bientôt aura des répercussions à long terme. Si vos attentes sont réalistes et que vous misez sur le concret, vous vous rapprocherez de vos objectifs d'ici quelques mois. Un peu plus tard, vous pourrez prendre davantage de temps pour recentrer vos valeurs; c'est un cycle de cheminement personnel qui débute.

FAUCILLE. Vos facultés d'imagination se développeront au fur à mesure de votre ascension sociale. Plus votre poste sera important, plus vous innoverez pour laisser votre empreinte. N'aimant pas les reproches, vous travaillerez toujours de manière disciplinée et méticuleuse.

FAUSSER. Votre esprit s'ouvre à une meilleure compréhension de vous-même. Vous rencontrerez des gens avec lesquels vous n'avez qu'à être entier. Cette prise de conscience vous libérera et élargira votre espace intérieur.

FAUTEUIL. Vous inciterez vos proches à bouger, prenant des initiatives pour leur ouvrir la voie. Retournez-vous de temps en temps et attendez-les, car vous les aviez habitués à un rythme plus tranquille. Ils se demanderont pourquoi vous êtes aussi dynamique. Est-ce l'argent, votre moteur?

Y être assis. Des difficultés transformeront positivement votre existence. Vous serez perplexe, puis le temps vous convaincra que vous avez bien fait de changer de route. Au travail, vous romprez avec votre passé, car votre activité n'aura plus rien à vous offrir; ce sera dur mais efficace.

FAVEURS. En obtenir. C'est le calme après la tempête, la modération après l'excès. La recherche de soi se fait plus doucement. Vous reconnaîtrez qu'il y a un grand nombre de façons d'être et que vous êtes différent selon la situation.

En donner à autrui. Vous réagirez positivement face à un incident dans lequel vous êtes impliqué. En fait, c'est le début d'un renouveau dans votre vie. Il se peut qu'il y ait beaucoup de changements sur le plan familial ou social.

FÉE. Le temps sera un allié efficace en amour. Vous demanderez un délai avant de vous engager. Vis-à-vis de votre partenaire, vous devrez prendre du recul pour analyser la situation. Pour le célibataire, vous démarrerez une liaison sur les chapeaux de roue puis reviendrez en arrière pour ne pas étouffer.

FEINDRE. Vos sentiments sont mitigés, faites-en le ménage! Il y a tellement d'occasions de sortir de chez vous; regardez plus loin que votre salon. Même si la solitude ne vous fait pas peur, elle n'apporte pas le contact humain dont vous avez besoin. Votre mauvaise foi vous éloigne de personnes chères. On trouvera les mots qu'il faut pour vous réconforter.

FÉLICITATIONS. En recevoir. Par le mouvement, transformez votre violence en énergie et cultivez votre imaginaire. Vous seul possédez le pouvoir de donner un sens sacré aux relations humaines. Dans l'intimité, vous offrirez à votre ami de cœur la chance d'être unique, exceptionnel. Il puisera sa force dans votre regard, alors ne baissez pas les yeux. Il sera votre réalité et votre confident à la fois. Professionnellement, vous accusiez les autres de vous isoler alors que vous provoquiez la distance par peur des conflits, raison pour laquelle on vous entendait râler dans votre coin. Utilisez votre charme et jouez sur votre apparence pour véhiculer une image plus accessible.

En donner. Vous sentez que vous avez des complexes. Ne changez rien dans le fond, mais misez sur la forme. Soyez subtil, élégant, raffiné. Si vous êtes bourgeois, devenez aristocrate; si vous êtes ouvrier, devenez intello. Vous avez la manie de vous mettre en valeur en négligeant un petit détail. Il en va de même dans votre tête. Vous donnez puis reprenez aussitôt. Il suffit presque de rien pour atteindre la perfection. Elle ne modifiera pas votre personnalité, au contraire. En amour, vous courrez à l'échec en contrôlant votre conjoint. Gardez à l'esprit que les autres auront vécu avant vous et vivront après. Le côté «indispensable» ne fonctionnera pas et c'est devant un mur que vous vous retrouverez. La vérité n'est pas toujours bonne à dire.

Même si vous la détenez, elle ne résoudra rien tant que votre partenaire ne voudra pas l'entendre.

FEMME. Enceinte. Vous distillerez vos sentiments au gré de vos humeurs, quitte à paraître égoïste. Cette attitude vous enlèvera tout contrôle. Derrière l'apparence de liberté se cachait un être possessif incapable de dire « Je t'aime » durant trois jours ou le répétant quinze fois en trente minutes, bref, vous déconcertiez votre partenaire. Les pendules et les mots d'amour se remettront en place. L'exaltation de votre vie personnelle libérera des émotions enfouies. Bien dans votre peau, vous communiquerez votre passion. Cette attitude incitera votre conjoint à exprimer sa tendresse.

Âgée. Votre partenaire vous fera remarquer votre manque d'impartialité. Il vous accusera d'établir des différences entre votre famille et la sienne. Vous reconnaîtrez bien sûr cette injustice, mais vous ne trouverez pas l'énergie nécessaire pour y remédier. Faire des courbettes sera au-dessus de vos forces. Vous ne critiquerez pas, mais il faudra se passer de vous à la visite chez vos beaux-parents.

Très maquillée. Côté argent, vous vous sentez un peu trop limité, mais les dépenses ne manquent pas. Petits luxes, sorties, voyages et imprévus vident le compte bancaire. C'est inquiétant, mais si vous gérez bien vos avoirs, vous reprendrez le dessus dans quelques mois. De belles occasions peuvent même se présenter par la suite. À certains moments, la chance vous sourira, alors soyez confiant.

FENDRE. Du bois. Ne restez pas seul, car vous n'y trouveriez aucun plaisir aujourd'hui. Par ailleurs, il est possible que vous décidiez de modifier votre rôle au sein de votre groupe d'amis, au travail ou dans votre famille. Vous pourriez modifier certaines habitudes.

FENÊTRE. Plusieurs facettes de votre vie vous laissent insatisfait. C'est le temps de faire le ménage, de revoir vos objectifs et de rajuster votre tir, si nécessaire. Ce n'est pas toujours facile mais, à court terme, vous sentirez souffler un vent de renouveau et vous pourrez prendre votre vol. Vous qui aimez tant le changement, vous serez bien servi !

Y voir une personne. Vous devrez faire la part des choses au cours des mois qui viennent. D'excellentes possibilités se présenteront ; reste à savoir comment vous jouerez vos cartes. Vous serez parfois un peu trop impulsif, ce qui risque de vous attirer des ennuis. Agissez avec mesure. Un peu de sagesse, même si ce n'est pas votre point fort, vous permettra de marquer des points.

FER. Vous laisserez émerger vos talents créateurs et votre vision originale. Vous serez sensible aux propos flatteurs que l'on aura à votre égard. Vous mettrez de l'imagination dans ce que vous entreprendrez.

À cheval. Vous ne voudrez aucunement rester dans une situation qui ne vous convient plus. Vous prendrez une certaine distance avec vos émotions. Donnez des nouvelles à un ami ou à un membre de votre famille. Vous pourriez faire des achats coûteux.

Jouer aux fers. Vous obtiendrez une information qui vous permettra de comprendre une situation dont les enjeux vous échappaient. Dans vos activités, amusez-vous plutôt que de vous restreindre à vos obligations. Vous plairez aujourd'hui.

FERME. Votre hypersensibilité risque de vous jouer de vilains tours dans vos relations sentimentales. Soyez particulièrement vigilant si vous devez rencontrer des amis. Vos amours sont stables, ne les compliquez pas par des allusions qui n'auraient pas de sens.

FERMER. Une porte. Vous aviez peut-être coupé les ponts avec votre famille à cause de visions différentes. Les critiques de vos proches vous blessaient, ne comprenant pas qu'on puisse jouer les parents attentifs en jugeant systématiquement les attitudes de son enfant. Vous admettez avoir perdu confiance à cause de la maladresse d'un père ou d'une mère qui n'aura pas su vous la transmettre. La terre entière reconnaîtra votre talent; vous n'attendrez qu'un compliment, venant de ceux qui vous ont mis au monde.

Dans le sens de «boucher». Vous aurez peut-être un flirt, une aventure, mais il pourrait s'agir tout simplement d'une illusion. Votre énergie est principalement concentrée sur le travail. Vous cherchez un exutoire, un moyen de vous détacher. Ce n'est pas en succombant à un coup de foudre que vous vous libérerez.

FERMETURE. Vous prendrez des initiatives aujourd'hui. Une personne de votre entourage vous démontrera sa gratitude pour une attention que vous lui avez accordée dernièrement. En amour, on vous fera confiance, faites de même!

Éclair. Vous serez à l'affût de connaissances et d'expériences nouvelles. Les personnes qui souhaitent des changements auront de bonnes chances de faire une percée aujourd'hui. En amour, gardez le juste milieu, ce sera le meilleur chemin.

FERRAILLE. Gardez pour vous une opinion qui heurterait une personne chère. Que vous soyez au travail ou à la maison, vous serez tenté de chambarder les situations. Voyez d'abord s'ils sont bien nécessaires. Vous vivez certains changements avec beaucoup de patience.

FÊTE. Y prendre part. Vous mettez votre ego en veilleuse. Vous travaillez main dans la main avec vos collègues. Bref, vous réalisez que vous n'avez pas besoin de tyranniser votre entourage pour obtenir de bons résultats. On dirait que l'heure de la sérénité a sonné. Du coup, vous gérez habilement votre carrière. Vous rencontrez des gens influents et êtes dans tous les bons coups. Ménagez votre partenaire. La réussite, oui, mais pas à n'importe quel prix.

En organiser une. Pression énorme. Vous vous sentez harcelé, incompris et seul au monde. Grande est la tentation de laisser s'envenimer la situation, mais plus insupportable sera la culpabilité si vous n'agissez pas… Bref, cela passe ou cela casse. Votre partenaire n'ouvre la bouche que pour vous critiquer. Si personne n'y met du sien, la rupture est proche. Attention, il va falloir prendre une décision importante.

FEU. À court terme, l'entente régnera dans votre vie de couple. Indulgent, tolérant vis-à-vis de votre conjoint, vous veillerez à privilégier le bien-être dans votre vie quotidienne. Mais attention, à moyen terme, vous serez fortement influencé par votre entourage. Et la routine, les contraintes de la vie à deux vous paraîtront de plus en plus dures à supporter. Célibataire, vous profiterez pleinement de votre liberté à court terme. Puis, au fil des mois, les brèves aventures vous laisseront de plus en plus insatisfait. Patience ! Un plus tard, vous devriez faire une rencontre décisive.

Grand. Plus tonique et enthousiaste que jamais, vous communiquerez votre énergie, votre optimisme à votre conjoint. S'il a des soucis professionnels, vous saurez le soutenir et lui remonter le moral. Et puis, vous vous sentirez bien ensemble et votre bonheur fera plaisir à voir. Pour ceux qui souhaiteraient avoir un enfant, ce sera la période idéale ! Célibataire, vous aurez l'occasion de vivre de jolies aventures dans peu de temps. Mais c'est dans quelques mois que vous aurez le plus de chance de trouver le grand amour.

En éteindre un. Vous qui avez plutôt tendance à privilégier le changement et la nouveauté, vous serez disposé à fournir les efforts nécessaires pour renforcer vos liens avec votre partenaire. Un choix que vous ne regretterez pas, bien au contraire. Vous pourrez même savourer les joies d'un bonheur paisible, serein, à l'abri des mauvaises surprises. Célibataire, vous n'aurez guère envie de vous fixer, préférant profiter de votre liberté. Pourtant, dans quelques mois, une amourette a de grandes chances de se transformer en une relation durable.

De foyer ou de cheminée. En amour, vous voguez dans une confusion qui vous embrouille l'esprit. Vous faites la rencontre de personnes exceptionnelles qui peuvent vous apporter beaucoup, si vous leur en laissez l'occasion. Les invitations ne manquent pas mais vous préférez l'intimité, voire la solitude. On vous fera une surprise qui vous comblera de joie.

D'artifice. Votre nervosité est à son comble. Il sera impératif de mettre un bémol aux activités trop remuantes. Pas question pour vous de vous initier aux sports violents. Prenez du magnésium, de la valériane, et adonnez-vous à des sports en plein air ou, éventuellement, faites de la marche, de la randonnée et peut-être du vélo si vous le pouvez. Ils sont bons pour vos bronches que vous avez fragiles!

FEUILLE. D'arbre. Vos proches s'uniront pour influencer vos projets. Préparez-vous à revoir en profondeur votre mode de vie. Très bientôt, il ne sera pas question de modérer vos appétits! Cette philosophie vous amènera plus de liberté, vous aurez envie d'en profiter. Dans quelques mois, ce sera fini les hésitations ou les blocages en tout genre, vous allez prouver à la terre entière que vous êtes irrésistible.

De papier. Des contraintes familiales pèsent. Ces questions délicates se régleront grâce à votre esprit d'équité. L'intimité sera le mot clé de votre vie affective. En couple, vous valoriserez votre intérieur. Célibataire, vous vivrez des amours presque idéales, empreintes de délicatesse et de poésie.

FEUILLETON. À la télévision. Vos relations avec votre conjoint seront à nouveau placées sous le signe de la complicité et vous n'éprouverez plus, auprès de votre partenaire, ce sentiment de lassitude et d'ennui qui vous a tant déstabilisé auparavant. Au contraire, vous vous sentirez en sécurité auprès de votre ami de cœur que vous connaissez si bien et qui constitue votre port d'attache. Célibataire, vous serez très sollicité et aurez un succès fou. Pourquoi, dans ces conditions, sacrifier votre liberté?

FÈVES. La vie sécurisante que vous menez vous plaît, mais vous éprouvez le désir d'autre chose, d'un décor nouveau, d'ailleurs très imprécis. Vous en rêvez, mais refusez une réelle prise de position à cause des responsabilités impliquées qui ne vous attirent pas.

En faire cuire. Il est possible que vous entreteniez des inquiétudes imaginaires. N'hésitez pas à en parler à une personne qui pourrait vous faciliter la compréhension de ce que vous percevez. Vous vous réserverez des petits moments avec les gens que vous aimez.

En manger. Il serait bon de vous entourer de bons alliés, de personnes en qui vous avez toute confiance. En matière d'argent, il y aura de grosses dépenses aujourd'hui ; tâchez de garder un peu de raison ! En amour, vous aurez du succès.

FIANÇAILLES. Vous êtes sur une note explosive. Votre nature possessive s'exprimera sans retenue et vous offrirez à votre partenaire quelques superbes scènes de ménage. Ne le poussez tout de même pas à bout, ou la situation finira par échapper à votre contrôle. Dans quelques mois, cependant, vous vous efforcerez de rétablir un climat plus tranquille dans votre couple. Célibataire, vous aurez l'occasion de faire une rencontre marquante. Cette personne prendra de plus en plus d'importance dans votre vie.

FICELER. Quelque chose. Vous vous sentirez bien en compagnie. Les gens vous apporteront une joie de vivre dont vous vous réjouirez. Vous pourriez profiter de cette journée pour visiter quelques amis. Si vous en êtes capable, gardez-vous tout de même un moment de solitude.

Quelqu'un. Vous aurez le sens du détail aujourd'hui. À la maison, vous serez actif et vous pourriez faire de petites améliorations. Du côté de vos relations intimes ou sociales, tout se passera bien après quelques explications.

FIÈVRE. Des critiques malveillantes ne s'adressent pas à vous mais vous incommodent. Habituellement calme, souple, plein de douceur et de compréhension, votre agressivité prend brusquement le dessus et on ne se trompe pas en vous qualifiant de soupe au lait.

FIGER. Vous aurez l'occasion d'observer la bêtise de quelques gens autour de vous ; leur agressivité se retournera contre eux. Cela constitue un exemple parfait de ce qu'il faut faire. Si vous êtes porté à la colère, les occasions de faire des scènes seront là.

FIGURINE. Même si vous avez pu savourer des moments privilégiés auprès de votre partenaire récemment, vous ne commettrez pas l'erreur de croire que vous pouvez vous endormir sur vos lauriers ! Mieux que personne, en effet, vous savez que le bonheur s'obtient et se construit jour après jour. C'est exactement ce que vous vous emploierez à faire. Réussite garantie. Célibataire, un peu de patience ! Vous aurez de fortes chances de rencontrer le grand amour à court terme, mais ce ne sera pas avant quelques mois.

FIL. L'enfiler dans une aiguille. Vous voulez tout régenter, vous exigez que l'on se taise quand vous parlez, vous avez besoin que l'on vous approuve et vous rejetez avec sarcasme ceux qui ne sont pas de votre avis.

FILET. C'est du côté de votre intimité et de votre foyer que vous aurez le plus de plaisir cette semaine. Par ailleurs, ce sera une période exigeante pour vous. Vous aurez des hauts et des bas, beaucoup d'énergie, le tout suivi de baisses de vitalité.

FILM. En voir un. La passion, c'est ce qui manquera à votre vie sentimentale. Votre partenaire ne répond pas à vos attentes! Vous pourriez bien lui lancer un ultimatum d'ici peu de temps. À partir de là, la situation devrait rapidement évoluer. Célibataire, vous vous libérerez de vos complexes et de vos scrupules, et vous ne verrez aucun inconvénient à multiplier les aventures, voire à entretenir deux liaisons en même temps. Mais, dans quelques mois, le grand amour fera son entrée et vous redonnera le goût de la sagesse et de la fidélité.

Filmer des gens. Vous devrez lutter contre une fâcheuse tendance à vous enfermer dans un carcan de préjugés et de principes qui risque de vous rendre intransigeant, spécialement à l'égard de votre conjoint. Vous voilà transformé en donneur de leçons, ce que votre partenaire n'appréciera guère. Cependant, dans peu de temps, vous serez à nouveau plus indulgent et tolérant. Célibataire, vous risquez de vous replier sur vous-même et de fuir la vie sociale durant les prochaines semaines. Vous vous rattraperez amplement plus tard.

FIRMAMENT. Le regarder. Dans une question qui vous préoccupe, vous pourriez être tenté par une solution sans avenir. Demandez conseil avant d'arrêter votre choix. Dans votre vie sentimentale, vous trouvez peut-être que la vie manque de piquant.

FLACON. Plein. Vous souhaitez acquérir des valeurs, des biens dont la possession compenserait votre désespoir. Vous appliquez toute votre énergie et votre résistance à cette lutte acharnée.

Vide. Même si votre comportement demeure extérieurement harmonieux, même si vous semblez participer à ce qui se passe autour de vous, prétendant même diriger et prendre les autres en charge, vous gardez toujours une attitude distante qui dissimule une forte susceptibilité.

Renversé. Révolté contre l'injustice du sort, vous aspirez cependant à échapper à la tension nerveuse qui se fait sentir de façon insupportable en sortant de vous-même, en vous lançant dans des entreprises originales.

FLAMBEAU. Vous maîtrisez mieux les situations. Vous vous contrôlez, vos paroles ont du poids. Vous attirez l'attention, que ce soit pour le travail ou tout simplement pour plaire. Si, jusqu'à maintenant, vous avez eu une attitude de serviteur, vous n'accepterez plus désormais qu'on vous marche sur les pieds.

FLAMMES. Feu. À court terme, l'entente régnera dans votre vie de couple. Indulgent, tolérant vis-à-vis de votre conjoint, vous veillerez à privilégier le bien-être dans votre quotidien. Mais attention, à moyen terme, vous serez fortement influencé par votre entourage. La routine, les contraintes de la vie à deux vous paraîtront de plus en plus difficiles à supporter. Célibataire, vous profiterez pleinement de votre liberté à court terme. Puis, au fil des mois, les brèves aventures vous laisseront de plus en plus insatisfait. Patience! Un peu plus tard, vous devriez faire une rencontre décisive.

Grandes. Plus tonique et enthousiaste que jamais, vous communiquerez votre énergie, votre optimisme à votre conjoint. S'il a des soucis professionnels, vous saurez le soutenir et lui remonter le moral. Et puis, vous vous sentirez bien ensemble et votre bonheur fera plaisir à voir. Pour ceux qui souhaiteraient avoir un enfant, ce sera la période idéale! Célibataire, vous aurez l'occasion de vivre de jolies aventures dans peu de temps. Mais c'est dans quelques mois que vous aurez le plus de chance de trouver le grand amour.

FLÂNER. De nature soumise, vous ne cherchez pas à dominer votre entourage, à vous imposer. Au contraire, vous manquez souvent de courage pour affirmer ou défendre vos droits. Vous préférez la tranquillité et l'anonymat. Cependant, vous aimeriez avoir un caractère plus ferme, une puissante force de volonté.

FLATTER. Quelqu'un. En amour, pas de gros nuages à l'horizon! Au contraire, vous pourrez renforcer vos liens avec votre partenaire. Mais il ne faudrait pas pour autant repousser indéfiniment le règlement de certains problèmes. À la longue, ils risquent de déstabiliser votre couple. Soyez donc vigilant. Célibataire, vous serez très entouré par vos proches et vos intimes, la solitude ne vous guettera pas!

Être flatté. En amour, vous entendrez profiter pleinement des plaisirs qui passeront à votre portée. À votre partenaire de vous comprendre et de faire preuve d'indulgence! Vos relations risquent d'être explosives. Dans quelques mois, cependant, changement radical d'ambiance. Vous respecterez votre besoin profond de sécurité affective et vous multiplierez les efforts pour consolider votre union. Célibataire, c'est d'ici deux à trois mois que vous ferez une rencontre marquante.

FLÈCHE. Elle renferme l'idée de l'élévation, du dépassement. Vous voudriez changer d'optique et donner une nouvelle orientation à votre

existence, pouvoir participer davantage. Vous ressentez douloureuse-
ment votre manque de détermination, la faiblesse vous faisant repousser constamment la décision.

FLEUR. Elle représente la confiance en soi, la protection ; elle apporte
les prémonitions, l'intuition, le respect, la renommée et la protection
suprême.

> **Pâle.** Vous êtes tiraillé entre, d'une part, la loyauté et la fidélité à
> votre milieu ou à quelqu'un et, d'autre part, l'envie de nouer de nou-
> velles relations, de réaliser certains projets. Vous pesez sans cesse le
> pour et le contre, incapable de vous décider. Cette incertitude est une
> cause d'anxiété.

> **De couleur vive.** Vous avez la mauvaise habitude de couper les
> ponts, mais vous vous attendez par la suite à obtenir de l'aide des autres.
> Changez votre philosophie : efforcez-vous de garder de bonnes rela-
> tions avec autrui.

FLEUVE. Au travail, vous aurez du succès à retardement. Vous avez
l'impression que votre situation stagne. C'est vrai que de mauvaises influences planent toujours au-dessus de vous et risquent même de vous
pousser hors de vos limites. Allez, un peu de patience, que diable ! D'ici
quelques semaines, les premiers indices d'une vie plus excitante poindront. Mais c'est dans quelques mois qu'aura lieu le véritable coup de
théâtre que vous espérez. Vous changerez de poste, vous retrouverez
votre motivation, votre intuition atteindra des sommets, et vous serez à
votre mieux, bref, absolument génial ! Par contre, quelques difficultés
financières feront ombrage à votre bonheur.

FLIRTER. Quelqu'un. Vous saurez prendre d'excellentes initiatives
dans votre vie familiale et cette attitude volontaire plaira à votre conjoint. Votre charme et votre fantaisie le séduiront et, en plus, il vous
admirera. Vous réussirez mieux que jamais à dédramatiser les situations
conflictuelles dans votre foyer et à resserrer les liens familiaux. La complicité régnera et vous pourrez vous confier à votre partenaire, aborder
les sujets les plus délicats. Célibataire, vous ne manquerez pas d'occasions de faire des conquêtes flatteuses. Pourtant, vous recherchez une
âme sœur capable de vous donner envie de fonder un foyer ou, tout au
moins, de nouer une relation durable.

> **Se faire flirter.** En amour, vous êtes catégorique : pas question de
> laisser les circonstances décider à votre place. Très bientôt, vous ferez
> des choix déterminants. Si vous étiez sur le point de rompre, vous
> pourriez décider, en accord avec votre partenaire, de vous offrir à tous
> deux une nouvelle chance. Et vous ne ménagerez pas vos efforts pour

que ce soit un succès. Célibataire, fortement influencé par votre entourage, vous aurez envie de profiter momentanément de votre liberté. Pourtant, d'ici quelques semaines, une rencontre choc pourrait vous inciter à changer d'avis.

FLOTTER. Se voir flotter. Votre vie sentimentale ne vous comble pas vraiment. Vous espérez beaucoup plus que ce que vous avez. Vos critères sont-ils bien réalistes ? Vous trouverez une source d'inspiration dans une personne que vous aviez ignorée jusqu'ici. Une discussion intéressante a des répercussions dans votre vie quotidienne. On vous amène à voir les choses sous un angle différent.

Voir flotter quelque chose. Vos amours n'ont rien de simple ! Vous voulez bien vous asseoir, faire votre nid, mais pas à n'importe quel prix et pas n'importe comment. On vous fait une demande bien spéciale et vous ne savez trop comment réagir. Vous ferez sensation dans une soirée entre amis. Votre gêne ne doit pas vous empêcher de rencontrer de nouvelles têtes. Regardez les autres dans les yeux et souriez.

FLÛTE. Vous aurez le vent dans les voiles. Voilà une future période de votre vie faite de progrès professionnels et de revenus réjouissants. Vous fendrez les flots avec l'assurance d'un navire amiral ayant atteint sa vitesse de croisière. Ça va bouger. Les prochains mois, des occasions fortuites vont aiguillonner vos objectifs. Vous nouerez des liens avec des personnes qui comptent et vous décrocherez des gains significatifs.

FONDRE. Vous pourriez bientôt avoir cette promotion ou recevoir les marques de confiance que vous espériez. Vous serez aussi en mesure de définir avec plus de finesse ce que vous voulez réaliser. Des progrès importants s'annoncent.

FONTAINE. Vous entendrez parler d'une histoire qui, telle qu'elle sera racontée, n'aura rien de bien sur le plan de la morale. Ne jugez pas. Vous ne savez que ce qu'on vous a raconté. Vous ne connaissez pas le fond de l'affaire. Il faut faire comme si rien n'était pour vous éviter des problèmes.

FOOTBALL. Les prochains mois seront sans éclat et sans réelle catastrophe. Vous suivrez votre petit bonhomme de chemin. Plus spectateur qu'acteur, vous laisserez les autres agir à leur guise, sans les troubler. Mais vous ferez ce qu'il faut pour qu'ils n'empiètent pas sur votre vie. L'amour et l'équilibre familial revêtiront un sens sacré. Vos activités professionnelles ne prendront jamais le pas sur ces instants de bonheur que vous partagez avec vos proches en leur consacrant le plus de temps possible.

FORCE. Vous faites des découvertes étonnantes! Vous ne pouvez pas vous permettre de jouer votre avenir à pile ou face. On vous fait une proposition intéressante, et bien qu'elle soit très valable, ne vous y jetez pas tête baissée. Vous savez protéger vos arrières. Il faut parfois savoir courir des risques, calculés bien sûr! Une main se tend vers vous: aide ou demande?

FORÊT. C'est le symbole de votre vie inconsciente. Vous êtes en proie à l'angoisse, à une sensation de malaise et d'oppression. Votre vie intérieure est un dilemme. Vous remettez constamment en question vos convictions personnelles, hésitant sur la conduite à suivre. Vous montrer bon, compréhensif, généreux, pardonner les injures ou les injustices ou exprimer ouvertement vos reproches et crier les sentiments de rancune qui vous étouffent?

> **Qui protège.** Vous acceptez l'inévitable avec philosophie, sauf lorsque vous refusez d'admettre avoir pu vous tromper quant à la considération que vous réclamez des autres. Ces doutes engendrent un pénible sentiment de malaise.

> **Sombre et s'y perdre.** Conscient de l'injustice que vous témoignez à l'égard de vos proches, vous ressentez la nécessité de vous montrer plus ouvert, plus conciliant, de leur témoigner un peu de sympathie. Mais votre orgueil se révolte et rend difficile l'exercice de la générosité.

FORGER. Malgré la période, vous adopterez un rythme tranquille et le train-train quotidien vous conviendra durant la semaine qui vient. Vous aurez du plaisir à accomplir vos travaux et vous pourriez faire avancer certaines choses. En amour, il n'y a pas d'ombre au tableau.

FORME. Être en forme. Vous aurez le cœur casanier et un simple goût pour la routine. Les activités familiales seront favorisées. Côté fougue, attendez un peu avant de vous lancer dans une aventure. La vie vous demande plutôt stabilité et calme ces temps-ci.

FORTERESSE. En bon état. Sûr de votre bon droit, déterminé à demeurer sur vos positions, vous vous fermez à toute suggestion pour préserver une situation où vous appréciez la considération qui vous est témoignée. Car le sentiment d'importance qu'elle vous procure vous aide à dépasser le découragement et la solitude.

> **En ruine.** Vous recherchez la source d'un malaise qui subsiste en vous. Vous recevrez des conseils judicieux: sachez les écouter et les mettre en pratique. Vous ne pourrez plus ignorer vos souvenirs douloureux enfouis dans votre mémoire. Vous devrez vivre votre peine si

vous voulez pouvoir passer à autre chose. Vos espoirs sont pour la plupart réalisés si vous savez vous servir de vos atouts.

FORTUNE. Être riche. En amour votre popularité est garantie pour les prochains mois. On aime votre vivacité d'esprit et votre philosophie de la vie. Cela dit, gare à ne pas trop imposer vos caprices, car votre amoureux pourrait vous prendre temporairement en grippe. Servez-vous de votre gentillesse en tout temps. C'est une excellente assurance contre la jalousie qui pourrait naître dans votre entourage. Car, avouez-le, vous êtes plutôt gâté. Rendez-vous galants d'ici quelques semaines, rencontre avec une personne inconnue… La fusion de cette union sera parfaite, voire célébrée en grande pompe.

FOSSÉ. Les contacts avec l'étranger vous seraient favorables aujourd'hui. Vous pourriez profiter de cette journée pour entreprendre des démarches dans un nouveau domaine. C'est le moment aussi de vous préoccuper davantage de vos proches, parents ou enfants. Ils ont besoin de votre soutien.

FOU. Le devenir. Vous aurez le vent dans les voiles. La prochaine année sera excitante, originale et hors des sentiers battus. Dès le mois prochain, la vie vous courtisera en vous lançant des défis auxquels vous n'auriez jamais pensé. Ne laissez surtout pas passer votre chance. Les occasions qui se présenteront à vous seront tout simplement impossibles à refuser. Côté argent, votre compte en banque continuera de faire des petits. Mais assurez-vous que votre situation financière est bien solide pour l'avenir, car à moyen terme, ce ne sera pas le temps d'entreprendre de nouveaux projets ni de vous lancer dans de folles dépenses.

En voir un. Les plans bien établis ont toujours exercé sur vous un attrait irrésistible, mais un mouvement profond, digne des tremblements de terre, viendra bouleverser vos champs d'intérêt. Votre instinct conservateur en frémit d'avance. Un conseil : ne vous lancez pas dans l'inconnu tête baissée. Soyez attentif à ce qui se passe autour de vous car, d'ici quelques semaines, la vie se chargera de jalonner votre parcours de multiples avertissements ; votre intuition, elle, se chargera du reste. D'ailleurs, le ciel vous assure d'avance un avenir professionnellement spectaculaire. Pas de quoi s'inquiéter, donc.

FOUDRE. Symbole de la renaissance en amour. Ceux qui vous ont toujours reproché d'être de marbre auront la preuve une fois pour toutes que, vous aussi, vous succombez comme les autres. Votre subite ouverture sur le monde – et ses plaisirs – fera fleurir vos relations interpersonnelles. Vous garderez évidemment une certaine retenue à l'égard de tout ce qui est passionnel, surtout d'ici quelques mois, mais plus tard, vous serez plus sensible aux parfums de la romance. Votre bienfaisante métamorphose vous vaudra de nouvelles rencontres. Bien sûr, vous analyserez toujours le sens profond de l'amour, mais quelque chose aura changé en vous.

FOUET. Être fouetté. En amour, vous êtes dans un état semblable à l'hibernation ! Vous êtes engourdi, paresseux et chaque sortie vous coûte. Vous entrez dans votre carapace, mais ce n'est pas négatif puisque cela vous permet de faire le point dans votre vie en général. Vos amis se demandent ce que signifie ce retrait volontaire, expliquez vos motivations.

Voir des gens se faire fouetter. Votre relation amoureuse prend une toute nouvelle dimension ; la famille avant tout. Vous faites de nombreuses rencontres amicales et quelques-unes deviendront plus solides que les autres. On fait preuve de beaucoup de sincérité à votre endroit. Un conseil judicieux vous est donné en toute simplicité. Vous avez une place de choix au sein des vôtres.

FOUGÈRE. Si vous prévoyez un court voyage dans les prochaines semaines, vous serez comblé. Il se pourrait que vous ayez la tête ailleurs aujourd'hui. Dans vos activités, vous êtes actuellement à court d'objectifs. Si vous vous posez des questions à propos de votre avenir, les conseils d'un ami pourraient vous inspirer.

FOUILLER. Être fouillé. Même si votre comportement demeure extérieurement harmonieux, même si vous semblez participer à ce qui se passe autour de vous, prétendant même diriger et prendre les responsabilités des autres, vous gardez toujours une attitude distante, qui dissimule une grande susceptibilité.

À la recherche de quelque chose. C'est en prouvant votre valeur, par la réussite sociale ou professionnelle, que vous espérez vous faire respecter, régner en maître sur votre entourage. Vous vivez actuellement dans un état de forte tension, uniquement préoccupé par la réalisation de cet objectif.

FOULARD. Votre intellect est vif ; vous êtes alerte et à l'écoute rapidement. Vous oubliez vos craintes et cela vous permet de profiter pleinement de votre potentiel. Sur le plan physique, la vitalité est basse à certains moments ; une saine alimentation et davantage d'exercice physique vous conviendraient. Faites attention à la décalcification et aux problèmes d'articulation.

FOULE. Vous ferez preuve de tact et vous aurez une attitude chaleureuse avec les personnes de votre entourage. Dans vos activités, vous orienterez vos activités différemment en relevant un nouveau défi.

Certaines personnes pourraient donner une nouvelle orientation à leur carrière au début de l'an prochain.

FOUR. Vous serez attiré par les voyages et les gens de l'étranger. N'hésitez pas à mettre au point un plan qui pourrait se révéler fort agréable. Vous aimeriez mieux comprendre ce qui se passe dans la tête de la personne que vous aimez. Restez poli, ne posez pas trop de questions.

FOURCHETTE. Vous doutez de vos capacités intellectuelles et réalisatrices et, à certains moments, le désir de vous mettre en valeur, de vous affirmer aux yeux d'autrui fait place à un manque de naturel et de spontanéité dans vos attitudes et votre comportement.

FOURGONNETTE. Elle est l'image du moi.

Conduite par un autre. Vous serez en forme aujourd'hui. Quelques détails devraient se régler au cours de la journée. Vous ferez beaucoup de changements. Dans une histoire de cœur, un revirement de situation est possible. Soirée stimulante.

Mauvais conducteur. Vous pourriez être plus introspectif que d'habitude. Vous éprouverez le besoin de vous occuper de vous et de vos intimes. Votre vie familiale sera votre priorité et vous y mettrez du cœur.

Manquer d'essence. Vous serez un peu plus réservé et tranquille que dans les derniers jours. Il faudra peut-être renoncer à certains rêves. Quand ça ne fonctionne pas, il ne sert à rien de persévérer. Vous pourriez être occupé aujourd'hui car les proches réclameront votre présence.

FOURMIS. Vous aimeriez être remarqué, jouer un rôle. Dans ce but, vous adoptez quelquefois des idées d'une originalité un peu outrée... mais vous hésitez à vous engager dans une tentative qui vous valoriserait et retiendrait l'attention parce que vous ne vous sentez pas à la hauteur.

Dans la maison. Vous vous montrez parfois présomptueux, audacieux. Tout à coup, des doutes vous envahissent et vous craignez de ne pas avoir la résistance suffisante pour affronter les oppositions, et vous abandonnez la lutte.

FOURNEAU. Vous serez attiré par les voyages et les gens de l'étranger. N'hésitez pas à mettre au point un plan qui pourrait se révéler fort agréable. Vous aimeriez mieux comprendre ce qui se passe dans la tête de la personne que vous aimez. Restez poli, ne posez pas trop de questions.

FOURRURE. En amour, vous avez enfin atteint un équilibre qui vous permet de vivre en harmonie avec les autres, mais d'abord et avant tout avec vous-même. Vos relations sont plus spontanées et intenses. Vous vous ouvrez davantage et connaissez ainsi de nouveaux horizons. On trouve refuge auprès de vous. On vous observe de loin et, en silence, on espère secrètement un signe de votre part.

Porter un manteau de fourrure. Votre changement d'attitude au travail vous occasionnera quelques ennuis. Vous manquez de logique dans vos décisions. On vous fera payer chèrement une bévue! Vous vous donnerez les moyens de réaliser un objectif. Toutes vos initiatives seront récompensées. Gardez bien ouverts vos yeux et vos oreilles, une occasion passe tout près de vous!

FOYER. Où l'on vit. Vous avez d'importantes décisions à prendre. N'hésitez pas à demander l'aide de professionnels pour y voir plus clair. Une zone d'ombre vous dérange et vous apeure. Vous faites des pieds et des mains pour arriver à vos fins, mais certaines difficultés entravent votre route. Un malaise s'installe dans vos relations professionnelles, vous pouvez y remédier.

Feu de foyer ou de cheminée. En amour, vous voguez dans une confusion qui vous embrouille l'esprit. Vous faites la rencontre de personnes exceptionnelles qui peuvent vous apporter beaucoup si vous leur en laissez l'occasion. Les invitations ne manquent pas mais vous préférez l'intimité, voire la solitude. On vous fera une surprise qui vous comblera de joie.

FRACTURE. En amour, vous savez très bien ce que vous voulez, mais la peur de tout gâcher vous rend hésitant. Ne brusquez rien, mais n'attendez pas trop non plus. Vous vous sentez porté par un vent de folie... douce! Vous avez envie d'aventures et de fantaisies. Vous êtes bien entouré et on cherche sans arrêt à vous rendre la vie plus facile. Les compliments sont bien appréciés.

FRAISES ET FRAMBOISES. Vous ressentez comme une contrainte l'attachement trop intense que vous vouez à quelqu'un de votre entourage. Tout en vous soumettant aux lois de l'amour, en vous abandonnant au plaisir d'être choyé, vous aspirez à l'indépendance affective.

FRAPPER. Être frappé. Cessez de vous plaindre de vos petits maux! Sortez, changez-vous les idées! Votre alimentation présente des carences, voyez-y sans tarder. Votre vision change et votre évolution est lente mais saine. Un nouvel horizon s'ouvre devant vous et vous avez peine à y croire. Allez! Ne soyez pas défaitiste et profitez des belles choses qui se présentent à vous.

Quelqu'un. Vous vous sentez guidé par une force extérieure qui ne dépend pas de vous. Vos inquiétudes sont mineures et s'éloignent rapidement. Vous faites un examen de conscience qui vous fait réaliser un certain nombre de choses. Vous êtes plus serein devant l'avenir. Vous découvrez un côté de votre personnalité encore inconnu.

Quelque chose. Ne vous compliquez pas la vie inutilement, prenez les choses comme elles arrivent et cessez de vous en faire ! Votre vitalité est à la hausse et vous savez vous en servir adéquatement. Vous redonnez un second souffle à votre vie spirituelle, cela vous aide en tout. Des douleurs au dos vous rendront impatient, vous devriez consulter un médecin.

FREINER. Un revirement de votre situation sentimentale vous laissera pantois. Votre chaleur et votre charme vous attireront les regards amoureux de l'autre sexe. Vous avez soif de plaire, de séduire, d'attirer et vous y arriverez très bien ! Vous compterez des points auprès d'une personne attirante mais très indépendante. Vous saurez convaincre les autres en quelques mots ! Votre sourire sera radieux.

FRIANDISE. Vous voudriez vous faire admettre et accepter par ceux qui vous entourent comme un des leurs, dans l'espoir qu'une meilleure intégration vous aiderait à combler le vide affectif dont vous souffrez. Mais il vous est difficile de vous montrer moins intransigeant et intolérant.

FRISER. Les cheveux. Vous vous sentirez d'attaque et vous surmonterez tout obstacle qui se dresserait sur votre route. Dans vos activités, vous serez enthousiaste à l'idée d'entreprendre du nouveau dès le début de l'an prochain. Vous aurez l'occasion de montrer votre remarquable adresse.

FRISSON. Avoir peur de quelqu'un. Vous comprendrez mieux certains états émotifs. Vous tirerez des leçons du passé. Quelques jours de tranquillité et de calme vous feraient du bien. Il est possible qu'une nouvelle amitié naisse avec une personne du sexe opposé.

Avoir peur d'un événement. Vous pourriez terminer les petites tâches que vous avez négligées depuis quelque temps. Par ailleurs, une rencontre avec une personne que vous voyez rarement vous distraira. Vous serez gourmand !

FROID. Avoir froid. En amour, on vous a trop souvent étouffé. Cette fois, c'est terminé. Toutes les contraintes qui vous ont tenu en cage disparaîtront. Votre vie prendra des allures de fête gigantesques qui se poursuivra pendant quelques mois ; cela s'annonce inoubliable. Coup de foudre en voyage, liaison avec une personne sensuelle et passionnée, déclarations d'amour au clair de lune… tout est possible. Délivré de vos entraves, vous pourrez enfin vous éloigner de votre train-train quotidien ennuyeux. Vous connaîtrez l'extase à moyen terme, l'apothéose, le septième ciel.

FROISSER. Quelqu'un. Les relations avec les gens que vous côtoierez aujourd'hui seront empreintes de confiance et de sympathie. Vous serez délicat dans votre approche tout en ayant une attitude parfaitement claire. Votre souplesse sera votre meilleur atout.

> **Être froissé.** Vous serez décontracté. Intérieurement, vous ferez le point sur certains aspects de votre vie qui vous ont donné du fil à retordre dans les derniers temps. Vous réaliserez que vous en avez bel et bien fini avec certains ennuis.

FROMAGE. En manger. Vous ne parvenez pas toujours à envisager les choses de façon positive et objective. Submergé par l'impression d'être méconnu, incompris, traité injustement, vous réagissez par le mépris ou l'ironie.

> **Fort.** Vous vous laissez aller souvent à des effusions d'amour et de tendresse, vous sentant considéré et apprécié. Puis, l'inquiétude vous gagne, une sorte de pudeur, ou encore la crainte de vous engager vous retient sur la voie des confidences.

> **Fondu.** Inquiet, tourmenté, vous vous demandez si vous avez eu raison de tout sacrifier à votre sécurité matérielle et à votre confort personnel. Ces doutes entraînent le découragement et une perte d'intérêt à l'égard de l'entourage.

> **En faire.** Votre résistance faiblit par moments devant les contrariétés et les oppositions du milieu. Vous vous demandez si vous avez le courage de tenir encore longtemps.

FRONT. Beau et lisse. Vous avez tout pour réussir, à condition de vouloir, de mettre les efforts nécessaires. Rien n'est facile, tout se gagne. Vous êtes inquiet de nature, et vous pourriez faire de l'anxiété si vous la laissez s'emparer de vous. Un peu de courage et le reste viendra tout seul.

> **Y avoir une blessure.** Le besoin de prouver votre force, de dominer les autres envahit votre pensée. Vous êtes quelque peu frustré, intolérant. Ne vous laissez pas absorber par cette destruction. Soyez positif, en faisant des gestes aimables. Ceux-ci se répercuteront pour votre plus grand bien.

FROTTER. Un déplacement vous permettra de rencontrer des gens très intéressants. Vous ferez de belles découvertes. Bien que cela ne vous charme pas vraiment, les sorties entre amis seront bénéfiques pour votre moral. Vous aurez envie de pouvoir vous appuyer sur une épaule solide et compréhensive. Respectez le silence sur les secrets que l'on vous confiera en toute confiance.

FRUIT. Vous ressentez comme une contrainte l'attachement trop intense que vous vouez à quelqu'un de votre entourage. Tout en vous soumettant aux lois de l'amour, en vous abandonnant au plaisir d'être choyé, vous aspirez à l'indépendance affective.

FUIR. On peut être sensuel et ne pas s'abandonner, on peut partager un acte charnel sans aimer. Mais devant le miroir, quel visage contemplerez-vous ou fuirez-vous? Votre corps délivrera un message à votre partenaire. Vous le prononcez rarement, et il n'y comprendra rien. Désespérément, il tentera de reconnaître l'être qui aura incendié son cœur.

FUMÉE. Paradoxe étrange: vos amis vous trouveront dévoué, généreux, humaniste, et la rumeur vous décrira comme une bonne poire, mais votre personnalité est bien différente. Vous garderez le silence pour faire parler les autres, vous éviterez les démonstrations affectueuses pour mieux en recevoir. Votre besoin d'être aimé sera tel que vous vous mettrez en position d'attente. Mais qu'aurez-vous à donner? Votre partenaire sera meurtri de ne pouvoir puiser une once d'énergie en vous.

FUMER. Une cigarette. Des aspects cachés de votre vie retiendront votre attention. Vous pourriez avoir passablement d'émotions durant les prochains jours. C'est une journée idéale pour tous les travaux qui demandent un esprit créatif. Le travail répétitif ne vous ira pas.

> **Voir quelqu'un d'autre fumer une cigarette.** Écoutez les conseils d'une personne qui s'y connaît dans un domaine qui vous intéresse de plus en plus, mais que vous connaissez peu. Laissez-vous guider aussi par l'intuition. Pour vos amours, vous aurez tendance à l'introspection.

FUMIER. Vous participerez avec enthousiasme aux activités que l'on vous proposera. Par ailleurs, vous n'aurez aucune envie que l'on vous impose la présence de gens qui vous ennuient. On pourrait vous faire des compliments bien mérités.

FUNÉRAILLES. Elles évoquent la clé des mystères suprêmes, l'accomplissement, la réconciliation, la sagesse, la clarté d'esprit, les révélations, la justice, la libération, la grâce et l'amitié.

Les siennes. Vous vous sentez perdu face aux multiples chemins que vous pouvez prendre ; il vous faut écouter votre intuition, sinon vous chercherez à forcer les événements, ce qui n'est pas souhaitable pour l'instant.

D'un inconnu. Laissez-vous guider par votre flair ; cela vous permettra de voir vraiment ce qui doit être vu et perçu. Vous vous dirigez vers un accomplissement qui dépasse vos perceptions.

D'une personne connue. Le chemin à suivre est clair, et la voie est libre ; il vous suffit de la prendre. Soyez assuré du résultat positif qui découlera de la demande que vous avez faite, de la démarche que vous entreprenez ou des décisions que vous avez prises. Dans un très court laps de temps, votre souhait sera réalisé. C'est le temps de créer.

FUSIL. Vous êtes trompé d'une manière ou d'une autre. La plupart de nos attitudes comportent un certain degré d'ambivalence. Nous avons tous éprouvé, à un moment ou à un autre, à la fois de l'amour et de la haine envers une personne suivant son comportement. Il arrive à tout le monde de se montrer soumis tout en souhaitant avoir la liberté de se rebeller. Des êtres dont la bonté et la générosité sont reconnues et appréciées peuvent ressentir parfois un furieux besoin de punir ou de se montrer désagréables pour se venger d'une offense. Mais lorsqu'elle est intense et prolongée, la compétition entre des pulsions opposées déclenche des réactions imprévisibles, selon que l'équilibre est rompu sous la pression de l'une ou l'autre tendance. Elle est fréquemment l'instigatrice de décisions brusques et irraisonnées, de sautes d'humeur inexplicables, bref, d'un comportement irrationnel.

FUTUR. S'y voir. Votre magnétisme est puissant. Utilisez-le d'une manière positive. Vous pouvez voir la vie en couleurs ou, au contraire, en noir et blanc. Vous ne voyez pas ce qui vous satisfait. Il est important de tenir compte des besoins d'autrui. Le bonheur, ce n'est pas de recevoir mais bien de donner.

GÂCHER. Une explosion! Voilà le mot qui décrit le mieux votre travail et vos finances. Explosion de projets, de résultats, de démarches, de surprises, de grands espoirs. Plus rien ne vous arrête, vous êtes complètement déchaîné, vos peurs s'envolent comme par magie. Vous êtes convaincu de connaître le meilleur itinéraire pour arriver à votre but ultime.

GADGET. La fatigue se fait ressentir, mais c'est une saine fatigue! Vous avez déployé tant et tant d'efforts pour réussir que vous avez bien droit à quelques jours de repos! Vous subissez un peu de pression de votre entourage; expliquez-leur que vous devez vous reposer si vous voulez pouvoir continuer à marcher d'un bon pas.

GAGER. Vous saisirez une occasion avec à-propos. Dans quelque domaine que ce soit, vous n'aurez aucune difficulté à exprimer clairement votre opinion. Dans vos activités, vous entamerez beaucoup de choses que vous finirez un autre jour.

GAGNER. Au travail, vous mettez beaucoup de cœur et les résultats ne tardent pas à arriver. Vous êtes récompensé à votre juste valeur pour vos efforts. Vous êtes particulièrement favorisé pour tout ce qui touche aux placements, aux investissements, aux mises de fonds et même à la loterie. On vous offre la facilité sur un plateau d'argent.

GALERIE. Vue de la galerie. Vous serez rempli d'énergie et vous éprouverez le besoin de vous dépenser. Certaines questions pourraient vous tracasser. Laissez-vous guider par le hasard plutôt que de forcer les réponses. Vie spirituelle forte.

Effondrée. On vous accordera certains privilèges. Vous vous sentirez comblé par l'attention et l'affection de votre entourage. Prenez garde à une personne fourbe. On pourrait vous conseiller, mais la décision finale vous reviendra. Des rumeurs malfaisantes encombreront votre route. Vous prendrez les grands moyens pour changer ce qui ne vous plaira pas. Une expérience positive vous redonnera confiance en vous.

GANG. En amour, le moins qu'on puisse dire, c'est que vous tournez autour du pot! Il est temps d'exprimer clairement vos désirs. Votre entourage connaît une tempête où le mot d'ordre est chacun pour soi. On attend de vous des gestes concrets et des preuves de ce que vous affirmez. Le jeu du chat et de la souris ne vous amuse plus du tout. Une situation ambiguë doit être rapidement éclaircie.

GANTS. Les siens. Attiré par l'aventure, la découverte, vous voudriez mettre fin à une liaison qui satisfait cependant votre besoin de tendresse, mais vous ne parvenez pas à vous décider.

Neufs. Vos choix amoureux sont fantasques et présentent toujours un côté déroutant. Vous cédez à vos caprices, vous montrant tantôt conciliant et soumis, tantôt agressif et autoritaire.

Perdus. Vous avez idéalisé une relation sentimentale, mais vous êtes conscient du risque de perdre votre individualité. Cependant, vous ne parvenez pas à rompre.

Trouvés. Vous souhaitez mener une vie plus extérieure et sociale, vous épanouir dans une profession. Mais vous éprouvez de la difficulté à mettre fin à un lien affectif auquel vous tenez encore.

Sales. La recherche de plaisirs corporels, de satisfactions matérielles ne vous satisfait plus entièrement. Vous souhaiteriez un autre environnement, un but nouveau, sans avoir la détermination suffisante pour vous jeter dans l'action.

GARAGE. Que ce soit au travail ou à la maison, vous serez de bonne humeur; vous ferez les choses une à une avec organisation et plaisir. En amour, la vie sera un peu plus difficile que ce que vous souhaitiez.

GARDE-MALADE. Encore attaché à un environnement ou à une personne dont la présence vous rassurait, mais qui vous impose maintenant des limitations, vous vous sentez prêt à affronter une séparation, malgré quelques hésitations, afin de mener une vie plus ouverte et spontanée.

GARDE-MANGER. Vide. Une affaire exige du doigté, alors calculez bien vos chances. Adaptez-vous à votre milieu. Ne cherchez pas toujours la petite bête noire. Il vous faut avoir plus de flair que d'habitude. Il faut consentir à divers sacrifices pour que tout aille mieux avec votre partenaire. Vous ne vous en sentirez que mieux.

> **Rempli.** Une période où s'impose une certaine prise de conscience doublée d'un bilan des derniers mois quant à ce que vous désirez vraiment pour l'avenir. Vous hésitez à vous investir plus qu'avant dans votre travail qui ne vous donne pas toujours entière satisfaction. Ne prenez pas de décision irréfléchie. Une certaine tension est sous-jacente dans votre lieu de travail.

GARDIEN. Soyez attentif dans la manipulation d'outils. Vous ne devez pas exagérer vos petits malaises! Une révélation vous soulagera d'un grand poids moral. Votre fatigue ne cache rien de grave, mais elle ne doit pas être ignorée non plus. Soyez plus modéré dans la dépense de vos forces. Vous devez rapidement vous mettre à l'abri des abuseurs et des manipulateurs.

GARE. Votre relation amoureuse prend des forces et construit ses bases. Un ami vous déçoit par son comportement, mais ne le jugez pas trop rapidement! N'hésitez pas à provoquer les événements que vous désirez voir arriver dans votre vie. Le bonheur se construit lentement mais sûrement. L'obstination est votre ennemi en ce moment.

GASPILLER. On ne peut oublier son passé. Toutefois, on peut se pardonner de n'avoir pas réussi comme on l'aurait voulu. Vous êtes responsable de vous, de ce que vous vivez. Il est bon de se questionner, mais ne cherchez pas vos réponses ailleurs qu'à l'intérieur de votre conscience.

GÂTEAU. En faire. Un obstacle va bientôt disparaître de votre chemin. Votre existence en vase clos commence à vous peser, mais vous craignez d'abandonner l'ambiance ouatée où vous vous sentez en sécurité.

> **En manger.** Une affaire inquiète votre entourage, mais vous avez le beau rôle dans cette histoire. Vous connaissez des moments de profonde lassitude pendant lesquels vous vous demandez s'il ne serait pas sage d'abandonner la lutte que vous menez pour imposer à vos proches une affection qu'ils sont incapables d'apprécier.

> **En vendre.** Votre spiritualité est grandement influencée par des croyances déjà établies. Vous vous cherchez inlassablement. Vous

n'aimez pas suivre le troupeau, mais la pression est forte autour de vous. Vous arrivez à vous protéger contre les vibrations négatives. Vous posez un regard neuf sur les événements. Vous n'avez plus envie de courir en ne pensant à rien.

GAZ. Sentir son odeur. Le moral remonte en flèche! Vous disposez de tous les atouts, tant physiques que psychologiques, pour réussir tout ce que vous voulez. Un nouveau départ vous apporte l'essor qui vous manquait. Vous êtes particulièrement sensible et réceptif aux autres. Vos problèmes de concentration sont dus au fait que vous avez la tête remplie de belles choses.

L'allumer. Votre sourire est éclatant! Vous êtes bien dans votre peau et cela se voit. Vous avez une mine superbe et … vous attirez les gens qui souffrent. On vous demande des conseils et une oreille attentive. Vous possédez la force et la manière d'aider les autres; ne soyez pas égoïste. Vous travaillez à garder l'équilibre d'une façon permanente.

GAZON. Au travail, on apprécie votre sens de l'organisation. Un collègue se mesure à vous. Les données sont changées, le résultat aussi. Vos performances sont impressionnantes… et remarquées! Comme vous ne pouvez vous fier à la chance, vous devez mettre les bouchées doubles. Vous avez tout à gagner.

GÉANT. Vous êtes tiraillé entre la loyauté et la fidélité à votre milieu ou à quelqu'un et l'envie de nouer de nouvelles relations, de réaliser certains projets. Vous pesez sans cesse le pour et le contre, incapable de vous décider. Cette incertitude est une cause d'anxiété.

GELER. Avoir froid. En amour, on vous a trop souvent étouffé. Cette fois, c'est terminé. Toutes les contraintes qui vous ont tenu en cage disparaîtront. Votre vie prendra des allures de fête gigantesque qui se poursuivra pendant quelques mois, cela s'annonce inoubliable. Coup de foudre en voyage, liaison avec une personne sensuelle et passionnée, déclarations d'amour au clair de lune… tout est possible. Délivré de vos entraves, vous pourrez enfin vous éloigner de votre train-train quotidien ennuyeux. Vous connaîtrez l'extase à moyen terme, l'apothéose, le septième ciel.

GENDARME. Avant d'offrir votre confiance, vous attendrez des preuves susceptibles de dissiper vos doutes. Les trahisons du passé vous auront échaudé et vous ne commettrez pas les mêmes erreurs. D'ici quatre à six semaines, vous nouerez de nouvelles relations. Vos proches ramèneront du monde à la maison, et vous vous découvrirez des atomes crochus avec une personne sincère. Les épreuves qu'elle aura traversées vous sensibiliseront; vous vous promettez d'être présent en toute circonstance.

GÊNER. En finances, vous possédez de bonnes cartes et vos atouts sont de taille! Refusez catégoriquement toute transaction louche, illégale ou frauduleuse. Votre compétence sera remarquée en haut lieu. Il y a une association dans l'air. Vous êtes témoin d'une injustice flagrante; dénoncez-la sans attendre. Ne vous laissez pas lier les mains…

GENOU. Vous êtes porté l'un envers l'autre avec le même élan amoureux. Face à la décision d'abandonner certains avantages, vous êtes prêt à accepter un compromis, bien qu'à certains moments votre fierté se rebiffe violemment.

> **Être à genoux.** Vous êtes entouré d'amour! Que cela vienne de votre partenaire amoureux, de vos amis ou de votre famille, l'amour sera bien présent le prochain mois. L'heure n'est plus aux questionnements, mais bien aux réjouissances, aux élans d'amour, aux épanchements et aux rires. Un personnage original et mystérieux fait son entrée dans votre vie, et il est là pour rester!

GIBIER. Que ce soit au travail ou dans vos activités, vous voudrez que l'on reconnaisse vos mérites par des gestes concrets. Ne vous laissez pas envahir par des sentiments troubles et sans véritable fondement. En amour, vous serez la coqueluche de votre entourage.

GIFLER. Être giflé. Cessez de vous plaindre de vos petits maux! Sortez, changez-vous les idées! Votre alimentation présente des carences, voyez-y sans tarder. Votre vision change et votre évolution est lente mais saine. Un nouvel horizon s'ouvre devant vous et vous avez peine à y croire. Allez! Ne soyez pas défaitiste et profitez des belles choses qui se présentent à vous.

> **Quelqu'un.** Vous vous sentez guidé par une force extérieure qui ne dépend pas de vous. Vos inquiétudes sont mineures et s'éloignent rapidement. Vous faites un examen de conscience qui vous fait réaliser un certain nombre de choses. Vous êtes plus serein devant l'avenir. Vous découvrez un côté de votre personnalité encore inconnu.

GILET. Une question d'argent pourrait vous mettre sur le qui-vive. Vous êtes par ailleurs plutôt favorisé dans ce domaine, puisque vous êtes réaliste depuis quelque temps. Dans vos relations avec les autres, vous aurez un engagement à respecter. Soirée plaisante.

GINSENG. Votre sens de l'initiative devrait aussi vous permettre d'améliorer votre vie professionnelle. En amour, vous serez plein d'attentions pour la personne aimée. Si vous êtes célibataire, la journée est propice aux rencontres.

GIRAFE. Dans vos occupations, c'est par l'audace que vous réussirez aujourd'hui. Mettez de côté toute timidité ou politesse excessive. En fin de journée, vous feriez bien de méditer sur certaines questions.

GLACE. Vous voudriez trouver de nouvelles possibilités, des buts plus idéalistes, indépendants des problèmes quotidiens. Mais vous craignez de manquer des qualités nécessaires à la réussite de nouveaux projets qui ne sont peut-être que des caprices.

GLAND. Vous aurez peut-être tendance à juger un peu vite les actions des autres. Tâchez de vous contenir et de garder vos réflexions pour vous. Vous êtes sur le point de prendre un virage. La compréhension de la personne que vous aimez vous sera précieuse.

GLISSER. Sur la glace en toboggan. Une aventure vous réjouit mais attention aux cadeaux qui cachent des intentions malhonnêtes. Vos rapports affectifs stables et tranquilles ne vous satisfont plus. Vous aimeriez un peu plus d'excitation, des voyages, des changements. Mais vous craignez de commettre des infidélités ou, si vous optez pour une rupture, de regretter votre choix.

> **Perdre pied.** Sur le plan sentimental, vous foncez tête baissée. Vos préférences vont vers une personne de l'autre sexe qui est plus âgée, plus expérimentée, bref, plus mûre. Vous souhaitez vivre des histoires passionnelles intenses, des amours palpitantes où l'on se livre totalement.

GLOBE. Terrestre. Vous aurez une approche calme et modérée. Grâce à cet état d'esprit, vous pourriez effectuer une percée. Si vous êtes à la maison, vous profiterez de cette journée et prendrez votre temps pour vous occuper de vous et de tout ce qui a trait au quotidien. Relations sociales et intimes simples.

GNOME. Vous pouvez maintenant faire ce que vous n'avez pu réaliser matériellement dernièrement. La voie est libre. Vos idées sont claires. Vous êtes capable d'avoir une meilleure perspective de l'avenir. Vous savez également rallier les gens derrière vous.

GOÉLAND. Au travail, vous ferez preuve d'initiative et de débrouillardise. On pensera à vous pour une augmentation de salaire, une ouverture de poste ou une mutation. Vous assumerez pleinement de nouvelles responsabilités. Un bouleversement soudain vous laissera pantois. Vos finances vous permettront de vous gâter ; allez-y, vous le méritez bien.

GOLF. Y jouer. Votre quête intérieure vous amène à comprendre la source de vos besoins fondamentaux. Vous subissez une influence qui n'est pas totalement positive. Attention de ne pas vous laisser entraîner dans un mouvement comme une secte. Votre vulnérabilité est palpable et bien visible ; on pourrait chercher à abuser de vous. Avoir l'esprit ouvert, c'est bien, faire preuve de naïveté peut être dangereux.

GOMME. À mâcher. Accrochez-vous parce que cela va vraiment bouger. Votre séduction fera des ravages ! Vous irez de rencontres en flirts sans jamais savoir à quoi vous en tenir. À un moment donné, vous vous déciderez à en finir avec toutes ces histoires parce que le coup de foudre sera à l'horizon.

À effacer. Une émotion, un frisson, une envie de revoir cette personne, de songer à elle ; autant de signes que le sentiment est plus qu'amical ! Cette extase vous ravit en même temps qu'elle vous apeure un peu. Une situation délicate demande beaucoup de doigté. Vous êtes amené à vivre de nouvelles expériences ; des activités, des lieux, des gens. Une relation trouve un second souffle.

GONFLER. Il faudra vraiment revoir votre façon d'être amoureux, probablement en raison d'une nouvelle rencontre. Finalement, ce comportement que vous aurez du mal à saisir au début sera plein d'enseignements et vous vous rendrez compte que les sentiments qui durent ne sont pas seulement basés sur l'attraction sexuelle.

GORGE. Maux de gorge. Ce n'est pas le bon moment pour vous traîner les pieds. On attend beaucoup de vous et il est important de faire vos preuves. Ne vous cachez pas la tête dans le sable. Vous arrivez à un tournant crucial pour votre avenir professionnel. Gardez la tête froide, concentrez-vous sur ce que vous faites, et la réussite est assurée !

GOURDE. Pleine. Vous souhaitez acquérir des valeurs, des biens dont la possession compenserait votre désespoir, vous appliquez toute votre énergie et votre résistance à cette lutte acharnée.

Vide. Même si votre comportement demeure extérieurement harmonieux, même si vous semblez participer à ce qui se passe autour de vous, prétendant même diriger et prendre les autres en charge, vous gardez toujours une attitude distante qui dissimule une forte susceptibilité.

Renversée. Révolté contre l'injustice du sort, vous aspirez cependant à échapper à la tension nerveuse qui se fait sentir de façon insupportable en sortant de vous-même, en vous lançant dans des entreprises originales.

GOURMANDISE. Vous vous confrontez à un adversaire de taille : vous ! Vous tentez de vous convaincre vous-même d'un certain nombre de choses. Une journée, vous ne voyez que le côté positif, et le lendemain, le côté négatif. Difficile pour vous, en ce moment, de trouver un juste milieu, de faire la part des choses, mais tout rentrera dans l'ordre d'ici quelques semaines.

GOUTTE. D'eau. Un conflit dégénérera et vous rendra bien malheureux. La diplomatie sera de mise pendant quelques semaines. Vous serez coincé entre l'arbre et l'écorce. Vous ferez de belles rencontres et certaines deviendront de véritables amitiés. Sans vous en rendre nécessairement compte, vous blesserez certaines personnes de votre entourage. On vous demandera de justifier une parole ou un geste.

GRAINES. En planter. On vous sent tendu et impatient. On fait tout ce que l'on peut pour vous être agréable, mais tout vous agace! Vous connaîtrez une forte rivalité amoureuse. Ne faites pas aux autres ce que vous n'aimeriez pas que l'on vous fasse! Et ne laissez surtout pas votre orgueil gâcher de bons moments, votre bonheur n'a rien de tranquille! Un ami sincère vous tendra la main.

En manger. Vous tombez trop facilement et trop souvent en amour ces temps-ci! Les émotions vous font, tour à tour, voler et vous échouer. Vous avez la désagréable impression que l'on se joue de vous. Une nouvelle rencontre apportera un grand changement dans vos habitudes et votre routine. La jalousie et la tricherie sont de bien mauvaises conseillères.

GRAISSE. Vous avez de plus en plus de difficulté à supporter la pression inhérente au travail. Vous entrez, bien malgré vous, dans un cercle vicieux. Vous réglez une fois pour toutes une situation désagréable qui revient régulièrement. Faites preuve de vigilance dans la signature de contrats ou d'ententes. Vos finances sont saines et à la hausse.

Être gros. Vous avez des réactions et des pensées qui ne vous ressemblent pas! Ne mettez pas tout le monde dans le même panier. Votre esprit est ailleurs, vous oubliez, vous avez de la difficulté à comprendre ce que l'on vous raconte. Vous en avez assez d'entendre les problèmes des autres; attention, vous êtes porté à vous replier sur vous-même. Ne faites pas une montagne avec un petit problème.

GRANDIR. Les invitations et les offres ne manqueront pas au cours des prochaines semaines. Vous emmêlerez vos sentiments amoureux et amicaux. Vous serez comme un papillon, vous volerez d'une fleur à l'autre sans vous lasser. Si, dans la majorité des cas, vous serez comblé, vous connaîtrez aussi votre lot de désillusions. Profitez des plaisirs de la vie, mais n'en abusez pas! Une relation vous causera des désagréments et vous en chercherez la cause.

GRAPPE. De raisins. Vous serez autoritaire et contrôlerez votre partenaire et vos amis. Vos excès de pouvoir ne seront pas toujours bien accueillis. Si vous persistez à vouloir que les autres agissent selon vos lois, vous déchanterez rapidement. Mais les prochains mois vous imposeront davantage de tolérance, ce que vous comprendrez après cette période.

GRATTER. Se gratter. Au travail, une victoire vous donnera des ailes. On sollicitera votre participation dans un projet intéressant mais encore au stade de l'idée. Vous ne pourrez pas passer à côté de cette occasion. On vous offrira une proposition expérimentale qui vous demandera de relever un beau défi. Vous aurez vraiment envie de vous dépasser.

> **Voir les autres se gratter.** Vous avez besoin de repos, d'une trêve, d'une pause. Vous avez travaillé fort et vos finances sont à la hauteur de vos efforts. Vous pouvez vous permettre de vous amuser sans trop compter. Restez sobre dans vos achats impulsifs. Certaines personnes vous donneront l'impression de vouloir acheter votre amitié, voire votre amour…

GRAVER. Même si votre comportement demeure extérieurement harmonieux, même si vous semblez participer à ce qui se passe autour de vous, prétendant même diriger et prendre les responsabilités des autres, vous gardez toujours une attitude distante qui dissimule une forte susceptibilité.

GRÊLE. De grandes questions se posent comme : Dois-je m'engager amoureusement pour le reste de mes jours parce que l'autre le veut ainsi ? Si votre couple est usé, si l'habitude a éteint les étincelles du début, il faut vous efforcer de faire renaître votre amour.

GRELOTTER. Avoir froid. En amour, on vous a trop souvent étouffé. Cette fois, c'est terminé. Toutes les contraintes qui vous ont tenu en cage disparaîtront. Votre vie prendra des allures de fête gigantesque qui se poursuivra pendant quelques mois, cela s'annonce inoubliable. Coup de foudre en voyage, liaison avec une personne sensuelle et passionnée, déclarations d'amour au clair de lune… tout est possible. Délivré de vos entraves, vous pourrez enfin vous éloigner de votre train-train quotidien ennuyeux. Vous connaîtrez l'extase à moyen terme, l'apothéose, le septième ciel.

GRENIER. Vous ferez preuve de courage devant un événement difficile, même s'il ne vous concerne pas directement. Vous aurez de la difficulté à séparer le vrai du faux pendant quelques semaines. Votre instinct déraillera, alors votre méfiance augmentera. Vous vous sentirez comme en attente de quelque chose, mais vous ignorerez pourquoi.

GRENOUILLE. Sympathique. En amour, après les difficultés des derniers temps, vous entrevoyez des signes encourageants. Il est cependant préférable de demeurer flegmatique devant une incompréhension passagère pour ne pas blesser la personne qui vous est chère.

Antipathique. En amour, vous voici en pleine transformation. Commencez par travailler sur vous avant d'entreprendre une nouvelle relation. Dans peu de temps, vous y verrez plus clair. Vous pouvez songer à vos sentiments, car dans quelques mois, des rencontres excitantes sont possibles. Si vous êtes en couple, certaines mises au point s'imposent ; petit à petit, vous faites valoir vos idées. Le temps et le dialogue travaillent pour vous.

Sautillante. Vous reprenez pied dans une réalité qui vous dépasse souvent. Vous ne détestez pas brûler la chandelle par les deux bouts ! Malheureusement, vous devez en payer le prix ! Vos forces s'épuisent rapidement ; vous devez apprendre à mieux canaliser votre énergie, et surtout à ne pas la gaspiller. Vous êtes mis devant un dilemme bien embêtant.

GRIFFER. Se faire griffer. Vous devez absolument être plus organisé. D'accord, la plupart du temps, vous vous retrouvez dans votre désordre, mais vous vous y perdez souvent aussi ! Pesez bien le pour et le contre avant d'apposer votre signature sur quelque papier que ce soit. Ne vous laissez ni influencer ni forcer la main dans votre prise de décision. Un conseil de professionnel arrivera à point…

GRILLAGE. Votre logique domine parfois vos sentiments. Tout en souhaitant rompre une liaison jusqu'ici satisfaisante, vous hésitez, de peur de regretter la tendresse qui vous est actuellement généreusement offerte.

GRIMACES. En faire. On ne peut pas dire que c'est la grande forme. Vous êtes agité, nerveux, et votre sommeil est loin d'être réparateur. Vous avez l'impression de tourner en rond. Vous succombez trop facilement aux tentations ces jours-ci. Reprenez-vous rapidement, sinon les effets négatifs de vos excès et abus ne tarderont pas.

En voir. Vous êtes débordant de vitalité. Tout vous est permis ! Vous prenez davantage soin de vous. Un cercle vicieux est enfin brisé, à votre plus grand soulagement. Ne permettez à personne de troubler votre paix intérieure. Un beau parleur essaie de vous enguirlander, éloignez-vous rapidement. Vous avez l'impression de revivre une vieille histoire.

GRIMPER. En amour, de nombreuses occasions vous seront offertes de faire des rencontres marquantes. Vous vivrez intensément toutes sortes d'émotions. Les invitations seront nombreuses. Une preuve remuera des sentiments anciens en vous. N'oubliez pas que l'amour est comme un jardin et qu'il doit être entretenu quotidiennement. Vous aurez beaucoup d'imagination et vous trouverez d'intéressantes façons de mettre du piquant dans votre vie.

GRIPPE. L'attraper. Vous recevez, en ce moment, des témoignages d'appréciation de la part de vos supérieurs. On vous couvre de louanges, ce qui provoque de la jalousie chez un de vos collègues de travail. Une discussion à cœur ouvert règle certains malentendus qui subsistaient depuis quelques mois déjà. Un déplacement d'affaires est prévu très bientôt.

Voir les autres l'attraper. Beaucoup d'égoïsme, de cruauté autour de vous. Il se passe des choses étranges, cependant il faut conserver votre optimisme. Voyez si vous n'avez pas commis une erreur en refusant la coopération de votre entourage pour la réalisation du projet qui vous est cher.

GROGNEMENT. De grands bouleversements sont au rendez-vous! Vous éprouverez une envie aussi subite que féroce de vivre à fond, vous qui êtes habituellement si réservé. D'ici quelques mois, vous ouvrirez votre cœur et vous aurez bien raison. Vous pourriez prendre des décisions importantes avec une sagesse lumineuse, comme celle de vous engager sérieusement avec votre amour. Allez-y sans crainte, vous avez l'appui de votre entourage.

GROS (dans le sens de «géant»). Vous êtes tiraillé entre la loyauté et la fidélité à votre milieu ou à quelqu'un et l'envie de nouer de nouvelles relations, de réaliser certains projets. Vous pesez sans cesse le pour et le contre, incapable de vous décider. Cette incertitude est une cause d'anxiété.

L'être soi-même. Vous avez des réactions et des pensées qui ne vous ressemblent pas! Ne mettez pas tout le monde dans le même panier. Votre esprit est ailleurs, vous oubliez, vous avez de la difficulté à comprendre ce que l'on vous raconte. Vous en avez assez d'entendre les problèmes des autres; attention, vous êtes porté à vous replier sur vous-même. Ne faites pas une montagne avec un petit problème.

GROSSESSE. Être soi-même enceinte. Votre amour sera explicite. Vous pourriez écrire vos sentiments sur un papier. Introduction: «Je t'aime»; développement: «Je vais le prouver»; conclusion: «On continue la route ensemble.» Rédaction aux termes éloquents! Vous n'irez pas par quatre chemins pour attirer son attention. Votre conjoint se plaignait de votre réserve, de votre discrétion. Vous lui prouverez votre grand amour. L'ouragan qui passera sur votre union bouleversera les habitudes et remettra les émotions à leur place.

>   **Voir quelqu'un d'autre enceinte.** Vous distillerez vos sentiments au gré de vos humeurs, quitte à paraître égoïste. Cette attitude vous enlèvera tout contrôle. Derrière l'apparence de liberté se cachait un être possessif incapable de dire «Je t'aime» durant trois jours ou le répétant quinze fois en trente minutes, bref, vous déconcertiez votre partenaire. Les pendules et les mots d'amour se remettront en place. L'exaltation de votre vie personnelle libérera des émotions enfouies. Bien dans votre peau, vous communiquerez votre passion. Cette attitude incitera votre conjoint à exprimer sa tendresse.

GROSSIR. Prendre du poids. Votre vie professionnelle est inscrite sous le signe de l'évolution. Grâce à votre discernement habituel, vous obtiendrez des gains substantiels. Vous vous sentez stressé malgré tout? N'ayez pas peur de lâcher prise. Vous aurez un flair hors du commun pour sentir venir les catastrophes durant les prochains mois. Si bien que, en cas de crise, vous réussirez à sauver les meubles à la dernière minute. Éventuellement, tout rentrera dans l'ordre. Votre vie au travail redeviendra un long fleuve tranquille et vous pourrez traverser les obstacles sans problème.

GROTTE. Vous devrez terminer le travail entrepris par une autre personne, et cela ne vous enchantera guère! Votre esprit sera dans la brume et vous exprimerez difficilement vos idées. Vous parviendrez à dissimuler un malentendu de taille. On vous expliquera ce que l'on attend principalement de vous. Ne prenez pas le mors aux dents pour une mise au point…

GRUE. Vous serez mieux armé que jamais lors du prochain affrontement avec un proche. Vous vous débarrasserez enfin d'un tourment du passé qui vous empoisonne la vie. Vous vous donnerez les moyens de pardonner les erreurs. Vous devrez respecter vos forces et vos limites pour ne pas basculer dans la déprime. Une légère tristesse enveloppe votre état d'âme.

GUÊPES. Tenace, énergique, vous refusez de vous laisser influencer au risque de rompre avec toutes les traditions, familiales ou sociales.

>   **En élever.** Vos projets iront bon train. Vous pourriez vous trouver en meilleure position que vous n'auriez osé l'espérer. Des changements de dernière minute pourraient vous être imposés. Vous prendrez conscience de certains conflits latents.

En tuer. Votre simplicité et votre bonhomie seront vos meilleures alliées. N'hésitez pas à poser des questions à ceux qui pourraient vous renseigner. Allez directement vers votre but. En amour, vous serez candide.

GUÉRISON. Vous trouverez du réconfort auprès d'une nouvelle connaissance, mais vous vous emballerez trop rapidement et vous serez déçu par la suite. Vous poserez des pièges dans lesquels vous vous prendrez vous-même! Vous avez soif d'aventures et de défis. Cela bouillonne en vous! Certaines situations vous échappent, mais cela vous touche à peine. Vous découvrirez une nouvelle source d'inspiration.

GUERRE. Situation intérieure conflictuelle et difficile, résultant de la lutte entre des forces vitales opposées. Cela peut aussi révéler un différend avec un proche. Souvent, il s'agit d'une vérité que l'on n'admet pas.

GUICHET. Ne vous laissez pas tenter par les chemins les plus courts. Vous entrerez dans un labyrinthe, mais vous en ressortirez rapidement et plus riche d'une expérience. Vous ferez preuve d'une grande concentration et vos forces seront bien utilisées. On aura besoin de vous pour soutenir un projet ou une idée. Vous serez très chanceux les prochaines semaines à venir.

GUIDE. L'image du guide se manifeste dans les moments difficiles annonçant une nouvelle période. Protecteur et redoutable, principe surnaturel qui protège et dirige, il réunit en lui toutes les ambiguïtés de l'inconscient.

GUIRLANDE. Bien que vous soyez très réaliste, votre fougue, votre goût de la démesure, du grandiose, des solutions entières et spectaculaires s'ajoutent à vos talents variés. Cela pourrait vous entraîner dans des activités trop diversifiées, ce qui provoquerait la dispersion de vos efforts et de votre énergie.

GUITARE. En jouer. Beaucoup de surprises et de changements à venir. Vous consacrerez davantage de temps aux vôtres. Vos sentiments amoureux ne seront pas encore assez solides pour faire des projets à long terme. Restez lucide dans vos choix, il ne sert à rien de vous inventer des histoires! L'amitié jouera un rôle primordial dans votre vie. Vous aurez l'impression de rajeunir!

Voir quelqu'un d'autre en jouer. Vous prendrez pleinement conscience de votre environnement. On fera preuve de patience et d'une grande douceur à votre égard. Vous réaliserez votre chance d'être si bien entouré. Ne tentez pas de forcer les événements. Résistez à la tentation de vous embarquer dans une relation compliquée. Vous

délaisserez vos petits tracas journaliers pour vous amuser pleinement. Remettez à l'année prochaine vos remises en question.

GYMNASTIQUE. Certaines relations deviennent difficiles et pourraient vous blesser. On répondra favorablement à une démarche effectuée dernièrement. N'hésitez pas à changer d'idée si une situation ne
vous convient plus. Pas d'idées fixes.

GYROPHARE. Vous cesserez de vous poser des questions au sujet
d'une relation qui ne semble pas avoir un avenir prometteur. En amitié,
vous pourriez commettre une petite gaffe en dévoilant un secret. Certaines activités que vous devez terminer seront ennuyantes. Vous ferez
preuve de bon sens.

HABILE. Vous êtes une personne inquiète, voire tourmentée ; votre système nerveux n'aspirera qu'à une chose : dormir non seulement pour récupérer, mais aussi pour se détacher de problèmes qui semblent maintenant insolubles. Les nuits vous porteront conseil.

HABIT. S'habiller. Les problèmes se résoudront d'eux-mêmes. Laissez le temps passer en ne forçant rien. Les relations avec votre famille seront bonnes. Côté argent, vous pourriez avoir une petite surprise agréable. Vous serez satisfait des résultats en fin de journée.

> **Trouver un bel habit.** Les prochaines semaines seraient propices à une escapade. Vous aurez l'esprit curieux et ce serait le moment d'acquérir de nouvelles connaissances. Vous jugerez aisément de ce qui est le mieux pour vous.

HACHE. Votre aura scintillera et votre magnétisme atteindra des sommets. Les prochains mois vous apporteront un vent de sagesse qui vous transformera en véritable amoureux. Tout le monde recherchera votre compagnie et, de votre côté, vous aurez l'instinct de ne réserver vos transports affectifs qu'à ceux qui en valent la peine. Votre cœur battra allègrement d'ici quelques semaines. Préparez-vous !

HAIE. Vous influencez vos pairs et votre entourage en général. Tout le monde voudra suivre vos conseils. Cela dit, vous continuerez d'avoir le cœur secret. Vous arrivez mal à confier certaines difficultés que vous vivez. Ça viendra.

HAÏR. Quelqu'un. Vous vous sentez sûr de vous et l'amour guide vos pas, surtout si vous êtes célibataire. Vous sentez en vous un renouveau affectif bienfaisant et vous passerez des moments merveilleux avec l'autre sexe qui occupe vos pensées. Vous sortirez beaucoup et enchaînerez les nuits blanches. Un vent d'indépendance vous envahira et vous éprouverez le besoin de prendre du recul. Attendez-vous d'ici quelques semaines à être adulé et même courtisé, votre séduction est au maximum et vous ne risquez pas de passer inaperçu.

Quelque chose. Vous vous posez beaucoup de question sur la valeur de vos sentiments. Rassurez-vous, certaines réponses viendront très bientôt. D'ici là, vous vous sentirez indépendant et vous aurez envie de faire cavalier seul, d'autant que votre couple donne des signes de faiblesse et que la nouveauté viendra envahir votre vie. On vous sollicitera, on vous invitera, mais vous ne pourrez chasser vos doutes. Il faudra attendre quelques mois pour que tout s'éclaircisse. L'amour guidera alors vos pas sans que la logique interfère et vous vivrez des moments de bonheur intense.

HAMEÇON. Détachement complet des préoccupations matérielles; alors que vous êtes saisi par des émotions fortes, vous avez des angoisses, de vagues appréhensions sur des questions pourtant anodines.

HARCELER. Être harcelé. Vous ressentez le besoin d'être entouré de vos proches. Sur le plan sentimental, vous avez du mal à extérioriser vos sentiments et à vous montrer démonstratif en société mais, dans la chaleur de l'alcôve, vous ne manquerez pas d'ardeur. D'ici quelques semaines, l'amour viendra solliciter le cœur des célibataires et les couples se sentiront très unis et très complices. Vous aurez envie de plaire, vous laisserez donc vos derniers complexes au vestiaire. Votre séduction est au zénith mais jamais tapageuse.

Voir quelqu'un d'autre être harcelé. Vous vous sentez désiré, aimé, adulé. Sachez en profiter. Célibataire ou non, préparez-vous à être courtisé. Vous aurez envie de vous retrouver en famille et de vous sentir entouré, mais vous vous poserez des questions sur vos sentiments et votre avenir.

HAREM. Vous êtes dissipé, fébrile et franchement énervant pour votre entourage. Vous êtes semblable à un papier buvard; vous êtes facilement imprégné des sentiments vécus par les autres. Vous arriverez à vous retirer, à vous isoler pour prendre des décisions.

HARICOT. La vie sécurisante que vous menez vous plaît, mais vous éprouvez le désir d'autre chose, d'un décor nouveau, d'ailleurs très imprécis. Vous en rêvez, mais refusez une réelle prise de position à cause des responsabilités qui ne vous attirent pas.

HARMONICA. Vous aurez le vent dans les voiles. Voilà une future période de votre vie faite de progrès professionnels et de revenus réjouissants. Vous fendrez les flots avec l'assurance d'un navire amiral ayant atteint sa vitesse de croisière. Ça va bouger. Les prochains mois, des occasions fortuites vont aiguillonner vos objectifs. Vous nouerez des liens avec des personnes qui comptent et vous décrocherez des gains significatifs.

HARPE. Vous avez le feu vert pour créer, investir, relever de nouveaux défis ou, pourquoi pas, partir à l'aventure ! Et si certains imprévus viennent perturber votre assurance, vous saurez tirer avantage de la situation et faire tourner les choses en votre faveur. D'ici quelques mois, certaines complications pourraient menacer votre stabilité professionnelle si chèrement acquise. En cette période d'incertitude financière, votre dualité légendaire pourrait vous donner envie de dévaliser les boutiques.

HÉLICE. Vos sentiments amoureux seront exaltés au point où il vous semblera que ceux-ci sont omniprésents dans toutes vos activités. Renoncez à une dépense inutile, suggérée par une publicité à la télévision, car votre compte en banque vous donne quelques soucis. Une activité sportive délassante vous aidera à retrouver l'équilibre de votre forme.

HÉLICOPTÈRE. Déjà sur votre lancée ce mois-ci, vous aurez très vite envie de passer à la cinquième vitesse et de donner à votre carrière une direction inédite. De l'action, il y en aura. Vous pourriez même changer de lieu de travail sur un coup de tête. Vous savez faire fructifier votre capital, et la récolte s'annonce abondante. Des gains bien mérités, que vous devrez essentiellement à votre travail, car rien ne vous tombera du ciel.

HERBE. Au travail, on apprécie votre sens de l'organisation. Un collègue se mesure à vous. Les données sont changées, le résultat aussi. Vos performances sont impressionnantes… et remarquées ! Comme vous ne pouvez vous fier à la chance, vous devez mettre les bouchées doubles. Vous avez tout à gagner.

HÉRITAGE. La folie furieuse des derniers mois prend fin et un rythme mesuré et régulier s'installe. Votre efficacité, votre logique et votre sang-froid sont mis à contribution pour dénouer une situation un peu compliquée. Vous en récoltez de nombreux éloges et beaucoup de satisfaction personnelle. Un collègue de travail sollicite votre aide pour résoudre un problème…

HEUREUX. Vous serez en pleine forme et vous réchaufferez le cœur des gens qui vous entourent. Dans vos rapports avec les autres, vous ferez quelques accommodements de bon cœur. En matière d'argent, votre générosité sera appréciée.

HIBOU. Vous souhaiterez mener une vie plus intéressante. Attiré par la nouveauté, le changement, vous ne faites aucun effort pour satisfaire ce désir légitime. Vous préférez vous plonger dans la réflexion, en approfondissant la situation et en refusant de vous confier ou de voir au-delà de votre univers immédiat.

HIRONDELLE. La liberté et la quête du spirituel symbolisent la connaissance de l'inconscient, base de la sagesse. Les crises d'angoisse s'estompent, puis disparaissent enfin. Votre subconscient est moins tourmenté maintenant que vous avez trouvé la cause de ce malaise. Les réponses n'ont pas encore été toutes trouvées mais vous posez les bonnes questions, c'est un excellent début. Vous progressez dans votre cheminement spirituel et la prière est pour vous une source de réconfort et de sérénité.

HIVER. Le voir. Vous luttez entre le désir de participer davantage à la vie de ceux qui vous entourent, de vous intégrer totalement au milieu et celui de conserver une liberté et une indépendance qui vous sont chères. Vous vous montrez sociable quand vous avez besoin des autres et vous vous isolez quand cela vous convient, vous fermant à toute communication.

    Voir un hiver doux. Votre entourage vous refuse l'estime et la considération qui vous sont dues. Envahi par le doute, vous vous demandez s'il faut persévérer dans des efforts d'affirmation qui ne sont pas appréciés à leur réelle valeur.

HOCKEY. Les prochains mois seront sans éclat et sans réelle catastrophe. Vous suivrez votre petit bonhomme de chemin. Plus spectateur qu'acteur, vous laisserez les autres agir à leur guise, sans les troubler. Mais vous ferez ce qu'il faut pour qu'ils n'empiètent pas sur votre vie. L'amour et l'équilibre familial revêtiront un sens sacré. Vos activités professionnelles ne prendront jamais le pas sur ces instants de bonheur que vous partagez avec vos proches en leur consacrant le plus de temps possible.

HOMARD. En manger. Dans votre famille, l'ambiance est sereine mais animée. Vous vous rapprochez de vos intimes. Des projets en famille et un séjour à l'extérieur vous permettront de vivre de beaux moments. Vous êtes conciliant de nature, mais ce n'est pas une excuse pour tout accepter.

En pêcher. Il vous arrive de garder une certaine rancune contre une personne qui n'a pas voulu vous blesser, mais à qui vous n'avez pas permis de s'expliquer. Tout à coup, vous vous rendez compte que vous avez coupé un pont important et que vous avez maintenant besoin d'elle.

HOMME. En voir un âgé. Votre humeur est changeante, car elle est directement liée aux émotions que vous vivez. Tenez-vous loin des gens malades car vous êtes particulièrement sensible aux virus en ce moment. Vous courez un peu trop dans tous les sens et cela vous fatigue terriblement. Gardez vos forces pour l'essentiel.

En voir un beau. Vous n'arrivez pas à garder les pieds sur terre, à juger froidement les situations, à rester attentif. Vous êtes très bien sur votre petit nuage et vous n'avez aucune envie d'en descendre! Vous faites quelques excès, mais loin de vous nuire, ils vous font un bien fou! Des migraines peuvent être au rendez-vous mais disparaîtront rapidement. Votre sommeil est plus réparateur que jamais.

En voir un inconnu. Votre colonne vertébrale est fragile en ce moment. Ne restez pas inactif, mais tenez-vous loin des activités trop exigeantes physiquement. Vous ressentirez une certaine fatigue générale d'ici une semaine ou deux. Vos meilleurs atouts sont votre grande volonté et votre force mentale. Vous avez les nerfs solides et rien ne peut vous jeter par terre! Continuer de sourire, la vie est belle!

En voir un laid. Vous avez les nerfs à fleur de peau! La fatigue et l'énervement vous mènent par le bout du nez. Vous voulez trop en faire! Une personne de votre entourage trouve les mots justes pour vous freiner dans votre éparpillement d'énergie. Votre organisme a des manques flagrants, écoutez-le! Vous possédez une bonne endurance mais trop, c'est trop.

En voir un gros. Certains démons du passé s'enfuient, et d'autres refont surface. Vous avez tout le temps voulu pour les exorciser. Ils ne doivent pas vous écraser, mais vous devez vous en débarrasser. Un problème à la fois et tout ira bien. Votre esprit vagabonde entre des chimères, certaines utopies et la réalité. Vous voguez lentement dans un autre monde. Vous trouvez votre compte dans cet état d'être.

En voir un nu. Certains mots vous font mal. Vous refaites le chemin à l'envers pour découvrir la faille. Les régimes draconiens sont dangereux pour votre santé. Adoptez plutôt un régime équilibré qui comprend tous les groupes alimentaires. Vous vous examinez bien sévèrement, et de bien trop proche! Vous devez absolument parvenir à vous aimer comme vous êtes, tout simplement.

HONORER. L'être soi-même. Vous pourriez avoir quelques sautes d'humeur aujourd'hui. Certaines personnes de votre entourage vous mettront peut-être en colère. Tâchez de garder votre calme. Perdre le contrôle ne vous apporterait rien de bon. Prenez une certaine distance face aux événements.

Quelqu'un d'autre. Une personne que vous fréquentez depuis quelque temps pourrait vous surprendre. Des rapprochements sont probables. Ne vous sentez pas coupable, si tout n'est pas clair en vous-même, la vie est ainsi faite. À la maison, vous serez actif et vous pourriez effectuer quelques améliorations.

HÔPITAL. S'y rendre en tant que patient. Indépendant, vous allez tracer seul votre chemin, refusant de prendre en compte l'avis de vos proches. Attention, votre parcours sera aussi semé d'embûches dans le travail notamment. Malgré vos plans minutieux et votre grande discipline, vous devrez apprendre à composer avec les autres. Vous ne serez pas toujours diplomate, des rapports de force pourront naître fréquemment. Essayez un peu de comprendre que la vie évolue avant tout grâce aux relations que l'on tisse, et tout ira bien.

S'y rendre en tant que visiteur. En amour, vous serez maladroit. Entre vos actes et vos paroles, il y aura un décalage. Peu expansif, vous adresserez vos messages d'amour en proposant un voyage, en offrant une surprise. Le faire c'est bien, mais le dire… c'est bien également! Quant à votre santé, prenez garde: vos jambes seront fragiles, les chevilles tout particulièrement.

HOQUET. Avoir le hoquet. Vous saisirez une chance qui vous sera offerte sur un plateau d'argent. Par ailleurs, si vous avez l'occasion de passer du temps en compagnie d'amis, ça vous fera un bien énorme. Prenez le temps d'apprécier les douceurs de la vie.

HORLOGE. Vous flottez dans un espace et un temps en dehors de tout ce que vous avez vécu jusqu'ici. Vous profitez pleinement de tous les plaisirs et de toutes les douceurs que la vie vous offre. Vous croquez à belles dents dans le positivisme et l'optimisme. Vous vous rapprochez d'amis à la suite d'un conflit. Vous semez le bonheur et les rires sur votre chemin. On vous suit avec un grand plaisir dans vos aventures.

Arrêtée. Vous luttez entre, d'une part, le désir de participer davantage à la vie de ceux qui vous entourent, de vous intégrer totalement au milieu et, d'autre part, celui de conserver une liberté et une indépendance qui vous sont chères. Vous vous montrez sociable quand vous avez besoin des autres et vous vous isolez quand cela vous convient, vous fermant à toute communication.

HÔTEL. En voir un bel. Vous vous retirerez momentanément de votre cercle social. Vous aurez des choses à vivre seul. Vous refuserez plusieurs invitations par manque de motivation et d'entrain. Vous jouerez l'intermédiaire dans une affaire de cœur qui ne vous concerne qu'indirectement. Vous qui aimez l'action, vous vivrez au ralenti. Vous ne refuserez pas l'aide que l'on vous demandera.

En voir un décrépit. Une personne éveillera en vous une grande passion! Vous serez sous le charme, complètement hypnotisé et prêt à toutes les folies. Vous serez si bien à ses côtés! Vous délaisserez un peu vos amis, mais ils comprendront et seront heureux pour vous. Par contre, une demande ne pourra souffrir d'une attente prolongée. Une blessure de cœur se cicatrisera lentement et vous fera de moins en moins souffrir.

HUILEUX. Beaucoup d'hésitation dans votre vie sentimentale. Votre cœur balance et vous ne savez plus sur quel pied danser! Vous avez peur de l'engagement mais, en même temps, vous désirez la stabilité et la continuité. Vous avancez, vous reculez, vous voulez, puis vous ne voulez plus. Vous n'êtes pas facile à comprendre et on se pose beaucoup de questions sur votre comportement...

HUÎTRE. En manger. Dans votre famille, l'ambiance est sereine mais animée. Vous vous rapprochez de vos intimes. Des projets en famille et un séjour à l'extérieur vous permettront de vivre de beaux moments. Vous êtes conciliant de nature, mais ce n'est pas une excuse pour tout accepter.

En pêcher. Il vous arrive de garder une certaine rancune contre une personne qui n'a pas voulu vous blesser, mais à qui vous n'avez pas permis de s'expliquer. Tout à coup, vous vous rendez compte que vous avez coupé un pont important et que vous avez maintenant besoin d'elle.

HURLEMENT. Essayer de hurler. Vous manquez de confiance en vous. On a l'impression que vous êtes bien intégré à votre milieu, mais votre vie sociale n'est que superficielle. Au fond, vous demeurez distant et indifférent, peu désireux de vous attacher à quelqu'un.

Fort. Problèmes insolubles, besoin urgent d'aide; votre entourage ou peut-être les gens qui le composent sont pour vous une cause de mécontentement. Mais vous vous sentez épuisé mentalement et privé de courage ou de force pour affronter l'inconnu.

Entendre hurler une personne inconnue. Vous serez actif physiquement. Votre énergie vous permettrait de commencer une nouvelle activité. En amour, vous serez moins présent que vous en avez l'habitude. Vos ambitions prendront beaucoup de place.

HYPNOSER. Être hypnotisé. Vous vous donnerez corps et âme à votre métier. Attention, il risquera de finir par vous dominer. Appâté par le gain, vous tomberez dans le jeu de la course à l'argent. Vous serez mis à l'épreuve. Vous ferez de gros bénéfices, mais les dépenses seront importantes.

Voir quelqu'un d'autre l'être. Votre inspiration s'intensifiera au contact de votre partenaire. Dans son regard, vous trouverez des idées pour rendre la vie plus belle. Vous aimerez lui faire plaisir, lui répéter qu'il restera unique, sans démonstration affectueuse trop possessive. Cela permettra à votre union de se prolonger.

ICEBERG. Doutant de vos capacités de réalisation, vous êtes tiraillé entre le désir d'abandonner votre situation actuelle et la crainte de manquer de persévérance pour recommencer dans un autre domaine.

IGLOO. Vous serez volubile et à l'aise en compagnie de ceux qui, comme vous, auront le cœur à dialoguer. Vous serez bien compris si vous prenez le temps d'exprimer vos idées. Pour ce qui est de vos loisirs, il est temps de vous gâter. Côté sentiments, vous n'aimerez que les gens simples.

ÎLE. Elle symbolise l'idéal, les aspirations, les désirs inaccessibles. Elle représente le centre de notre personnalité. Vous prenez plaisir à la présence et à l'attention de vos proches tout en souhaitant vous éloigner d'eux parce que vous estimez qu'ils se sont montrés injustes à votre égard. Frustré, blessé, vous faites cependant de timides tentatives de rapprochement qui s'avèrent peu efficaces parce que maladroites.

ILLUMINER. Vous avez une rapidité d'exécution exceptionnelle. Vous vous surprendrez vous-même. Des personnes tenteront de s'imposer dans une affaire personnelle. Avec diplomatie, vous leur ferez connaître leurs limites et elles s'écarteront sans se sentir blessées.

IMITER. Vos sentiments sont mitigés, faites le ménage! Il y a tellement d'occasions de sortir de chez vous ; regardez plus loin que votre salon.

Même si la solitude ne vous fait pas peur, elle n'apporte pas le contact humain dont vous avez besoin. Votre mauvaise foi vous éloigne de personnes chères. On trouvera les mots qu'il faut pour vous réconforter.

IMPATIENCE. L'être soi-même. Vous refusez de vous livrer entièrement, laissant les autres avec leurs interrogations. Vous êtes porté à fermer les yeux sur vos problèmes. On craint un peu de vous approcher ; souriez et regardez les autres dans les yeux ! À garder ainsi toutes vos émotions à l'intérieur, vous risquez que le couvercle saute. Vous devez accorder plus de temps aux vôtres.

Voir quelqu'un d'autre l'être. Vous provoquez des choses qui laissent l'autre perplexe. On vous observera à la dérobée. Vous savez voir ce qui se cache sous les apparences. Laissez les coups de tête de côté. Vous maîtrisez bien vos émotions, mais vous avez intérêt à les partager davantage. Allez à l'essentiel, sans vous perdre dans les labyrinthes des artifices. Faites preuve de tact et de diplomatie en toute circonstance.

IMPLORER. Un vent d'énergie souffle dans votre vie. Vous vous sentez renaître enfin ! Mais attention, l'existence est rarement toute rose ou toute noire. Ne vous laissez pas tromper par l'ivresse que vous procure votre bien-être. Au contraire, c'est le temps d'établir votre plan de campagne. Que souhaitez-vous réellement changer dans votre vie ?

IMPÔT. Vous bouillonnez à l'intérieur, vous devez mieux canaliser vos énergies et votre discipline doit être plus stricte. Ne faites aucun compromis sur votre santé. Les événements doivent rester dans leur proportion, ne dramatisez pas. Vous savez aller chercher les ondes constructives ; concentrez-vous sur celles-ci. Le rythme vous ressemble.

IMPRUDENCE. Le travail ne doit pas être le centre de toute votre vie ! Associez-vous à des gens de confiance, compétents dans leur branche, pour vous guider. Privilégiez les investissements à court et à moyen termes. Vous devez expérimenter vous-même les avenues, et pas juste vous fier à l'opinion des autres. Soyez positif et optimiste, même devant l'obstacle.

IMPUISSANCE. Sexuelle. En amour, vous fuyez les promesses, les engagements à long terme, les « toujours » et les déclarations enflammées. Vous avez besoin d'être seul pour repenser vos envies, vos désirs, vos besoins et vos attentes. Une réunion vous fera voir une nouvelle facette des vôtres. Vous explorerez des sentiers renfermant des surprises. Mettez de l'eau dans votre vin…

INCENDIE. À court terme, l'entente régnera dans votre vie de couple. Indulgent, tolérant vis-à-vis de votre conjoint, vous veillerez à privilégier le bien-être dans votre vie quotidienne. Mais attention à moyen terme, vous serez fortement influencé par votre entourage. Et la routine, les contraintes de la vie à deux vous paraîtront de plus en plus dures à supporter. Célibataire, vous profiterez pleinement de votre liberté à court terme. Puis, au fil des mois, les brèves aventures vous laisseront de plus en plus insatisfait. Patience! Un plus tard, vous devriez faire une rencontre décisive.

En voir un grand. Plus tonique et enthousiaste que jamais, vous communiquerez votre énergie, votre optimisme à votre conjoint. S'il a des soucis professionnels, vous saurez le soutenir et lui remonter le moral. Et puis, vous vous sentirez bien ensemble et votre bonheur fera plaisir à voir. Pour ceux qui souhaiteraient avoir un enfant, ce sera la période idéale! Célibataire, vous aurez l'occasion de vivre de jolies aventures dans peu de temps. Mais c'est dans quelques mois que vous aurez le plus de chance de trouver le grand amour.

En éteindre un. Vous qui avez plutôt tendance à privilégier le changement et la nouveauté, vous serez tout disposé à fournir les efforts nécessaires pour renforcer vos liens avec votre partenaire. Un choix que vous ne regretterez pas, bien au contraire. Vous pourrez même savourer les joies d'un bonheur paisible, serein, à l'abri des mauvaises surprises. Célibataire, vous n'aurez guère envie de vous fixer, préférant profiter de votre liberté. Pourtant, dans quelques mois, une amourette a de grandes chances de se transformer en une relation durable.

INCONNU. Il représente l'inconscient, tout ce qui est refoulé et qui tente constamment de refluer vers le conscient. Au travail, vous devez réagir, prendre des décisions, faire des choix, sinon rien ne bougera! Ne refusez pas l'aide que l'on vous offrira. Aucun achat important ne doit être fait sur un coup de cœur. Ayez confiance en votre bonne étoile. Vous faites des efforts notables pour vous hisser plus haut. Vous apprenez beaucoup d'un concours de circonstance. Pensez grand, regardez large et loin.

INDÉCENCE. Vous misez davantage sur la qualité des amitiés que sur la qualité. Vous trouvez les encouragements et l'appui que vous cherchez. Vous êtes perplexe devant une expérience. Vous ne supportez pas les indécisions de la part de votre entourage. Vous prendrez le taureau par les cornes! Les câlins et les bisous sont au rendez-vous!

INDIGESTION. Vous êtes très dépendant d'une liaison, d'une relation sexuelle qui vous procure un sentiment d'appartenance et de sécurité. Mais vous vous rendez compte qu'elle ne vous satisfait plus. Oscillant entre des sentiments d'amour et de haine, vous souffrez beaucoup de cette dualité.

INFIDÉLITÉ. En commettre une. Vous exprimez clairement vos attentes et vos désirs. Vous vous sentez libéré d'un poids. Votre santé est bonne, malgré de petits malaises à gauche et à droite. Vous profitez d'influences positives dans votre entourage. Ne reprochez à personne vos états d'âme obscurs, vous êtes seul responsable.

En être victime. Des conflits assombrissent votre ciel bleu. Vous faites des pieds et des mains pour trouver des solutions et cela vous laisse épuisé, déçu, et une faiblesse générale s'emparera de vous. Laissez le temps faire son œuvre et tout s'arrangera pour le mieux. Mais, en ce moment, vous n'êtes pas fait pour des conflits et vous connaîtrez des instants de grande joie.

INFIRME. L'être soi-même. Vous êtes un peu serré dans vos finances, mais vous arrivez à garder la tête hors de l'eau. Vous sortirez des sentiers battus, et vous enrichirez ainsi de nouvelles expériences. Faites tout de même attention de ne pas vous perdre ! Un dilemme se présentera ; prenez le temps de bien réfléchir avant d'effectuer un choix définitif.

En voir un. Au travail, vous réussirez un vrai tour de force, ce qui vous vaudra l'admiration de vos collègues. Vous aurez de la difficulté à pardonner le retrait de quelqu'un en qui vous avez une grande confiance. Vous redresserez les épaules et avancerez malgré les forts vents, surtout dans quelques semaines. Vous avez l'esprit clair et lucide, prêt à entreprendre une action majeure.

INFIRMIÈRE. Encore attaché à un environnement ou à une personne dont la présence vous rassurait, il vous impose maintenant des limitations. Vous vous sentez prêt à affronter une séparation, malgré quelques hésitations, afin de mener une vie plus ouverte et spontanée.

INFLAMMATION. Un sens du devoir au service de votre liberté. Vous serez exigeant avec vous-même, soucieux de mettre vos plans personnels à exécution. Vous aurez besoin des autres pour activer leur réalisation, mais vous ne démordrez jamais lorsqu'ils essaieront de vous convaincre de ralentir un peu.

INGURGITER. Vous serez tenté d'entreprendre de nouveaux apprentissages. En amour, vous aurez envie de plaire à une personne que vous côtoyez depuis peu. N'hésitez pas à être clair. Si vous avez un conjoint, réfléchissez avant d'agir.

INONDATION. Elle indique un besoin de se régénérer, d'oublier le passé, de dénoncer le danger présenté par un sentiment devenu trop envahissant. Au travail, vous avez beaucoup de pression. Les responsabilités s'accumulent et vous devrez prendre de nouvelles dispositions. Les idées ne manqueront pas, mais le temps filera rapidement. Vous devrez mettre les bouchées doubles pour arriver à respecter les échéances. La course sera temporaire, ne vous découragez pas.

INQUIÉTUDE. Vous attirerez les marques d'estime et de sympathie. Les amis de vos amis deviendront vos amis. Vous aimerez la fête, recevoir ou sortir entre copains. Rester trop longtemps enfermé vous étouffera. Pour éviter de broyer du noir, vous aurez toujours une visite à faire, un voyage à accomplir. L'aspect multicolore de votre personnalité inspirera votre entourage. Ils vous entendront chanter, rire, cuisiner, et ne s'ennuieront jamais à vous observer! Conseiller subtil, vous dégagerez toujours une idée essentielle d'un problème. Un couple sera en difficulté? Vous mettrez le doigt sur le nœud du problème et leur apprendrez à le défaire.

INSECTES. Volants. Vous trouvez auprès de votre famille le réconfort et l'encouragement qu'il vous faut. L'amour est comparable à un jardin, et si vous laissez les mauvaises herbes l'envahir, il mourra… Vos silences sont souvent mal interprétés. Une rencontre vous procure une grande satisfaction, vous fait vivre toute une gamme d'émotions et vous réconcilie avec la société.

    Rampants. Vous émergez de votre cocon! Des liens se créent, des amitiés se nouent, et l'amour entrera dans votre vie par la grande porte. Vous avez soif de tendresse et de bonne compagnie. Les invitations et les agréables soirées se multiplieront, pour votre plus grande joie. Les rapprochements seront nombreux, et l'amorce d'une réconciliation met votre cœur en fête.

INSUCCÈS. Le brouillard se dissipe, et vous voyez de plus en plus clair, en vous comme sur la route devant vous. Vous savez que vous devez apporter des modifications à votre vie actuelle, mais la peur et l'angoisse vous tenaillent devant ces changements. Votre énergie circulera mieux quand vous déciderez d'extérioriser vos sentiments et vos émotions.

INSULTER. Quelqu'un d'autre. Les circonstances vous obligent à faire face à la réalité et surtout à accepter les autres tels qu'ils sont au lieu de leur imposer votre point de vue. Vous vous faites une raison tout en regrettant l'abandon de votre fierté.

    Être insulté. Vous vous interrogez sur le sens profond de la vie, et sur l'orientation que vous désirez voir prendre la vôtre. Vous connaissez de sombres passages à vide et l'aide d'un professionnel peut être nécessaire si cet état persiste. Il est temps de faire un grand ménage dans votre grenier aux souvenirs, de vous libérer des entraves et de repenser votre échelle de valeurs.

INTESTIN. Vous vous trouverez dans une situation étonnante. Vous saurez vous adapter rapidement et tout ira pour le mieux. En matière d'argent, vous aurez une petite surprise. Dans votre vie sentimentale, vous ferez une rencontre qui vous fera plaisir.

INTRIGUE. On se plaint à vous. Quelquefois, mais plus rarement, c'est l'inverse, c'est vous qui vous plaignez. Il n'est pas bon de rester sur des impressions négatives, N'oubliez jamais que tout est en partie projection. Ce que vous voyez en autrui devient réalité, et à un tel point que la partie destructrice se retourne contre vous.

INUIT. Restez calme et prenez du repos si possible. Préparez-vous des repas spéciaux qui occuperont votre esprit et vos mains. Essayez de faire abstraction des remarques de votre entourage qui ne chercheront qu'à vous provoquer.

INVALIDE. Vous êtes dans l'obligation d'accepter un compromis entre vos exigences personnelles et celles de vos proches. Votre comportement est contradictoire ; pour échapper à la tension interne, vous multipliez les contacts. Vite déçu, vous fluctuez d'une idée à l'autre, sans assumer un choix définitif.

INVENTER. Quelque chose. Désordre sentimental avec l'arrivée d'un nouvel amour, forte baisse des sentiments envers le partenaire actuel. Vous avancez d'un pas, puis reculez de deux ! Vous voulez trouver la stabilité amoureuse, mais vous hésitez à renoncer à votre liberté ou à vos avoirs actuels. Vous êtes heureux dans votre bulle et pourtant vous sentez qu'il vous manque quelque chose. On vous offre de la fantaisie, du piquant et un brin de folie ; n'hésitez pas et sautez sur l'occasion.

Un mensonge. Soyez attentif aux mouvements ; une porte s'ouvrira et vous devrez être rapide pour y pénétrer. Vous tisserez sans bruit un travail minutieux et de longue haleine qui finira par être reconnu. Vos finances ne vous permettent aucune folie, soyez raisonnable. Ne vous cachez pas la tête dans le sable ; faites face de votre mieux.

INVISIBILITÉ. Dans l'obligation de renoncer à certaines activités physiques qui vous apportaient joie et plaisir, vous êtes anxieux et désarmé. Vous voudriez faire preuve d'indépendance, mais vous craignez les conséquences d'une action trop audacieuse.

INVITATION. En recevoir une. Curieux et actif, vous pourriez amorcer des activités enrichissantes dès le début de la prochaine année. Vos contacts avec votre entourage seront agréables. Vous aurez de la jasette et une simplicité tout amicale. Une escapade hors de votre cadre de vie habituel vous ferait du bien.

IRRITER. Il serait peut-être nécessaire que vous fassiez un petit tour d'horizon de votre situation. En amour, votre attitude sera loyale, mais vous pourriez manquer de chaleur. Restez simple. Vous aurez de la chance avec les questions d'argent.

ISOLEMENT. Il serait bon de prendre le temps de recentrer vos objectifs. Sans vous donner la certitude d'atteindre votre but, cela vous permettra de voir si vous êtes sur la bonne voie. Pour ce qui est de vos relations avec les autres, elles seront bonnes.

IVRESSE. Être ivre soi-même. La vie de l'esprit vous est essentielle car vous êtes un philosophe dans l'âme. Vous souffrez de devoir accepter une situation inférieure à celle que vous méritez. Vous êtes profondément atteint dans le sentiment de votre dignité personnelle.

Voir quelqu'un d'autre ivre. Le stress n'attend qu'une occasion pour vous faire chuter. Ne lui laissez aucune chance de s'immiscer dans votre organisme. Vos périodes de repos sont très importantes en ce moment. Ne faites pas tout en même temps et prévoyez un horaire raisonnable et réaliste. La fatigue vous rend marabout, évitez-la à tout prix.

JACASSER. Avec les autres. Les questions d'argent sont au programme. Vous attirerez les heureux hasards. Il serait tout de même bon de consulter une personne qui pourrait vous prévenir de certains obstacles. En amour, vous serez ouvert.

> **Entendre les autres jacasser.** Plutôt secret et retiré, vous ne serez pas malheureux de passer un moment seul. Par ailleurs, en compagnie de vos intimes, vous pourriez partager de bons moments car vous aurez de la tendresse à donner.

JALOUSIE. Être soi-même jaloux. Côté amour, vous dormez sur vos lauriers! Vous êtes moins présent, moins prévenant, moins pressant. Certains de vos proches sont des voleurs d'énergie, éloignez-vous d'eux. Vous êtes mêlé, bien malgré vous, à une histoire abracadabrante. On vous demandera votre avis, soyez juste et sincère, sans être tranchant! Une rencontre renversante pour vous dans peu de temps.

> **Voir quelqu'un d'autre être jaloux.** Vous ne pouvez souffrir d'être relégué au second plan. Vous n'êtes pas responsable des actes de vos amis. Ne vous en mettez pas autant sur les épaules! On vous sait serviable et généreux, mais il y a de l'abus dans votre entourage. Quelques belles surprises, mais aussi quelques déceptions. Vous avez l'impression

d'être dans un ascenseur qui monte et descend sans jamais s'arrêter. À vous d'appuyer sur le bouton « arrêt ».

JAMBE. La compagnie de personnes enthousiastes vous stimulerait. Toutes les communications se feront au mieux. Vous sympathiserez aisément avec les gens. Un frère ou une sœur pourrait vous rendre un fier service.

    Cul-de-jatte. Vous aurez l'impression que l'on fait exprès pour vous contrarier. Vous pourriez avoir des sautes d'humeur sans que vous soyez capable de vous expliquer. De vieux souvenirs refont surface en votre âme. Ne les laissez pas vous absorber : regardez-les en face.

JAMBON. La rencontre d'une personne que vous connaissez depuis longtemps vous replongera dans le passé. Dans vos activités, vous manifesterez aisément vos capacités. En amour, vous serez imaginatif et de bonne humeur.

JAPPER. Voir des chiens japper. Vos collègues vont vous parler entre quatre yeux. Certains iront même jusqu'à discuter de votre incompétence, d'autres de votre crédulité… Ils ne seront pas tendres avec vous. Tant mieux ! Plus ils bavarderont, plus vous suivrez votre bonhomme de chemin. Lorsqu'ils se rendront compte de votre évolution, il sera trop tard et vous serez déjà bien loin. Votre sourire sera le pire des mépris. Ils ne le verront pas, bien trop occupés à vous dénigrer.

JARDIN. Vous aurez l'esprit de synthèse. Vous trouverez de la satisfaction dans les activités quotidiennes et vous serez plus à l'aise dans votre environnement familier. En amour, vous serez heureux de l'affection que l'on vous porte.

    Potager. Votre charme agit en permanence ! Vous arrivez à faire sourire même les plus récalcitrants ! On recherche votre compagnie, on vous invite, on vous suit, on vous écoute. Une rencontre, bien qu'intéressante, ne se fera pas sans remous. On voudrait bien vous ressembler, alors on quête vos conseils et va même jusqu'à copier certains de vos gestes ou expressions. Un étranger viendra brouiller les cartes.

JARDINER. Vous vous livrez à une personne de confiance, et celle-ci vous fait voir les choses sous un nouvel angle. Vous n'avez pas très envie de sortir, alors vous privilégiez les soirées entre amis dans l'intimité de votre demeure. Vous êtes entouré de gens qui vous aiment et pourtant, vous avez de la difficulté à vous sentir à votre place. Vous avez besoin constamment d'être rassuré.

JAUNE. Pâle. Le moral est bon malgré une fatigue physique. Un sursaut d'énergie viendra vous surprendre dans quelques semaines. Côté santé, vous prendrez de bonnes résolutions ; il faudra les tenir. Ne laissez personne s'immiscer dans vos vieilles blessures ni brasser des émotions que vous n'êtes pas prêt à recevoir. Faites attention aux refroidissements.

Foncé. Un vent de soleil, de lumière et d'espoir souffle dans votre vie. Vous ne pouvez supporter une injustice dans votre entourage, et vous prendrez le temps d'en discuter avec le principal intéressé. Vous prendrez une chose à la fois et rien n'arrivera à vous bouleverser profondément. Vous changerez lentement votre perception des choses et des gens. Les messages que vous envoyez, et que vous recevez, sont différents.

JETER. Ne tentez pas de provoquer les événements. Freinez votre impulsivité et votre impatience. Tout vient à point à qui sait attendre ! Pas de place pour le laisser-aller : le moindre détail est important, tout doit être fait dans les règles. Comme vous servez de modèles, vous devez donner l'exemple… et le bon ! De toute façon, vous ne laissez rien passer, et c'est tout à votre avantage.

JEUX. De société. Vous aurez l'esprit pratique et viendrez à bout de travaux ennuyants. Vous serez bon second aujourd'hui. Du côté de vos relations intimes, prenez des gants blancs si vous avez des remarques à faire.

Physiques. Vous aurez une certaine autorité sur les autres. Du charisme. Par ailleurs, vous serez attiré par ce qui est faste et toute petitesse vous ennuiera. En amour, si vous vous sentez coincé, prenez votre envol et laissez faire les qu'en-dira-t-on.

JOAILLERIE. Recevoir des bijoux. Cela éloigne la peur, favorise la chasteté, subjugue les fantômes et les terreurs nocturnes. Vous trouvez un dérivatif à la mélancolie dans une activité absorbante et soutenue vous permettant de dominer autrui. Mais vous vous imposez des contraintes et des limitations qui engendrent une forte tension nerveuse et la passion ardente que vous maîtrisez risque d'exploser brutalement.

Offrir des bijoux. Vos collaborateurs vous épauleront et nourriront de grandes ambitions grâce à vous. Vous les aiderez à ne pas regarder en arrière. Ils lutteront courageusement pour atteindre les objectifs que vous aurez fixés ensemble. Vous rangerez votre individualisme au vestiaire, conscient qu'on ne peut réussir sans le concours des autres. Ils loueront votre capacité à allier humour et discipline et vous inviteront souvent hors du cadre professionnel.

Porter un ou des bijoux. Journée d'enthousiasme. Canalisez vos énergies et ne vous laissez pas entraîner dans une direction qui ne vous mènerait nulle part. Vous serez trop sociable pour être parfaitement à l'aise dans l'intimité ; voyez du monde.

JONC. Vous comprendrez que certaines difficultés sont choses du passé. Si vous vous sentez coincé, ne rendez pas les armes maintenant car le vent tourne en votre faveur. C'est avec vos amis que vous aurez le plus de plaisir aujourd'hui.

JONGLEUR. Vous faites face à des circonstances pénibles qui vous privent de satisfactions naturelles que vous jugiez indispensables. Vous vous efforcez de surmonter votre révolte et d'accepter les faits.

JOUET. Vous êtes du genre à masquer votre douleur et à refuser d'écouter les messages de votre corps qui vous en lancera souvent. Dans les jambes d'abord, d'ici quelques semaines. Puis, entre une mauvaise position assise et les piétinements, vous souffrirez depuis les chevilles jusqu'à la racine du dos. Seuls des exercices physiques et la marche vous maintiendront en forme.

JOUIR. La peur du conflit vous fragilisera. Lorsque vous subirez une agressivité, vous intérioriserez vos émotions. L'expression « cela m'a rendu malade » sera à considérer au sens propre. Votre corps ne saura pas accuser les coups. Tension, migraines et soucis intestinaux seront liés à ces inhibitions. La culpabilité vous poussera à vous punir de n'avoir pas réagi. Vous devrez réfréner un penchant pour les sucreries et les gourmandises. Consommez le chocolat avec modération pour éviter des indigestions qui risquent de vous fatiguer.

JOURNAL. Le lire. L'influence de la famille se fera sentir. On réclamera votre présence alors que vous préféreriez avoir moins de contacts et un peu de tranquillité. Les activités routinières vous conviendront. En amour, ce sera calme.

JUGE. Un conflit trouve enfin son dénouement ; celui-ci est positif et vous soulage. Vous perdez pied dans vos propres affaires ; reprenez-vous et stabilisez votre position. Il ne faut pas voir les compromis comme des échecs, bien au contraire. On détourne votre attention dans le but de vous ralentir. Vos observations rapportent gros. Votre esprit est vif et vous misez juste.

JUMEAUX. C'est un plaisir pour vous de travailler en ce moment. Vos nombreuses réussites font que même un excès de travail peut vous être salutaire. Évitez cependant les excès d'autorité qui pourraient vous faire perdre d'excellentes collaborations.

JUNGLE. Vous laissez votre trace, à plusieurs endroits, dans la tête de beaucoup de personnes, et de multiples façons! Vous donnez une allure nouvelle à votre travail. Vous demandez à un collègue de cesser de tourner autour du pot et de vous dire clairement son opinion. Votre évolution est lente mais constante. Les sentiers sont nombreux…

JUPE. Vous pouvez être dans tous vos états et vous mettre en colère pour un détail. Ou encore, vous devez supporter les humeurs maussades de votre famille. Cela pourra peut-être créer en vous la sensation d'être assis entre deux chaises. Pour vous en libérer, vous devez affirmer consciemment votre choix et être prêt aux développements qui suivront.

JUS. En boire. Il y a de bonnes chances que vous voyiez pas mal de monde aujourd'hui. Vous aurez envie de passer du temps en compagnie. Vous écouterez avec bon cœur et vous parlerez simplement. Votre fibre humanitaire pourrait être mise à rude épreuve devant certaines inégalités.

    En boire sans soif. Les prochains jours ont de bonnes chances d'être agréables. Vous serez romantique sans être trop passionné. La fréquentation d'amis vous préservera des sautes d'humeur. Votre perspicacité vous permettra d'atteindre un objectif.

JURISTE. Indifférent à tout ce qui n'est pas votre objectif, devenu votre unique raison de vivre, vous espérez y parvenir et retrouver l'estime de votre entourage et le vôtre. Vous êtes trop tendu et n'essayez pas de comprendre le point de vue des autres, leur opposant le mur de votre froideur et de votre indifférence.

JUSTICE. La bonne humeur vous habite en ce moment. Plein de bons souvenirs vous trottent dans la tête et vous font sourire. Votre visage souriant attire les gens heureux et les bons moments se bousculent à votre porte. Un besoin constant de beauté et d'harmonie vous habite. L'envers de la médaille est aussi intéressant et positif que l'endroit.

KARATÉ. Le pratiquer. Votre esprit est embrouillé et vous avez de la difficulté à penser de façon ordonnée. Du repos réglera la question. Vous ne devez pas vous apitoyer sur vos petits ennuis quotidiens. Cessez un peu de parler constamment et écoutez ce que les autres ont à dire. Vous serez surpris de voir à quel point la vision des autres peut vous faire du bien.

KERMESSE. Y prendre part. Vous mettez votre ego en veilleuse. Vous travaillez main dans la main avec vos collègues. Bref, vous réalisez que vous n'avez pas besoin de tyranniser votre entourage pour obtenir de bons résultats. On dirait que l'heure de la sérénité a sonné. Du coup, vous gérez habilement votre carrière. Vous rencontrez des gens influents et êtes dans tous les bons coups. Ménagez votre partenaire. La réussite, oui, mais pas à n'importe quel prix.

KIDNAPPER. Être kidnappé. On vous demande beaucoup, mais on vous le rend bien. Tous vos sens sont en éveil et vous percez à jour les gens, même les plus fermés. Une relation se développe sur des bases solides. Vous n'osez pas poser toutes les questions qui vous chicotent. Vous êtes séduit par le charme et la simplicité d'une personne qui passe sur votre route. Vous avez la possibilité de faire un bout de chemin avec elle, à vous de décider.

Quelqu'un. On vous joue le grand jeu! Les sérénades, les violons et tout le tralala! Profitez-en, laissez-vous faire et ne vous posez pas de questions pour l'instant! Vous portez un soin particulier aux petits détails qui rendent les soirées inoubliables. Vous connaissez des discussions très intéressantes et enrichissantes durant les prochaines semaines. Vous vous renseignez et vous apprenez aussi.

KIOSQUE. Il n'est pas facile de maintenir l'unité et la cohésion au sein de votre entourage. Chacun laisse parler son ego. Chacun veut être important, souvent au détriment du bonheur de tous. Un ego se gonfle à un tel point qu'il réussit à impressionner et à dominer tous les autres. Vous aurez des discussions importantes, mais il faudra faire la part des choses.

KIWI. Vous ressentez comme une contrainte l'attachement trop intense que vous vouez à quelqu'un de votre entourage. Tout en vous soumettant aux lois de l'amour, en vous abandonnant au plaisir d'être choyé, vous aspirez à l'indépendance affective.

KLAXON. En entendre un. Les tâches routinières pourraient vous sembler bien ennuyeuses. Dans vos relations avec les autres, vous établirez un lien de confiance avec une personne que vous connaissez peu. Vous récupérerez quelque chose qui vous est dû.

En actionner un. Même si tout le monde autour de vous aura terminé son travail, il est possible que ce soit différent en ce qui vous concerne. En mettant de l'ordre, vous verrez mieux ce qu'il faudrait terminer. Quelqu'un ne demandera qu'à vous aider.

KYSTE. Votre bonne réputation vous précède et vous ouvre des portes. Vous n'avez vraiment pas envie de prendre des décisions, de prévoir à long terme, bref, vous avez envie de vous amuser et pas de travailler! Ne faites pas d'excès dans vos achats car, bien que vos finances soient saines, elles connaissent encore de l'instabilité dans les mois à venir.

LABORATOIRE. Vous êtes à vous reconstruire une santé physique, mais surtout et avant tout psychologique. Vous avez vécu beaucoup de situations stressantes et émotives au cours des dernières années. En ce moment, vous vivez une période de nouveaux départs, de transition, d'adaptation. Vous éprouvez encore quelques craintes, mais la grande majorité de vos doutes sont derrière vous.

LABOURER. Vous vous livrez à une personne de confiance, et celle-ci vous fait voir les choses sous un nouvel angle. Vous n'avez pas très envie de sortir, alors vous privilégiez les soirées entre amis dans l'intimité de votre demeure. Vous êtes entouré de gens qui vous aiment et pourtant, vous avez de la difficulté à vous sentir à votre place. Vous avez besoin d'être constamment rassuré.

LABYRINTHE. Au travail, vous aimez ce que vous faites, mais vous appréciez ces moments de détente complète. On vous fait une ébauche de proposition. Il y a loin de la coupe aux lèvres, mais vous pensez à sa réalisation possible. Une amélioration financière vous permet de moins craindre l'avenir. Vous ne perdez pas de vue un projet mis de côté.

LAC. Au travail, vous aurez du succès à retardement. Vous avez l'impression que votre situation stagne. C'est vrai que de mauvaises influences planent toujours au-dessus de vous et risquent même de vous pousser hors de vos limites. Allez, un peu de patience, que diable! D'ici quelques semaines, les premiers indices d'une vie plus excitante poindront. Mais c'est dans quelques mois qu'aura lieu le véritable coup de théâtre que vous espérez. Vous changerez de poste, vous retrouverez votre motivation, votre intuition atteindra des sommets, et vous serez à votre mieux, bref, absolument génial! Par contre, quelques difficultés financières feront ombrage à votre bonheur.

LACET. Vous vous sentez davantage en harmonie avec votre environnement. Une blessure du cœur vous fait encore souffrir, mais de moins en moins. Vous meublez votre esprit de choses positives, ce qui a un effet direct sur votre santé physique. Vous sortez grandi et gagnant d'une expérience qui ne vous plaît pas beaucoup. Votre foi est une amie précieuse.

LAINE. Une rentrée d'argent imprévue vous permet quelques petites folies! Ne perdez pas de vue vos objectifs, même si vous devez faire un détour. On vous supporte sans condition dans une cause qui vous tient particulièrement à cœur. Vous travaillez comme la fourmi; lentement, sans bruit, mais sûrement et efficacement!

LAISSE. Vous procédez à un grand ménage! Vous époussetez vos vieilles idées et croyances, vous balayez les souvenirs malheureux, vous récurez complètement vos fonds de tiroir! Ce ménage vous fatigue pas mal, mais vous reprenez très rapidement vos forces dans un environnement beaucoup plus sain et harmonieux. Vous vous extériorisez plus et n'avez plus honte de parler de vos erreurs.

LAIT. Vous faites tourner des têtes! Vous avez un charme fou, vous êtes attirant et très attachant. Un ami vous prouve sa loyauté hors de tout doute. On vous aime tel que vous êtes, au naturel, sans masque. Votre rire est contagieux et vous en faites grand usage! Vous n'avez rien à envier à personne, en fait, ce serait plutôt le contraire!

> **Renversé.** Vous êtes aspiré dans un tourbillon d'activités, plus intéressantes les unes que les autres! Pas question pour vous de rester à l'écart! Les yeux que les autres portent sur vous ne sont plus une barrière à vos désirs. Les honneurs et les récompenses vous mettent mal à l'aise, même s'ils vous rendent heureux. Ne refusez pas de parler de vos projets personnels, on vous écoute.

LAITUE. En manger. De nature soumise, vous ne cherchez pas à dominer votre entourage, à vous imposer. Au contraire, vous manquez souvent de courage pour affirmer ou défendre vos droits. Vous préférez la tranquillité et l'anonymat. Cependant, vous aimeriez avoir un caractère plus ferme, une puissante force de volonté.

LAMPE. Allumée. Il se trouve au fond de vous certaines tendances, certains besoins cachés dont vous n'avez pas conscience. En effet, il existe en chacun de nous une sorte de gardien dont le rôle est d'assurer l'ordre intérieur, une force qui refoule dans la partie inconsciente du psychisme les souvenirs d'événements, les pensées dont l'évocation est cause d'angoisse... ainsi que les désirs que la conscience n'approuve pas, ne permet pas de satisfaire, parce qu'elle les juge néfastes. Ces tendances enfouies, refoulées, entrent en conflit avec d'autres souvent opposées, substituées par la morale ou la vie sociale.

En éteindre une. Vous avez l'impression qu'il vous manque un petit quelque chose. Ce quelque chose est pourtant à côté de vous, mais vous refusez de le voir. Vous êtes déçu par le comportement mesquin d'un proche. Des frictions avec un ami rendent une conversation indispensable. Vous faites tout ce qui est en votre pouvoir pour aider les autres, mais ne vous oubliez quand même pas!

LANDAU. Vous aurez l'occasion de vous organiser pour être plus à l'aise là où vous passez vos journées. Modifiez votre environnement de telle sorte qu'il vous convienne davantage. En amour, vous respirerez la joie de vivre.

LANGUE. La tirer. Au travail, un désaccord profond s'installe au sein de l'équipe. Les solutions sont possibles, mais les vues sont tellement différentes qu'il vaudrait mieux mettre fin à l'entente plutôt que de s'acharner. Vous planifiez un projet qui se développe dans votre tête et qui vous semble de plus en plus possible à réaliser. On tente de vous faire porter un chapeau qui ne vous va pas du tout.

LANGOUSTINE. En manger. Dans votre famille, l'ambiance est sereine mais animée. Vous vous rapprochez de vos intimes. Des projets en famille et un séjour à l'extérieur vous permettront de vivre de beaux moments. Vous êtes conciliant de nature, mais ce n'est pas une excuse pour tout accepter.

En pêcher. Il vous arrive de garder une certaine rancune contre une personne qui n'a pas voulu vous blesser, mais à qui vous n'avez pas permis de s'expliquer. Tout à coup, vous vous rendez compte que vous avez coupé un pont important et que vous avez maintenant besoin d'elle.

LAPIN. Vous vous adaptez mal à des situations nouvelles. Les décisions importantes vous terrifient et provoquent en vous des angoisses insupportables. La tension et le mécontentement se manifestent de temps en temps en réactions de susceptibilité vives et déplaisantes.

LARME. Pleurer à chaudes larmes. Vous n'êtes pas vraiment à votre place dans votre groupe social actuel. Vous donnez votre confiance à quelqu'un qui vous trompe et cela vous bouleverse énormément. Votre petit côté naïf vous entraîne dans des situations désagréables où vous ne savez plus comment vous en sortir. Une vieille rancœur refait surface et vous n'avez pas envie de vous battre, de discuter ou d'argumenter sans avoir au moins une chance de gagner.

Voir quelqu'un d'autre pleurer. Une déclaration d'amour inattendue vous laisse complètement stupéfait! D'accord, vous aimez bien cette personne, mais vous n'avez jamais pensé à elle comme à une relation amoureuse possible. Vous ne savez pas quoi faire avec cette histoire dont vous ne voulez pas. Votre charme et votre diplomatie vous permettent de vous en sortir honorablement, sans trop de dommages ni d'un côté ni de l'autre.

LASAGNE. En faire cuire. Vous maîtrisez mieux les situations. Vous vous contrôlez, vos paroles ont du poids. Vous attirez l'attention, que ce soit pour travailler ou tout simplement pour plaire. Si, jusqu'à maintenant, vous avez eu une attitude de serviteur, vous n'acceptez plus qu'on vous marche sur les pieds.

En manger. Vous vous trouvez en face de difficultés imprévues. Recherchant d'abord votre bien-être et votre agrément, vous souhaiteriez mener une existence tranquille dans une atmosphère douillette et intime, au sein d'un groupe social ou auprès d'une personne dont vous vous sentiriez aimé et qui vous protégerait.

LAVER. Les esprits subtils s'amuseront à vous observer. Vous jouerez la carte de la transparence, passant inaperçu mais repassant quand même. Professionnellement, vous ne souffrirez d'aucun problème d'ego; vous avez vécu et vous vivrez après. Vous considérerez votre activité comme une escale très plaisante, saisissant les occasions pour y trouver du plaisir. Dans quelques mois, votre mental se fixera des objectifs à atteindre, mais personne autour de vous ne pourra les soupçonner. Vous ne demanderez rien, appliquerez votre devoir consciencieusement et attendrez votre heure.

LÉCHER. Quelqu'un. Vous vous êtes aménagé une place chaude, confortable et, surtout, rassurante, où vous vous sentez en sécurité. Vous cherchez la stabilité affective et émotionnelle. Vous ne voulez pas faire de vagues. Vous êtes silencieux, effacé et vous vous isolez souvent lorsque vous êtes parmi un groupe. On vous comprend, on vous supporte et on respecte vos besoins. On vous agace bien un peu, mais c'est parce qu'on vous aime et que l'on veut vous voir sourire.

Se faire lécher. C'est évidemment la période idéale pour exprimer votre amour et votre attachement à votre entourage. Vous avez l'impression que votre cœur va éclater tellement vous débordez de joie. Vous distribuez des compliments et les petites attentions que vous prodiguez touchent les principaux intéressés. On vous aime beaucoup, et pas pour ce que vous représentez mais bien pour ce que vous êtes intérieurement.

LEÇON. En recevoir une. Votre relation amoureuse se déroule de façon très harmonieuse. Elle est faite de respect, de considération et, bien sûr, de beaucoup d'amour. Votre conjoint et vous êtes conviés à toutes les réceptions et on vous fait la fête partout où vous passez. En ce moment, aucune place pour l'ennui et la tristesse.

En donner une à quelqu'un. Vous vivez en ce moment une période de grande sensualité, d'érotisme et de débordements amoureux. Vous avez du mal à arrêter votre choix tant les conquêtes sont faciles et les candidats tous plus intéressants les uns que les autres. Attention de ne pas gaspiller votre énergie en affaires de cœur et de corps.

LEGS. La folie furieuse des derniers mois prend fin et un rythme mesuré et régulier s'installe. Votre efficacité, votre logique et votre sang-froid sont mis à contribution pour dénouer une situation un peu compliquée. Vous en récoltez de nombreux éloges et beaucoup de satisfactions personnelles. Un collègue de travail sollicite votre aide pour résoudre un problème…

LÉGUMES. En manger. De nature soumise, vous ne cherchez pas à dominer votre entourage, à vous imposer. Au contraire, vous manquez souvent de courage pour affirmer ou défendre vos droits. Vous préférez la tranquillité et l'anonymat. Cependant, vous aimeriez avoir un caractère plus ferme, une puissante force de volonté.

LÉPREUX. Votre sens de l'organisation des derniers jours devrait vous avoir permis de terminer de menus travaux. Au cours de la journée, vous deviendrez de plus en plus intéressé à vos rapports avec les autres. Vous vous tournerez vers ceux que vous aimez pour les assurer de votre affection.

LETTRE. En recevoir une. Vous sentez que les gens autour de vous vous regardent différemment depuis quelque temps. L'estime et le respect se lisent dans leurs yeux et vous en tirez une saine fierté. Vous avez travaillé fort pour en arriver là où vous êtes et vous méritez la considération que l'on vous porte. Gardez tout de même les deux pieds sur terre.

En écrire une. Visualisez bien vos objectifs ; cela permet de garder les yeux fixés sur le but à atteindre sans se détourner de la bonne route à suivre. Vous retrouvez votre concentration et votre assiduité. Vous pensez à prendre quelques jours de repos bien mérité, mais vous hésitez de peur d'être mal vu.

LÈVRES. En avoir de belles. En amour, vous ne jouez pas franc-jeu dans une relation qui, pourtant, mérite beaucoup mieux. Vous êtes porté à vous isoler pour remâcher le passé. Sortez, amusez-vous et regardez devant vous ! Vous découvrez une source d'inspiration dans un être bien à part. Mettez de l'eau dans votre vin, et les autres en feront tout autant. On apprécie vos gestes de sollicitude et vos paroles d'encouragement.

Gercées ou difformes. L'amour joue au chat et à la souris avec vous ! Vous ne détestez pas cela, mais le jeu ne doit pas durer trop longtemps quand même. C'est en posant les bonnes questions que vous recevez les bonnes réponses ! Vos amis vous boudent un peu, mais avouez que vous aurez couru après… Vous organisez une soirée pour réunir ceux que vous aimez ; la réussite est garantie.

LÉZARD. Vous êtes plus jaloux que vous ne le pensez. Vous êtes tellement obsédé que la moindre remarque à votre égard pourrait déclencher une crise dramatique. Votre jalousie est viscérale et la moindre petite tromperie de votre amoureux risque de vous rendre fou de rage. Prenez votre jalousie avec humour. Autrement, si vous vous obstinez dans cette voie et si vous n'accordez pas plus de confiance aux autres, vous serez toute votre vie bien malheureux.

LIBELLULE. Vous ressassez, beaucoup trop régulièrement et avec trop d'insistance, les mêmes vieilles histoires ! Tant que vous vivez de la rancœur, de la rancune, des regrets envers le passé, vous ne pouvez pas avancer sereinement dans votre quotidien. Le passé ne peut se changer, mais le présent, lui, se façonne jour après jour. L'avenir vous réserve tant de belles choses, encore faut-il que vous vouliez les voir et les vivre !

LIBRAIRIE. Vous ne sortirez plus un stylo et une feuille de papier pour échanger des adresses. On se verra, on passera un bon moment et on se saluera sans se promettre systématiquement de se revoir. Vous obéirez au désir et au plaisir. Mais vous refuserez de fabriquer des relations qui ne reposeraient que sur du vent. Deux ou trois amis fidèles auront accès à vos états d'âme. Vous recevrez ou hébergerez l'un d'eux durant quelque temps. Il aura besoin de toute votre fantaisie pour se changer les idées. Les relations humaines vous passionneront.

LIÈVRE. Vous vous adaptez mal à des situations nouvelles. Les décisions importantes vous terrifient et provoquent en vous des angoisses insupportables. La tension et le mécontentement se manifestent de temps en temps en réactions de susceptibilité vives et déplaisantes.

LIGOTER. Quelqu'un. Vous aurez le sens du détail aujourd'hui. À la maison, vous serez actif et vous pourriez faire de petites améliorations. Du côté de vos relations intimes ou sociales, tout se passera bien après quelques explications.

Être ligoté. Vous devrez prendre des initiatives si vous voulez que les choses bougent. Dans votre vie sentimentale, ce sera votre tour d'écouter et de comprendre ce que la personne aimée ressent. Vous saurez agir avec délicatesse.

LILAS. Pâle. Vous êtes tiraillé entre, d'une part, la loyauté et la fidélité à votre milieu ou à quelqu'un et, d'autre part, l'envie de nouer de nouvelles relations, de réaliser certains projets. Vous pesez sans cesse le pour et le contre, incapable de vous décider. Cette incertitude est une cause d'anxiété.

De couleur vive. Vous avez la mauvaise habitude de couper les ponts, mais vous vous attendez par la suite à obtenir de l'aide des autres. Changez votre philosophie : efforcez-vous de garder de bonnes relations avec autrui.

LIME. Vous entrerez dans une période euphorique, cela vous effraiera. Habitué à vous battre, vous ne saurez quel fruit cueillir sur l'arbre du bonheur. Luttez contre la peur! Si vous êtes heureux, c'est que vous le méritez. Restez dans une dynamique de plaisir. Rédigez votre loi, tendez votre arc, visez la cible choisie. La flèche atteindra forcément son objectif.

LIMITE (dans le sens d'« échéance »). Vous aimez habituellement sortir et voir des gens ; les occasions ne manquent pas. Pourtant, vous commencez à trouver tout cela un peu superficiel ; vous avez soif d'échanges vrais et profonds. Votre partenaire et vous êtes sur la même longueur d'onde. Le cœur solitaire peut rencontrer quelqu'un de très différent des gens qu'il connaît ; cette personne sera prête à s'engager dans une belle relation.

LION. Être attaqué par un lion. Les tâches sont abondantes. Pour rendre service, vous acceptez plus de travail que vous n'êtes capable d'en abattre. Apprenez à dire non, dressez-vous une liste de priorités et, de grâce, finissez ce que vous commencez. Une somme d'argent inattendue arrive à point. Jouez juste un peu à la loterie…

LIT. Inconnu. Vos angoisses seront doublement inhibées. Vous garderez tout pour vous, même les grandes joies. Au travail, la peur vous fera commettre des maladresses. En voulant arbitrer, vous entretiendrez des querelles. La situation s'aggravera et finira par se retourner contre vous.

Le sien. Prudent, méfiant, vous évitez de manifester vos ressentiments, les sentiments d'envie ou de jalousie que vous éprouvez à l'égard de certaines personnes parce que vous craignez le tort qui pourrait vous être fait.

En faire un. Derrière un large sourire se tapira une nature autoritaire. Vous jouerez les empêcheurs de tourner en rond, en distribuant des conseils à tout le monde. Vos proches se sentiront dévalorisés, car rien ne correspondra à vos attentes et à ce que vous aurez imaginé de meilleur pour eux.

LIVRE. Il représente sa propre vie. L'amour tient une place primordiale dans votre vie et vous êtes totalement capable d'aimer et de vous laisser aimer. Très sensible, vous évitez les rencontres fortuites et préférez une relation stable et traditionnelle.

LOCOMOTIVE. En voir une. Vous adopterez un ton catégorique qui pourrait intimider certaines personnes. Par ailleurs, vous voudrez que l'on reconnaisse vos qualités, alors ne fuyez pas les compliments. La timidité ne vous apporterait rien d'intéressant.

En conduire une. Vous aurez avantage à vous garder quelques moments de tranquillité. Dans vos amours, vous exprimerez avec simplicité ce que vous pensez. Pour ce qui est de votre vie familiale, n'oubliez pas les petits cœurs plus sensibles.

LOGEMENT. Où l'on vit. Vous avez d'importantes décisions à prendre. N'hésitez pas à demander l'aide de professionnels pour y voir plus clair. Une zone d'ombre vous dérange et vous apeure. Vous faites des pieds et des mains pour arriver à vos fins, mais certaines difficultés entravent votre route. Un malaise s'installe dans vos relations professionnelles, vous pouvez y remédier.

LOTERIE. Y gagner. Votre destinée sera pleine de surprises. Les deux dernières années précédentes furent plutôt rudes. Vous ne perdrez plus votre temps à convaincre, vous agirez. Vous allierez art et science, en ayant un emploi du temps structuré et en gardant un esprit novateur. Si, au regard des autres, vos objectifs pourront sembler nébuleux, à vos yeux, ils seront limpides. Très bientôt, vous serrerez de nouvelles poignées de main. Elles seront fermes et aboutiront à de beaux développements professionnels.

LOUP. Votre corps, tel un ordinateur, enregistrera les données que votre esprit lui transmettra. Une suractivité générera fatigue et déséquilibre. Réfléchir vous épuisera, apprenez à garder les pieds sur terre. Vous avez traversé des épreuves, les médecins vous conseilleront de respecter leurs recommandations et de ne pas faire d'excès.

LUMIÈRE. En faire. Vous avez le goût d'offrir une petite recette de votre cru à ceux qui vous font du mal. Œil pour œil, dent pour dent. Vous pensez en particulier à une personne qui ne vous lâche pas. Faites attention ! La vengeance ne règle absolument rien, bien au contraire. N'oubliez pas ; on sait comment la guerre commence, mais on ne sait jamais comment et quand elle se terminera.

En voir une au loin. L'émotion est envahissante. Vous faites une rétrospective de ce que vous avez vécu ces derniers temps. Vous condamnez certaines de vos attitudes. Vous craignez pour des décisions prises, alors que vous étiez persuadé d'avoir fait le bon geste. Ne vous laissez pas faire. Pour être le plus heureux possible, il faut vivre au présent.

LUNE. Pleine. Vous êtes bien inspiré dans vos décisions, à condition de tenir compte de vos intuitions, teintées d'appréhension lors d'une proposition. En refusant une offre, vous pourriez échapper à une série de problèmes.

Ascendante. Vous songerez que votre bonheur dépend en bonne partie des liens avec ceux que vous aimez. En même temps, vous serez indépendant aujourd'hui et vous pourriez trouver du plaisir à accomplir vos activités en solitaire.

Descendante. Votre sourire fait fondre, éclaire, illumine, enjolive la vie de votre entourage. Vous épatez les nouvelles personnes que vous rencontrez. Si vous flirtez, vous serez embarrassé de plaire à autant de personnes.

LUNETTES. En porter. Vous pourriez avoir l'impression que l'argent vous file entre les doigts. Peut-être y aurait-il lieu de revoir votre budget et vos priorités ? Cela dit, ne vous en faites pas, tout le monde a cette même impression ces temps-ci et c'est bien normal. En amour, s'il y a des tensions dans l'air, vous trouverez le moyen de les dissiper.

En briser. Si vous recevez, vous serez tout à fait à votre aise. Par ailleurs, n'abusez pas des bons plats car vous pourriez en subir les conséquences demain. Grandes ou petites réjouissances, peu vous importera, vous aurez le cœur tendre et l'humeur heureuse.

LUTIN. Vous pouvez maintenant faire ce que vous n'avez pu réaliser matériellement dernièrement. La voie est libre. Vos idées sont claires. Vous êtes capable d'avoir une meilleure perspective de l'avenir. Vous savez également rallier les gens derrière vous.

LUTTE. Votre entourage est heureux de votre entière disponibilité. On a l'impression de vous retrouver après une longue absence. Vous êtes ouvert à participer à de nouvelles activités. Vous vous extériorisez davantage et on découvre en vous les trésors que vous gardiez cachés. Une relation trouve sa conclusion, mais rien n'est définitif. Vous possédez un grand pouvoir : servez-vous-en sans abus.

LUXE. Vous devez faire des choix sous peu ; il ne faut pas hésiter, et vous êtes divinement guidé. Seule l'action peut vous sortir de votre torpeur. Vous ne pouvez pas vous tromper. Votre popularité est grande et vous êtes sollicité de partout. Vous vivez une période faste pour votre ego.

MACARONI. En faire cuire. Vous maîtrisez mieux les situations. Vous vous contrôlez, vos paroles ont du poids. Vous attirez l'attention, que ce soit pour travailler ou tout simplement pour plaire. Si, jusqu'à maintenant, vous avez eu une attitude de serviteur, vous n'acceptez plus qu'on vous marche sur les pieds.

En manger. Vous vous trouvez en face de difficultés imprévues. Recherchant d'abord votre bien-être et votre agrément, vous souhaiteriez mener une existence tranquille dans une atmosphère douillette et intime, au sein d'un groupe social ou auprès d'une personne dont vous vous sentiriez aimé et qui vous protégerait.

MACHINERIE. En marche et en bon état. Votre comportement oscille entre la peur et la hardiesse la plus excessive ; tantôt rude et obstiné, vous témoignez dans certaines circonstances du plus bel esprit chevaleresque. Mais le déchaînement d'émotions trop violentes risque de provoquer l'insensibilité sexuelle.

Arrêtée ou en mauvais état. Vous contrôlez constamment l'extériorisation de vos émotions, de vos idées, et vous montrez une tendance marquée à la discrétion, à la modestie. Vous vous moulez sur le modèle imposé par les circonstances familiales ou professionnelles, visant à respecter la morale, car vous avez tendance à vous sentir coupable pour la moindre peccadille.

MAGASIN. Y entrer. Vous inspirez le respect à votre entourage. Sous peu, vous vous fixerez un nouvel objectif et vous parviendrez à vos fins ; les efforts que vous faites ne sont pas inutiles. Grâce à votre ouverture d'esprit, il vous est facile d'ouvrir de nouvelles portes.

Fermé. Quelques modifications toutes simples amélioreraient votre environnement et votre vie quotidienne. Vous pourriez avoir des nouvelles au sujet d'une personne à qui vous êtes très attaché sans qu'il y paraisse.

MAGAZINE. En lire un. L'influence de la famille se fera sentir. On réclamera votre présence alors que vous préféreriez avoir moins de contacts et un peu de tranquillité. Les activités routinières vous conviendront. En amour, ce sera calme.

MAGICIEN. Sur le plan social, votre magnétisme fait de vous une personne que plusieurs aimeraient séduire. Cela cause des frictions, parfois importantes, avec votre partenaire. Par ailleurs, la routine qui s'est installée dans votre relation amoureuse commence à vous peser. Vous songez à des changements et à la liberté. Possibilité d'une aventure à caractère strictement physique. Plusieurs sorties en perspective.

MAGIE. En faire. Vous réagissez vivement devant le comportement manipulateur d'un proche. Votre esprit est paisible et joyeux, alors vous n'acceptez pas qu'un être tourmenté joue avec votre équilibre psychologique. Vous avez de la difficulté à vous débarrasser d'une erreur du passé, mais avec un travail sérieux, vous y arriverez.

En voir. Un regain d'énergie vous surprendra d'ici quelques semaines. Profitez-en pour changer certaines de vos mauvaises habitudes. Votre esprit est plus tranquille, même si certaines questions subsistent. Vous ne pouvez pas vous permettre de jouer votre équilibre mental pour venir en aide aux autres. Charité bien ordonnée commence par soi-même !

MAGISTRAT. Un conflit trouve enfin son dénouement, celui-ci est positif et vous soulage. Vous perdez pied dans vos propres affaires, reprenez-vous et stabilisez votre position. Il ne faut pas voir les compromis comme des échecs, bien au contraire. On détourne votre attention dans le but de vous ralentir. Vos observations rapportent gros. Votre esprit est vif et vous misez juste.

MAGNÉTOPHONE. Il y a de fortes probabilités que vous soyez victime de la jalousie d'une personne de votre entourage. Ses agissements pourraient vous faire temporairement du tort. Ne paniquez pas et ne vous repliez pas sur vous-même. Le temps réglera bien des choses.

MAIGRIR. Il y a de la chance dans l'air. Vous pourrez dépenser autant que vous voulez, mais préparez-vous à devoir réduire la vapeur dans quelques semaines. Côté professionnel, cela s'annonce très actif; la pédale douce s'imposera donc pour les six prochains mois. En effet, chaque décision prise à la hâte tournera au fiasco. Une occasion spectaculaire pourrait vous être offerte sur un plateau d'argent. À vous de la saisir.

MAIN. Sale. Un vent de révolte souffle dans votre entourage. Malgré votre désir de ne pas vous impliquer, vous y êtes indirectement associé. Vos finances sont au plus bas, et vous devez faire tout ce qui est humainement possible pour arriver à honorer vos engagements. Avant de jouer une carte, demandez-vous si vous avez plus à gagner qu'à perdre. C'est la tête froide que vous prenez les meilleures décisions.

Gauche. Elle signifie le passé, les tendances innées. Une douloureuse épreuve vous touche grandement. Ne vous isolez pas dans votre peine. Vous êtes bien entouré, le réconfort et le soutien sont à votre portée. Vous ressentez une grande lassitude, qui ne doit à aucun prix devenir une dépression. Nul besoin de remonter la pente au pas de course. Un pas après l'autre, sans regarder derrière.

Droite. Elle correspond à l'actif, à l'avenir. Vous êtes resplendissant! Vous possédez une belle énergie et une grande vitalité. Qui essaie de vous suivre manque de souffle rapidement! On vous complimente et on voudrait bien percer le secret de votre si grande forme. Vous donnez une plus grande place à votre spiritualité dans votre quotidien.

MAISON. La sienne. Vous avez d'importantes décisions à prendre. N'hésitez pas à demander l'aide de professionnels pour y voir plus clair. Une zone d'ombre vous dérange et vous apeure. Vous faites des pieds et des mains pour arriver à vos fins, mais certaines difficultés entravent votre route. Un malaise s'installe dans vos relations professionnelles, vous pouvez y remédier.

En ruine. Désorienté lorsque vous vous trouvez hors de votre milieu habituel ou en présence d'étrangers, vous êtes fidèle à vos habitudes, respectueux des règlements extérieurs. Car vous ne voudriez pas mériter des reproches ou entrer en conflit avec vos proches. Mais vous souhaitez secrètement vous libérer du carcan des lois morales, avoir une plus grande liberté d'allure et d'expression.

En acheter une. Vous êtes vraisemblablement amoureux et vous êtes de ceux qui laissent l'amour prendre toute la place dans leur vie. Vous êtes chaleureux, sensible, tendre et attentif aux autres et vous essayez à tout prix de rendre l'autre heureux, car vous savez accepter aussi bien les joies que les peines de l'amour.

En vendre une. Vous manquez de courage pour réclamer ce qui vous est dû, vous laissant bafouer et exploiter. Cette sorte de démission devant la vie, les obstacles, entraîne des difficultés dans votre vie sexuelle ainsi que l'hypersensibilité aux insultes, réelles ou imaginaires, et peut conduire à des troubles dépressifs.

En voir une grande. En amour, vous êtes sollicité de toutes parts, et malgré toute la meilleure volonté du monde, vous ne fournissez pas à la tâche. On surveille vos faits et gestes dans le but de vous prendre en défaut. Vous aimeriez bien être invisible pour savoir ce que les autres disent de vous. Faites davantage confiance aux vôtres! L'amour vous surprend et vous enchante!

En voir une petite. Vous retrouvez avec beaucoup d'émotion d'anciennes amitiés. Vous renouez, l'espace de quelques soirées, avec des souvenirs heureux. Vous vivez un amour hors du commun. Du partage, des échanges, une belle complicité définissent bien cette relation. Vous ne jouez plus de rôle, vous ne portez plus de masque, vous êtes vous-même, à l'état pur. Tout est en place pour que cela dure longtemps.

MALADIE. Décidé à préserver votre autonomie personnelle, vous avez une parfaite maîtrise de vous, de vos désirs. Vous n'êtes pas obsédé par la recherche de sensations fortes. Fier de votre moralité, vous ressentez secrètement d'inquiétantes sensations; le refoulement ou le refus de tendresse pourrait susciter des désordres sexuels que vous ne pourriez plus contrôler.

MALCHANCE. Au travail, vous devez utiliser vos talents et toutes vos possibilités pour vous faire une place de choix. Votre bonne étoile vous accompagne, en ce moment. Vous avez raison de vous méfier d'une offre intéressante mais embrouillée. Vous devez accepter de faire une concession de taille pour contourner un obstacle. On ne fait pas d'omelettes sans casser des œufs.

MANGER. Vous ne vous sentez pas en sécurité et vous êtes anxieux. Vous ne prenez pas conscience des perturbations de vos états d'âme. Vous pourriez faire des gestes qui entraîneront peut-être un profit immédiat, mais qui causeront ultérieurement une perte si la décision est prise sans l'approbation d'un expert.

MANNEQUIN. Ne vous occupez pas des critiques à votre égard. On ne perd rien pour attendre. Vous êtes sur le point d'obtenir ce que vous désirez. On exigera de vous des choses difficiles, mais tout finira bien. La bonne humeur est une de vos armes favorites pour charmer votre entourage.

MANTEAU. En porter un. Vous devrez tirer un enseignement de vos expériences passées. Un cap difficile mais enrichissant vous attend. Les temps faciles seront révolus et les actions menées ne toléreront pas le droit à l'erreur. En amour comme en affaires, les choix devront être judicieux, mûrement réfléchis et soutenus continuellement.

Voir quelqu'un d'autre en porter un. Vous n'aurez pas une minute à vous à votre travail… pour votre plus grande satisfaction. Vous aurez différents projets. Votre capacité à supporter d'importantes responsabilités sera accompagnée de revendications financières

MAQUILLER. Être très maquillé. Vous jouirez de l'affection profonde que vous portera votre partenaire. Équilibre qui vous sécurisera lorsque vous douterez de vous. Professionnellement, méfiez-vous de collègues habiles à vous faire parler, à utiliser vos failles pour vous nuire. Misez sur la discrétion et un sourire courtois.

Voir quelqu'un d'autre très maquillé. Altruiste dans le travail, vous cultiverez les échanges loyaux. Vous y trouverez un intérêt professionnel, allié au plaisir de partager des moments riches. Visionnaire, vous serez en avance mais patienterez pour qu'on vous rejoigne. Vous découvrirez un nouveau slogan : «On part ensemble, on arrive ensemble!»

MARAIS. Une certaine incertitude existe sur la nature du sentiment que vous éprouvez. Quoiqu'il existe plusieurs points positifs dans la relation que vous avez avec votre partenaire, ce n'est pas encore le grand amour. Il semble que vous soyez un peu réaliste et précautionneux.

MARBRE. De grandes questions se posent, comme : «Dois-je m'engager amoureusement pour le reste de mes jours parce que l'autre le veut ainsi?» Si votre couple a de l'usure, si l'habitude a éteint les étincelles du début, il faut vous efforcer de faire renaître votre amour.

MARCHER. Avoir de la difficulté à marcher. Transformation matérielle, mais pas réellement dans le bon sens. Vous aurez épargné, vous dépenserez. Un désir d'investir vous obsédera; si vous précipitez votre décision, vous vous en mordrez les doigts. Le temps ne vous volera pas ce projet, apprivoisez-le pour le faire mûrir.

Faire une promenade. Les secteurs de l'art et de la communication vous ouvriront leur porte. Vous partirez travailler avec du baume au cœur. Cette activité fera appel à vos talents de négociateur, à votre force de persuasion. Le téléphone sera l'un des principaux outils, tout comme Internet.

MARE. Vous comprendrez que vous avez le droit de vous tromper ; avec toute action vient la possibilité de commettre des erreurs, mais on apprend plus de celles-ci. Cela dit, s'excuser ne fait pas de mal. Vos relations intimes seront sous le signe de l'entente et de la bonne humeur.

MARIÉ. En voir un. Il est possible qu'un jour vous goûtiez à l'infidélité à cause de cet ennui qui, quelquefois, s'installe en vous. Il est vrai que personne n'est parfait, mais il ne faut pas laisser cette belle fidélité d'âme et de cœur se perdre.

MARIÉE. En voir une. Vous êtes d'une fidélité que rien ne saurait affaiblir. L'amour existe encore et il semble qu'il existera éternellement dans cette relation que vous vivez aujourd'hui. Peu influençable et peu volage, vous savez apprécier ce que vous avez, car vous désirez une heureuse stabilité. Il est certain que vous ne serez jamais infidèle.

MARIN. Une situation amoureuse difficile provoquera un déséquilibre. Vous supporterez mal un climat tendu, sans pouvoir vous résoudre à rompre. Si vous subissez un divorce, il sera long et pénible. La conciliation n'aboutira pas, vous devrez jouer les méchants pour faire valoir vos droits.

MARIONNETTE. Artiste dans l'âme mais profondément enraciné, l'aventure vous tentera, à condition de ne pas quitter trop longtemps votre domicile. Voyager d'accord, mais si possible de façon très confortable et dormir dans un lit spacieux. Votre conjoint ironisera sur votre ambiguïté.

MARMITE. Ne laissez pas vos perceptions prendre le pas sur la réalité et, surtout, les autres trop vous influencer. Et dites-vous que quoi que vous fassiez, il y aura toujours quelqu'un quelque part qui fera mieux, mais aussi quelqu'un qui fera pire. Tout comme il y aura toujours des gens mécontents de ce qui leur arrive.

MARTEAU. Vous entrerez dans une période euphorique, cela vous effraiera. Habitué à vous battre, vous ne saurez quel fruit cueillir sur l'arbre du bonheur. Luttez contre la peur ! Si vous êtes heureux, c'est que vous le méritez. Restez dans une dynamique de plaisir. Rédigez votre loi, tendez votre arc, visez la cible choisie. La flèche atteindra forcément son objectif.

MASQUE. Il est destiné à chasser les forces maléfiques. Il a pour fonction de protéger contre les esprits du mal et de préserver son image. Il révèle des tendances cachées qui n'ont pas la possibilité de s'exprimer dans la vie quotidienne.

MASSAGE. Être massé. Vous mènerez une vie amoureuse éloignée des conventions. En couple, votre union semblera marginale ; ici, on pariera sur une séparation, là sur une passion éternelle. En cas de malentendu, vous prendrez les proches à parti, leur priant d'arbitrer un duel où nul ne sera le vainqueur.

En donner un. Votre activité professionnelle appellera le courage et la ténacité. Pour la voir évoluer, vous mettrez les bouchées doubles. Techniquement, tout se passera bien ; humainement, vous serez confronté à des esprits paresseux. Enlisés dans la routine, vos collègues redouteront vos initiatives.

MATELAS. En voir un appartenant à quelqu'un d'autre. Vos angoisses seront doublement inhibées. Vous garderez tout pour vous, même les grandes joies. Au travail, la peur vous fera commettre des maladresses. En voulant arbitrer, vous entretiendrez des querelles. La situation s'aggravera et finira par se retourner contre vous.

Le sien. Prudent, méfiant, vous évitez de manifester vos ressentiments, les sentiments d'envie ou de jalousie que vous éprouvez à l'égard de certaines personnes, parce que vous craignez le tort qui pourrait vous être fait.

MÉDECIN. Vos collègues de travail sentiront votre besoin d'amour. Vous ne partagerez pas toujours leurs opinions, mais ils seront heureux de voir votre esprit de contradiction légendaire en veilleuse. Tel un porte-parole dont la mission est de convaincre, vous serez le chef et mettrez votre ego au service du travail collectif ; on vous en sera reconnaissant. Vos collaborateurs apprécieront votre énergie. Votre intelligence pratique aidera à cerner les problèmes pour avancer à grands pas.

MÉDICAMENT. Avertissement contre des décisions peu sages. Vous êtes dans l'impossibilité de concilier les tensions contradictoires qui vous oppressent. Vous ressentez de violentes émotions prêtes à se décharger, à exploser, mais votre conscience les réprouve et les refoule. Il en résulte une pénible sensation d'anxiété proche de la panique, à laquelle vous ne trouvez pas d'issue ou de dérivatif.

MELON. D'eau. Vous ressentez comme une contrainte l'attachement trop intense que vous vouez à quelqu'un de votre entourage. Tout en vous soumettant aux lois de l'amour, en vous abandonnant au plaisir d'être choyé, vous aspirez à l'indépendance affective.

MENACER. Quelqu'un. Il y a de l'émotion dans l'air. Il est possible que vous commenciez à pleurer parce que vous n'arrivez pas à maîtriser une situation. Non seulement les larmes traduisent la peine, mais aussi la frustration parce que vous ne pouvez pas atteindre vos objectifs.

Être soi-même menacé. Vous vous éloignez facilement de l'essentiel pour errer dans des sentiers où vous vous perdez souvent. Les indications que vous recevez ne sont pas claires et vous n'essayez pas non plus de les éclaircir. Il y a du positif dans ce cheminement, vous faites des découvertes assez spéciales, et parfois même très intéressantes.

MÉNAGE. Le faire. Vous serez déçu de l'attitude d'un proche. Vous lui aurez donné votre confiance, il l'exploitera pour vous piéger sur le plan financier. Des démarches administratives ou juridiques pourront être prises à son encontre. Elles vous amèneront à rencontrer des personnes capables de vous aider.

MENDIANT. Les sorties et les mondanités vous plaisent mais, par moments, cela vous semble superficiel. Évitez tout de même de rester dans votre coin. Voir du monde ne peut que vous faire du bien. De plus, vous aurez l'occasion de tisser des liens avec des gens qui vous apporteront beaucoup.

Mendier soi-même. Un vent d'énergie souffle dans votre vie. Vous vous sentez renaître enfin! Mais attention, l'existence est rarement toute rose ou toute noire. Ne vous laissez pas tromper par l'ivresse que vous procure votre bien-être. Au contraire, c'est le temps d'établir votre plan de campagne. Que souhaitez-vous réellement changer dans votre vie?

MENOTTES. Positiviste, rationaliste, vous êtes blindé contre l'amour, la tendresse et, pour compenser la frustration, vous préférez consacrer votre énergie à servir une cause sociale ou vous abandonner à une relation platonique. Mais votre tendance à l'abstraction risque d'entraîner le dessèchement sentimental.

MENSTRUATIONS. Les amitiés seront très actives. Si le téléphone n'existait pas, n'importe quel moyen ferait l'affaire pour vous permettre de communiquer. Votre besoin de dialoguer sera viscéral. Lorsque le silence envahira la maison, vous paniquerez, cherchant désespérément sur votre répertoire un numéro à composer. En cas d'échec, il vous restera toujours les répondeurs téléphoniques.

MENTIR. Soyez attentif aux mouvements; une porte s'ouvrira et vous devrez être rapide pour y pénétrer. Vous tisserez sans bruit un travail minutieux et de longue haleine qui finira par être reconnu. Vos finances ne vous permettent aucune folie, soyez raisonnable. Ne vous cachez pas la tête dans le sable ; faites face de votre mieux.

MER. Vous ferez peser de lourdes responsabilités sur les épaules de votre conjoint. Il devra assumer l'équilibre familial et honorer vos désirs. Il se révoltera, vous reprochant d'avoir un esprit autoritaire. D'ici quelques semaines, vous tempérerez vos paroles, remplaçant les ordres par des suggestions.

MÈRE. Pour la femme. Vos amis et connaissances se regroupent autour de vous, comme une palissade contre les intrus. On vous guide, on vous conseille, on vous empêche de sombrer dans une malsaine léthargie. D'ici quelques semaines, une rencontre change vos idées sombres en prière d'espoir ! Ne baissez pas les bras, le temps arrange bien les choses.

Pour l'homme. Vous regardez les autres comme à travers une vitre. L'amour vous passionne mais vous blesse si souvent que vous vous retirez momentanément de la course au coup de foudre. Vous recevez de nombreuses marques d'estime, d'affection et de tendresse, et cela vous comble. Vous faites une incursion dans le passé, le temps d'un souffle, d'un soupir, d'un sourire…

MESSAGER. Au travail, des changements s'opèrent dans les données, les méthodes, le personnel, bref, un branle-bas de combat se prépare. N'ayez aucune crainte, cela ne vous touche qu'indirectement, et c'est même positif pour vous. Vous retrouvez le goût de bien faire. L'exagération, le zèle et les extrêmes ne vous servent pas en ce moment.

MESSE. En amour, vous passez de la pudibonderie au dévergondage le plus débridé, avec toujours autant d'appréhension. Vous faites l'amour presque à regret de peur que cela ne dure pas assez longtemps. Il vous faut quelque chose de rassurant, de réconfortant, de chaleureux, et beaucoup de *cocooning* pour que cela fonctionne. Laissez-vous aller un peu, l'être aimé ne demande que cela.

MÉTÉORITE. Au travail, vous devez réparer les pots cassés par les autres, et cela est bien loin de vous enchanter ! Exprimez votre mécontentement, calmement mais fermement. On mêle votre vie privée à votre vie professionnelle dans le but de brouiller les cartes. Ne vous engagez pas dans un combat qui vous oppose à une personne médisante et colérique.

MEUBLE. Vous étiez de mauvaise humeur dernièrement. Ces jours-ci, vous passerez à la colère, puis à la culpabilité. Pour oublier, pour vous faire plaisir, vous ferez peut-être des dépenses superflues ou vous succomberez aux charmes d'un vendeur qui n'offre aucune garantie, même pour un produit très cher.

MEURTRE. Tuer quelqu'un. Vous vous jetez à corps perdu dans un laborieux travail. Mais vous dépensez une somme incroyable d'énergie à tourner en rond. Prenez une grande respiration, asseyez-vous confortablement et dressez un plan bien défini qui vous fera économiser temps et argent.

Être soi-même tué. Vous n'êtes plus capable de prendre des responsabilités. Votre tendance à l'angoisse vous rend nerveux et indécis, vous avez de la difficulté à faire des choix, surtout en ce qui concerne votre carrière.

MICROBE. Au travail, vous privilégiez les petits sentiers tranquilles et inexplorés aux bruyantes et encombrées autoroutes. Vous allez de découverte en découverte! Vous vous sentez l'âme d'un explorateur! Mais attention tout de même de ne pas trop flâner; vous pourriez être rapidement dépassé. Un outil de taille crée un incident majeur. Un changement s'opère pour le mieux, emboîtez-lui le pas.

MICROSCOPE. Vous faites votre travail seulement pour gagner votre vie, mais le cœur n'y est pas. La source de ce désintéressement, vous la connaissez, mais pour l'assainir, il vous faudrait faire un effort et vous n'êtes pas prêt. Vous trouvez plus d'intérêt pour le travail effectué à la maison.

MIEL. Vous ne saisirez pas les objectifs de votre entourage, comme si un fossé vous séparait. Vous leur reprocherez un manque d'adaptabilité. Ils vous offriront un miroir à la première occasion. En contemplant votre reflet, vous admettrez avoir quelques soucis de communication.

MILITAIRE. Avant d'offrir votre confiance, vous attendrez des preuves susceptibles de dissiper vos doutes. Les trahisons du passé vous auront échaudé et vous ne commettrez pas les mêmes erreurs. D'ici quatre à six semaines, vous nouerez de nouvelles relations. Vos proches ramèneront du monde à la maison, et vous vous découvrirez des atomes crochus avec une personne sincère. Les épreuves qu'elle aura traversées vous sensibiliseront; vous vous promettez d'être présent en toute circonstance.

MIRAGE. Vous surprendrez vos proches, changeant sans arrêt d'attitude. Les soucis vous rendront lunatique. Votre versatilité vous fera passer à côté de belles occasions financières. Soyez plus concentré et déterminez vos choix en fonction de vos désirs profonds.

MIROIR. Vous craindrez la solitude mais ferez tout pour la provoquer. Dans le travail, vous aurez le sentiment d'être écarté. On ne vous associera pas à de nouveaux projets, vous en souffrirez. Ce sera à vous de faire un premier pas pour afficher vos ambitions à votre entourage.

MISÈRE. Avoir des difficultés. Vous voulez faire trop de choses en même temps et vous vous éparpillez. Vous êtes submergé de travail et vous ne savez plus très bien par où commencer. Votre surplus d'énergie vous fait vous agiter dans tous les sens et perdre un temps précieux. Prenez les choses une à une. De toute façon, vous ne pouvez faire qu'une chose à la fois.

> **Voir quelqu'un d'autre avoir des difficultés.** L'amour vous donne de l'ardeur au travail. Vous reprenez la barre de votre bateau et vous conduisez de nouveau en capitaine. Le climat de méfiance qui régnait au travail disparaît à l'instant où le responsable de ce climat donne sa démission. Sur le plan financier, les choses n'évoluent pas comme vous le souhaitiez, mais rien n'est définitif.

MITRAILLETTE. Vous êtes trompé d'une manière ou d'une autre. La plupart de nos attitudes comportent un certain degré d'ambivalence. Nous avons tous éprouvé, à un moment ou à un autre, à la fois de l'amour et de la haine envers une personne suivant son comportement. Il arrive à tout le monde de se montrer soumis tout en souhaitant avoir la liberté de se rebeller. Des êtres dont la bonté et la générosité sont reconnues et appréciées peuvent ressentir parfois un furieux besoin de punir ou de se montrer désagréables pour se venger d'une offense. Mais lorsqu'elle est intense et prolongée, la compétition entre des pulsions opposées déclenche des réactions imprévisibles, selon que l'équilibre est rompu sous la pression de l'une ou l'autre tendance. Elle est fréquemment l'instigatrice de décisions brusques et irraisonnées, de sautes d'humeur inexplicables, bref, d'un comportement irrationnel.

MOBILIER. Vous étiez de mauvaise humeur dernièrement. Ces jours-ci, vous passerez à la colère, puis à la culpabilité. Pour oublier, pour vous faire plaisir, vous ferez peut-être des dépenses superflues ou vous succomberez aux charmes d'un vendeur qui n'offre aucune garantie, même pour un produit très cher.

MODÉRER. Freiner. Un revirement de votre situation sentimentale vous laissera pantois. Votre chaleur et votre charme vous attireront les regards amoureux de l'autre sexe. Vous avez soif de plaire, de séduire, d'attirer et vous y arriverez très bien! Vous compterez des points auprès d'une personne attirante mais très indépendante. Vous saurez convaincre les autres en quelques mots! Votre sourire sera radieux.

MOINEAU. La liberté et la quête du spirituel symbolisent la connaissance de l'inconscient, base de la sagesse. Les crises d'angoisse s'estompent, puis disparaissent enfin. Votre subconscient est moins tourmenté maintenant que vous avez trouvé la cause de ce malaise. Les réponses n'ont pas encore été toutes trouvées mais vous posez les bonnes questions, c'est un excellent début. Vous progressez dans votre cheminement spirituel et la prière est pour vous une source de réconfort et de sérénité.

MOMIE. Ces jours-ci, il vous sera plus difficile d'atteindre vos objectifs. Les gens dont vous avez besoin se sont absentés ou annulent leur rendez-vous. Vous pourriez même avoir envie de vous soustraire à vos obligations et de prendre quelques jours de congé. Vous êtes probablement un peu trop tendu. Reposez-vous un peu.

MONARQUE. Est-ce l'amour qui vous cause de l'insomnie? Il faut dire que la personne qui hante vos pensées en ce moment est plutôt difficile à conquérir. La partie n'est pas encore gagnée et vous ne ménagez pas vos efforts pour lui plaire. Vous avez l'impression d'être revenu au temps de votre adolescence. Les amis observent avec un certain amusement le déploiement de vos charmes.

MONASTÈRE. En voir un. La journée se passera sous le signe de la rêvasserie. Vous aurez une propension à changer d'idée à tout moment. En amour, vous pourriez être un peu lointain au goût d'une personne qui a de l'amour pour vous. Vous serez une inspiration pour les gens de votre entourage.

Y entrer. Offrez-vous une petite gâterie dont vous rêvez depuis un moment. Votre bonne humeur sera douce pour vos proches. En amour, vos paroles seront sages. Reprenez tranquillement votre souffle.

Y prier. Un projet auquel vous tenez pourrait occuper une bonne part de votre temps. Vous préciserez ce qu'il faudrait accomplir pour réussir. Soyez attentif, on pourrait vous donner des informations utiles. Vous irez vers les autres en toute simplicité. Bonheur de vivre.

En voir brûler un. Bonne journée pour les activités intellectuelles. Vous serez en forme. Vous saurez faire les liens entre les idées, les gens, les événements. Les personnes qui sont aux études ou qui enseignent seront particulièrement favorisées.

MONSTRE. Certains projets qui vous tenaient à cœur n'ont pu se matérialiser soit parce que vous avez peur d'échouer, soit à la suite d'initiatives malheureuses. Frustré, vous vous sentez abandonné, indigne de l'idéal que vous aviez choisi. Vous avez tendance à reporter sur autrui vos ressentiments et votre insatisfaction.

MONTAGNE. En voir une haute. Vous tentez de prévoir l'imprévisible, et vous vous perdez dans un dédale compliqué de sens uniques et de culs-de-sac. Pour votre plein épanouissement, vous devez mieux contrôler vos peurs et vos angoisses. Vous vous faites du mal à sonder sans repos le fond de votre âme. Vous mettez vous-même des nuages dans votre ciel.

En escalader une. En amour, de nombreuses occasions vous seront offertes de faire des rencontres marquantes. Vous vivrez intensément toutes sortes d'émotions. Les invitations seront nombreuses. De mauvais souvenirs remueront des sentiments négatifs. N'oubliez pas que l'amour est comme un jardin et qu'il doit être entretenu quotidiennement. Vous aurez beaucoup d'imagination et vous trouverez d'intéressantes façons de mettre du piquant dans votre vie.

MONTER. En amour, de nombreuses occasions vous seront offertes de faire des rencontres marquantes. Vous vivrez intensément toutes sortes d'émotions. Les invitations seront nombreuses. De mauvais souvenirs remueront des sentiments négatifs. N'oubliez pas que l'amour est comme un jardin et qu'il doit être entretenu quotidiennement. Vous aurez beaucoup d'imagination et vous trouverez d'intéressantes façons de mettre du piquant dans votre vie.

MONTRE. Vous flottez dans un espace et un temps en dehors de tout ce que vous avez vécu jusqu'ici. Vous vivez pleinement tous les plaisirs et toutes les douceurs que la vie vous offre. Vous croquez à belles dents dans le positivisme et l'optimisme. Vous vous rapprochez d'amis à la suite d'un conflit. Vous semez le bonheur et les rires sur votre chemin. On vous suit avec un grand plaisir dans vos aventures.

Arrêtée. Vous luttez entre, d'une part, le désir de participer davantage à la vie de ceux qui vous entourent, de vous intégrer totalement au milieu et, d'autre part, celui de conserver une liberté et une indépendance qui vous sont chères. Vous vous montrez sociable quand vous avez besoin des autres et vous vous isolez quand cela vous convient, vous fermant à toute communication.

MOQUERIE. Vous souhaitez ardemment vous adapter aux autres mais, estimant que la vie vous a maltraité en vous refusant les satisfactions auxquelles vous aviez droit, vous entretenez des griefs et des regrets qui engendrent en vous un climat de mélancolie et de rancœur que vous infligez à votre entourage.

MOQUETTE. Vous ressentez de fortes impulsions qui vous poussent vers l'extérieur tant sur le plan des amitiés que sur celui des amours intimes. Vous recherchez et trouverez la tendresse et l'affection autour de vous. Mais c'est plutôt l'amour physique qui prévaut en ce moment dans votre vie affective, et sur ce plan, d'intenses satisfactions sont à prévoir. C'est le temps pour vous de provoquer ces moments de tête-à-tête qui seront réussis avec l'être aimé. Des relations intimes, même secrètes, apportent des plaisirs subtils où vous vous épanouissez librement.

MORALE. Se faire faire la morale. Votre relation amoureuse se déroule de façon très harmonieuse. Elle est faite de respect, de considération et, bien sûr, de beaucoup d'amour. Votre conjoint et vous êtes conviés à toutes les réceptions et on vous fait la fête partout où vous passez. En ce moment, aucune place pour l'ennui et la tristesse.

La faire à quelqu'un. Vous vivez en ce moment une période de grande sensualité, d'érotisme et de débordements amoureux. Vous avez du mal à arrêter votre choix tant les conquêtes sont faciles et les candidats tous plus intéressants les uns que les autres. Attention de ne pas gaspiller toute votre énergie pour des questions de cœur et de corps.

MORDRE. Être mordu par un animal. Vous faites la rencontre d'une personne qui pourrait bien exercer une très grande influence sur votre avenir professionnel. Vous devez prendre une décision rapide et urgente en l'absence de vos supérieurs. La justesse de celle-ci vous vaut de nombreux éloges. Une rentrée d'argent imprévue vous fait jubiler.

Voir quelqu'un d'autre se faire mordre. Du côté professionnel, les bonnes nouvelles se succéderont à court terme. Vous avez peine à croire à votre chance. Tout vous réussit, vos désirs se réalisent, vos attentes sont comblées, et vos suggestions sont accueillies d'emblée! Vos finances font un bond en avant.

MORT. Elle évoque la clé des mystères suprêmes, l'accomplissement, la réconciliation, la sagesse, la clarté d'esprit, les révélations, la justice, la libération, la grâce et l'amitié.

La sienne. Vous vous sentez perdu face aux multiples chemins que vous pouvez prendre ; il vous faut écouter votre intuition, sinon vous chercherez à forcer les événements, ce qui n'est pas souhaitable pour l'instant.

D'un inconnu. Laissez-vous guider par votre flair ; cela vous permettra de voir vraiment ce qui doit être vu et perçu. Vous vous dirigez vers un accomplissement qui dépasse vos perceptions.

D'une personne connue. Le chemin à suivre est clair, et la voie est libre ; il vous suffit de la prendre. Soyez assuré du résultat positif qui découlera de la demande que vous avez faite, de la démarche que vous avez entreprise ou des décisions que vous avez prises. Dans un très court laps de temps, votre souhait sera réalisé. C'est le temps de créer.

MOTEL. En voir un beau. Vous vous retirerez momentanément de votre cercle social. Vous aurez des choses à vivre seul. Vous refuserez plusieurs invitations par manque de motivation et d'entrain. Vous jouerez l'intermédiaire dans une affaire de cœur qui ne vous concerne qu'indirectement. Vous qui aimez l'action, vous vivrez au ralenti. Vous ne refuserez pas l'aide que l'on vous demandera.

En voir un décrépit. Une personne éveillera en vous une grande passion! Vous serez sous le charme, complètement hypnotisé et prêt à toutes les folies. Vous serez si bien à ses côtés! Vous délaisserez un peu vos amis, mais ils comprendront et seront heureux pour vous. Par contre, une demande ne pourra souffrir d'une attente prolongée. Une blessure de cœur se cicatrisera lentement et vous fera de moins en moins souffrir.

MOTEUR. Vous sortez, allez chez des amis, assistez à des fêtes mais rien ne vaut, pour vous, le plaisir que vous ressentez quand vous rentrez dans le confort douillet de votre foyer. Vous êtes attaché à certaines petites habitudes, à certains rituels. Votre charme agit sur une personne de votre entourage qui vous manifeste discrètement son intérêt amoureux. Vous êtes agréablement surpris.

En panne. Vous vivez une relation amoureuse satisfaisante mais sans plus. Il vous manque ces petits frissons qui font la différence entre l'amour passion et l'amour tendresse. Votre sens de l'humour fait de vous la vedette au cours d'une soirée un peu spéciale. Vous êtes submergé par les invitations qui fusent de toutes parts. Vous aimez être aimé et vous sentir apprécié.

MOTIVER. Vos finances ne vont pas mal du tout. Vous réussissez à boucler votre budget malgré tous les petits luxes que vous vous offrez. De bonnes nouvelles concernant vos affaires sont possibles, mais soyez discret; en effet, il y a beaucoup de profiteurs dans les parages. Gare aux beaux parleurs et aux emprunteurs!

MOTOCYCLETTE. Elle représente l'image du moi.

Conduite par un autre. Vous serez en forme aujourd'hui. Quelques détails devraient se régler au cours de la journée. Vous ferez beaucoup de changements. Dans une histoire de cœur, un revirement de situation est possible. Soirée stimulante.

Mauvais conducteur. Vous pourriez être plus introspectif que d'habitude. Vous éprouverez le besoin de vous occuper de vous et de vos intimes. Votre vie familiale sera votre priorité et vous y mettrez du cœur

Manquer d'essence. Vous serez un peu plus réservé et tranquille que dans les derniers jours. Il faudra peut-être renoncer à certains rêves. Quand ça ne fonctionne pas, il ne sert à rien de persévérer. Vous pourriez être occupé aujourd'hui car les proches réclameront votre présence.

MOUCHE. Bien que vous soyez inquiet pour l'avenir, vous tenez à conserver vos habitudes de vie et vous craignez de prendre des décisions ou de procéder à des innovations qui risquent de s'avérer désastreuses. Vous avez peur du risque.

MOUCHOIR. Certains projets qui vous tenaient à cœur n'ont pu se matérialiser soit parce que vous aviez peur d'échouer, soit à la suite d'initiatives malheureuses. Frustré, vous vous sentez abandonné, indigne de l'idéal que vous aviez choisi. Vous avez tendance à reporter sur autrui votre ressentiment et votre insatisfaction.

MOUETTE. Au travail, vous ferez preuve d'initiative et de débrouillardise. On pensera à vous pour une augmentation de salaire, une ouverture de poste ou une mutation. Vous assumerez pleinement de nouvelles responsabilités. Un bouleversement soudain vous laissera pantois. Vos finances vous permettront de vous gâter, allez-y, vous le méritez bien.

MOUFFETTE. Votre partenaire installera une ambiance intimiste à la maison. Vous aurez hâte de le retrouver, de rester silencieux, savourant intérieurement sa tendresse. L'amour vous donnera de la puissance. Vous vous sentirez fort, mû par des idéaux nobles. À ses côtés, vous les concrétiserez.

MOUILLER. Être soi-même mouillé. Votre force résidera dans votre capacité à faire fructifier vos gains. Guidé d'abord par votre instinct, vous y associerez la raison. C'est l'union de ces deux lumières qui accentuera votre esprit de discernement. Ainsi, vous serez habile à reconnaître les pièges et refuserez d'être sous-estimé ou évalué sous vos capacités. Conscient de vos compétences, vous saurez les négocier et vous aurez le courage d'envisager d'autres voies si on cherche trop à vous exploiter. Trancher ou vous séparer ne vous posera aucun problème. C'est en lâchant prise que vous mènerez à bien vos projets.

Voir les autres être mouillés. Derrière votre image enjouée se cache une philosophie, une véritable conception de l'existence. D'ici les douze prochains mois, un palier sera franchi. Attention, en pensant trop souvent à votre passé, vous pourriez retourner à la case départ ou être immobilisé quelque temps. En spéculant sur l'avenir, vous déraperiez ou tomberiez dans des pièges. Petit à petit, c'est ici et maintenant que vous vivrez. Chaque situation sera accueillie intensément, mais vous dépassionnerez toujours le débat pour garder un œil neuf, curieux et humble. Le monde vous semblera accessible, car c'est vous qui avancerez vers lui à grands pas.

MOULIN. Votre comportement oscille entre la peur et la hardiesse la plus excessive. Même si vous êtes parfois rude et opiniâtre, vous témoignez, dans certaines circonstances, du plus bel esprit d'entraide. Toutefois, le déchaînement d'émotions trop violentes risque de provoquer l'insensibilité envers les autres.

MOUSTACHE. Vous contrôlez constamment l'extériorisation de vos émotions et de vos idées. Vous avez un penchant marqué pour la discrétion et la modestie. Vous vous moulez sur le modèle imposé par les circonstances familiales ou professionnelles, et vous respectez la morale car vous avez tendance à vous sentir coupable pour la moindre peccadille.

MOUTARDE. Un de vos collègues de travail vous fait une confidence étonnante. Une rentrée d'argent imprévue vous permet de payer tous vos comptes en souffrance et même de vous offrir quelques petits luxes. Vous êtes convié à une réunion professionnelle au cours de laquelle on vous fait une offre très intéressante à laquelle vous ne vous attendiez pas du tout…

MOUTON. Vous serez attiré par ce qui est stable et tranquille aujourd'hui. Un événement du passé pourrait resurgir. Bonne journée pour voir aux tâches que vous avez laissées s'amasser depuis quelque temps. Vous serez méthodique.

MUET. Vous apprendrez à vous défendre dans la vie, vous suivrez vos idéaux et vous le ferez avec logique. Vous vous fixerez une loi à laquelle vous ne dérogerez pas. Enfin disparaîtront ces humeurs déconcertantes qui finissaient par mettre en déroute vos interlocuteurs. Regardant la réalité bien en face, vous comprendrez qu'il est possible d'associer discipline et fantaisie sans tomber dans l'anarchie.

MUR. Dans vos activités, vous aurez intérêt à vous associer à d'autres pour que tout fonctionne comme vous le souhaitez. La diplomatie vous servirait. Les prochains jours seront favorables à vos amours.

MUSIQUE. En entendre. Vos relations avec vos supérieurs seront au beau fixe; il aura fallu du temps pour instaurer un climat de confiance mais il se prolongera durant des années. Vous prendrez davantage d'initiatives, heureux d'être jugé sur des résultats, non plus en fonction de votre image. Consciencieux, vous ne négligerez aucun détail. Financiè-rement, vous améliorez vos revenus, quitte à courir des risques, autant que cela rapporte.

En jouer. Côté professionnel, vous continuerez votre ascension et vous vous verrez offrir des postes de haute responsabilité. Vous ne serez pas inquiet sur les plans immobilier et commercial. Cependant, méfiez-vous des conseils provenant de personnes plus ou moins inten-tionnées. Ne vous fiez qu'à vous-même et vous vous en sortirez mieux.

NACELLE. Vos collègues ne savent jamais où vous voulez en venir. Affirmant un jour être désintéressé puis négociant pour une peccadille, vous affichez une relation particulière avec l'argent. S'il fallait en gagner pour satisfaire vos désirs, vous seriez rapidement ruiné. Seul le bonheur de vos proches vous motivera à changer d'attitude.

NAIN. Une nouvelle vous rend radieux, tout arrive pour le mieux. Vous méditez un nouveau projet, ne laissez rien d'inachevé; l'avenir est prometteur. Un léger insuccès ne doit pas vous décourager. Une rencontre agréable peut être suivie d'une série d'invitations.

NAISSANCE. La nourriture sera votre point faible. Boulimique à vos heures, vous mettrez aussitôt un cadenas sur le réfrigérateur pour vous obliger à jeûner. Par pitié, ne reprochez pas aux autres de s'alimenter sous votre nez. Ils seront compatissants jusqu'à un certain point. Le danger: l'heure du dîner. La gourmandise est un péché seulement lorsqu'elle est accompagnée d'un sentiment de culpabilité.

NAPPE. Votre petit côté mondain est bien servi, étant donné toutes les sorties et les invitations que l'on vous lance. Vous rencontrerez des gens amusants et vous vous faites de nouveaux amis. Votre vie social est si animée que vous devez faire des choix. C'est peut-être le mome de vous éloigner de certaines personnes, d'être plus sélectif : vous pouvez vous le permettre.

NATATION. Nul ne connaît vraiment votre personnalité. Sous un air bohème, vous masquerez une volonté de gagner beaucoup d'argent. Artiste dans l'âme, vous serez plutôt spéculateur sur le plan matériel. Très bientôt, quelqu'un vous demandera de subvenir à d'importants besoins. Agissez comme vous l'entendrez, mais vous êtes prévenu de la perte définitive de cet argent. Si vous êtes entré dans cette procédure, elle sera longue et coûteuse.

NATTE. L'énergie dont vous faites preuve fait des jaloux. On vous envie votre capacité de récupération. Vous possédez en vous une incroyable force qui vous permet toujours de retrouver très rapidement votre équilibre. En ce moment, vous vous réservez davantage de périodes de loisirs et vous partagez ceux-ci avec les gens que vous aimez.

NAUFRAGE. Vous charmerez afin de vivre intensément une relation de cœur. Fuyant les histoires furtives, vous prierez le ciel de ne pas vous tromper. Faire des calculs ou consulter tous les jours votre boule de cristal finirait par troubler vos échanges. Restez naturel et spontané.

NAVIRE. Y être à bord. Votre période de questionnement doit être suivie d'une période de transition. Vous faites des choix importants mais souvenez-vous que vous devez assumer ceux-ci, alors ne précipitez rien. Adoptez la théorie des petits pas et assurez-vous de la solidité des acquis avant de passer à autre chose. Les finances se portent bien malgré quelques petits tracas d'argent.

En voir naviguer un. Sur le plan professionnel, possibilité de changer de domaine ou d'un retour aux études à temps partiel. Vous caressez des projets ambitieux et viables, mais il vous manque quelques éléments pour y arriver avec succès. Un ancien collègue de travail perdu de vue depuis longtemps refait surface.

Échoué. À propos de votre bien-être, c'est auprès de votre partenaire que vous puiserez toute votre énergie. Ne tarissez pas la source de son cœur en l'accaparant constamment, car il se sentira étouffé. Dans quelques mois, vos sentiments se perdront dans le désert, en quête d'une oasis de tendresse ; mais votre conjoint s'en rendra compte et son amour vous désaltérera. Un dépaysement imprévu, à deux, dans un lieu magique, vous attirera. Choisissez la destination, votre partenaire suivra.

EIGE. Vous sortez, allez chez des amis, assistez à des fêtes, mais rien vaut pour vous le plaisir que vous ressentez quand vous rentrez dans le confort douillet de votre foyer. Vous êtes attaché à certaines petites habitudes, à certains rituels. Votre charme agit sur une personne de votre entourage qui vous manifeste discrètement son intérêt amoureux. Vous êtes agréablement surpris.

NETTOYER. Les esprits subtils s'amuseront à vous observer. Vous jouerez la carte de la transparence, passant inaperçu mais repassant quand même. Professionnellement, vous ne souffrirez d'aucun problème d'ego ; vous avez vécu et vous vivrez après. Vous considérerez votre activité comme une escale très plaisante, saisissant toutes les occasions pour y trouver du plaisir. Dans quelques mois, votre mental se fixera des objectifs à atteindre mais personne autour de vous ne pourra les soupçonner. Vous ne demanderez rien, appliquerez votre devoir consciencieusement et attendrez votre heure.

NEUF. Votre émotivité fait surgir en vous des montagnes de souvenirs et, surtout, des événements que vous voudriez n'avoir jamais vécus. Pourquoi repousser la réalité, vouloir en faire abstraction ? Vous êtes capable de vous transformer, de choisir d'être heureux.

NEZ. Douloureux ou blessé. Frustré et perturbé par la rupture d'un lien affectif, vous sentant repoussé, vous êtes révolté. Vos revendications peuvent vous mener à une attitude injuste et malveillante à l'égard d'autrui.

NID. Vous vous questionnerez sur la valeur de votre vécu, sur le chemin que vous avez envie de parcourir durant les prochaines années. Il vous faudra apprendre à vivre au présent sans vous juger, sans vous autocritiquer, si vous voulez changer pour être plus heureux.

NOCES. Y prendre part. Vous mettez votre ego en veilleuse. Vous travaillez main dans la main avec vos collègues. Bref, vous réalisez que vous n'avez pas besoin de tyranniser votre entourage pour obtenir de bons résultats. On dirait que l'heure de la sérénité a sonné. Du coup, vous gérez habilement votre carrière. Vous rencontrez des gens influents et êtes dans tous les bons coups. Ménagez votre partenaire. La réussite, oui, mais pas à n'importe quel prix.

NŒUDS. Culpabilisé par les sentiments de colère ou par les désirs de vengeance que vous entretenez en secret, pour échapper à la tension ou à l'angoisse, vous vous dispersez dans une vie superficielle, incapable de jeter l'ancre quelque part.

NOIR. Le passé vous a plongé dans des moments douloureux, vos yeux vous trahissent et vous ne pourrez plus dissimuler vos peines. Vous émergerez d'une longue période morose. Construisez-vous une image à la fois rigoureuse, efficace et bienveillante. Cela vous donnera confiance.

NOIX. Légère comme une plume, votre intelligence ne s'angoissera pas à définir des plans de travail trop élaborés. Trois conditions vous sembleront nécessaires pour réussir : la discipline, la chance et le recul. Votre mission terminée, vous passerez à autre chose.

NOMBRES. Y rêver. Beaucoup de caractéristiques associées aux nombres sont liées à la personnalité ; leur signification doit être interprétée dans un sens général. Les nombres ont également des relations positives avec des dates importantes de notre vie.

> **Calculer.** Les communications seront faciles aujourd'hui. C'est le moment d'avoir cette conversation qui vous permettrait de comprendre ce qui se passe pour une personne de votre entourage. Un court voyage vous ferait du bien.

NOMBRIL. Votre santé méritera votre attention. Votre créativité vous poussera, mais votre corps vous demandera de ralentir. Votre esprit sera la proie de contradictions difficiles. Si vous ne trouvez pas la solution, votre corps lui-même vous rappellera à l'ordre, de manière soudaine et violente.

NOTAIRE. Indifférent à tout ce qui n'est pas votre objectif, devenu votre unique raison de vivre, vous espérez y parvenir et retrouver l'estime de votre entourage et le vôtre. Vous êtes trop tendu et n'essayez pas de comprendre le point de vue des autres, leur opposant le mur de votre froideur et de votre indifférence.

NOUILLES. En faire cuire. Vous maîtrisez mieux les situations. Vous vous contrôlez, vos paroles ont du poids. Vous attirez l'attention, que ce soit pour travailler ou tout simplement pour plaire. Si, jusqu'à maintenant, vous avez eu une attitude de serviteur, vous n'acceptez plus qu'on vous marche sur les pieds.

> **En manger.** Vous vous trouvez en face de difficultés imprévues. Recherchant d'abord votre bien-être et votre agrément, vous souhaiteriez mener une existence tranquille dans une atmosphère douillette et intime, au sein d'un groupe social ou auprès d'une personne dont vous vous sentiriez aimé et qui vous protégerait.

NOURRITURE. Agréable au goût. Vous refaites vos forces, vous régénérez vos batteries, vous puisez vos besoins à même la source. Vous entrez dans votre carapace, histoire de ne pas vous éparpiller et pour éviter que les autres sucent votre énergie. Vous avez des pensées qui vous étonnent grandement. Vous remaniez votre échelle de valeurs. Vous revenez à un mode de vie plus sain, qui vous ressemble davantage.

Désagréable au goût. En ce qui vous concerne, la santé et le moral sont excellents. Cependant, il n'en va pas de même pour un membre de votre entourage qui souffre présentement de crises d'angoisse. Ne cherchez pas les mots pour le calmer, soyez juste tout près quand il en aura besoin. Votre fine psychologie et votre philosophie de la vie attirent à vous les gens qui souffrent.

NOUVEAU. Votre émotivité fait surgir en vous des montagnes de souvenirs et, surtout, des événements que vous voudriez n'avoir jamais vécus. Pourquoi repousser la réalité, vouloir en faire abstraction ? Vous êtes capable de vous transformer, de choisir d'être heureux.

NOYADE. Se noyer. Vous voulez que cela change ! Vous n'êtes plus capable de vivre ainsi, sans stabilité ni harmonie. Ne prenez aucune décision importante engageant votre avenir avant d'avoir réglé votre baisse de moral. Vous devez avoir l'esprit clair et lucide pour entreprendre une action de ce genre. Vous avez de bons amis qui ne demandent qu'à vous aider à vous en sortir ; ne refusez pas leur aide, remisez votre orgueil et laissez-vous câliner.

Voir quelqu'un se noyer. Votre disponibilité amoureuse est très limitée. Vous avez besoin de toute votre énergie à vous reconstruire et vous ne pouvez plus en donner aux autres. Vos besoins sexuels sont quasi inexistants et vous préférez la solitude à un tête-à-tête ou à la foule. Votre besoin de solitude et de recueillement est légitime, mais expliquez votre comportement à vos amis pour ne pas leur laisser croire que vous ne les aimez plus.

NUAGE. On pourrait croire que vous multiplierez vos chances par deux. Pas si simple… Concentré d'abord, vous deviendrez brouillon. Le travail finira par vous oppresser et vous pourrez dilapider votre énergie en quelques minutes. N'entassez pas les dossiers, le retard vous angoisserait.

NUDITÉ. Vous n'aurez pas besoin de conseils pour agir. Vous développerez votre spontanéité et votre optimisme. Ne brassez pas de l'air inutilement. On devine toujours votre présence au son de vos clés ou de vos bracelets ; faites silence, pour votre bien surtout. Fondez votre vie sur un temps d'inspiration, puis d'expiration. Faites de la méditation.

NUIT. Détaché des valeurs extérieures, vous n'avez aucun goût pour la parade, l'ostentation et vous préférez passer inaperçu. Vous avez tendance à surestimer ce qui vous appartient et dont vous prenez un soin méticuleux.

NUMÉRO. Rêver à un numéro. Beaucoup de caractéristiques associées aux nombres sont liées à la personnalité ; leur signification doit être interprétée dans un sens général. Les nombres ont également des relations positives avec des dates importantes de notre vie.

OASIS. Vos journées seront vouées à la rigueur. Planifiant scrupuleusement vos tâches, vous ferez tout pour ne pas être dissipé. Cette assiduité recevra les encouragements de vos collègues. On ne saura pas comment vous aborder, mais on ne pourra que louer vos compétences.

OBÉIR. Aux autres. Chaque matin, vous enfilez un masque d'indépendance et de courage et chaque soir vous le retirez pour retrouver votre peine, votre fragilité, votre angoisse. Pourquoi vous cacher ainsi? Votre besoin affectif est grand et vous pouvez le combler facilement avec ceux qui vous aiment. Mais pour cela, vous devez en parler… Une personne proche de vous remarque votre désarroi et vous tend la main, ne la repoussez pas.

> **Être obéi.** Vous vous retenez de laisser libre cours à vos élans de tendresse, à vos mots d'amour, à votre besoin de chaleur humaine. Vous refaites surface socialement parlant et on vous accueille avec joie et allégresse. On s'est ennuyé de vous et on fait une fête de votre retour. Un membre de votre famille se confie à vous et sollicite votre aide.

OBÉLISQUE. Au travail, vous aurez du ressort et ne baisserez jamais les bras. Amoureux des discussions, vous serez expert en relations humaines. En présence d'un public, vous vous transformez. Vous serez, au sein de votre entreprise, le meilleur ambassadeur, prêt à soutenir la marque ou la société qui vous emploiera. Vous seriez un excellent publiciste. Soucieux de votre image, vous jouerez sur votre tenue vestimentaire et votre coiffure pour faire bonne impression.

OBÉSITÉ. Vous avez de plus en plus de difficulté à supporter la pression inhérente au travail. Vous entrez, bien malgré vous, dans un cercle vicieux. Vous réglez une fois pour toutes une situation désagréable qui revient régulièrement. Faites preuve de vigilance dans la signature de contrats ou d'ententes. Vos finances sont saines et à la hausse.

> **Être gros et gras.** Vous avez des réactions et des pensées qui ne vous ressemblent pas ! Ne mettez pas tout le monde dans le même panier. Votre esprit est ailleurs, vous oubliez, vous avez de la difficulté à comprendre ce que l'on vous raconte. Vous en avez assez d'entendre les problèmes des autres. Attention ! vous êtes porté à vous replier sur vous-même. Ne faites pas une montagne avec un petit problème.

OBSERVATOIRE. S'y trouver. La gestion de vos biens risque d'être en dents de scie. Faites attention aux investissements douteux. Ne bâtissez pas de châteaux en Espagne, vous seriez amèrement déçu. En revanche, tout va pour le mieux sur le plan professionnel, mais ne changez pas de secteur d'activité, car votre carrière devrait se développer.

OBSTACLE. En franchir un. Vous avez un comportement rationnel. Adapté au monde extérieur, vous acceptez avec philosophie les limitations, la discipline, les obligations et les devoirs issus du milieu. Vous réprimez votre égoïsme biologique et les tendances qui porteraient atteinte à la liberté d'autrui.

> **Être incapable d'en franchir un.** Il y a contradiction entre votre désir de vous insérer harmonieusement dans votre milieu et votre répugnance à coopérer, qui vous pousse à vous rebeller. À cette répugnance s'ajoutent des sentiments de vengeance refoulés, d'où la tension que vous éprouvez.

OCÉAN. Vous ferez peser de lourdes responsabilités sur les épaules de votre conjoint. Il devra assumer l'équilibre familial et honorer vos désirs. Il se révoltera, vous reprochant d'avoir un esprit autoritaire. D'ici quelques semaines, vous tempérerez vos paroles, remplaçant les ordres par des suggestions.

ODEUR. En sentir une bonne. Vous possédez une conscience collective très rare. Vous avez une ouverture d'esprit large et vous détestez avoir cette impression d'être dans une cour clôturée. Vous ragez devant les préjugés et les tabous véhiculés tous les jours. Vous avez l'âme d'un missionnaire, vous prêchez un amour universel et l'abolition des frontières. Pas facile de convertir les petits esprits fermés !

En sentir une mauvaise. Vous êtes fatigué et amorphe. Vous ne prenez plus de plaisir à relever les défis, ils vous semblent tous au-dessus de vos forces. Vous avez l'impression de traîner un boulet à votre cheville, ce qui vous empêche d'avancer. Ce boulet, c'est votre moral qui ne suit plus la cadence. Vous êtes au bord de l'épuisement et devez penser à vous ressourcer avant de tomber complètement. Il est plus que temps de penser à vous, et seulement à vous !

ŒIL. La vigilance et la clairvoyance, c'est la conscience morale. Vous menez une vie équilibrée. Votre comportement est généralement sain, tant vis-à-vis de vous-même qu'auprès de ceux qui vous entourent. Vous êtes épanoui et trouvez la vie belle, vous savez profiter à bon escient de la variété des choses qu'elle vous offre. Vous avez donc tout intérêt à continuer dans cette voie.

ŒUF. Vous adoptez une attitude de froide correction à l'égard des autres, estimant indigne de vous de témoigner de la douceur et de la tendresse. En revanche, vous éprouvez une immense jalousie à l'égard de votre partenaire.

OIE. En amour, vous passez de la pudibonderie au dévergondage le plus débridé, toujours avec autant d'appréhension. Vous faites l'amour presque à regret, de peur que cela ne dure pas assez longtemps. Il vous faut quelque chose de rassurant, de réconfortant, de chaleureux, et beaucoup de *cocooning* pour que cela fonctionne. Laissez-vous aller un peu, l'être aimé ne demande que cela.

OIGNON. Le jugement des autres prend une trop grande importance dans votre vie. C'est votre vie et c'est à vous seul de la vivre et de la façon que vous le désirez. On ne peut plaire à tout le monde ! Votre colonne vertébrale est vulnérable, alors faites bien attention lorsque vous forcez pour ne pas lui faire de torts irréparables et fort douloureux.

OISEAU. La liberté et la quête du spirituel symbolisent la connaissance de l'inconscient, base de la sagesse. Les crises d'angoisse s'estompent, puis disparaissent enfin. Votre subconscient est moins tourmenté maintenant que vous avez trouvé la cause de ce malaise. Les réponses n'ont pas encore été toutes trouvées mais vous posez les bonnes questions, c'est un excellent début. Vous progressez dans votre cheminement spirituel et la prière est pour vous une source de réconfort et de sérénité.

OLIVE. Vous ressentez comme une contrainte l'attachement trop intense que vous vouez à quelqu'un de votre entourage. Tout en vous soumettant aux lois de l'amour, en vous abandonnant au plaisir d'être choyé, vous aspirez à l'indépendance affective.

OMBRE. La sienne. Vous voulez réussir, cela est clair, et vous voulez réussir dans tous les domaines de votre vie. Vous exigez de vous une perfection qui n'est pas tout à fait humaine! Vous mettez beaucoup d'énergie à garder une image de force et d'endurance et, en plus, vous êtes généreux de votre temps pour les autres. Mais voilà, vous oubliez la personne la plus importante de votre vie: vous!

Voir celle de quelqu'un d'autre. Votre capacité à encaisser les coups est mise à rude épreuve en ce moment. Vous vous en sortez avec quelques égratignures, mais sans blessure majeure. Bien que vous n'aimiez pas prendre les armes, vous savez tout de même vous en servir! On ne vous marche pas sur les pieds en ce moment ou on le regrette amèrement!

ONGLE. Surveillez bien votre alimentation et redoublez de prudence. Vos points faibles: le cœur, les artères coronariennes et le système circulatoire en général. Prenez le temps de vous relaxer pour ne pas donner prise à l'angoisse qui risquerait de vous jouer plus d'un tour.

OPALE. En recevoir une. Elle éloigne la peur, favorise la chasteté, subjugue les fantômes et les terreurs nocturnes. Vous trouvez un dérivatif à la mélancolie dans une activité absorbante et soutenue vous permettant de dominer autrui. Mais vous vous imposez des contraintes et des limitations qui engendrent une forte tension nerveuse, et la passion ardente que vous maîtrisez risque d'exploser brutalement.

En offrir une. Vos collaborateurs vous épauleront et nourriront de grandes ambitions grâce à vous. Vous les aiderez à ne pas regarder en arrière. Ils lutteront courageusement pour atteindre les objectifs que vous aurez fixés ensemble. Vous rangerez votre individualisme au vestiaire, conscient qu'on ne peut réussir sans le concours des autres. Ils loueront votre capacité à allier humour et discipline et vous inviteront souvent hors du cadre professionnel.

En porter une. Journée d'enthousiasme. Canalisez vos énergies et ne vous laissez pas entraîner dans une direction qui ne vous mènerait nulle part. Vous serez trop sociable pour être parfaitement à l'aise dans l'intimité; voyez du monde.

Perdue ou volée. Vous aurez du plaisir en compagnie de personnes qui ont le même humour que vous. Les possibilités sont grandes de vous rapprocher d'une personne que vous aimez bien. Faites les premiers pas sans hésiter.

OPÉRA. De petits ennuis agiront sur votre moral. Un jour, vous serez trop enrobé, un autre, vous aurez la migraine. Ces alibis nuiront à votre combativité et vous vous laisserez aller. Votre manque affectif sera tel que vous trouverez des prétextes pour demander du secours.

OPÉRATION. Vous serez en mesure de donner à votre existence une dimension de grande stabilité. Faites attention à votre agressivité et à votre laisser-aller. Soyez plus aimable envers votre entourage. Ne versez pas dans la mélancolie. Mettez en valeur votre charme naturel.

OR. En recevoir. Il éloigne la peur, favorise la chasteté, subjugue les fantômes et les terreurs nocturnes. Vous trouvez un dérivatif à la mélancolie dans une activité absorbante et soutenue vous permettant de dominer autrui. Mais vous vous imposez des contraintes et des limitations qui engendrent une forte tension nerveuse, et la passion ardente que vous maîtrisez risque d'exploser brutalement.

En offrir. Vos collaborateurs vous épauleront et nourriront de grandes ambitions grâce à vous. Vous les aiderez à ne pas regarder en arrière. Ils lutteront courageusement pour atteindre les objectifs que vous aurez fixés ensemble. Vous rangerez votre individualisme au vestiaire, conscient qu'on ne peut réussir sans le concours des autres. Ils loueront votre capacité à allier humour et discipline et vous inviteront souvent hors du cadre professionnel.

En porter. Journée d'enthousiasme. Canalisez vos énergies et ne vous laissez pas entraîner dans une direction qui ne vous mènerait nulle part. Vous serez trop sociable pour être parfaitement à l'aise dans l'intimité; voyez du monde.

Perdu ou volé. Vous aurez du plaisir en compagnie de personnes qui ont le même humour que vous. Les possibilités sont grandes de vous rapprocher d'une personne que vous aimez bien. Faites les premiers pas sans hésiter.

ORAGE. Vous ralentissez le rythme car celui-ci était trop rapide et essoufflant pour vous. Cela vous permet de respirer mieux et de vous débarrasser de cette tension constante qu'était la vôtre. Votre efficacité est encore réelle même si vous travaillez différemment; en fait, elle est supérieure maintenant que vous êtes plus décontracté.

ORANGE. Symbole de fécondité ayant un sens très positif. L'amour vous frappe en plein cœur; il vous étourdit, vous fait flotter! Les sentiments et les émotions se bousculent en vous; vous avez peur et êtes excité à la fois. Vous hésitez à embarquer mais vous ne pouvez pas passer à côté. Vos amis vous entourent comme jamais, au point de vous sentir un peu étouffé. Mais vous restez un peu à l'écart.

ORCHESTRE. En entendre un. Vos relations avec vos supérieurs seront au beau fixe ; il aura fallu du temps pour instaurer un climat de confiance, mais il se prolongera durant des années. Vous prendrez davantage d'initiatives, heureux d'être jugé sur des résultats, et non plus en fonction de votre image. Consciencieux, vous ne négligerez aucun détail. Financièrement, vous améliorez vos revenus, quitte à prendre des risques, autant que cela rapporte.

Jouer de la musique avec un orchestre. Côté professionnel, vous continuerez votre ascension et vous vous verrez offrir des postes de haute responsabilité. Vous serez chanceux sur les plans immobilier et commercial. Cependant, méfiez-vous des conseils provenant de personnes plus ou moins intentionnées. Ne vous fiez qu'à vous-même et vous vous en sortirez mieux.

ORDRES. Y obéir. Les légumes vous aideront à être résistant. Vous manquerez de fer et de magnésium ; vous réduirez ces carences en adoptant un régime alimentaire sain. Sachant que l'esprit contrôle le corps, vous admettrez que l'équilibre dépendra aussi de votre façon de vivre. Le sommeil sera réparateur, vous dormirez comme un bébé. À certains moments, l'envie de vous assoupir vous incitera à vous coucher à des heures régulières.

En donner. Vous ressentez un trouble qui persiste malgré vos efforts pour vous en débarrasser. Vous trouvez un confident et le fait de vous confier tout simplement vous fait un bien énorme. Vous trouvez des réponses en parlant de ce que vous ressentez et le ménage se fait dans votre tête. Ne déterrez pas de vieux souvenirs, sauf en cas d'absolue nécessité.

ORDURE. Vous ne pouvez vous confier ni vous fier à tout le monde. Vous aurez des intuitions justes par rapport à de nouvelles personnes que vous rencontrerez. Les unes seront parfaitement honnêtes et les autres ne chercheront qu'à tirer profit sans aucune intention de vous donner ce qui vous revient en échange.

OREILLES. Douloureuses. Quand vous décidez de reprendre la forme, vous prenez les moyens qui s'imposent et vous ne vous ménagez pas. Régime alimentaire strict, routine d'exercices physiques, abolition de l'alcool, prise de vitamines, etc. Et cela marche ! Vous voilà frais comme une rose, prêt à aborder l'avenir d'un bon pied.

Percées. Vous sortez beaucoup et vous vous laissez aller à des excès et à des abus de toutes sortes. Parce que vous êtes une personne généreuse, vous distribuez les compliments et les marques d'affection sans compter, mais prenez garde. Certaines personnes interprètent ces hommages comme des tentatives de séduction. Et celles-ci ont des attentes !

Boucles d'oreilles. Vous connaissez une vie amoureuse très harmonieuse et c'est en grande partie en elle que vous vous ressourcez constamment, que vous puisez toute l'énergie dont vous avez besoin. Entre vous et l'autre, c'est un échange constant de petites attentions et de marques de tendresse. Les relations amicales sont au beau fixe. Parce que vous êtes quelqu'un de très discret, on vous fait entièrement confiance.

OREILLER. Vos compétences sont reconnues. Votre application au travail vous vaut de nombreuses marques de considération et d'estime. Vous réglez un problème qui paraissait insurmontable à vos collègues. Sur le plan financier, vous devez vous serrer un peu la ceinture, mais pour peu de temps.

ORGELET. Votre réussite sentimentale ne sera pas illusoire ; si les rumeurs ne parient pas sur votre relation, vous laisserez dire, afin de protéger votre union. Trouvant en votre partenaire un associé, un confident ou un conseiller, vous vous suffirez l'un à l'autre pour avancer.

ORGUE. En jouer. Au travail, on vous demande d'exercer votre leadership et cela vous plaît. On fait appel à votre tact et à votre diplomatie pour dénouer une situation délicate. Un nouveau défi vous est proposé : acceptez-le ! Changements positifs et bénéfiques. Demeurez réaliste et concret. Les finances se redressent et se stabilisent.

En entendre jouer. Il est passionnant le tourbillon de la vie, du travail, des amours et des enfants, mais il reste nécessaire de vous réserver des moments de détente ! Intérieurement, vous vous sentirez plus seul que d'habitude. Ce sera, malgré tout, une bonne journée pour promouvoir vos idées.

ORIGNAL. Enraciné dans une activité routinière, vous réfléchirez à une autre carrière. Patience ! Trouvez des intérêts inédits pour tenir le coup, sinon vous finirez vite par déchanter en constatant que la terre ne vous aura pas attendu pour tourner. Semez d'abord, cultivez ensuite.

ORNEMENT. De la maison. Vous réfléchissez à la possibilité de réorienter votre carrière. On vous fait une proposition d'affaires qui semble très intéressante. Un membre de votre entourage professionnel cherche à ternir votre réputation. On le remet rapidement à sa place. Les finances se portent merveilleusement bien !

Brisé. Pour compenser le sentiment de minimisation, vous vous lancez dans une activité régulière avec l'espoir que l'avenir vous apportera une vie plus intéressante, plus gaie et de nombreuses satisfactions, particulièrement sur le plan sexuel.

ORTEIL. Beaucoup d'argent à ramasser, à condition de vous baisser et de courber l'échine. Le goût de l'effort et de la discipline vous vaudra de belles récompenses. Vous chercherez un alter ego pour vous stimuler et vous suivre dans vos projets. Il vous faudra souvent vous faire violence.

S'en couper un. Un rien vous impressionnera et la moindre contrariété vous plongera dans un grand désarroi. Vous jouerez le martyr, n'attendant qu'un mot réconfortant pour aller mieux. Vous obtiendrez ces douces paroles, mais vous apprendrez aussi à les exprimer à votre tour.

OS. S'en briser un. On ne peut pas dire que vous pétez le feu, même si vous êtes encore capable d'accomplir de grandes performances. Vous trouvez les journées longues et les nuits trop courtes, d'autant plus que vous souffrez d'insomnie. Marchez longuement tous les soirs, puis offrez-vous une tisane au tilleul ou à la menthe avant d'aller dormir.

OURAGAN. Vous auriez peut-être avantage à vous montrer un peu plus à l'écoute des besoins de l'autre. Sinon, la situation pourrait se détériorer pendant que vous êtes en train de vaquer à vos occupations. Derrière cette attitude se cache une certaine peur de l'intimité ou même une forme de dépendance affective.

OURS. Être attaqué par un ours. Les tâches sont abondantes. Pour rendre service, vous acceptez plus de travail que vous n'êtes capable d'en abattre. Apprenez à dire non, dressez-vous une liste de priorités et, de grâce, finissez ce que vous commencez. Une somme d'argent inattendue arrive à point. Jouez un peu à la loterie.

OUTARDE. En amour, vous passez de la pudibonderie au dévergondage le plus débridé, toujours avec autant d'appréhension. Vous faites l'amour presque à regret, de peur que cela ne dure pas assez longtemps. Il vous faut quelque chose de rassurant, de réconfortant, de chaleureux et beaucoup de *cocooning* pour que cela fonctionne. Laissez-vous aller un peu, l'être aimé ne demande que cela.

OUTIL. Vous entrerez dans une période euphorique et cela vous effraiera. Habitué à vous battre, vous ne saurez quel fruit cueillir sur l'arbre du bonheur. Luttez contre la peur! Si vous êtes heureux, c'est que vous le méritez. Restez dans une dynamique de plaisir. Rédigez votre loi, tendez votre arc, visez la cible choisie. La flèche atteindra forcément son objectif.

OUVRIER. Vous passerez votre vie à guetter le facteur, à vérifier vos courriels ou à espérer un coup de téléphone. L'amour vous fera encore souffrir en vous plaçant en situation de dépendance. Vous aurez besoin d'être rassuré, d'officialiser votre union. Votre partenaire tardera à répondre à vos questions.

OVATIONNER. Être ovationné. Ce n'est pas parce que vous êtes doté d'une forte constitution que vous pouvez vous croire autorisé à faire des abus. La santé est un bien précieux et les excès sont à proscrire. L'agitation des mois précédents a quelque peu entamé votre grande réserve d'énergie. Respectez votre corps et vos limites, sans quoi vous paierez cher cette illusion d'invincibilité.

Quelqu'un d'autre. Vous êtes habité d'une telle vitalité et d'un tel dynamisme que vous êtes une sorte de soleil pour les gens de votre entourage. On vous consulte fréquemment pour obtenir vos sages conseils. Attention, toutefois, de ne pas abuser encore une fois de vos forces. Continuez de vous ressourcer dans la méditation et réservez-vous des périodes de détente et de solitude.

OVNI. Une dépense imprévue et relativement importante vient grever votre budget et cela entraîne du retard dans le paiement de vos comptes. Réduisez vos dépenses au minimum. Sur le plan du travail, vos supérieurs testent, à votre insu, vos aptitudes. On vous confie des responsabilités nouvelles et on diminue votre charge de travail.

PAILLASSON. Vous ressentez de fortes impulsions qui vous poussent vers l'extérieur tant sur le plan des amitiés que sur celui des amours intimes. Vous recherchez et trouverez la tendresse et l'affection autour de vous. Mais c'est plutôt l'amour physique qui prévaut en ce moment dans votre vie affective et, sur ce plan, d'intenses satisfactions sont à prévoir. C'est le temps pour vous de provoquer ces moments de tête-à-tête qui seront réussis avec l'être aimé. Des intimités, même secrètes, apportent des plaisirs subtils où vous vous épanouissez librement.

PAILLE. Cupidon vous réserve un coup de foudre d'ici quelques semaines. Votre vie s'en trouvera tout illuminée. La passion vous dévorera et vous en serez fort aise. Vous aurez le cœur et les sens en ébullition. Votre libido pourra enfin s'exprimer librement. Vous planerez! Vous n'aurez que le mot «positivisme» à la bouche et cela finira par déteindre sur vos amis qui seront heureux de votre bonheur tout neuf.

PAIN. Vous faites preuve d'une grande sagesse. Pas d'excès, peu d'abus et une saine alimentation. Vous êtes un bel exemple pour les membres de votre entourage. Vous exprimez votre joie de vivre en gâtant ceux que vous aimez. Vous êtes tellement éclatant de santé que vous rajeunissez à vue d'œil. Vous possédez une très grande force intérieure.

PALAIS. En bon état. Sûr de votre bon droit, déterminé à demeurer sur vos positions, vous vous fermez à toute suggestion pour préserver une situation où vous appréciez la considération qui vous est témoignée. Le sentiment d'importance qu'elle vous procure vous aide à dépasser le découragement et la solitude.

En ruine. Vous recherchez la source d'un malaise qui subsiste en vous. Vous recevez des conseils judicieux : sachez les écouter et les mettre en pratique. Vous ne pourrez plus ignorer vos souvenirs douloureux enfouis dans votre mémoire. Vous devrez vivre votre peine si vous voulez pouvoir passer à autre chose. Vos espoirs sont, pour la plupart, réalisés si vous savez vous servir de vos atouts.

PALMIER. Le mot « mutation » aura plusieurs sens. Il symbolisera une transformation radicale très bientôt. Au travail, vous pourriez changer de secteur. Une formation serait alors nécessaire pour améliorer vos connaissances et maîtriser votre tâche.

PAMPLEMOUSSE. L'amour vous frappe en plein cœur, vous étourdit, vous fait flotter ! Les sentiments et les émotions se bousculent en vous, vous avez peur et êtes excité à la fois, vous hésitez à embarquer mais vous ne pouvez pas passer à côté. Vos amis vous entourent comme jamais, au point de vous sentir un peu étouffé. Toutefois, vous restez un peu à l'écart.

PANIER. Vos collègues ne savent jamais où vous voulez en venir. Affirmant un jour être désintéressé puis négociant pour une peccadille, vous affichez une relation particulière avec l'argent. S'il fallait en gagner pour satisfaire vos désirs, vous seriez rapidement ruiné. Seul le bonheur de vos proches vous motivera à changer d'attitude.

PANNE. Vous vivez une relation amoureuse satisfaisante, mais sans plus. Il vous manque ces petits frissons qui font la différence entre l'amour passion et l'amour tendresse. Votre sens de l'humour fait de vous la vedette au cours d'une soirée un peu spéciale. Vous êtes submergé par les invitations qui fusent de toutes parts. Vous aimez être aimé et vous sentir apprécié.

PANSEMENT. Vous manquerez de confiance en vous, ne sachant plus sur qui vous reposer. Si vous êtes célibataire, la solitude vous rendra un peu aigri, vous fermerez votre porte aux meilleurs amis. En couple, vous craindrez de soulever la polémique et vous vous enfermerez dans un utisme de plus en plus inquiétant.

NTALON. En voir un beau. La journée sera riche en événements tout ce qui concerne vos rapports avec les autres. Il ne tiendra qu'à vous de partager le fruit de votre expérience. Dans votre intimité, vous pourriez être étonné des sentiments qu'une personne a pour vous.

En voir un laid. Si vous éprouvez le besoin d'avoir une explication avec un proche, sachez que l'autre n'en est peut-être pas au même point que vous. Dans vos activités, vous aurez de la concentration. Vous pourriez être surpris de l'attitude de quelqu'un.

PANTOUFLE. Votre vie professionnelle vous permettra de tisser de nouvelles relations. Votre réseau amical sera vaste, mais peu de gens occuperont une place essentielle dans votre cœur. Vous les compterez sur les doigts d'une main. Avec les autres, vous ferez la fête, vous organiserez des soupers sans jamais dévoiler réellement votre personnalité. L'amour suffira à votre bonheur. Pourquoi s'entourer d'une cohorte d'individus alors que la valeur de l'existence se mesurera à la force d'aimer? Pourtant, la solitude vous angoissera.

PAPE. Vous distribuerez des promesses comme des bonbons; les personnes à qui elles seront destinées les trouveront acidulées. Prendre le temps de parler de vos sentiments vous coûtera; vous continuerez de fuir le face-à-face. Votre conjoint en souffrira et vous mettra en garde. Une pointe de nostalgie apparaîtra dans vos yeux lorsque vous évoquerez vos relations passées. Vous essayerez toujours de garder en mémoire les instants les plus forts.

PAPIER. Sous une apparente docilité et une humilité excessive se dissimule un orgueil gigantesque mais réprimé. Vous avez tendance à vous sentir offensé, humilié sans raison et sans le montrer. Vous accusez quelqu'un que vous détestez de tous les torts, le jugeant responsable de ses échecs.

Déchiré. Vous entreprendrez sous peu un travail qui mobilisera votre énergie. On pourrait vous reprocher d'être moins disponible; si c'est le cas, tâchez de garder des plages de tranquillité pour vos relations intimes et la vie familiale. Les questions financières seront à l'ordre du jour.

PAPILLON. Il symbolise la séduction, l'amour, la pureté, la fidélité. Sur le plan sentimental, une mise en garde s'impose. Soyez raisonnable: ne demandez pas à ceux qui vous aiment plus qu'ils ne peuvent en donner. Si vous réussissez à vous corriger, vous en sortirez gagnant.

PARACHUTE. S'y voir. Au travail, stress, tensions, soupçons, doutes, routine et ennui. Voilà, en gros, l'image de l'ambiance qui règne, en ce moment, dans votre vie professionnelle. Aller travailler est devenu pour vous une corvée et, bien sûr, votre rendement s'en ressent. On vous semonce sur votre laisser-aller. Parlez de vos problèmes…

Voir des parachutistes. Attention! Vous êtes tellement plein de bonne volonté que certaines personnes sont tentées d'abuser de votre confiance et de votre générosité. Ne vous laissez pas faire. Apprenez à dire non, gentiment mais fermement. On vous fait miroiter la possibilité d'une association lucrative. Étudiez la proposition sous toutes ses coutures.

PARADE. Vous êtes sur le point de passer à une autre étape de votre vie, de quitter mentalement et émotivement votre passé pour faire peau neuve. Également, vous pourriez rencontrer une personne que vous n'avez pas vue depuis longtemps et constater qu'elle s'est transformée.

PARADIS. Vous pourriez vous trouver dans une situation contraignante. Utilisez vos ressources intérieures. Vous trouverez ce qu'il faut faire. Dans vos activités, un peu de discipline vous permettrait de vous acquitter de vos obligations tout en respectant les échéances.

PARALYSER. Cela symbolise le conflit interne, le manque de confiance en soi. Vous n'êtes pas vraiment jaloux, mais vous pourriez le devenir. Vous ne pouvez pas vous empêcher, de temps en temps, de faire une remarque désagréable ou d'envier telle ou telle chose chez vos amis. Essayez donc de faire taire vos mauvais instincts, d'autant plus que vous êtes un jaloux occasionnel. Tentez de rejeter ces questions qui vous hantent parfois et sachez que ces petits pincements d'amour-propre que vous ressentez sont fugitifs.

PARAPLUIE. Vous espérez trouver la sérénité, la paix de l'esprit en méritant la confiance de vos proches. Vous pensez que des relations paisibles et harmonieuses vous feront oublier les déceptions cuisantes résultant de l'échec de vos ambitions.

Brisé. Vous refoulez volontairement le souvenir de la défaite de vos projets et vous vous réfugiez dans le rêve, formant l'espoir de recréer un paradis perdu de joies, de plaisirs, de caprices procurés par une vie facile et protégée. Ce comportement de fuite devant la réalité n'apporte aucun soulagement à votre anxiété et vous êtes toujours sur le qui-vive, prêt à toutes les extrémités pour défendre une situation dont la précarité ne vous échappe cependant pas.

Retourné. Sur le plan professionnel, votre efficacité est remarquée. Vous n'avez plus à prouver vos compétences. Votre perfectionnisme, dans un dossier en particulier, vous vaut des félicitations de la part de vos supérieurs hiérarchiques. Sur le plan financier, une perte d'argent est vite compensée par une rentrée inattendue.

PARC. Vous espérez réaliser de grandes choses, des exploits qui vous distingueraient de la majorité de vos semblables. Cette ambition de grandeur ou de pouvoir a pour but de compenser le sentiment de faiblesse, d'humilité et d'impuissance qui vous tourmente et que vous oubliez en multipliant les entreprises sans en mener aucune à bien.

PARCHEMIN. Vous comprenez enfin que les périodes de repos sont nécessaires à la conservation de la santé. Votre système nerveux est dans un piètre état. En outre, vous êtes dans une période de questionnement importante et cela vous cause des angoisses et de l'anxiété. Vous faites, une fois de plus, le bilan de votre vie. Ne soyez pas si négatif.

PARENT. Père et mère. Vous avez une volonté de fer et vous ne vous laissez pas facilement influencer par les autres, car vous savez ce que vous voulez dans la vie. Il vous suffit de croire que vous avez raison, pour mener à bien ce que vous désirez, car vous savez vous imposer et vous faire respecter.

> **Le devenir.** Votre volonté n'est pas très affirmée. Toutefois, dans la plupart des cas, elle ne vous fait pas défaut et une fois que vous avez décidé quelque chose, rien ne vous fait revenir sur vos pas. Il vous manque juste un peu de confiance en vous.

PARFUM. Utilisé par une femme. Vous tentez de panser les plaies infligées à votre amour-propre en vous identifiant à quelqu'un, dans l'espoir qu'une ambiance de tendresse voluptueuse et de douceur apportera un soulagement à l'angoisse dont vous souffrez.

> **Utilisé par un homme.** Pour combler le sentiment de ratage dû à l'échec de vos ambitions, vous axez votre vie sur la réussite matérielle, l'acquisition de valeurs sécurisantes. Vous vous efforcez d'être réaliste, de vous organiser de manière rationnelle pour réaliser une action cohérente. Vous vous fixez des buts précis, bien délimités et vous faites preuve de logique dans votre conduite.

> **En sentir un bon.** Vous possédez une conscience collective très rare. Vous avez une ouverture d'esprit large et vous détestez avoir cette impression d'être dans une cour clôturée. Vous ragez devant les préjugés et les tabous qui sont véhiculés tous les jours. Vous avez l'âme d'un missionnaire, vous prêchez un amour universel et l'abolition des frontières. Pas facile de convertir les petits esprits fermés !

> **En sentir un mauvais.** Vous êtes fatigué et amorphe. Vous ne prenez plus de plaisir à relever les défis, ils vous semblent tous au-dessus de vos forces. Vous avez l'impression de traîner un boulet à votre cheville, ce qui vous empêche d'avancer. Ce boulet, c'est votre moral qui ne suit plus la cadence. Vous êtes au bord de l'épuisement et devez

penser à vous ressourcer avant de tomber complètement. Il est plus que temps de penser à vous.

PARKING. Vous semblez insatisfait, parfois même triste. Vous avez l'impression de passer à côté de certaines choses importantes. Il est vrai que les choses avancent très lentement, pourtant, vous êtes sur la bonne voie. D'ici quelques mois, vous réussirez à atteindre certains objectifs et surtout à stabiliser vos acquis, ce qui ne s'était pas produit depuis longtemps.

PARLER. Avec les autres. Les questions d'argent sont au programme. Vous attirerez les heureux hasards. Il serait tout de même bon de consulter une personne qui pourrait vous prévenir de certains obstacles. En amour, vous serez ouvert.

Entendre parler les autres. Plutôt secret et retiré, vous ne serez pas malheureux de passer un moment en toute solitude. Par ailleurs, en compagnie de vos intimes, vous pourriez partager de bons moments car vous aurez de la tendresse à donner.

Être muet. Vous apprendrez à vous défendre dans la vie, vous suivrez vos idéaux et vous le ferez avec logique. Vous vous fixerez une loi à laquelle vous ne dérogerez pas. Enfin disparaîtront ces humeurs déconcertantes qui finissaient par mettre en déroute vos interlocuteurs. Regardant la réalité bien en face, vous comprendrez qu'il est possible d'associer discipline et fantaisie sans tomber dans l'anarchie.

PARTY. Y prendre part. Vous mettez votre ego en veilleuse. Vous travaillez main dans la main avec vos collègues. Bref, vous réalisez que vous n'avez pas besoin de tyranniser votre entourage pour obtenir de bons résultats. On dirait que l'heure de la sérénité a sonné. Du coup, vous gérez habilement votre carrière. Vous rencontrez des gens influents et êtes dans tous les bons coups. Ménagez votre partenaire. La réussite, oui, mais pas à n'importe quel prix.

En organiser un. Vous vivez une pression énorme. Vous vous sentez harcelé, incompris et seul au monde. Grande est la tentation de laisser s'envenimer la situation, mais plus insupportable sera la culpabilité si vous n'agissez pas. Bref, cela passe ou casse. Votre partenaire n'ouvre la bouche que pour vous critiquer. Si personne n'y met du sien, la rupture est proche. Attention, il va falloir prendre une décision importante.

PARURES. En recevoir. Elles éloignent la peur, favorisent la chasteté, subjuguent les fantômes et les terreurs nocturnes. Vous trouvez un dérivatif à la mélancolie dans une activité absorbante et soutenue vous permettant de dominer autrui. Mais vous vous imposez des contraintes et des limitations qui engendrent une forte tension nerveuse, et la passion ardente que vous maîtrisez risque d'exploser brutalement.

En offrir. Vos collaborateurs vous épauleront et nourriront de grandes ambitions grâce à vous. Vous les aiderez à ne pas regarder en arrière. Ils lutteront courageusement pour atteindre les objectifs que vous aurez fixés ensemble. Vous rangerez votre individualisme au vestiaire, conscient qu'on ne peut réussir sans le concours des autres. Ils loueront votre capacité à allier humour et discipline et vous inviteront souvent hors du cadre professionnel.

En porter une ou plusieurs. Journée d'enthousiasme. Canalisez vos énergies et ne vous laissez pas entraîner dans une direction qui ne vous mènerait nulle part. Vous serez trop sociable pour être parfaitement à l'aise dans l'intimité ; voyez du monde.

Perdues ou volées. Vous aurez du plaisir en compagnie de personnes qui ont le même humour que vous. Les possibilités sont grandes de vous rapprocher d'une personne que vous aimez bien. Faites les premiers pas sans hésiter.

De fantaisie. Vous ressentirez quelques incompatibilités entre votre rationalité et vos sentiments. Cela dit, vous arriverez à comprendre ce qui lie les deux. En matière d'argent, vous comprendrez clairement où sont vos intérêts et vous n'irez pas par quatre chemins.

PASSAGE. En voir un sans fin. Vous n'avez pas froid aux yeux, vous avancez dans la vie d'un pas déterminé. Vous êtes lucide, vous appelez les choses par leur nom. Personne ne réussit vraiment à vous mettre des bâtons dans les roues. Vous ne faites pas de concessions et vous savez vous défendre avec habileté.

Y marcher. Si vous désirez obtenir de meilleures conditions, il est temps de poser quelques jalons en ce sens. Les démarches nécessitant l'accord d'une personne en situation d'autorité ont de bonnes chances de succès.

PASSERELLE. Période de transition. Secret, peu conformiste mais susceptible, votre masque froid dissimule une grande timidité. C'est en vous adonnant à une activité professionnelle productive, dont les motivations inconscientes vous échappent d'ailleurs, que vous tentez de satisfaire votre désir de puissance.

PASTÈQUE. Vous ressentez comme une contrainte l'attachement trop intense que vous vouez à quelqu'un de votre entourage. Tout en vous soumettant aux lois de l'amour, en vous abandonnant au plaisir d'être choyé, vous aspirez à l'indépendance affective.

PASTEUR. Tous les désordres d'ordre émotionnel que vous avez connus ces derniers temps vous ont forcé à réfléchir intensément, à fouiller intimement et honnêtement en vous pour tenter de trouver les causes profondes de ces problèmes. Vous y êtes, en bonne partie, parvenu même si, en ce domaine, rien n'est jamais acquis. Vous avez retrouvé votre sourire à faire craquer.

PÂTES. En faire cuire. Vous maîtrisez mieux les situations. Vous vous contrôlez, vos paroles ont du poids. Vous attirez l'attention, que ce soit pour travailler ou tout simplement pour plaire. Si, jusqu'à maintenant, vous avez eu une attitude de serviteur, vous n'acceptez plus qu'on vous marche sur les pieds.

En manger. Vous vous trouvez en face de difficultés imprévues. Recherchant d'abord votre bien-être et votre agrément, vous souhaiteriez mener une existence tranquille dans une atmosphère douillette et intime, au sein d'un groupe social ou auprès d'une personne dont vous vous sentiriez aimé et qui vous protégerait.

PATINER. Vous êtes bourré d'énergie et de dynamisme. Vous êtes comme un bâton de dynamite. Attention! Avoir de l'énergie et ne pas savoir la canaliser est pire que de ne pas avoir pas d'énergie du tout. Pour vider votre trop-plein, faites de longues marches le soir avant d'aller dormir, puis prenez un bain chaud afin de relaxer avant la nuit.

PÂTISSERIES. En faire cuire. Un obstacle va bientôt disparaître de votre chemin. Votre existence en vase clos commence à vous peser, mais vous craignez d'abandonner l'ambiance ouatée où vous vous sentez en sécurité.

En manger. Une affaire inquiète votre entourage, mais vous avez le beau rôle dans cette histoire. Vous connaissez des moments de profondes lassitudes pendant lesquels vous vous demandez s'il ne serait pas sage d'abandonner la lutte que vous menez pour imposer à vos proches une affection qu'ils sont incapables d'apprécier.

En vendre. Votre spiritualité est grandement influencée par des croyances déjà établies. Vous vous cherchez inlassablement. Vous n'aimez pas suivre le troupeau, mais la pression est forte autour de vous. Vous arrivez à vous protéger contre les vibrations négatives. Vous posez un regard neuf sur les événements. Vous n'avez plus envie de courir en ne pensant à rien.

PATRON. L'être soi-même. Vous devez absolument trouver le temps de vous reposer. Il en va de votre santé physique et mentale. Vous ne pouvez pas vivre perpétuellement à grande vitesse. Vous abusez de vos forces et si vous n'y prenez garde, on vous ramassera à la petite cuillère. N'attendez pas de tomber pour vous arrêter. Dites-vous bien que le monde ne cessera pas de tourner si vous faites une petite pause.

Voir son patron. Les problèmes de santé que vous avez récemment connus et ceux qui affectaient vos nerfs sont désormais derrière vous. La nature vous fait cadeau d'une énergie nouvelle. Les difficultés que vous avez éprouvées ces derniers mois vous font apprécier davantage le bien-être actuel. Vous renouez avec une forme de spiritualité.

PAUVRETÉ. Vous compterez vos amis sur les doigts d'une seule main, mais vous pourrez être certain de leur sincérité. Ils vous remonteront le moral en cas de déprime. L'un d'entre eux se réjouira de votre bonheur à venir. Il ne prendra jamais le parti de vous contredire, malgré son inquiétude à votre égard à propos de vos sentiments. Aussi, dans quelques mois, lorsque vous rechercherez son épaule, il vous confiera ne pas être étonné de cette situation. Son expérience vous aidera à y voir plus clair et à remettre de l'ordre dans vos idées.

PÊCHER. Professionnellement, vous croiserez beaucoup de monde. Votre cote de popularité atteindra un niveau élevé. Votre charisme vous ouvrira toutes les portes et prendre un repas avec vous sera un privilège. Vous négocierez pour vous et votre famille des avantages certains pour votre bonheur.

PEIGNER. Se peigner les cheveux. Une rencontre faite le mois dernier semble vouloir se transformer en plus qu'une simple relation amicale. Vous n'êtes pas pressé et vous décidez de ne pas bousculer les choses. Le règlement d'une situation familiale délicate vous oblige à déployer des trésors de diplomatie. Vous rencontrez quelqu'un que vous aviez perdu de vue depuis des lustres.

PEINDRE. Une maison. Ayant perdu confiance en vos propres forces, enfermé dans une solitude déprimante, vous recherchez l'encouragement de votre entourage. Vous espérez vous faire accepter en dominant votre nervosité et l'hostilité que vous éprouvez à l'égard de la société tout entière. Vous réprimez votre tendance à la critique dédaigneuse souvent injustifiée.

Un tableau. À votre philosophie pessimiste, vous essayez de substituer l'espoir de vous faire valoir, d'être apprécié favorablement, de retrouver un peu de confiance en la vie et de renouveler votre vitalité déficiente.

PEINE. Avoir de la peine. Vous voulez faire trop de choses en même temps et vous vous éparpillez. Vous êtes submergé de travail et vous ne savez plus très bien par quel bout commencer. Votre surplus d'énergie vous fait vous agiter dans tous les sens et perdre un temps précieux. Prenez les choses une à une. De toute façon, vous ne pouvez faire qu'une chose à la fois.

Voir quelqu'un avoir de la peine. L'amour vous donne de l'ardeur au travail. Vous reprenez la barre de votre bateau et vous conduisez de nouveau en capitaine. Le climat de méfiance qui régnait au travail disparaît à l'instant où le responsable de ce climat donne sa démission. Sur le plan financier, les choses n'évoluent pas comme vous le souhaitiez mais rien n'est définitif.

PELLE. Vous entrerez dans une période euphorique et cela vous effraiera. Habitué à vous battre, vous ne saurez quel fruit cueillir sur l'arbre du bonheur. Luttez contre la peur ! Si vous êtes heureux, c'est que vous le méritez. Restez dans une dynamique de plaisir. Rédigez votre loi, tendez votre arc, visez la cible choisie. La flèche atteindra forcément son objectif.

PELOUSE. Au travail, on apprécie votre sens de l'organisation. Un collègue se mesure à vous. Les données sont changées, le résultat aussi. Vos performances sont impressionnantes… et remarquées ! Comme vous ne pouvez vous fier à la chance, vous devez mettre les bouchées doubles. Vous avez tout à gagner.

PENDAISON. Ne laissez pas les problèmes et les tracas reliés à votre vie professionnelle ronger votre quiétude ni détruire votre santé. Vous avez tendance à être nerveux. Évitez les abus alimentaires, car ils se traduiront par des troubles digestifs importants et un gain de poids néfaste.

PENDULE. Changement inattendu. Vous espérez rencontrer un partenaire bienveillant, complaisant, plein de prévenances qui vous redonnerait confiance en vos forces et en vos capacités sexuelles, surtout si vous avez la certitude de ne pas courir de risque en vous engageant définitivement.

PENSER. Vous reprenez le contrôle de votre santé physique et psychique en main. Vous décidez de n'assumer désormais que les responsabilités qui vous incombent véritablement. Du coup, votre moral revient et la qualité de votre sommeil augmente considérablement. Vous vous offrez un congé bien mérité et vous le partagez avec les gens que vous aimez.

PÉRIODIQUE. En lire un. L'influence de la famille se fera sentir. On réclamera votre présence alors que vous préféreriez avoir moins de contacts et un peu plus de tranquillité. Les activités routinières vous conviendront. En amour, ce sera calme.

PERDRE. Être soi-même perdu. Méfiez-vous des actions inconsidérées. Vous espérez surmonter votre tendance à esquiver les responsabilités en vous fixant un objectif, une activité concrète nécessitant la mobilisation de vos facultés et de vos moyens. Vous adoptez un comportement réaliste où domine la logique formelle.

> **Objet perdu.** Vous ne tentez pas de réagir activement contre vos tendances dépressives et l'impression de faiblesse qui vous accable. Au contraire, vous vous enfoncez dans la mélancolie en ruminant des échecs plus ou moins prémédités ou en vous posant en victime, vous vous abandonnez au rêve, au laisser-aller dans une indifférence totale. Et c'est par votre obstination passive et votre inertie que vous vous opposez aux autres.

PERDRIX. La liberté et la quête du spirituel symbolisent la connaissance de l'inconscient, base de la sagesse. Les crises d'angoisse s'estompent, puis disparaissent enfin. Votre subconscient est moins tourmenté maintenant que vous avez trouvé la cause de ce malaise. Les réponses n'ont pas encore toutes été trouvées mais vous posez les bonnes questions, c'est un excellent début. Vous progressez dans votre cheminement spirituel et la prière est pour vous une source de réconfort et de sérénité.

PERLE. En recevoir une. Elle éloigne la peur, favorise la chasteté, subjugue les fantômes et les terreurs nocturnes. Vous trouvez un dérivatif à la mélancolie dans une activité absorbante et soutenue vous permettant de dominer autrui. Mais vous vous imposez des contraintes et des limitations qui engendrent une forte tension nerveuse, et la passion ardente que vous maîtrisez risque d'exploser brutalement.

> **En offrir une.** Vos collaborateurs vous épauleront et nourriront de grandes ambitions grâce à vous. Vous les aiderez à ne pas regarder en arrière. Ils lutteront courageusement pour atteindre les objectifs que vous aurez fixés ensemble. Vous rangerez votre individualisme au vestiaire, conscient qu'on ne peut réussir sans le concours des autres. Ils loueront votre capacité à allier humour et discipline et vous inviteront souvent hors du cadre professionnel.

En porter une. Journée d'enthousiasme. Canalisez vos énergies et ne vous laissez pas entraîner dans une direction qui ne vous mènerait nulle part. Vous serez trop sociable pour être parfaitement à l'aise dans l'intimité ; voyez du monde.

Perdue ou volée. Vous aurez du plaisir en compagnie de personnes qui ont le même humour que vous. Les possibilités sont grandes de vous rapprocher d'une personne que vous aimez bien. Faites les premiers pas sans hésiter.

PERRON. Vue du perron. Vous serez rempli d'énergie et vous éprouverez le besoin de vous dépenser. Certaines questions pourraient vous tracasser. Laissez-vous guider par le hasard plutôt que de forcer les réponses. Vie spirituelle forte.

Effondré. On vous accordera certains privilèges. Vous vous sentirez comblé par l'attention et l'affection de votre entourage. Prenez garde à une personne fourbe. On pourrait vous conseiller, mais la décision finale vous reviendra. Des rumeurs malfaisantes encombreront votre route. Vous prendrez les grands moyens pour changer ce qui ne vous plaira pas. Une expérience positive vous redonnera confiance en vous.

PERROQUET. Vous orienterez votre volonté vers des idéaux élevés. Qui vous suivra récoltera avec vous les fruits du succès ; qui se montrera paresseux restera sur la touche. Vous ne supporterez pas les états d'âmes d'autrui. Vous prendrez vos responsabilités, les autres devront en faire autant.

PÉTROLE. L'heure est aux restrictions. Heureusement, comme vous appartenez à la catégorie des optimistes, vous n'irez pas crier tout haut que cela va durer toute une éternité. Bien au contraire, vous serez très encourageant pour ceux qui traversent une période difficile.

PEUR. Avoir peur de quelqu'un. Vous comprendrez mieux certains états émotifs. Vous tirerez des leçons du passé. Quelques jours de tranquillité et de calme vous feraient du bien. Il est possible qu'une nouvelle amitié naisse avec une personne du sexe opposé.

Avoir peur d'un événement. Vous pourriez terminer les petites tâches que vous avez négligées depuis quelque temps. Par ailleurs, une rencontre avec une personne que vous voyez rarement vous distraira. Vous serez gourmand !

PHARAON. Est-ce l'amour qui vous cause de l'insomnie ? Il faut dire que la personne qui hante vos pensées en ce moment est plutôt difficile à conquérir. La partie n'est pas encore gagnée et vous ne ménagez pas vos efforts pour lui plaire. Vous avez l'impression d'être revenu au temps de votre adolescence. Les amis observent avec un certain amusement le déploiement de vos charmes.

PHOTOGRAPHIE. Le refus de s'adapter à autrui est lié à l'impossibilité de contrôler les réactions émotionnelles. L'accumulation de tendances agressives trop puissantes entretient un état de forte tension nerveuse qui se décharge en impatience, en susceptibilité. Les personnes qui présentent ces réactions sont toujours mécontentes de tout, prêtes à bondir, à exploser. Elles ont tendance à se montrer exclusives, tyranniques.

PIANO. En jouer. Au travail, on vous demande d'exercer votre leadership et cela vous plaît. On fait appel à votre tact et à votre diplomatie pour dénouer une situation délicate. Un nouveau défi vous est proposé : acceptez-le ! Changements positifs et bénéfiques. Demeurez réaliste et concret. Les finances se redressent et se stabilisent.

> **En entendre jouer.** Il est passionnant le tourbillon de la vie, du travail, des amours et des enfants, mais il reste nécessaire de vous réserver des moments de détente ! Intérieurement, vous vous sentirez plus seul que d'habitude. Malgré tout, ce sera une bonne journée pour promouvoir vos idées.

PIEDS. Malades. Pour remédier aux difficultés éprouvées dans le milieu et pour chasser le malaise qui s'est installé en vous, vous voudriez prouver votre supériorité en assurant votre prestige social. Anxieux de ne pouvoir y parvenir, vous êtes sous tension, impatient, incapable de jubiler votre ambition, même lorsque vous obtenez des réussites éclatantes.

> **Sales.** Vous espérez affirmer votre autorité en tout temps et en tout lieu, commander, diriger pour vous venger de votre entourage incompréhensif. Pour y parvenir, vous vous jetez à corps perdu dans le travail en vous efforçant de profiter de la vie.

> **Amputés.** L'estime que vos proches ne vous accordent pas spontanément, vous espérez l'obtenir en rassurant votre autonomie personnelle grâce aux réalisations qui vous procureront leur appréciation et peut-être leur admiration.

> **Perdre pied.** Sur le plan sentimental, vous foncez tête baissée. Vos préférences vont vers une personne de l'autre sexe qui est plus âgée, plus expérimentée, bref, plus mûre. Vous souhaitez vivre des histoires passionnelles intenses, des amours palpitantes où l'on se livre totalement.

PIÈGE. Vous jouirez d'une grande popularité. Vous traverserez votre existence pour les applaudissements de vos partenaires professionnels. Financièrement, vous ferez des placements heureux, à la grande satisfaction de votre conjoint. Il vous laissera agir et vous servira de garde-fou en même temps.

PIERRE. Au travail, vous aurez du ressort et ne baisserez jamais les bras. Amoureux des discussions, vous serez expert en relations humaines. En présence d'un public, vous vous transformez. Vous serez, au sein de votre entreprise, le meilleur ambassadeur, prêt à soutenir la marque ou la société qui vous emploiera. Vous seriez un excellent publiciste. Soucieux de votre image, vous jouerez sur votre tenue vestimentaire et votre coiffure pour faire bonne impression.

PIERRE PRÉCIEUSE. En recevoir une. Elle éloigne la peur, favorise la chasteté, subjugue les fantômes et les terreurs nocturnes. Vous trouvez un dérivatif à la mélancolie dans une activité absorbante et soutenue vous permettant de dominer autrui. Mais vous vous imposez des contraintes et des limitations qui engendrent une forte tension nerveuse, et la passion ardente que vous maîtrisez risque d'exploser brutalement.

En offrir une. Vos collaborateurs vous épauleront et nourriront de grandes ambitions grâce à vous. Vous les aiderez à ne pas regarder en arrière. Ils lutteront courageusement pour atteindre les objectifs que vous aurez fixés ensemble. Vous rangerez votre individualisme au vestiaire, conscient qu'on ne peut réussir sans le concours des autres. Ils loueront votre capacité à allier humour et discipline et vous inviteront souvent hors du cadre professionnel.

En porter une ou plusieurs. Journée d'enthousiasme. Canalisez vos énergies et ne vous laissez pas entraîner dans une direction qui ne vous mènerait nulle part. Vous serez trop sociable pour être parfaitement à l'aise dans l'intimité ; voyez du monde.

Perdue ou volée. Vous aurez du plaisir en compagnie de personnes qui ont le même humour que vous. Les possibilités sont grandes de vous rapprocher d'une personne que vous aimez bien. Faites les premiers pas sans hésiter.

PIEUVRE. Patient et discipliné, vous respecterez à la lettre les ordonnances de votre médecin. À vos yeux, il symbolisera la connaissance et vous lui accorderez votre confiance. Dans quelques mois, vous aurez besoin de ses conseils pour soigner une grippe. Votre moral influera sur des réactions imprévisibles. Soucis cutanés ou toux répétées vous agaceront. Plus vous y penserez, plus vous développerez un terrain sensible.

PIGEON. La liberté et la quête du spirituel symbolisent la connaissance de l'inconscient, base de la sagesse. Les crises d'angoisse s'estompent, puis disparaissent enfin. Votre subconscient est moins tourmenté maintenant que vous avez trouvé la cause de ce malaise. Les réponses n'ont pas encore été toutes trouvées mais vous posez les bonnes questions, c'est un excellent début. Vous progressez dans votre cheminement spirituel et la prière est pour vous une source de réconfort et de sérénité.

PIMENT. En manger. De nature soumise, vous ne cherchez pas à dominer votre entourage, à vous imposer. Au contraire, vous manquez souvent de courage pour affirmer ou défendre vos droits. Vous préférez la tranquillité et l'anonymat. Cependant, vous aimeriez avoir un caractère plus ferme, une puissante force de volonté.

PIN. Un lit douillet avec un bon matelas vous comblera. Votre dos aura besoin d'un confort maximal pour ne pas souffrir. Vous ne choisirez pas la position horizontale pour dormir. Entre les câlins et les bons bouquins, vous pourrez construire un univers intimiste. Ouvrir la porte de votre chambre illustrera le privilège accordé à l'élu de votre cœur.

PINCEAU. Vous entrerez dans une période euphorique et cela vous effraiera. Habitué à vous battre, vous ne saurez quel fruit cueillir sur l'arbre du bonheur. Luttez contre la peur! Si vous êtes heureux, c'est que vous le méritez. Restez dans une dynamique de plaisir. Rédigez votre loi, tendez votre arc, visez la cible choisie. La flèche atteindra forcément son objectif.

PIPE. La fumer. Des aspects cachés de votre vie retiendront votre attention. Vous pourriez avoir passablement d'émotions durant les prochains jours. C'est une journée idéale pour tous les travaux qui demandent un esprit créatif. Le travail répétitif ne vous ira pas.

> **Voir quelqu'un d'autre la fumer.** Écoutez les conseils d'une personne qui s'y connaît dans un domaine qui vous intéresse de plus en plus, mais que vous connaissez peu. Laissez-vous guider aussi par l'intuition. Pour vos amours, vous aurez tendance à l'introspection.

PIQUE NIQUE. Votre insouciance divertira vos collègues au travail, mais elle se retournera contre vous lorsqu'il s'agira de vous surpasser sur un projet sérieux. Ils ne vous solliciteront pas pour défendre leur cause, pensant que vous ne tiendrez pas la route. À vous de les convaincre en adoptant une attitude plus mesurée. Soyez plus constant et obstiné. Votre philosophie sera éloignée de leur courant de pensée. Devenez un caméléon pour les séduire et leur prouver vos compétences.

PIQÛRE. Être piqué. Lorsque vous ferez le bilan de vos expériences passées, vous serez ravi d'avoir croisé un nombre incalculable de personnes. Toutes ne feront plus partie de votre univers, mais chacune aura forgé votre caractère. Vous attendrez d'une relation qu'elle crée une situation inattendue et enrichissante. Vous aurez l'art de vous séparer en douceur, après une longue discussion. L'instant magique devra rester, aussi il vous semblera inutile d'échanger adresse et téléphone.

Voir quelqu'un d'autre être piqué. L'aventure frappera souvent à votre porte, à travers les traits d'un être aimé. Accepter de dépendre de ses désirs vous troublera, mais l'ivresse vous gagnera rapidement. Plus votre partenaire s'éloignera, plus vous serez intrigué et attiré. Votre esprit conquérant a besoin de combattre, vous allez être servi.

PISCINE. S'y baigner. La santé d'un proche vous ramènera plusieurs années en arrière. En vous rapprochant de lui pour l'assister dans son épreuve, une foule de souvenirs vous reviendront en mémoire. Remonter le moral de votre entourage vous servira d'alibi pour ne pas afficher vos émotions. Vous serez souvent pressé, vous n'aurez pas le temps de rester pour un repas avec la famille, autant de prétextes pour éviter toute confrontation.

PISTE. Elle représente la vie future.

La voir belle et droite. Vous vous efforcez d'être sociable parce que vous tenez à la bonne opinion des autres, ce qui raffermit le sentiment de votre force.

La voir tortueuse. Appréhendant un changement dans votre vie sentimentale et sexuelle, vous employez la séduction pour affirmer votre position. Mais si vous jouissez d'être aimé, vous donnez peu de vous-même en échange.

La voir sans issue. Vos émotions valsent et ne trouvent pas un rythme régulier. Elles viennent par bouffées, pouvant passer du chaud au froid. Cela ressemble à un film qui se déroulerait dans votre tête et que vous avez vu de multiples fois.

En voir une sans fin. Vous n'avez pas froid aux yeux, vous avancez dans la vie d'un pas déterminé. Vous êtes lucide, vous appelez les choses par leur nom. Personne ne réussit vraiment à vous mettre des bâtons dans les roues. Vous ne faites pas de concessions et vous savez vous défendre avec habileté.

Y marcher. Si vous désirez obtenir de meilleures conditions, il est temps de poser quelques jalons en ce sens. Les démarches nécessitant l'accord d'une personne en situation d'autorité ont de bonnes chances de succès.

PLAGE. Vos pulsions l'emporteront sur vos désirs, domineront votre cœur. Vous serez la proie d'humeurs incontrôlables. Elles déclencheront des hostilités au travail et à la maison. Vos proches essaieront de vous raisonner ou de trouver des compromis ; leur patience atteindra des limites.

PLAISANTERIE. Spirituellement, vous serez attiré par une autre philosophie de vie. Vous poserez les valises du passé, les ouvrirez et en retirerez le meilleur. Vos amis influenceront vos aspirations. Vous leur trouverez de la sagesse et de la pondération. Vos orientations amoureuses seront liées à ces changements.

PLAISIR. Sexuel. Vous avez pris l'habitude de vous coucher de bonne heure. Votre partenaire et vous dormez dos à dos ; inutile de préciser que cette position ne favorise pas l'attraction entre amants. Vous ne pourrez pas rouspéter toute la journée et vous retrouver dans les bras de votre conjoint dans la nuit. Améliorez plutôt les relations le jour et votre corps pourra se libérer en soirée. Pas de précipitation, vos relations sentimentales vous imposent de prendre plus de temps. Vous l'utiliserez à mettre en place des jeux amoureux inédits. Vous resterez le soir à regarder une émission à la télévision, avant de lui proposer un programme un peu plus érotique.

PLANCHER. Cédant sous les pieds. On vous accordera certains privilèges. Vous vous sentirez comblé par l'attention et l'affection de votre entourage. Prenez garde à une personne fourbe. On pourrait vous conseiller, mais la décision finale vous reviendra. Des rumeurs malfaisantes encombreront votre route. Vous prendrez les grands moyens pour changer ce qui ne vous plaira pas. Une expérience positive vous redonnera confiance en vous.

PLANÈTE. Votre vie sentimentale ne peut se permettre d'être banale et routinière. Après avoir traversé maintes péripéties et à la suite d'une longue analyse et de profondes réflexions, vous avez décidé de ne plus sombrer dans un terne quotidien. Vous vous efforcerez de renouveler vos sentiments et de connaître de nouvelles émotions.

PLANTE. Vous confierez à vos amis vos secrets d'alcôve et ne tarirez pas d'éloges à propos de votre partenaire. L'amour sera une source d'inspiration ; vous serez créatif, inventif, idéaliste. Mais la situation se compliquera. Vous exercerez malgré vous un contrôle qui le fera souffrir et lorsqu'il se rebellera, vous tomberez de haut. Vos deux destins devront alors trouver un accord majeur pour prolonger l'histoire. Pluies de reproches et orages violents seront fréquents.

PLAT. Plein. Vous pensez trouver la consolation et l'oubli dans la chaleur d'une affection partagée et recevoir des marques de tendresse qui vous rendront le sentiment d'importance que vous avez perdu.

Vide. L'espoir de la réussite est un dérivatif à l'échec de votre vie sociale. Dans ce but, vous vous êtes fixé une ligne de conduite et des règles strictes de travail desquelles vous êtes décidé à ne pas dévier.

Brisé. Profondément blessé par l'attitude des autres à votre égard, par leurs accusations que vous jugez injustifiées, vous vous enfermez dans votre rancune, refusant d'envisager la possibilité de vous adapter ailleurs.

PLEURER. À chaudes larmes. Vous n'êtes pas vraiment à votre place dans votre groupe social actuel. Vous donnez votre confiance à quelqu'un qui vous trompe et cela vous bouleverse énormément. Votre petit côté naïf vous entraîne dans des situations désagréables où vous ne savez plus comment vous en sortir. Une vieille rancœur refait surface et vous n'avez pas envie de vous battre, de discuter ou d'argumenter sans avoir au moins une chance de gagner.

Voir quelqu'un d'autre pleurer. Une déclaration d'amour inattendue vous laisse complètement stupéfait! D'accord, vous aimez bien cette personne, mais vous n'avez jamais pensé à elle comme à une relation amoureuse possible. Vous ne savez pas quoi faire avec cette histoire dont vous ne voulez pas. Votre charme et votre diplomatie vous permettent de vous en sortir honorablement, sans trop de dommages ni d'un côté ni de l'autre.

PLONGER. Soi-même. Une rivalité vous force à jouer serré. Vous êtes peureux au suprême degré. L'extrême prudence dont vous faites preuve face à la vie peut ressembler à un ennui chronique. Il faut absolument soigner cette angoisse et apprendre à mieux vous connaître. Cessez d'avoir peur et vous verrez combien la vie peut être facile et belle.

Voir quelqu'un d'autre plonger. Vous voudriez vous imposer à ceux qui refusent de comprendre vos griefs et les reproches que vous vous estimez en droit de leur adresser. Et vous vous montrez dur, implacable envers eux.

PLUIE. Drue. Vous surmontez des ennuis, des difficultés et des soucis. L'impossibilité de se faire respecter, apprécier pour ses capacités, de se sentir important et utile est cause de frustrations, d'anxiété et d'angoisse.

Fine. Blessé dans votre amour-propre, mécontent de vous et des autres, vous ne parvenez pas à stabiliser votre vie sentimentale ni financière. Surestimant vos forces et vos capacités vitales et pratiques, vous manquez de modération, entreprenant plusieurs affaires à la fois, courant à la poursuite d'une réussite chimérique, vous lançant dans la chasse éperdue aux divertissements. Ces excès risquent de provoquer la fatigue ou l'épuisement psychique.

Avec du soleil. L'échec vous a durci et vous trouvez dans l'action le remède à votre sentiment d'incompétence. Vous ne recherchez que la productivité et, les moyens important peu, vous n'hésitez pas à vous montrer dur, impatient et colérique.

PLUME. Vous avez une capacité à saisir l'instant. Vous marcherez droit devant vous, sentirez des odeurs, capterez des énergies. Plus de retour sur votre passé ; vous regarderez la vie en face et cueillerez l'émotion là où elle fleurira. Vous serez amené à vivre des séparations ; elles seront moins douloureuses car il vous arrivera de les provoquer vous-même. Auparavant, l'émotion vous bloquait ; désormais, elle vous stimulera pour agir.

POIGNARD. Votre santé pourrait retenir votre attention ; il y aurait des moyens simples d'améliorer votre état comme la pratique d'un sport. En soirée, les histoires d'un proche vous amuseront.

POIGNET. Avoir les poignets larges. Si les membres de votre entourage vous demandent de prendre en main ce qu'ils ne peuvent accomplir, ne cherchez pas à comprendre pourquoi ; il est temps que ceux-ci découvrent enfin vos valeurs. Acceptez de les aider et continuez ce que vous avez entrepris pour le bien des autres.

Être attaché par les poignets. Vous devez passer à l'action. Vous découvrez que vous avez plus de ressources que vous le pensiez. Un succès s'annonce et se réalisera très bientôt grâce à votre flair et, surtout, parce que vous serez au bon endroit, au bon moment. Si vous cherchez justice, elle sera faite selon votre désir.

POIL. Il évoque la joie, les choix à faire et la méditation. La protection vous est assurée en ce moment. Il faut toutefois méditer sur ce que vous voulez vraiment. Vous ressentez le besoin de vous engager sérieusement. Prenez le temps de faire les choix qui vous conviennent, car le succès est à votre porte.

POING. En recevoir un. Il signifie que les éléments sont réunis pour que vous réussissiez complètement votre vie. C'est aussi le signe que le temps est venu de bien faire les choses. Vous avez rassemblé toutes les pièces de votre casse-tête, mais il vous faut encore un peu de patience pour attendre qu'elles se mettent toutes en place. Votre attitude sera largement récompensée et vous finirez par connaître le succès.

En donner un. Vous êtes dans une période de transformation ; vous savez et sentez qu'il faut changer quelque chose, qu'un choix s'impose. Un proche vous fait connaître des secrets cachés et découvrir les possibilités qui s'offrent à vous. Quoi qu'il en soit, vous possédez tout ce qu'il faut pour réussir.

POIRE. Vous ressentez comme une contrainte l'attachement trop intense que vous vouez à quelqu'un de votre entourage. Tout en vous soumettant aux lois de l'amour, en vous abandonnant au plaisir d'être choyé, vous aspirez à l'indépendance affective.

POISON. Être empoisonné. Il évoque la connaissance et l'inspiration, le pouvoir de changer les choses ainsi que la protection dans les déplacements. C'est le temps de bouger et de vous prendre en main ; tout sera offert sur un plateau d'argent. L'ensemble de ce que vous entreprenez est facile et vous obtenez du succès au-delà de vos attentes.

Voir quelqu'un d'autre être empoisonné. Un voyage ou un déplacement est très significatif et vous permet de réaliser vos souhaits. Il est question ici d'un travail à long terme qui vous demandera beaucoup de détermination, mais vous avez les éléments nécessaires pour réussir. Cela vous donne la possibilité de changer votre environnement et votre entourage, et ce, positivement.

POISSONS. En pêcher. Vous subissez les conséquences de votre fougue et de votre éparpillement. À trop vouloir en faire, on ne finit pas de faire du mal. Maux de tête, de nuque, de dos, étourdissements, fatigue qui frise l'épuisement, etc. Pourquoi voulez-vous à tout prix porter le monde sur vos épaules ? Respirez ! Relaxez !

Morts. Vous espérez participer à la vie d'autrui, vous rendre sympathique en vous montrant loyal, sincère et fidèle, avoir une conduite équilibrée, bref, vous intégrer au groupe dont vous faites partie. Ce sentiment d'appartenance rétablirait l'estime personnelle que vous avez perdue.

Tropicaux. Vos espoirs de guérison reposent sur la tendresse d'un partenaire compréhensif dont les témoignages d'affection vous rassureraient sur votre valeur et restaureraient le sentiment de votre importance, diminué par vos échecs.

POITRINE. Elle est le symbole de la mère, rappel de la nécessité de se séparer définitivement du monde douillet de l'enfance afin d'affronter ses responsabilités d'adulte. Bien que la passion enflammée des dernières semaines se soit un peu calmée entre vous et votre partenaire, c'est toujours le grand amour. Une grande fête se prépare et on vous demandera de participer à sa mise sur pied. Votre imagination et votre sens de l'organisation sont mis à profit. Une personne médisante fait circuler une rumeur sur un membre de votre famille. Vous la remettez à sa place sans aucun ménagement.

POIVRE. Un de vos collègues de travail vous fait une confidence étonnante. Une rentrée d'argent imprévue vous permet de payer tous vos comptes en souffrance et même de vous offrir quelques petits luxes. Vous êtes convié à une réunion professionnelle au cours de laquelle on vous fait une offre très intéressante à laquelle vous ne vous attendiez pas du tout…

POIVRON. En manger. De nature soumise, vous ne cherchez pas à dominer votre entourage, à vous imposer. Au contraire, vous manquez souvent de courage pour affirmer ou défendre vos droits. Vous préférez la tranquillité et l'anonymat. Cependant, vous aimeriez avoir un caractère plus ferme, une puissante force de volonté.

POLICIER. Avant d'offrir votre confiance, vous attendrez des preuves susceptibles de dissiper vos doutes. Les trahisons du passé vous auront échaudé et vous ne commettrez pas les mêmes erreurs. D'ici quatre à six semaines, vous nouerez de nouvelles relations. Vos proches ramèneront du monde à la maison et vous vous découvrirez des atomes crochus avec une personne sincère. Les épreuves qu'elle aura traversées vous sensibiliseront; vous vous promettez d'être présent en toute circonstance.

POLIR. Un déplacement vous permettra de rencontrer des gens très intéressants. Vous ferez de belles découvertes. Bien que cela ne vous charme pas vraiment, les sorties entre amis seront bénéfiques sur votre moral. Vous aurez envie de pouvoir vous appuyer sur une épaule solide et compréhensive. Respectez le silence sur les secrets que l'on vous confiera en toute confiance.

POMME. Votre degré de sensualité se classe dans la moyenne. Vous vous contentez d'assumer votre sensualité de la manière que vous croyez la plus honnête, celle qui vous donne le plus de plaisir sur le plan émotif. Et il faut dire que votre volonté domine le pouvoir de vos sens.

De terre. Votre amourette peut se transformer en amour, mais elle n'en est pas encore là. Votre amour est futile, sans grande portée et ne vous mènera pas très loin. En plus, vous n'êtes pas assez sentimental et romantique. Vous manquez d'audace et de confiance en vous-même. Vous êtes peu intéressé par les autres, étant uniquement préoccupé par votre personne. Et l'amour que vous vivez en ce moment vous satisfait suffisamment.

POMPE. De nature soumise, vous ne cherchez pas à dominer votre entourage, à vous imposer. Au contraire, vous manquez souvent de courage pour affirmer ou défendre vos droits. Vous préférez la tranquillité et l'anonymat. Cependant, vous aimeriez avoir un caractère plus ferme, une forte volonté.

POMPIER. Vous travaillez pour être récompensé. À force de consacrer du temps à votre activité, vous ferez certaines tâches de vos collègues, souffrant à la longue de leur manque de gratitude. Votre famille vous reprochera d'avoir tendu le bâton pour vous faire battre et vous conseillera de ralentir.

PONT. Il signifie la communication avec le ciel et les relations avec la divinité ; le passage d'un état à un autre, plus élevé ; l'évocation de l'ascension ; la fin d'un cycle et le début d'un autre.

PORC. Vous êtes totalement dépourvu de volonté et obstiné. Vous avez du mal à vous conformer à certains principes car vous manquez d'assurance. Vous êtes incapable d'entreprendre quoi que ce soit par vousmême. Si vous ne faites pas d'efforts pour améliorer votre situation, cela va certainement entraver votre avancement dans la vie.

PORC-ÉPIC. Des retards causés par la négligence de vos collègues auront le don de vous porter sur les nerfs. Vous parlerez calmement, mais la teneur de vos propos restera sans équivoque. Vous refuserez de travailler dans de mauvaises conditions et d'être entouré d'incompétents.

PORT. Votre relation amoureuse prend des forces et construit ses bases. Un ami vous déçoit par son comportement, mais ne le jugez pas trop rapidement ! N'hésitez pas à provoquer les événements que vous désirez voir arriver dans votre vie. Le bonheur se construit lentement mais sûrement. L'obstination est votre ennemi en ce moment.

PORTE. Certains membres de votre famille s'immiscent dans votre vie privée, bref, il y a des frictions dans l'air. Réglez les situations au fur et à mesure avant de prendre de mauvaises habitudes. Un parent peut également vous inquiéter. Heureusement, le contact avec vos proches deviendra beaucoup plus facile dans quelques mois.

En fermer une. Vous aviez peut-être coupé les ponts avec votre famille à cause de visions différentes. Les critiques de vos proches vous blessaient, ne comprenant pas qu'on puisse jouer les parents attentifs en jugeant systématiquement les attitudes de son enfant. Vous admettez avoir perdu confiance à cause de la maladresse d'un père ou d'une mère qui n'aura pas su vous la transmettre. La terre entière reconnaîtra votre talent ; vous n'attendrez qu'un compliment, venant de ceux qui vous ont mis au monde.

PORTE-MONNAIE. Le perdre. Vous êtes décidé à faire bouger les choses. Vous avez envie de relever des défis. Au travail, l'ambiance est agréable. Vous êtes sollicité de part et d'autre pour venir en aide à vos collègues. Vous réglez, avec une étonnante facilité, des problèmes qui paraissent insurmontables aux autres.

En avoir un bien garni. Vous devez prendre une grande décision. Vous vous engagez dans un nouveau projet qui soulève en vous un grand enthousiasme. Vous vous investissez totalement. Vous recevez une lettre qui vous déconcerte.

POT. Plein. Vous souhaitez acquérir des valeurs, des biens dont la possession compenserait votre désespoir. Vous appliquez toute votre énergie et votre résistance à cette lutte acharnée.

Vide. Même si votre comportement demeure extérieurement harmonieux, même si vous semblez participer à ce qui se passe autour de vous, prétendant même diriger et prendre les autres en charge, vous gardez toujours une attitude distante, qui dissimule une forte susceptibilité.

Renversé. Révolté contre l'injustice du sort, vous aspirez cependant à échapper à la tension nerveuse qui se fait sentir de façon insupportable en sortant de vous-même, en vous lançant dans des entreprises originales.

POTAGE. Vous faites le ménage dans votre vie, vous laissez tomber ce qui ne vous convient plus, vous êtes prêt à passer à autre chose. Vous avez envie de changements et ceux que vous entreprendrez s'effectueront sur plusieurs années. Aussi est-ce important de faire les bons choix. Faites attention toutefois de ne pas aller trop vite.

POTAGER. Votre charme agit en permanence ! Vous arrivez à faire sourire même les plus récalcitrants ! On recherche votre compagnie, on vous invite, on vous suit, on vous écoute. Une rencontre, bien qu'intéressante, ne se fera pas sans remous. On voudrait bien vous ressembler, alors on quête vos conseils et va même jusqu'à copier certains de vos gestes ou expressions. Un étranger viendra brouiller les cartes.

POTEAU. Vous serez tourmenté par diverses peurs qui pourraient vous empêcher de vous lancer dans des aventures financières qui vous tentent depuis longtemps. N'hésitez pas et n'attendez surtout pas l'approbation de votre entourage. Le succès viendra plus rapidement que vous ne l'espériez.

POTENCE. L'intensité de vos activités marquera les traits de votre visage. Votre entourage vous trouvera fatigué à cause de vos cernes. Vous tenterez de tout mener de front, par souci de contrôle et du travail bien fait. Votre organisme ne suivra pas toujours. Vous lui imposerez une insuffisance alimentaire qui le fragilisera. Plutôt qu'un casse-croûte à l'heure du déjeuner, mangez équilibré en privilégiant les légumes verts. Le déséquilibre nutritionnel fragilisera vos os. Ne négligez pas de prendre des produits laitiers.

POTERIE. Vous connaissez très bien votre partenaire, ses goûts, ses habitudes, ses défauts et ses qualités. Vous êtes le genre de personne très attentive et vous avez en plus une grande confiance l'un envers l'autre. Il suffit de continuer sur cette voie.

> **Brisée.** Vous ignorez beaucoup de choses de votre partenaire. Ou bien vous ne vous connaissez que depuis peu, ou bien vous ne vous êtes guère ouverts l'un à l'autre. Autrement, c'est impardonnable.

POTION. Vos collègues vous reprocheront un petit côté individualiste. Derrière une humilité apparente, ils percevront une autosatisfaction distante et froide. Ne niez pas ; parfois vous prenez les autres de haut, non par complexe de supériorité mais en raison d'une détermination plus productive que la moyenne. Ils supporteront mal vos jugements tranchants. Un collègue vous conseillera de la mesure et de la tolérance. Vous excuserez les erreurs, pas du tout la paresse.

POUBELLE. Vous ne pouvez vous confier ni vous fier à tout le monde. Vous aurez des intuitions justes par rapport à de nouvelles personnes que vous rencontrerez. Les unes seront parfaitement honnêtes ; les autres ne chercheront qu'à tirer profit sans aucune intention de vous donner ce qui vous revient de droit.

POUCE. Beaucoup d'argent à ramasser, à condition de vous baisser et de courber l'échine. Le goût de l'effort et de la discipline vous vaudra de belles récompenses. Vous chercherez un alter ego pour vous stimuler et vous suivre dans vos projets. Il vous faudra souvent vous faire violence.

> **Se le couper.** Un rien vous impressionnera et la moindre contrariété vous plongera dans un grand désarroi. Vous jouerez le martyr, n'attendant qu'un mot réconfortant pour aller mieux. Vous obtien-

drez ces douces paroles, mais vous apprendrez aussi à les exprimer à votre tour.

POUDRE. Utilisée par une femme. Vous tentez de panser les plaies infligées à votre amour-propre en vous identifiant à quelqu'un, dans l'espoir qu'une ambiance de tendresse voluptueuse et de douceur apportera un soulagement à l'angoisse dont vous souffrez.

Utilisée par un homme. Pour combler le sentiment de ratage dû à l'échec de vos ambitions, vous axez votre vie sur la réussite matérielle, l'acquisition de valeurs sécurisantes. Vous vous efforcez d'être réaliste, de vous organiser de manière rationnelle pour réaliser une action cohérente. Vous vous fixez des buts précis, bien délimités et faites preuve de logique dans votre conduite.

POULE/POULET. En faire cuire. Vous serez curieux et vous pourriez entreprendre une nouvelle activité. Vos rapports avec votre entourage seront constructifs. Vous y mettrez de la bonne volonté sans pour autant être envahissant. Bonne journée pour les activités liées aux communications en général.

En manger. Vous serez en bonne forme aujourd'hui. Vous contribuerez pour beaucoup à rendre les gens qui vous entourent plus heureux et à l'aise. Intérieurement, vous serez stable et apte à comprendre certaines sensibilités.

POUPÉE. Vous êtes sociable, populaire même, et vous cherchez toutes les occasions de vous faire des amis. On apprécie beaucoup votre tact, votre respect d'autrui et votre tolérance. Vous êtes à l'aise partout ainsi qu'avec les étrangers.

POURBOIRE. En donner un. Ce qui est étrange avec vous, c'est que vous apparaissez fermé au premier abord et lorsque vous ouvrez votre cœur, vous devenez totalement vulnérable. Une fois de plus, vous donnerez votre chemise à quelqu'un qui ne saura pas la porter. Un ami vous décevra ; la trahison sera liée à la jalousie ou à des rumeurs qu'il colportera sur votre vie affective. Muet comme une carpe, vous savez mieux que quiconque garder les secrets. Quand les vôtres seront révélés à la terre entière, vous fulminerez, élaborant lentement un plan de vengeance pour lui faire comprendre de quel bois vous vous chauffez.

En recevoir un. Croyez à l'intelligence de votre esprit pour corriger les erreurs. Vous pouvez modifier votre tempérament, tendre vers la souplesse et la fantaisie. Donnez des ordres, mais montrez-vous sécurisant sur le plan affectif. Vous savez donner des leçons : lâchez la bride, et vous constaterez que les chevaux ne s'emballeront pas.

POURCHASSER. Avertissement contre des décisions peu sages. Vous êtes dans l'impossibilité de concilier les tensions contradictoires qui vous oppressent. Vous ressentez de violentes émotions prêtes à se décharger, à exploser, mais votre conscience les réprouve et les refoule. Il en résulte une pénible sensation d'anxiété proche de la panique à laquelle vous ne trouvez pas d'issue ou de dérivatif.

POUSSIÈRE. Votre système nerveux est fragile. Attention au stress! Sachez vous détendre et connaître les limites de votre organisme. Profitez des fins de semaine pour vous reposer et vous changer les idées. Surveillez votre pression et voyez votre propre médecin au moindre symptôme anormal.

POUSSIN. Vous cultiverez le mystère, il suscitera l'intérêt. Les autres s'approcheront timidement de vous et tenteront de percer vos secrets. Les rencontres, en amour, seront alors intéressantes. L'attirance sera magnétique, irrésistible. Vous distillerez vos émotions afin de lui enseigner la patience.

POUX. En trouver sur soi. Vous aurez droit très bientôt non pas à une, mais bien à deux crises de jalousie successives. Ces propos charmants et charmeurs que vous répandez à tout vent sont les principaux responsables de ces excès d'agressivité. Certaines personnes ont mal compris vos propos et ont entretenu des espoirs et des attentes. Vous réglez, vite fait, bien fait, ces malentendus.

Les enlever. Vous vivrez une véritable idylle, il semble bien que vous ayez enfin trouvé l'âme sœur. En très peu de temps, votre partenaire et vous êtes devenus de véritables complices tant sur les plans mental que physique. On vous regarde avec envie. Sur le plan amical, un couple de votre connaissance se sépare et chacun vient pleurer sur votre épaule.

Se réveiller avec le souvenir de ne pas s'en être débarrassé. Ne vous torturez pas inutilement à cause d'une anodine dispute de couple. L'amour n'oblige pas les partenaires à être toujours du même avis. Demandez à votre conjoint, sans hausser la voix, le respect de votre opinion. Ne laissez pas s'envenimer ce malentendu.

PRÊT. En demander un. Décidément, vous êtes têtu. Vous refusez d'entendre les signaux d'alarme de votre corps. Vos migraines et maux d'estomac ont une cause: le stress. Vous devez cesser de vous agiter dans tous les sens et prendre les choses une à une. Apprenez à relativiser les problèmes et cessez de vous sentir coupable à tout propos. Apprenez une technique de relaxation et pratiquez-la tous les soirs avant de vous endormir.

En accorder un. Les relations affectives et amoureuses sont stables. Pas de grande passion, mais pas de conflits non plus. Une sorte de routine s'installe entre votre conjoint et vous, ce qui ne convient pas vraiment à votre tempérament aventurier. Sur le plan amical, vous êtes toujours très entouré. Votre bon caractère et votre bonne humeur incitent les gens à rechercher votre compagnie.

PRÊTRE. Tous les désordres d'ordre émotionnel que vous avez connus ces derniers temps vous ont forcé à réfléchir intensément, à fouiller intimement et honnêtement en vous pour tenter de trouver les causes profondes de ces problèmes. Vous y êtes en bonne partie parvenu même si, en ce domaine, rien n'est jamais acquis. Vous avez retrouvé votre sourire à faire craquer.

PRIÈRE. En amour, vous passez de la pudibonderie au dévergondage le plus débridé avec toujours autant d'appréhension. Vous faites l'amour presque à regret, de peur que cela ne dure pas assez longtemps. Il vous faut quelque chose de rassurant, de réconfortant, de chaleureux, et beaucoup de *cocooning* pour que cela fonctionne. Laissez-vous aller un peu, l'être aimé ne demande que cela.

PRINCE. Est-ce l'amour qui vous cause de l'insomnie? Il faut dire que la personne qui hante vos pensées en ce moment est plutôt difficile à conquérir. La partie n'est pas encore gagnée et vous ne ménagez pas vos efforts pour lui plaire. Vous avez l'impression d'être revenu au temps de votre adolescence. Les amis observent avec un certain amusement le déploiement de vos charmes.

PRINCESSE. Une relation amoureuse un peu spéciale se profile à l'horizon. L'être qui meuble vos pensées n'est pas libre. Vous passez de l'euphorie à la déprime. Lui et vous semblez exécuter un ballet où les partenaires s'éloignent et se rapprochent interminablement. Regards complices et empreints de désir, effleurements, chastes baisers, vous êtes sous le joug! Sur le plan amical, vous êtes convié à une petite fête.

PRISON. Professionnellement, accordez-vous des pauses café; les idées naîtront dans les couloirs. Vous constaterez qu'en quittant votre fauteuil, vous considérerez vos collègues différemment. En amour, vous sortirez des mots inédits de votre tiroir. Leur sens sera multiple mais laissez à votre partenaire le droit de puiser sa propre définition, afin d'être complémentaire. Financièrement, soyez plus généreux, faites des cadeaux surprises.

PRIX. Vous êtes d'une parfaite honnêteté et vous ne supportez pas les gens qui ne sont pas honnêtes et qui mentent. C'est pour votre sincérité qu'on vous respecte et qu'on vous admire.

PROCÈS. Vous êtes une personne très susceptible et irritable. Vous vous emportez facilement et vous êtes fort irascible. Vous devrez donc essayer de corriger ce grand défaut qui peut vous causer des ennuis inutiles.

PROCESSION. Vous êtes sur le point de passer à une autre étape de votre vie, de quitter mentalement et émotivement votre passé pour faire peau neuve. Également, vous pourriez rencontrer une personne que vous n'avez pas vue depuis longtemps et constater qu'elle s'est transformée.

PROFIL. Voir quelqu'un de profil. Votre énergie se concentrera autour d'un unique projet : vous-même. Disparue la crainte d'affronter les autres. En pensant à vous, vous affronterez chaque situation en y décelant un intérêt personnel. En vivant avec vous-même, vous vivrez mieux avec votre entourage. Votre but ne sera pas égoïste mais épanouissant. Vous admettrez avoir le droit au plaisir, sans ennuyer le voisin et sans vous culpabiliser. Si le malheur est complet et le bonheur furtif, vous inverserez la règle du jeu pour jouir au maximum de la vie.

PROFOND. Voir quelque chose de profond. Laissez la complaisance et la facilité au vestiaire, retroussez vos manches. Physiquement d'abord, le monde vous appartiendra si vous vous levez tôt. Abandonnez votre montre et luttez ! L'écriture, le temps, mais aussi les relations vous porteront chance. Les négociations contractuelles trouveront preneur, mais vous vous bataillerez pour obtenir gain de cause.

PROJETER. Réfléchir à l'avenir. Vous reprenez le contrôle de votre santé physique et psychique. Vous décidez de n'assumer désormais que les responsabilités qui vous incombent véritablement. Du coup, votre moral revient et la qualité de votre sommeil augmente considérablement. Vous vous offrez un congé bien mérité et vous le partagez avec les gens que vous aimez.

PROJECTEUR. Allumé. Il se trouve au fond de vous certaines tendances, certains besoins cachés dont vous n'avez pas conscience. En effet, il existe en chacun de nous une sorte de gardien dont le rôle est d'assurer l'ordre intérieur, une force qui refoule dans la partie inconsciente du psychisme les souvenirs d'événements, les pensées dont l'évocation est cause d'angoisse... ainsi que les désirs que la conscience n'approuve pas, ne permet pas de satisfaire parce qu'elle les juge néfastes. Ces tendances enfouies, refoulées, entrent en conflit avec d'autres souvent opposées, substituées par la morale ou la vie sociale.

Éteint. Vous avez l'impression qu'il vous manque un petit quelque chose. Ce quelque chose est pourtant à côté de vous, mais vous refusez de le voir. Vous êtes déçu par le comportement mesquin d'un proche. Des frictions avec un ami rendent une conversation indispensable. Vous faites tout ce qui est en votre pouvoir pour aider les autres, mais ne vous oubliez quand même pas !

PROMENADE. Sur le plan sexuel, vous serez le premier à réclamer votre dû. Vous aimerez la chair et la chair vous aimera. D'un appétit vorace, vous ne souffrirez pas d'indigestion amoureuse. L'équilibre de votre moral favorisera vos ébats nocturnes. Vous aimerez son parfum, son grain de peau et la douceur de ses baisers.

PROSTITUÉ. Vous vivez un moment sage et tranquille. Après l'effervescence de ces derniers temps, vous avez envie d'un peu de repos. Vous vous offrez des soirées paisibles à regarder un bon film ou des soupers intimes avec seulement quelques amis triés sur le volet. Sur le plan affectif, c'est plutôt calme. Une rupture ou une discorde amoureuse vous laisse pensif.

PROTECTION. Se sentir protégé. Toute votre vie, l'argent vous brûlera les doigts. Vous êtes un jouisseur, un épicurien, un amoureux du beau. Mais la beauté coûte cher et vous ferez souffrir votre portefeuille pour l'atteindre. Pendant la prochaine année, vous ne pourrez résister. L'argent sera le sujet de discussion le plus délicat à la maison. Vous demanderez de l'aide à un proche pour réparer vos erreurs. Il le fera, à condition de lui promettre de changer. Vous respecterez vos engagements.

PROTÉGER. Il est temps de faire des changements professionnels. Il vous faut prendre des décisions, faire des choix. Cela n'est pas facile pour vous de changer de direction mais, à long terme, vous en tirerez un bénéfice certain. N'ayez pas peur de prendre ce tournant.

PROTESTER. Essayer de le faire. Quelque chose aura changé en vous depuis un certain temps et vos amis le confirmeront. Vous vivrez avec votre époque et votre âge. Votre conjoint partagera le quotidien aux côtés d'une personne responsable et volontaire. Auparavant, vous réfugier derrière l'adolescence vous donnait l'illusion de rester jeune. Vous le serez toujours, mais réussirez à associer passion et raison.

Fort. Vous passez de l'euphorie à la déprime, et ce, sans transition. Les membres de votre cercle d'amis ne savent plus par quel bout vous prendre. Vous êtes tantôt amical et aimable, tantôt acariâtre et rébarbatif. Par ailleurs, votre cœur sautille à la vue d'une personne qui vous subjugue. Vous y songez sans encore oser avouer vos sentiments. L'attente est difficile mais quand même délicieuse.

Entendre ou voir protester quelqu'un d'autre. L'amour en ce moment prend beaucoup de place dans votre vie. Entre vous et votre partenaire, il y a de nombreux échanges et vous vous nourrissez spirituellement l'un et l'autre. Vous recevrez plus que vous ne donnez. Une réunion de famille vous rappelle des souvenirs que vous aimeriez oublier. Vous êtes convié à un mariage.

PROVOQUER. Si vous souhaitez réussir, il faudra bouger. La route vous attend avec des voyages qui vous mettront dans des situations délicates. À l'arrivée, vous devrez négocier, décrocher des contrats et rentrer en ayant rempli votre mission. Votre évolution dépendra de ces mouvements.

PRUDENCE. Si l'amour est une montgolfière, vous lâcherez du lest pour aller plus haut. Sous la voûte des cieux, vous contemplerez l'élu de votre cœur, lui promettant d'aller décrocher la lune. Attention, ces belles promesses resteront dans sa tête. C'est bien joli de parler, mais il faudra le prouver.

PRUNE. Vous ressentez comme une contrainte l'attachement trop intense que vous vouez à quelqu'un de votre entourage. Tout en vous soumettant aux lois de l'amour, en vous abandonnant au plaisir d'être choyé, vous aspirez à l'indépendance affective.

PUBLICITÉ. Faire une annonce publicitaire. Vous êtes sûrement faits l'un pour l'autre, il n'y a pas de doute. Vous avez les mêmes goûts et quand ce n'est pas le cas, vous essayez de vous faire plaisir réciproquement.

Lire ou jouer un message publicitaire. Vous avez trop tendance à être le patron à cause de votre caractère autoritaire. Vous manquez aussi d'habileté vis-à-vis de votre bien-aimé. Montrez-vous donc un peu plus doux et conciliant et sachez que l'amour se fabrique autant qu'il naît spontanément.

PUCES. En trouver sur soi. Vous aurez droit très bientôt non pas à une, mais bien à deux crises de jalousie successives. Ces propos charmants et charmeurs que vous répandez à tout vent sont les principaux responsables de ces excès d'agressivité. Certaines personnes ont mal compris vos propos et ont entretenu des espoirs et des attentes. Vous réglez, vite fait, bien fait, ces malentendus.

Les enlever. Vous vivrez une véritable idylle, il semble bien que vous ayez enfin trouvé l'âme sœur. En très peu de temps, votre partenaire et vous êtes devenus de véritables complices tant sur les plans mental que physique. On vous regarde avec envie. Sur le plan amical, un couple de votre connaissance se sépare et chacun vient pleurer sur votre épaule.

Se réveiller avec le souvenir de ne pas s'en être débarrassé. Ne vous torturez pas inutilement à cause d'une anodine dispute de couple. L'amour n'oblige pas les partenaires à être toujours du même avis. Demandez à votre conjoint, sans hausser la voix, le respect de votre opinion. Ne laissez pas s'envenimer ce malentendu.

PUITS. Beaucoup d'argent devant vous. Si vous jouez aux jeux du hasard, la chance vous sourira. Pas d'abus, misez sur votre courage. Vous ferez fructifier vos gains en les confiant à des personnes compétentes. Joueur, vous le serez, à condition d'être conseillé par des experts financiers.

PULL. Si vous flirtez, vous vous apercevrez qu'on aimerait vous connaître davantage. Il est possible qu'il y ait au moins deux cœurs qui soupirent avec la même intensité. Vous ne vous sentez pas prêt à faire un choix. Ne rejetez personne et gardez la porte ouverte.

PUNAISES. En trouver sur soi. Vous aurez droit très bientôt non pas à une, mais bien à deux crises de jalousie successives. Ces propos charmants et charmeurs que vous répandez à tout vent sont les principaux responsables de ces excès d'agressivité. Certaines personnes ont mal compris vos propos et ont entretenu des espoirs et des attentes. Vous réglez, vite fait, bien fait, ces malentendus.

Les enlever. Vous vivrez une véritable idylle, il semble bien que vous ayez enfin trouvé l'âme sœur. En très peu de temps, votre partenaire et vous êtes devenus de véritables complices tant sur les plans mental que physique. On vous regarde avec envie. Sur le plan amical, un couple de votre connaissance se sépare et chacun vient pleurer sur votre épaule.

Se réveiller avec le souvenir de ne pas s'en être débarrassé. Ne vous torturez pas inutilement à cause d'une anodine dispute de couple. L'amour n'oblige pas les partenaires à être toujours du même avis. Demandez à votre conjoint, sans hausser la voix, le respect de votre opinion. Ne laissez pas s'envenimer ce malentendu.

PUNIR. Être puni. Votre relation amoureuse se déroule de façon très harmonieuse. Elle est faite de respect, de considération et, bien sûr, de beaucoup d'amour. Votre conjoint et vous êtes conviés à toutes les réceptions et on vous fait la fête partout où vous passez. En ce moment, aucune place pour l'ennui et la tristesse.

Un autre. Sur le plan amoureux, vous déclarez enfin votre flamme à la personne qui fait battre votre cœur. Regards appuyés, effleurements, sourires pleins de désir, tout y est! Vos sentiments trouvent un écho. L'attirance est réciproque. Vous jubilez. Les amis sont pour le moment relégués au second plan. Un de vos proches se plaint à vous du comportement de sa partenaire.

PURIFIER. Il sera temps de vous consacrer à l'amour, au plaisir. Vous recherchiez le pouvoir et une belle carte de visite. C'est au fond des draps que vous capterez l'essentiel de votre vie. Car lorsque vous sortirez de la chambre, vous vous sentirez prêt à conquérir le monde. La passion sera votre moteur.

PUS. Les voyages alimenteront votre curiosité. Vous aurez le goût d'apprendre une langue étrangère, de lier des amitiés avec des personnes éloignées. Les numéros de téléphone rempliront votre carnet d'adresses. Le monde sera accessible, car vous le serez vous-même constamment.

PYRAMIDE. Une autorité supérieure vous apprendra à ne pas parler pour ne rien dire. Vous lui prouverez que son enseignement n'aura pas été inutile. Vous appliquerez sa méthode en amour, en amitié et en famille. Vous cherchiez le bon mot pour faire rire votre entourage, fabriquant votre image pour capter l'attention. Vos yeux se tourneront vers peu de personnes et vous découvrirez en chacune d'elles des facettes inexplorées.

PYROMANE. Une certaine fatigue physique et morale pourrait vous envahir. Un conseil: quand vous le pouvez, remettez à plus tard les tâches ingrates qui vous accablent. Utilisez ce temps pour vaquer à des occupations qui vous comblent. Commencez une peinture, chantez dans votre baignoire, cuisinez, changez-vous les idées!

QUAI. Votre relation amoureuse prend des forces et construit ses bases. Un ami vous déçoit par son comportement, mais ne le jugez pas trop rapidement! N'hésitez pas à provoquer les événements que vous désirez voir arriver dans votre vie. Le bonheur se construit lentement mais sûrement. L'obstination est votre ennemi en ce moment.

QUENOUILLE. Des changements s'imposent et vous avez les idées claires: vous savez ce qui est bon pour vous et ce qui l'est moins. Évitez cependant de faire de votre vie un chantier. Si vous ne faites pas attention, cet état pourrait devenir permanent. Pesez bien le pour et le contre avant de prendre des décisions.

QUERELLER (SE). Avec les autres. Du point de vue professionnel, vous poussez toujours plus loin vos limites, cherchant sans cesse à vous dépasser. Une meilleure gestion de votre argent et un peu de prévoyance vous permettront de devenir plus riche.

Voir les autres se quereller. Vous auriez peut-être avantage à vous montrer un peu plus à l'écoute des besoins de l'autre. Sinon, la situation pourrait se détériorer pendant que vous êtes en train de vaquer à vos activités. Derrière cette attitude se cache une certaine peur de l'intimité ou même une forme de dépendance affective.

QUÊTER. Un vent d'énergie souffle dans votre vie. Vous vous sentez renaître enfin! Mais attention, l'existence est rarement toute rose ou toute noire. Ne vous laissez pas tromper par l'ivresse que vous procure votre bien-être. Au contraire, c'est le temps d'établir votre plan de campagne. Que souhaitez-vous réellement changer dans votre vie?

QUEUE. Sûr de votre droit, vous vous contraignez à une activité assidue, montrant un souci méticuleux de logique et de réalisme afin de prouver vos capacités et votre valeur. Vous êtes décidé à combattre tout ce qui se mettrait en travers de votre chemin.

QUILLES. Y jouer. N'ayant pu trouver le bonheur dans l'intimité de la vie amoureuse, vous ne souhaitez pas former des liens durables afin de préserver votre indépendance. Vous recherchez la détente dans les plaisirs, les distractions, des liaisons ou des contacts qui demeurent superficiels. Vous ne tenez pas spécialement à vous montrer bienveillant ni à vous plier aux circonstances.

Les ramasser et les placer. Refusant de faire du sentiment, vous concentrez vos forces et votre énergie au profit d'une action précise et efficace. Votre goût des initiatives vous incite à rechercher des postes ou des situations avec des responsabilités où vous pouvez exercer votre besoin de domination. C'est une compensation probablement efficace au vide intérieur que vous ressentez de temps en temps.

QUITTER. Être quitté par quelqu'un. Excellente santé, excellent moral. L'équilibre entre le travail, l'amour, les amis et le repos est parfait. Continuez sur cette voie. Vous renouez avec la prière et vous en retirez un immense bien-être. Privilégiez la consommation de légumes crus et de fruits. Continuez d'entretenir des pensées positives afin de conserver votre si belle mine.

Une ou plusieurs personnes. Vous sortez votre technique de séduction et vous parvenez à vos fins. Une délicieuse relation amoureuse vous comble de joie et de bonheur. Vous vous retirez un peu de votre cercle d'amis, mais on ne vous en tient pas rigueur. Amour oblige! Amour, humour, tendresse, sensualité, érotisme, tout y est. Savourez ces moments privilégiés.

QUOTIDIEN. Le lire. L'influence de la famille se fera sentir. On réclamera votre présence alors que vous préféreriez avoir moins de contacts et un peu plus de tranquillité. Les activités routinières vous conviendront. En amour, ce sera calme.

RACINE. Votre santé est fragile et votre corps vous lancera des SOS. Soyez vigilant et écoutez-le. Le moindre signe de surmenage pourrait vous causer des problèmes. Ce sont vos membres inférieurs qui sonneront l'alarme. Consultez votre médecin et commencez rapidement un programme de conditionnement physique.

RADEAU. Y être à bord. Votre période de questionnement doit être suivie d'une période de transition. Vous faites des choix importants mais souvenez-vous que vous devez assumer ceux-ci, alors ne précipitez rien. Adoptez la théorie des petits pas et assurez-vous de la solidité des acquis avant de passer à autre chose. Les finances se portent bien malgré quelques petits tracas d'argent.

En voir naviguer un. Sur le plan professionnel, possibilité de changer de domaine et d'un retour aux études à temps partiel. Vous caressez des projets ambitieux et viables, mais il vous manque quelques éléments pour y arriver avec succès. Un ancien collègue de travail perdu de vue depuis longtemps refait surface.

Échoué. À propos de votre bien-être, c'est auprès de votre partenaire que vous puiserez toute votre énergie. Ne tarissez pas la source de son cœur en l'accaparant constamment, car il se sentira étouffé. Dans quelques mois, vos sentiments se perdront dans le désert, en quête d'une oasis de tendresse, mais votre conjoint s'en rendra compte et son amour vous désaltérera. Un dépaysement imprévu, à deux, dans un lieu magique, vous attirera. Choisissez la destination, votre partenaire suivra.

En construire un. Vos projets prennent de l'ampleur et accaparent la plus grande partie de votre temps. Vous avez de l'ambition et le sentiment que rien ne peut vous arrêter. Vous visez le sommet et consacrez toute votre énergie à atteindre vos objectifs. Dans le feu de l'action, cependant, n'oubliez pas ceux que vous aimez. Sans amour, à quoi sert le succès ?

RADIO. Faire une émission de radio. En amour, c'est vous qui devrez prendre les rênes pour soutenir votre conjoint. Dans le doute, il s'en remettra à votre force ou vous demandera de le rassurer. Montrez-vous à la hauteur, il vous en saura gré en manifestant tendrement son amour.

RADIOSCOPIE. Vous avez un magnifique sens de l'humour et c'est l'une des raisons pour lesquelles votre compagnie est si recherchée. Une situation qui pourrait sembler ridicule aux yeux des autres vous paraît drôle. Continuez sur cette voie, car après l'amour c'est la seule chose qui rende la vie plus douce.

RADIS. En manger. Vous êtes avide à tout point de vue. Impatient et brusque, vous vous comportez comme si les autres n'existaient pas, ne tenant aucun compte de leurs réactions, faisant mine d'ignorer leurs désirs, leurs besoins ou leur mécontentement.

En planter. Vous atteindrez de meilleurs résultats en modifiant vos méthodes. En amour, vous serez tout à fait en forme et vous charmerez, alors ne restez pas sur vos gardes. C'est une bonne journée pour vous occuper de vous.

RAIL. Il symbolise le chemin. Vous ne vous perdrez pas dans de longs discours inutiles. Vos amis bénéficieront de votre compréhension et de votre bonne humeur. Vous aurez le cœur sur la main et l'envie de partager de bons moments.

RAISIN. Vous faites du ménage dans votre vie sentimentale et amicale. Vous ne tenez plus vraiment à la quantité, la qualité devient une priorité. Ne jouez pas sur plusieurs plans à la fois. On vous racontera des histoires que vous refuserez de croire. Vous vivrez une aventure excitante d'ici quelques semaines. Vous prendrez du temps pour vous gâter.

Grappe de raisins. Vous serez autoritaire et contrôlerez votre partenaire et vos amis. Vos excès de pouvoir ne seront pas toujours bien accueillis. Si vous persistez à vouloir que les autres agissent selon vos lois, vous déchanterez rapidement. Mais les prochains mois vous imposeront davantage de tolérance, ce que vous comprendrez après cette période.

RAJEUNIR. Se voir rajeunir. Vous avez de plus en plus de choix à faire, à un tel point que vous pourriez y perdre votre latin ! N'essayez pas d'entretenir deux relations, d'occuper quatre emplois, de mener de front six projets différents : vous vous épuiserez en vain. Vous savez, il est possible de ne faire qu'une chose à la fois…

RALENTIR. Freiner. Un revirement de votre situation sentimentale vous laissera pantois. Votre chaleur et votre charme vous attireront les regards amoureux de l'autre sexe. Vous avez soif de plaire, de séduire, d'attirer et vous y arriverez très bien ! Vous compterez des points auprès d'une personne attirante mais très indépendante. Vous saurez convaincre les autres en quelques mots ! Votre sourire sera radieux.

RAMASSER. On vient vous bousculer, et vous détestez cela autant que les fourmis qui voient le pied d'une brute écraser leur fourmilière. Cherchez refuge auprès des vôtres ou prenez du temps pour vous détendre dans un bain odorant. Les solutions à vos problèmes viendront d'elles-mêmes.

RAMEAU. Vous avez le goût de changer d'air. La routine vous pèse, et la tentation de tout envoyer promener est grande. Respirez par le nez ! Rien ne sert de partir au grand galop. Menez d'abord à terme les projets que vous avez mis sur pied. Les prochaines semaines vous réservent bien des surprises.

RAMER. Se voir ramer. Vous vous concentrez sur votre réussite. Vous déployez beaucoup d'efforts et vous faites plus que votre part. Vos collègues et les clients profitent même un peu de la situation. On vous apprécie, mais vous préféreriez qu'on vous le prouve concrètement. À propos de votre vie sentimentale, vous auriez besoin d'être réconforté et rassuré. L'être cher ne devine pas vos attentes, et vous n'osez rien demander. Dommage !

RAMPE. Votre intellect est vif, brillant : vous avez réponse à tout. Pourtant, sur le plan pratique, votre rendement laisse un peu à désirer. Gare aux erreurs et aux négligences qui pourraient vous faire perdre beaucoup de temps ou être la cause de réprimandes au travail ! Ce n'est pas en lançant l'argent par les fenêtres que vous réglerez la situation. Votre conjoint semble froid et distant. Pourquoi ne pas essayer de voir ce qui cloche ? Vous êtes tellement perspicace lorsque vous le voulez !

RANCŒUR. Vous méditez un plan : on vous fait concurrence. Tout est confirmé, vous trouvez une planche de salut. Ne modifiez pas vos attitudes. Nouvelles très encourageantes à propos de votre santé. Un problème exerce votre patience.

RANGER. Même si vous vous démenez beaucoup, vous avez l'impression de faire du surplace depuis quelque temps. Concentrez-vous sur vos objectifs et évitez les discussions ; cela vous ferait perdre du temps sans améliorer les choses. En affaires, vérifiez bien tous les détails. Sentimentalement, c'est plus doux, mais il serait temps d'établir gentiment vos limites avec votre entourage.

RAPETISSER. Se voir rapetisser. Vous êtes convié à une grande réunion d'amis qui se transformera en foire où tous s'en donneront à cœur joie ! L'humour est au rendez-vous. Sur le plan des relations amoureuses, il y a un coup de foudre dans l'air. Vous vous abandonnez à votre passion qui est de faire plaisir et vous gagnez beaucoup au change. Souriez, la vie est belle.

RASER. Votre humour varie selon votre humeur. Pour vous, il y a des choses drôles et d'autres qui ne le sont pas. Donc, il vous manque un certain sens des nuances et un peu d'imagination que vous feriez bien d'acquérir. Essayez de vous corriger en gardant toujours le sourire aux lèvres, quoi qu'il arrive.

RASSURER. La vérité voit le jour : c'est le temps de vous prononcer. Une chose arrive plus tôt que vous ne le croyez. Possibilité d'une idylle avec une personne qui vous a été longtemps indifférente. Une conversation peut changer vos opinions.

RAT. Que la vie doit être triste en votre compagnie tant vous êtes sérieux ! Mais pourquoi considérer l'existence comme un grand drame que rien ne peut égayer ? Allons, prenez donc la vie moins au sérieux. Ayez un peu plus d'humour et, très vite, vous verrez comme vous vous sentirez mieux. N'ayez pas peur de rire, c'est bon pour la santé ; c'est le meilleur des médicaments... et il ne coûte rien.

RÂTEAU. Vous entrerez dans une période euphorique, cela vous effraiera. Habitué à vous battre, vous ne saurez quel fruit cueillir sur l'arbre du bonheur. Luttez contre la peur ! Si vous êtes heureux, c'est que vous le méritez. Restez dans une dynamique de plaisir. Rédigez votre loi, tendez votre arc, visez la cible choisie. La flèche atteindra forcément son objectif.

RAVIN. Vous êtes très en demande depuis quelque temps. Beaucoup de personnes aimeraient profiter de vos compétences. Vous éprouvez l'irrésistible envie de partir à votre propre compte. Une rencontre arrivera à point nommé pour vous aider à prendre une décision.

RÉCEPTION. Y prendre part. Vous mettez votre ego en veilleuse. Vous travaillez main dans la main avec vos collègues. Bref, vous réalisez que vous n'avez pas besoin de tyranniser votre entourage pour obtenir de bons résultats. On dirait que l'heure de la sérénité a sonné. Du coup, vous gérez habilement votre carrière. Vous rencontrez des gens influents et êtes dans tous les bons coups. Ménagez votre partenaire. La réussite, oui, mais pas à n'importe quel prix.

> **En organiser une.** Pression énorme. Vous vous sentez harcelé, incompris et seul au monde. Grande est la tentation de laisser s'envenimer la situation, mais plus insupportable sera la culpabilité si vous n'agissez pas. Bref, cela passe ou cela casse. Votre partenaire n'ouvre la bouche que pour vous critiquer. Si personne n'y met du sien, la rupture est proche. Attention, il va falloir prendre une décision importante.

RÉCHAUFFER. Vous vivez de grands élans de passion. La complicité est au rendez-vous. L'être aimé et vous avez la curieuse impression de vous connaître depuis toujours. Souvent, un seul regard suffit à vous comprendre. Sur le plan des relations amicales, tout va bien. Une discussion s'envenime avec un membre de votre famille qui a trahi un secret.

RECHERCHER. Quelque chose. C'est en prouvant votre valeur, par la réussite sociale ou professionnelle, que vous espérez vous faire respecter, régner en maître sur votre entourage. Vous vivez actuellement dans un état de forte tension, uniquement préoccupé par la réalisation de cet objectif.

> **Quelqu'un.** Sûr de votre bon droit, déterminé à demeurer sur vos positions, vous vous fermez à toutes suggestions pour préserver une situation où vous appréciez la considération qui vous est témoignée. Le sentiment d'importance qu'elle vous procure vous aide à dépasser le découragement et la solitude.

RÉCIF. En éviter un. Vous avez un comportement rationnel. Adapté au monde extérieur, vous acceptez avec philosophie les limitations, la discipline, les obligations et les devoirs issus du milieu. Vous réprimez votre égoïsme biologique et les tendances qui porteraient atteinte à la liberté d'autrui.

Être incapable d'en éviter un. Il y a contradiction entre votre désir de vous insérer harmonieusement dans votre milieu et votre répugnance à coopérer, qui vous pousse à vous rebeller. À cette répugnance s'ajoutent des sentiments de vengeance refoulés, d'où la tension que vous éprouvez.

RÉCOMPENSE. De solides principes de moralité guident votre conduite. Vous vous conformez totalement à l'image voulue par votre milieu. Direct, absolu, vous vous efforcez de contrôler vos émotions. Vous maîtrisez vos réactions pour ne porter préjudice à personne. Cette attitude contraignante vise à endiguer un sentiment inconscient de culpabilité dû aux envies de révolte que vous contrôlez fermement.

RÉCONCILIER. Vous noterez une légère baisse d'énergie dans une semaine, mais rien de grave. Étant donné votre rythme de vie rapide, il est étonnant que vous ne soyez pas au bord de l'épuisement. C'est votre excellent moral qui est le grand responsable de cette régénération si rapide. Vous visitez un membre de votre famille hospitalisé.

RÉDUIRE. Un revirement de votre situation sentimentale vous laissera pantois. Votre chaleur et votre charme vous attireront les regards amoureux de l'autre sexe. Vous avez soif de plaire, de séduire, d'attirer et vous y arriverez très bien ! Vous compterez des points auprès d'une personne attirante mais très indépendante. Vous saurez convaincre les autres en quelques mots ! Votre sourire sera radieux.

RÉFLÉCHIR. Vous reprenez le contrôle de votre santé physique et psychique. Vous décidez de n'assumer désormais que les responsabilités qui vous incombent véritablement. Du coup, votre moral revient et la qualité de votre sommeil augmente considérablement. Vous vous offrez un congé bien mérité et vous le partagez avec les gens que vous aimez.

RÉFLECTEUR. Vous avez le goût d'offrir une petite recette de votre cru à ceux qui vous font du mal. Œil pour œil, dent pour dent. Vous pensez en particulier à une personne qui ne vous lâche pas. Faites attention ! La vengeance ne règle absolument rien, bien au contraire. N'oubliez pas, on sait comment la guerre commence, mais on ne sait jamais comment et quand elle se terminera.

En voir un au loin. L'émotion est envahissante. Vous faites une rétrospective de ce que vous avez vécu ces derniers temps. Vous condamnez certaines de vos attitudes. Vous craignez pour des décisions prises, alors que vous étiez persuadé d'avoir fait le bon geste. Ne vous laissez pas faire. Pour être le plus heureux possible, il faut vivre au présent.

RÉFRIGÉRATEUR. Vide. Une affaire exige du doigté, alors calculez bien vos chances. Adaptez-vous à votre milieu. Ne cherchez pas toujours la petite bête noire. Il vous faut avoir plus de flair que d'habitude. Il faut consentir à divers sacrifices pour que tout aille mieux avec votre partenaire. Vous ne vous en sentirez que mieux.

> **Plein.** Une période où s'impose une certaine prise de conscience doublée d'un bilan des derniers mois quant à ce que vous désirez vraiment pour l'avenir. Vous hésitez à vous investir plus qu'avant dans votre travail qui ne vous donne pas toujours entière satisfaction. Ne prenez pas de décision irréfléchie. Une certaine tension est sous-jacente dans votre lieu de travail.

RÈGLES. Instruments de mesure. Ne perdez pas de temps : il faut mettre les bouchées doubles pour accomplir tout ce qu'on attend de vous. N'ayez crainte, vous y arriverez. Vous réussissez même à mener plusieurs projets de front. Sur la route, un faux mouvement pourrait vous valoir un petit accrochage : cela tombe mal, car votre budget est déjà serré.

> **Menstruations.** Les amitiés seront très actives. Si le téléphone n'existait pas, n'importe quel moyen ferait l'affaire pour vous permettre de communiquer. Votre besoin de dialoguer sera viscéral. Lorsque le silence envahira la maison, vous paniquerez, cherchant désespérément dans votre répertoire un numéro à composer. En cas d'échec, il vous restera toujours les répondeurs téléphoniques.

REGRET. Votre intelligence est vive, mais vous avez du mal à concentrer votre énergie sur un seul objectif. Un peu de repos vous permettrait de vous recentrer et d'être beaucoup plus efficace. L'argent vous coule entre les doigts, les factures s'accumulent… Il n'y a qu'une solution : vous serrer un peu la ceinture.

REIN. Vous passerez un merveilleux mois durant lequel vous vous sentirez revivre. Bien entendu, vous êtes encore un peu fragile et vos émotions sont encore à fleur de peau, mais tout semble vouloir rentrer dans l'ordre. Vous possédez une grande capacité de récupération. Cependant, n'oubliez plus jamais que le corps est une machine qui mérite les meilleurs soins du monde.

REINE. Une relation amoureuse un peu spéciale se profile à l'horizon. L'être qui meuble vos pensées n'est pas libre. Vous passez de l'euphorie à la déprime. Lui et vous semblez exécuter un ballet où les partenaires s'éloignent et se rapprochent interminablement. Regards complices et empreints de désir, effleurements, chastes baisers, vous êtes sous le joug ! Sur le plan amical, vous êtes convié à une petite fête.

REMÈDE. Le prendre. Avertissement contre des décisions peu sages. Vous êtes dans l'impossibilité de concilier les tensions contradictoires qui vous oppressent. Vous ressentez de violentes émotions prêtes à se décharger, à exploser, mais votre conscience les réprouve et les refoule. Il en résulte une pénible sensation d'anxiété proche de la panique, à laquelle vous ne trouvez pas d'issue ou de dérivatif.

REMISER. Même si vous vous démenez beaucoup, vous avez l'impression de faire du surplace depuis quelque temps. Concentrez-vous sur vos objectifs et évitez les discussions ; cela vous ferait perdre du temps sans améliorer les choses. En affaires, vérifiez bien tous les détails. Sentimentalement, c'est plus doux, mais il serait temps d'établir gentiment vos limites avec votre entourage.

REMPART. La recherche, voire la quête spirituelle, est devenue votre principal objectif pour retrouver une parfaite santé sur le plan psychique. Vous avez été bien près de vous taper une dépression nerveuse et maintenant, vous êtes prudent. Vous comprenez que le maintien d'une bonne santé requiert des soins assidus.

RENARD. Vous êtes stressé au plus haut point et vous perdez facilement le contrôle de vous-même. De plus, vous examinez dans les moindres détails tous vos actes, ce qui a pour effet de vous rendre extrêmement nerveux. Vous avez un manque total de confiance en vous-même. Vous devez donc éviter tous les excès qui seraient néfastes dans votre cas. Apprenez à vous relaxer, sinon vous finirez par exploser.

RÉPARER. Le travail n'est plus une corvée depuis que vous avez fait le ménage dans votre tête. Certes, vous accomplissez vos tâches avec application et diligence, mais les difficultés imputables au travail restent désormais au bureau. Vous possédez une clarté d'esprit qui vous étonne vous-même. Sur le plan financier, le budget est très bien équilibré.

REPAS. En prendre un. L'ambiance est aussi morose au travail qu'à la maison. Posez-vous la question à savoir si ce n'est pas vous qui traînez ce cafard d'un endroit à l'autre. Sur les lieux de votre travail, on vous évite car vos réactions sont parfois brusques. Tout semble tourner au ralenti, la routine vous pèse et vous vous demandez s'il ne serait pas temps de changer d'emploi.

> **En préparer un.** Vous avez investi beaucoup de vous-même pour être rendu où vous êtes maintenant. Alors, ne gâchez pas tout par cette nonchalance qui s'empare de vous en ce moment. Allez… encore un petit pas pour atteindre un de vos principaux objectifs. Fouettez-vous un peu et l'entrain reviendra !

Agréable au goût. Vous refaites vos forces, vous régénérez vos batteries, vous puisez vos besoins à même la source. Vous entrez dans votre carapace, histoire de ne pas vous éparpiller et pour éviter que les autres sucent votre énergie. Vous avez des pensées qui vous étonnent grandement. Vous remaniez votre échelle de valeurs. Vous revenez à un mode de vie plus sain, qui vous ressemble davantage.

Désagréable au goût. En ce qui vous concerne, la santé et le moral sont excellents. Cependant, il n'en va pas de même pour un membre de votre entourage qui souffre présentement de crises d'angoisse. Ne cherchez pas les mots pour le calmer, soyez seulement tout près quand il en aura besoin. Votre fine psychologie et votre philosophie de la vie attirent à vous les gens qui souffrent.

REPASSER. Ouf! vous respirez mieux. Les malentendus de ces derniers temps sont réglés et vous vous sentez léger. En plus, vous réalisez que cette confrontation vous a rapprochés car elle vous a permis de discuter de choses très importantes. Vos dons d'observation vous permettent de venir en aide à des amis. Vous recevez des confidences et on fait appel à vos talents de psychologue.

REPOS. Se reposer. Un tas de petits problèmes surgissent à la maison et vous les réglez de main de maître. Vous voudriez que votre partenaire devine vos désirs. Malheureusement, vous risquez d'être déçu ; il serait préférable de lui parler. Au travail, vous ne ménagez pas les efforts ; on est impressionné par vos initiatives et vos idées. Restez modeste pour ne pas susciter la jalousie. Mieux vaut éviter les affrontements.

RÉPRIMANDER. Être réprimandé. Votre relation amoureuse se déroule de façon très harmonieuse. Elle est faite de respect, de considération et, bien sûr, de beaucoup d'amour. Votre conjoint et vous êtes conviés à toutes les réceptions et on vous fait la fête partout où vous passez. En ce moment, aucune place pour l'ennui et la tristesse.

Quelqu'un. Vous vivez en ce moment une période de grande sensualité, d'érotisme et de débordements amoureux. Vous avez du mal à arrêter votre choix tant les conquêtes sont faciles et les candidats tous plus intéressants les uns que les autres. Attention de ne pas gaspiller toute votre énergie en affaires de cœur et de corps.

REPTILE. Désireux de goûter à toutes les joies de la vie, vous saisissez avidement les objets de plaisir qui se présentent sans vous accrocher de façon durable pour éviter les problèmes affectifs. Votre attitude ne favorise pas une réelle intégration au milieu et vous vous sentez isolé. Vous avez tendance à ruminer ces insatisfactions.

REQUIN. À cause du surmenage et du stress des mois précédents, vous êtes victime de certains malaises. Prenez du repos, révisez votre régime alimentaire et faites un peu plus d'exercices physiques. Permettez à votre esprit et à votre corps de s'évader dans des activités autres que le travail. La photographie ou les casse-tête seraient des loisirs tout à fait adaptés.

RÉSISTER. Regain d'énergie tout à fait spectaculaire. Vous avez une capacité de récupération hors du commun. Le sourire vous revient en même temps que le dynamisme et le moral. Attention toutefois de ne pas vous remettre à brûler la chandelle par les deux bouts. Un membre de votre entourage est frappé par la maladie et cela vous fait prendre conscience de l'importance de prendre soin de soi.

RESTAURANT. À service rapide. Le sentiment vous laisse indifférent. Vous ne recherchez pas la tendresse et ne vous engagez pas profondément. Vous compensez le vide par la poursuite de la réussite qui vous obtiendra l'estime et l'approbation d'autrui. Vous employez votre charme, votre ironie pour séduire non pas un partenaire, mais un auditoire que vos traits d'esprit éblouissent.

Ordinaire. Sur le plan affectif et amoureux, tout va pour le mieux. Les dialogues avec la personne convoitée se multiplient et les choses se mettent en place. L'honnêteté et la franchise sont vos meilleurs atouts. Vous avez tellement la tête à l'amour que vous n'avez plus du tout envie de sortir de chez vous. Vous lisez beaucoup de romans et savourez les soirées musicales, seul ou en tête-à-tête!

Haut de gamme. Vous refusez l'intimité amoureuse et ne souhaitez pas non plus collaborer avec autrui. Ne vous intéressant à personne d'autre qu'à vous-même, vous vous enfermez dans un cocon qui vous isole de la réalité et vous protège des heurts. Vous avez l'intention secrète de vous maintenir solidement ancré dans ce havre paisible.

RETARDER. Vous avez tendance à passer par des périodes de stress plus ou moins aiguës, mais sachez qu'aucun être humain n'est totalement exempt de stress. Même si vous êtes en mesure d'y faire face, vous pouvez parfois vivre des difficultés dans une situation éprouvante.

RETOUR. Les petits problèmes ne manquent pas, mais vous réagissez vite et réussissez à tourner certaines situations à votre avantage. On ne peut rien vous cacher. Votre vie intime vous réserve de beaux moments, vous pourriez même régler un malentendu qui vous agace depuis longtemps.

RETRAITE. La prendre. Vous réglementerez votre philosophie de vie de façon plus stricte, accordant au bien une valeur absolue, brandissant l'épée contre les forces et les tenants du mal. Votre force intérieure et votre volonté seront décuplées. Vous saurez attendre le moment opportun pour vous lancer dans un travail que vous désirez impeccable. Vous enterrez le passé pour ne regarder que vers l'avenir, tout en vivant bien le présent.

RÉVEILLE-MATIN. Vous flottez dans un espace et un temps en dehors de tout ce que vous avez vécu jusqu'ici. Vous profitez pleinement de tous les plaisirs et de toutes les douceurs que la vie vous offre. Vous croquez à belles dents dans le positivisme et l'optimisme. Vous vous rapprochez d'amis à la suite d'un conflit. Vous semez le bonheur et les rires sur votre chemin. On vous suit avec un grand plaisir dans vos aventures.

> **Arrêté.** Vous luttez entre, d'une part, le désir de participer davantage à la vie de ceux qui vous entourent, de vous intégrer totalement au milieu et, d'autre part, celui de conserver une liberté et une indépendance qui vous sont chères. Vous vous montrez sociable quand vous avez besoin des autres et vous vous isolez quand cela vous convient, vous fermant à toute communication.

RÉVOLTER. Se révolter. Vous renoncez finalement à un projet, réalisant que votre besoin de repos, déjà limité, doit l'emporter sur toute autre considération. Un problème se règle et disparaît pour toujours. Vous appliquez des valeurs élevées dans votre vie de tous les jours, en faisant preuve de conscience sociale. Vous mettez la touche finale à un travail de longue haleine.

> **Voir quelqu'un se révolter.** Tout vous réussit. Habile en actions et en paroles, vous avez toujours le dernier mot, et vous parvenez à la victoire par le simple talent. Vous vous assurez une bonne position professionnelle et sociale avec tous les avantages connexes. Une relation autrefois houleuse avec un collègue devient plus tolérable. Vous consolez une amitié dans l'épreuve.

REVOLVER. Vous êtes trompé d'une manière ou d'une autre. La plupart de nos attitudes comportent un certain degré d'ambivalence. Nous avons tous éprouvé, à un moment ou à un autre, à la fois de l'amour et de la haine envers une personne suivant son comportement. Il arrive à tout le monde de se montrer soumis tout en souhaitant avoir la liberté de se rebeller. Des êtres dont la bonté et la générosité sont reconnues et appréciées peuvent ressentir parfois un furieux besoin de punir ou de se montrer désagréables pour se venger d'une offense. Mais lorsqu'elle est intense et prolongée, la compétition entre des pulsions opposées déclenche des réactions imprévisibles, selon que l'équilibre est rompu sous la pression de l'une ou l'autre tendance. Elle est fréquemment l'instigatrice de décisions brusques et irraisonnées, de sautes d'humeur inexplicables, bref, d'un comportement irrationnel.

RHUME. L'attraper. Vous recevez, en ce moment, des témoignages d'appréciation de la part de vos supérieurs. On vous couvre de louanges, ce qui provoque de la jalousie chez un de vos collègues de travail. Une discussion à cœur ouvert règle certains malentendus qui subsistaient, en latence, depuis quelques mois déjà. Un déplacement d'affaires est prévu très bientôt.

Voir les autres l'attraper. Beaucoup d'égoïsme, de cruauté autour de vous. Il se passe des choses étranges ; cependant, il faut conserver votre optimisme. Voyez si vous n'avez pas commis une erreur en refusant la coopération de votre entourage pour la réalisation du projet qui vous est cher.

RICANEMENT. Vous souhaitez ardemment vous adapter aux autres mais, estimant que la vie vous a maltraité en vous refusant les satisfactions auxquelles vous aviez droit, vous entretenez des griefs et des regrets qui engendrent en vous un climat de mélancolie et de rancœur que vous infligez à votre entourage.

RICHESSE. Être riche. En amour, votre popularité est garantie pour les prochains mois. On aime votre vivacité d'esprit et votre philosophie de la vie. Cela dit, gare à ne pas trop imposer vos caprices, car votre amoureux pourrait vous prendre temporairement en grippe. Servez-vous de votre gentillesse en tout temps. C'est une excellente assurance contre la jalousie qui pourrait naître dans votre entourage. Car, avouez-le, vous êtes plutôt gâté. Rendez-vous galants d'ici quelques semaines, rencontre avec une personne inconnue… La fusion de cette union sera parfaite, voire célébrée en grande pompe.

RIDEAU. On vous fait une offre que vous refusez. Des collègues vous proposent leur aide pour venir à bout du travail accumulé. Les finances sont stables mais vous devez, encore pour un certain temps, continuer de limiter les dépenses. Prenez garde de ne pas vivre au-dessus de vos moyens.

RIDER. Vous êtes débordé ! Vous manquez d'énergie et votre travail s'en ressent. Exigez un répit si vous ne voulez pas être victime d'un épuisement professionnel. Les choses se tasseront d'ici quelques semaines et vous pourrez enfin reprendre votre souffle. Quand vous rentrez chez vous, essayez de laisser vos problèmes professionnels à la porte. C'est la seule façon de trouver le repos.

RIDICULISER. Être ridiculisé. Vous rencontrez des gens d'un genre nouveau et vous sympathisez immédiatement. Vous organisez un dîner auquel vous conviez des gens qui adorent philosopher. Une réunion familiale est source de plaisir et de joie. Un couple de votre connaissance convole en justes noces et cela vous rend plus conscient de l'absence de relations stables dans votre vie. Patience, l'amour s'en vient.

Les autres. Vous avez un urgent besoin de réconfort. Votre estime de vous a légèrement chuté et vous laisse comme un sentiment d'inconfort. Ne vous apitoyez pas sur votre état, tendez la main, ouvrez votre cœur, et vous recevrez tout ce dont vous avez besoin pour vous sentir mieux. Une invitation vous fera particulièrement plaisir dans un mois.

RIRE. Vous souhaitez ardemment vous adapter aux autres mais, estimant que la vie vous a maltraité en vous refusant les satisfactions auxquelles vous aviez droit, vous entretenez des griefs et des regrets qui engendrent en vous un climat de mélancolie et de rancœur que vous infligez à votre entourage.

RIVIÈRE. Au travail, vous aurez du succès à retardement. Vous avez l'impression que votre situation stagne. C'est vrai que de mauvaises influences planent toujours au-dessus de vous et risquent même de vous pousser hors de vos limites. Allez, un peu de patience, que diable! D'ici quelques semaines, les premiers indices d'une vie plus excitante poindront. Mais c'est dans quelques mois qu'aura lieu le véritable coup de théâtre que vous espérez. Vous changerez de poste, retrouverez votre motivation, votre intuition atteindra des sommets, et vous serez à votre mieux, bref, absolument génial! Par contre, quelques difficultés financières feront ombrage à votre bonheur.

RIZ. En faire cuire. Vous maîtrisez mieux les situations. Vous vous contrôlez, vos paroles ont du poids. Vous attirez l'attention, que ce soit pour travailler ou tout simplement pour plaire. Si, jusqu'à maintenant, vous avez eu une attitude de serviteur, vous n'acceptez plus qu'on vous marche sur les pieds.

En manger. Vous vous trouvez en face de difficultés imprévues. Recherchant d'abord votre bien-être et votre agrément, vous souhaiteriez mener une existence tranquille dans une atmosphère douillette et intime, au sein d'un groupe social ou auprès d'une personne dont vous vous sentiriez aimé et qui vous protégerait.

ROBE. Vous pouvez être dans tous vos états et vous mettre en colère pour un détail. Ou encore, vous devez supporter les humeurs maussades de votre famille. Cela pourra peut-être créer en vous la sensation d'être assis entre deux chaises. Pour vous en libérer, vous devez affirmer consciemment votre choix et être prêt aux développements qui suivront.

ROBINET. Qui coule. Vous ressentez comme une envie d'être ailleurs. Vous ne trouvez plus de motivation dans votre travail et vous avez la tête dans les nuages. Vous vous découvrez une passion dans un secteur où vous n'êtes pas familier. Vous êtes émerveillé de tout ce que cela remue en vous. Ne prenez aucune décision définitive sur un coup de tête.

ROBINEUX. Les sorties et les mondanités vous plaisent mais, par moments, cela vous semble superficiel. Évitez tout de même de rester dans votre coin. Voir du monde ne peut que vous faire du bien. De plus, vous aurez l'occasion de tisser des liens avec des gens qui vous apporteront beaucoup.

ROBOT. Vous semblez distrait ; bien des choses vous trottent dans la tête, mais ce n'est pas une excuse pour courir des risques sur la route. Vous n'êtes pas à l'abri d'un petit accident. On vous critique au travail, mais vos résultats parlent d'eux-mêmes. Soyez philosophe. Côté cœur, vous êtes trop sentimental. Votre conjoint vous aime beaucoup, même s'il ne le démontre pas.

ROCHE. Au travail, vous aurez du ressort et ne baisserez jamais les bras. Amoureux des discussions, vous serez expert en relations humaines. En présence d'un public, vous vous transformez. Vous serez, au sein de votre entreprise, le meilleur ambassadeur, prêt à soutenir la marque ou la société qui vous emploiera. Vous seriez un excellent publiciste. Soucieux de votre image, vous jouerez sur votre tenue vestimentaire et votre coiffure pour faire bonne impression.

ROI. Est-ce l'amour qui vous cause de l'insomnie ? Il faut dire que la personne qui hante vos pensées en ce moment est plutôt difficile à conquérir. La partie n'est pas encore gagnée et vous ne ménagez pas vos efforts pour lui plaire. Vous avez l'impression d'être revenu au temps de votre adolescence. Les amis observent avec un certain amusement le déploiement de vos charmes.

RONFLER. Si vous devez discuter avec votre conjoint, alors faites-le avec diplomatie. Vos propos devront être empreints de douceur et de patience, même si cela n'est pas dans votre caractère. Une discussion trop sévère pourrait avoir de très lourdes conséquences. L'être aimé lance des messages, mais vous ne semblez pas les comprendre.

RONGEUR. Que la vie doit être triste en votre compagnie, tant vous êtes sérieux! Mais pourquoi considérer l'existence comme un grand drame que rien ne peut égayer? Allez, prenez donc la vie moins au sérieux. Ayez un peu plus d'humour et, très vite, vous verrez comme vous vous sentirez mieux. N'ayez pas peur de rire, c'est bon pour la santé, car le rire est le meilleur des médicaments... et il ne coûte rien.

ROSE. En voir. Il symbolise l'amour, la pureté, la fidélité et la séduction.

> **Pâle.** Vous êtes tiraillé entre, d'une part, la loyauté et la fidélité à votre milieu ou à quelqu'un et, d'autre part, l'envie de nouer de nouvelles relations, de réaliser certains projets. Vous pesez sans cesse le pour et le contre, incapable de vous décider. Cette incertitude est une cause d'anxiété.

> **De couleur vive.** Vous avez la mauvaise habitude de couper les ponts, mais vous vous attendez par la suite à obtenir de l'aide des autres. Changez votre philosophie: efforcez-vous de garder de bonnes relations avec autrui.

ROSÉE. Vous ne savez pas adoucir votre idéal et le ramener à de nouvelles proportions plus réalistes. Vous risquez de détruire des sentiments qui pourraient être longs à renaître. Découvrez ce que vous voulez vraiment et faites la différence entre un projet irréaliste et un idéal tout à fait naturel.

ROUE. Votre expérience passée vous sert grandement en ce moment. Vous avez chèrement payé vos erreurs passées et vous ne tomberez pas dans les mêmes pièges. On tente de vous pousser dans un coin. Vous remettez rapidement à l'endroit ce qui vous semble à l'envers.

ROULOTTE. Où l'on vit. Vous avez d'importantes décisions à prendre. N'hésitez pas à demander l'aide de professionnels pour y voir plus clair. Une zone d'ombre vous dérange et vous apeure. Vous faites des pieds et des mains pour arriver à vos fins, mais certaines difficultés entravent votre route. Un malaise s'installe dans vos relations professionnelles, vous pouvez y remédier.

En ruine. Désorienté lorsque vous vous trouvez hors de votre milieu habituel ou en présence d'étrangers, vous êtes fidèle à vos habitudes, respectueux des règlements extérieurs. Car vous ne voudriez pas mériter des reproches ou entrer en conflit avec vos proches. Toutefois, vous souhaitez secrètement vous libérer du carcan des lois morales, avoir une plus grande liberté d'expression.

En acheter une. Vous êtes vraisemblablement amoureux et vous êtes de ceux qui laissent l'amour prendre toute la place dans leur vie. Vous êtes chaleureux, sensible, tendre et attentif aux autres et vous essayez à tout prix de rendre l'autre heureux, car vous savez accepter aussi bien les joies que les peines de l'amour.

En vendre une. Vous manquez de courage pour réclamer ce qui vous est dû, vous laissant bafouer et exploiter. Cette sorte de démission devant la vie, les obstacles, entraîne des difficultés dans votre vie sexuelle ainsi que l'hypersensibilité aux insultes, réelles ou imaginaires, et peut conduire à des troubles dépressifs.

En voir une grande. En amour, vous êtes sollicité de toutes parts, et malgré toute la meilleure volonté du monde, vous ne fournissez pas à la tâche. On surveille vos faits et gestes dans le but de vous prendre en défaut. Vous aimeriez bien être invisible pour savoir ce que les autres disent de vous. Faites davantage confiance aux vôtres ! L'amour vous surprend… et vous enchante !

En voir un petite. Vous retrouvez avec beaucoup d'émotion d'anciennes amitiés. Vous renouez, l'espace de quelques soirées, avec des souvenirs heureux. Vous vivez un amour hors du commun. Du partage, des échanges, une belle complicité définissent bien cette relation. Vous ne jouez plus de rôle, vous ne portez plus de masque, vous êtes vous-même, à l'état pur. Tout est en place pour que cela dure longtemps.

ROUTE. Elle représente la vie future.

La voir belle et droite. Vous vous efforcez d'être sociable parce que vous tenez à la bonne opinion des autres, ce qui raffermit le sentiment de votre force.

La voir tortueuse. Appréhendant un changement dans votre vie sentimentale et sexuelle, vous employez la séduction pour affirmer votre position. Mais si vous jouissez d'être aimé, vous donnez peu de vous-même en échange.

La voir sans issue. Vos émotions valsent et ne trouvent pas un rythme régulier. Elles viennent par bouffées, pouvant passer du chaud au froid. Cela ressemble à un film qui se déroulerait dans votre tête et que vous avez vu de multiples fois.

En voir une sans fin. Vous n'avez pas froid aux yeux, vous avancez dans la vie d'un pas déterminé. Vous êtes lucide, vous appelez les choses par leur nom. Personne ne réussit vraiment à vous mettre des bâtons dans les roues. Vous ne faites pas de concessions et vous savez vous défendre avec habileté.

Y marcher. Si vous désirez obtenir de meilleures conditions, il est temps de poser quelques jalons en ce sens. Les démarches nécessitant l'accord d'une personne en situation d'autorité ont de bonnes chances de succès.

RUBAN. Gommé. Rien n'entrave votre sérénité et votre liberté d'esprit. Vous êtes bien dans votre peau. On vous côtoie avec beaucoup de plaisir car vous illuminez le ciel des autres. Par contre, vous acceptez encore mal vos faiblesses. Vous faites un retour en arrière et comprenez mieux pourquoi vous en êtes rendu là.

RUBIS. En recevoir un. Il éloigne la peur, favorise la chasteté, subjugue les fantômes et les terreurs nocturnes. Vous trouvez un dérivatif à la mélancolie dans une activité absorbante et soutenue vous permettant de dominer autrui. Mais vous vous imposez des contraintes et des limitations qui engendrent une forte tension nerveuse, et la passion ardente que vous maîtrisez risque d'exploser brutalement.

En offrir un. Vos collaborateurs vous épauleront et nourriront de grandes ambitions grâce à vous. Vous les aiderez à ne pas regarder en arrière. Ils lutteront courageusement pour atteindre les objectifs que vous aurez fixés ensemble. Vous rangerez votre individualisme au vestiaire, conscient qu'on ne peut réussir sans le concours des autres. Ils loueront votre capacité à allier humour et discipline et vous inviteront souvent hors du cadre professionnel.

En porter un ou plusieurs. Journée d'enthousiasme. Canalisez vos énergies et ne vous laissez pas entraîner dans une direction qui ne vous mènerait nulle part. Vous serez trop sociable pour être parfaitement à l'aise dans l'intimité ; voyez du monde.

Perdu ou volé. Vous aurez du plaisir en compagnie de personnes qui ont le même humour que vous. Les possibilités sont grandes de vous rapprocher d'une personne que vous aimez bien. Faites les premiers pas sans hésiter.

RUE. Elle représente la vie future.

La voir belle et droite. Vous vous efforcez d'être sociable parce que vous tenez à la bonne opinion des autres, ce qui raffermit le sentiment de votre force.

La voir tortueuse. Appréhendant un changement dans votre vie sentimentale et sexuelle, vous employez la séduction pour affirmer votre position. Mais si vous jouissez d'être aimé, vous donnez peu de vous-même en échange.

La voir sans issue. Vos émotions valsent et ne trouvent pas un rythme régulier. Elles viennent par bouffées, pouvant passer du chaud au froid. Cela ressemble à un film qui se déroulerait dans votre tête et que vous avez vu de multiples fois.

La voir sans fin. Vous n'avez pas froid aux yeux, vous avancez dans la vie d'un pas déterminé. Vous êtes lucide, vous appelez les choses par leur nom. Personne ne réussit vraiment à vous mettre des bâtons dans les roues. Vous ne faites pas de concessions et vous savez vous défendre avec habileté.

Y marcher. Si vous désirez obtenir de meilleures conditions, il est temps de poser quelques jalons en ce sens. Les démarches nécessitant l'accord d'une personne en situation d'autorité ont de bonnes chances de succès.

RUINER. Vous vous sentez découragé devant les tâches à venir. Vous êtes très nerveux et votre personnalité s'adapte très mal à la vie que vous menez et à votre entourage. Essayez d'être calme et ne réagissez pas si vite ni si mal, car vous courez le risque d'avoir une dépression nerveuse.

RUISSEAU. Au travail, vous aurez du succès à retardement. Vous avez l'impression que votre situation stagne. C'est vrai que de mauvaises influences planent toujours au-dessus de vous et risquent même de vous pousser hors de vos limites. Allez, un peu de patience, que diable! D'ici quelques semaines, les premiers indices d'une vie plus excitante poindront. Mais c'est dans quelques mois qu'aura lieu le véritable coup de théâtre que vous espérez. Vous changerez de poste, retrouverez votre motivation, votre intuition atteindra des sommets, et vous serez à votre mieux, bref, absolument génial! Par contre, quelques difficultés financières feront ombrage à votre bonheur.

RUPTURE. En amour, vous vous sentez un peu en retrait, pas vraiment à votre place, légèrement décalé. Mais surtout, pas de panique! Préparez-vous à vivre un coup de foudre si vous êtes célibataire et une période de parfaite harmonie si vous êtes en couple. Quelle que soit votre sortie, votre charme fait des ravages à la moindre de vos apparitions et l'on vous complimentera pour votre élégance.

RUSE. Vous bénéficierez d'une forme physique extraordinaire vous donnant à la fois énergie, volonté et vitalité. Par ailleurs, cette santé exceptionnelle rend vos idées particulièrement claires et limpides, ce qui vous incite à prendre le leadership au travail. Vous sentirez que vous avez une longueur d'avance sur vos adversaires, ce qui vous permettra de réagir avec succès en toute circonstance.

RYTHME. Il représente les nouveaux amis, la réussite sociale, l'extase, l'identification à l'unité ; la force cosmique à la fois génératrice et destructrice.

Danser soi-même avec rythme. Vous évoluez ; il est normal que certaines relations ne vous stimulent plus autant qu'avant. Prenez vos distances peu à peu, surtout si vous sentez qu'on essaie de vous manipuler ou de jouer avec vos sentiments. Vous êtes très populaire. Vous croiserez beaucoup de monde et nouerez des amitiés beaucoup plus gratifiantes.

Voir les autres danser avec rythme. Vous avez tellement bon cœur ! Pourtant on dirait que cela attire beaucoup de personnes à problèmes, et ce n'est pas tout à fait faux. Choisissez bien les gens qui vous entourent ; misez sur vos vieux amis et sur ceux avec qui vous vous amusez ; cela changera l'ambiance autour de vous. Vous en avez grandement besoin !

SABLE. Vous êtes superstitieux. L'avenir vous fait peur et vous le redoutez anormalement. On dirait que toute votre vie est axée sur ces faits qui n'ont plus vraiment de raison d'être aujourd'hui. Sachez que l'on fait soi-même sa chance ou sa malchance et évitez de courir après des oracles. Servez-vous de votre logique et de votre bon sens.

SABLIER. L'état actuel des choses exige une intervention de votre part. Mais, désespéré, vous n'êtes pas à même de porter un jugement rationnel sur les faits et vous refusez catégoriquement d'en discuter. La tension et l'anxiété s'intensifiant, vous risquez de prendre une décision brusque, de vous jeter à l'aveuglette dans une action inappropriée.

SABOT. En affaires, vous bénéficiez d'un flair incroyable et transformez tout ce que vous touchez en or. C'est une période idéale pour faire fructifier vos économies et valoriser votre capital. Sur le plan professionnel, vous ne manquez pas d'activités et travaillez tard le soir. Heureusement, ce rythme effréné ne durera pas toute l'année.

SABRE. Toutes les activités sociales vous donneront du plaisir. En amour, vous n'aurez pas tendance à exiger des sentiments impossibles. En matière d'argent, vous pourriez dépenser plus que d'habitude. Vous pourriez faire quelques transformations.

SAC. À main. Une personne intelligente stimule vos neurones, valorise vos idées, développe votre sens critique. Votre entourage vous observe, vous écoute et votre pertinence est très admirée. Vous bénéficiez d'une grande popularité et devez répondre à de nombreuses invitations. Cependant, vous vous sentez l'âme voyageuse, vous avez envie de multiplier les départs, de découvrir le monde. Préférez les destinations nordiques pour lesquelles les conditions sanitaires sont plus favorables à votre santé.

SACRIFIER. Se sacrifier. Au cours des prochains mois, vous avez la dépense facile et avez intérêt à bien surveiller vos comptes si vous ne voulez pas vous retrouver dans le rouge à la banque. Côté professionnel, vous avez beaucoup de travail et accumulez les heures supplémentaires. Vos efforts sont récompensés et des occasions se présentent à vous ; vous prenez le temps d'y réfléchir.

SAGE-FEMME. La vie vous fera de doux yeux et sous plusieurs aspects, vous serez comblé. Il pourrait y avoir quelques maux physiques qui vous tracasseront, mais ils disparaîtront dans peu de temps. Vous exprimerez vos sentiments avec ardeur et l'on vous écoutera. Attention cependant, limitez vos conquêtes, car vous risquez de perdre la personne qui vous tient le plus à cœur. On vous aime, mais n'exagérez pas.

SALADE. En manger. De nature soumise, vous ne cherchez pas à dominer votre entourage, à vous imposer. Au contraire, vous manquez souvent de courage pour affirmer ou défendre vos droits. Vous préférez la tranquillité et l'anonymat. Cependant, vous aimeriez avoir un caractère plus ferme, une puissante force de volonté.

SALETÉ. Il faudra être prudent, car il y a danger d'épuisement physique. Un bon conseil : réduisez vos activités, sinon il pourrait y avoir de mauvaises répercussions sur votre santé, ce qui toucherait aussi vos affaires. Tout consciencieux que vous êtes, il y a des limites à tout faire et à vouloir être partout.

SALIVER. La vie vous réserve de belles surprises, des cadeaux que vous saurez apprécier. Ceux qui vous entourent vous aiment sincèrement parce que vous savez reconnaître et louer le talent chez autrui. Sur le plan affectif, vous pourriez être comblé même si, bien sûr, de petits nuages peuvent circuler ici et là. Rappelez-vous que l'amour se partage.

SANDALE. Vous étiez en bonne santé, mais vous remarquerez quand même une amélioration de votre tonus, vous aurez plus d'endurance physique. Tout cela parce que vous avez revu de façon intelligente votre régime alimentaire et avez éliminé ce qui ne vous convenait pas. Surveillez quand même votre foie.

SANG. Le sien. Vous ressemblez à une tornade; votre frénésie et votre très grande énergie vous enveloppent d'un courant électrique! Vous dégagez de bonnes ondes positives et les autres les ressentent. Vous avez la possibilité, de par votre pouvoir psychologique, d'aider les gens en détresse émotionnelle. Attention à vos mouvements car il y a un risque élevé de blessures en ce moment.

Celui de quelqu'un d'autre. Un grand stress vous envahit et met votre santé physique à rude épreuve. Vous devez, bien sûr, apporter un soin particulier à la qualité de vos aliments, bien nourrir votre corps pour qu'il puisse fonctionner adéquatement, mais aussi faire de l'exercice régulièrement et mettre le nez dehors et respirer un bon coup! Vous trouvez une façon de vous relaxer qui vous est propre.

SANGSUE. Il se pourrait que ce qui vous a fait pleurer dans un passé relativement récent vous fasse maintenant rire. Vous accepterez, votre générosité oblige, d'excuser ou de pardonner des torts qu'on vous a causés. Vous vous sentirez bien. Votre santé psychologique et physique pourrait être mise à l'épreuve, mais tout compte fait, votre avenir à court terme sera excellent et votre situation financière encore plus solide, ce qui ne va pas sans plaire. Qui pourrait vous blâmer?

SAPHIR. En recevoir un. Il éloigne la peur, favorise la chasteté, subjugue les fantômes et les terreurs nocturnes. Vous trouvez un dérivatif à la mélancolie dans une activité absorbante et soutenue vous permettant de dominer autrui. Mais vous vous imposez des contraintes et des limitations qui engendrent une forte tension nerveuse et la passion ardente que vous maîtrisez risque d'exploser brutalement.

En offrir un. Vos collaborateurs vous épauleront et nourriront de grandes ambitions grâce à vous. Vous les aiderez à ne pas regarder en arrière. Ils lutteront courageusement pour atteindre les objectifs que vous aurez fixés ensemble. Vous rangerez votre individualisme au vestiaire, conscient qu'on ne peut réussir sans le concours des autres. Ils loueront votre capacité à allier humour et discipline et vous inviteront souvent hors du cadre professionnel.

En porter un. Journée d'enthousiasme. Canalisez vos énergies et ne vous laissez pas entraîner dans une direction qui ne vous mènerait nulle part. Vous serez trop sociable pour être parfaitement à l'aise dans l'intimité; voyez du monde.

Perdu ou volé. Vous aurez du plaisir en compagnie de personnes qui ont le même humour que vous. Les possibilités sont grandes de vous rapprocher d'une personne que vous aimez bien. Faites les premiers pas sans hésiter.

SAPIN. Un lit douillet avec un bon matelas vous comblera. Votre dos aura besoin d'un confort maximal pour ne pas souffrir. Vous ne choisirez pas la position horizontale pour dormir. Entre les câlins et les bons bouquins, vous pourrez construire un univers intimiste. Ouvrir la porte de votre chambre illustrera le privilège accordé à l'élu de votre cœur.

SARCASME. Vous souhaitez ardemment vous adapter aux autres mais, estimant que la vie vous a maltraité en vous refusant les satisfactions auxquelles vous aviez droit, vous entretenez des griefs et des regrets qui engendrent en vous un climat de mélancolie et de rancœur que vous infligez à votre entourage.

SATAN. Une certaine incertitude existe sur la nature du sentiment que vous éprouvez. Quoiqu'il existe plusieurs points positifs dans la relation que vous avez avec votre partenaire, ce n'est pas encore le grand amour. Il semble que vous soyez un peu réaliste et précautionneux.

SAUCE. Vous traverserez quelques coups durs : qui n'en a pas ! Seulement, vous ne les aurez pas vus venir… Ces imprévus, quoique difficiles à encaisser, vous apprennent le détachement. Et s'il est un conseil qu'on peut vous donner pour mieux vivre cette période, c'est d'essuyer vite toute larme de regret, de cesser de pleurnicher sur le passé et de vous tourner vers l'avenir, en ayant pris soin de tirer une leçon de vos erreurs, surtout si vous avez été imprudent.

SAUCISSE. Agréable au goût. Vous refaites vos forces, vous régénérez vos batteries, vous puisez vos besoins à même la source. Vous entrez dans votre carapace, histoire de ne pas vous éparpiller et pour éviter que les autres sucent votre énergie. Vous avez des pensées qui vous étonnent grandement. Vous remaniez votre échelle de valeurs. Vous revenez à un mode de vie plus sain, qui vous ressemble davantage.

  Désagréable au goût. En ce qui vous concerne, la santé et le moral sont excellents. Cependant, il n'en va pas de même pour un membre de votre entourage qui souffre présentement de crises d'angoisse. Ne cherchez pas les mots pour le calmer, soyez juste tout près quand il en aura besoin. Votre fine psychologie et votre philosophie de la vie attirent à vous les gens qui souffrent.

SAUMON. En pêcher. Vous subissez les conséquences de votre fougue et de votre éparpillement. À trop vouloir en faire, on ne finit pas de faire du mal. Maux de tête, de nuque, de dos, étourdissements, fatigue qui frise l'épuisement, etc. Que diable, pourquoi voulez-vous à tout prix porter le monde sur vos épaules ? Respirez ! Relaxez !

Mort. Vous espérez participer à la vie d'autrui, vous rendre sympathique en vous montrant loyal, sincère et fidèle, avoir une conduite équilibrée, bref, vous intégrer au groupe dont vous faites partie. Ce sentiment d'appartenance rétablirait l'estime personnelle que vous avez perdue.

SAUTER. Vous serez préoccupé par le passage du temps. Même si les conséquences n'en sont pas toujours drôles, il reste que vous verrez à quel point vous êtes mieux dans votre peau grâce à votre expérience. En amour, ouvrez l'œil.

En perdant pied. Vous ferez les choses consciencieusement aujourd'hui et cela vous permettra d'accomplir davantage. Du côté de vos relations intimes, vous verrez comme il est bon de se tourner vers les autres. Bonne journée pour ce qui est des communications.

Avoir peur de sauter. C'est du côté de la famille que vous vous tournerez dans les prochains jours. Vous serez soucieux du bien-être de vos proches et vous ne lésinerez pas sur les efforts à fournir. En tout, vous aurez l'esprit pratique.

D'un toit. Vous avez tendance à vous considérer comme le centre du monde, à n'admettre que vos propres idées, sentiments, décisions, à exiger que tout le monde se soumette à vos désirs. Mais il vous arrive de vous faire mettre à votre place.

SAUTERELLE. Un peu plus et vous pourriez lancer un journal à potins! En bon échotier, vous recueillez les confidences de tout un chacun, glanant un secret par-ci, par-là, amassant les informations privilégiées et confidentielles. Vous adorerez parler pour le plaisir avec vos voisins, collègues et amis. Rien ne saurait changer dans votre vie en ce moment.

SAUVER. Se sauver. On peut être sensuel et ne pas s'abandonner, on peut partager un acte charnel sans aimer. Mais devant le miroir, quel visage contemplerez-vous ou fuirez-vous? Votre corps délivrera un message à votre partenaire. Vous le prononcez rarement, et il n'y comprendra rien. Désespérément, il tentera de reconnaître l'être qui aura incendié son cœur.

SAVON. Vous vous plairez dans la solitude et vous n'irez certainement pas chercher par la main l'âme sœur potentielle. Très sélectif en amour, vous ne vous lierez pas facilement. À vrai dire, rares seront les candidats à ne pas être disqualifiés pour un oui ou pour un non! Vous apprécierez d'avoir du temps libre pour vos loisirs et vos occupations personnelles. Vous risquez de montrer les dents si on vous dérange. Par ailleurs, vos élans, instincts et tentations seront mis à rude épreuve.

SAVOURER. Vous vous tournerez vers l'actualisation de soi, le culte de soi, bref, vers un certain égoïsme. Votre entourage aura plus de difficulté à négocier ce virage que vous… Moins disponible aux autres, vous aurez tout votre temps pour vous-même. Vous planifierez vos journées en fonction de vos goûts et de vos besoins personnels, et tant que faire se peut, vous ne vous refuserez rien.

SCANDALE. Vous êtes attentif à certaines superstitions sans vous compliquer la vie. La répétition de certains événements vous intrigue et vous rend un peu craintif. Vous êtes sensible à ce qui se passe, mais vous ne confierez pas complètement votre vie aux superstitieux; c'est une bonne chose, d'ailleurs.

SCIE. Vous entrerez dans une période euphorique et cela vous effraiera. Habitué à vous battre, vous ne saurez quel fruit cueillir sur l'arbre du bonheur. Luttez contre la peur! Si vous êtes heureux, c'est que vous le méritez. Restez dans une dynamique de plaisir. Rédigez votre loi, tendez votre arc, visez la cible choisie. La flèche atteindra forcément son objectif.

SCINTILLER. Vous avez une rapidité d'exécution exceptionnelle. Vous vous surprendrez vous-même. Des personnes tenteront de s'imposer dans une affaire personnelle. Avec diplomatie, vous leur ferez connaître leurs limites et elles s'écarteront sans se sentir blessées.

SCONSE. Votre partenaire installera une ambiance intimiste à la maison. Vous aurez hâte de le retrouver, de rester silencieux, savourant intérieurement sa tendresse. L'amour vous donnera de la puissance. Vous vous sentirez fort, mû par des idéaux nobles. À ses côtés, vous les concrétiserez.

SCULPTER. Tout va bien du côté professionnel, vous donnez votre maximum et vos efforts sont remarqués. Tout va tellement bien que, soudain, vous vous demandez si une malchance ne viendra pas assombrir ce beau ciel bleu. Eh non! Pas de nuages! Le soleil brille et continue de le faire pour les prochaines semaines.

SCULPTURE. Même si vous avez pu savourer des moments privilégiés auprès de votre partenaire récemment, vous ne commettrez pas l'erreur de croire que vous pouvez vous endormir sur vos lauriers! Mieux que personne, en effet, vous savez que le bonheur s'obtient et se construit jour après jour. C'est exactement ce que vous vous emploierez à faire. Réussite garantie. Célibataire, un peu de patience! Vous aurez de fortes chances de rencontrer le grand amour à court terme, mais ce ne sera pas avant quelques mois.

SÉCHER. S'essuyer avec une serviette. Il n'y a pas de relations sentimentales reposantes avec vous! Vous êtes un grand amoureux et la passion doit être au rendez-vous pour garder votre intérêt. Dès que celle-ci faiblit, vous repartez sur la route. Vous êtes un paradoxe en société: autant parfois vous aimez la foule, les gens, les lieux bruyants et animés, autant, en d'autre temps, vous aimez la solitude, le calme, le silence… Imprévisible!

> **Des vêtements.** Vous avez le cœur grand comme l'Univers, vous êtes sensible mais vous ne voulez surtout pas que les autres le découvrent! La sensibilité n'est pas un signe de faiblesse; au contraire, elle est présente seulement chez les personnes ouvertes et capables du don de soi. Alors, n'ayez pas honte… affichez-vous! Pas facile de vous soutirer un compliment, pourtant on fait tout pour vous plaire. Allez, un petit effort!

SECOURIR. Il est temps de faire des changements professionnels. Il vous faut prendre des décisions, faire des choix. Cela n'est pas facile pour vous de changer de direction mais, à long terme, vous en tirerez un bénéfice certain. N'ayez pas peur de prendre ce tournant.

SECRET. Votre intérieur bouillonne! Votre imagination fonctionne à plein régime, votre créativité cherche à s'exprimer. Votre esprit s'élève au-dessus des petites tracasseries de la vie quotidienne pour se concentrer sur une spiritualité grandissante et de plus en plus évoluée. Vous êtes plus calme et plus serein.

SÉDUIRE. Le vent vous pousse vers d'autres avenues et vous laisse entrevoir d'autres possibilités d'emploi. Vous avez besoin de pouvoir exprimer vos dons et vous avez envie plus que jamais de montrer ce dont vous êtes capable. Il vous faut travailler pour vous faire une place au soleil, mais vous y arrivez à force de patience et de persévérance.

SEIN. Il symbolise la mère, le rappel de la nécessité de se séparer définitivement du monde douillet de l'enfance afin d'affronter ses responsabilités d'adulte. Bien que la passion enflammée des dernières semaines se soit un peu calmée entre vous et votre partenaire, c'est toujours le grand amour. Une grande fête se prépare et on vous demandera de participer à sa mise sur pied. Votre imagination et votre sens de l'organisation sont mis à profit. Une personne médisante fait circuler une rumeur sur un membre de votre famille. Vous la remettez à sa place sans aucun ménagement.

SEL. Il symbolise la nourriture spirituelle, l'incorruptibilité, la sagesse et la pondération. Vous êtes dans une forme resplendissante. Les petits problèmes quotidiens n'arrivent pas à entacher votre optimisme. Vous réalisez que la foi est votre meilleur soutien. Sur le plan psychique, vous êtes à l'heure d'un bilan et les interrogations se succèdent à un rythme effréné. Soyez vigilant quant à vos problèmes de santé car ils pourraient s'aggraver.

SEMER. Vous êtes bien ordonné à votre travail et votre tâche s'en trouve de beaucoup facilitée. Vous remplissez vos obligations professionnelles dans le calme. Réfléchissez longuement avant de faire un geste qui pourrait nuire à un membre de votre entourage. Un savant mélange d'instinct et de logique vous aidera à trouver la solution à un certain problème...

SEMONCER. Être semoncé. Votre relation amoureuse se déroule de façon très harmonieuse. Elle est faite de respect, de considération et, bien sûr, de beaucoup d'amour. Votre conjoint et vous êtes conviés à toutes les réceptions et on vous fait la fête partout où vous passez. En ce moment, il n'y a aucune place pour l'ennui et la tristesse.

> **Quelqu'un.** Vous vivez en ce moment une période de grande sensualité, d'érotisme et de débordements amoureux. Vous avez du mal à arrêter votre choix tant les conquêtes sont faciles et les candidats tous plus intéressants les uns que les autres. Attention de ne pas gaspiller toute votre énergie en affaires de cœur et de corps.

SENTIER. Il représente la vie future.

> **En voir un beau et droit.** Vous vous efforcez d'être sociable parce que vous tenez à la bonne opinion des autres, ce qui raffermit le sentiment de votre force.

> **En voir un tortueux.** Appréhendant un changement dans votre vie sentimentale et sexuelle, vous employez la séduction pour affirmer votre position. Même si vous jouissez d'être aimé, vous donnez peu de vous-même en échange.

> **En voir un sans issue.** Vos émotions valsent et ne trouvent pas un rythme régulier. Elles viennent par bouffées, pouvant passer du chaud au froid. Cela ressemble à un film qui se déroulerait dans votre tête et que vous avez vu de multiples fois.

> **En voir un sans fin.** Vous n'avez pas froid aux yeux, vous avancez dans la vie d'un pas déterminé. Vous êtes lucide, vous appelez les choses par leur nom. Personne ne réussit vraiment à vous mettre des bâtons dans les roues. Vous ne faites pas de concessions et vous savez vous défendre avec habileté.

Y marcher. Si vous désirez obtenir de meilleures conditions, il est temps de poser quelques jalons en ce sens. Les démarches nécessitant l'accord d'une personne en situation d'autorité ont de bonnes chances de succès.

SENTIR. Une bonne odeur. Vous possédez une conscience collective très rare. Vous avez une ouverture d'esprit large et vous détestez avoir cette impression d'être dans une cour clôturée. Vous ragez devant les préjugés et les tabous qui sont véhiculés tous les jours. Vous avez l'âme d'un missionnaire, vous prêchez un amour universel et l'abolition des frontières. Pas facile de convertir les petits esprits fermés!

Une mauvaise odeur. Vous êtes fatigué et amorphe. Vous ne prenez plus de plaisir à relever les défis, ils vous semblent tous au-dessus de vos forces. Vous avez l'impression de traîner un boulet à votre cheville, ce qui vous empêche d'avancer. Ce boulet, c'est votre moral qui ne suit plus la cadence. Vous êtes au bord de l'épuisement et devez penser à vous ressourcer avant de tomber complètement. Il est plus que temps de penser à vous, et seulement à vous!

SÉPARATION. Se séparer. L'état actuel des choses exige une intervention de votre part. Mais, désespéré, vous n'êtes pas à même de porter sur les faits un jugement rationnel et vous refusez catégoriquement d'en discuter. La tension et l'anxiété s'intensifiant, vous risquez de prendre une décision brusque, de vous jeter à l'aveuglette dans une action mal appropriée.

Voir les autres se séparer. Votre souci actuel est de maintenir l'ambiance détendue qui vous est nécessaire. Vous vous efforcez de vous montrer sociable et compréhensif, d'être moins taciturne, pour mettre fin au sentiment d'isolement qui vous fait souffrir.

SERMON. En faire un. Les intrigues sentimentales vous épuiseront: «Je t'aime, je te veux, je te hais, mais je te veux quand même…» Atmosphère oppressante pour ceux qui assistent à vos démêlés. Ne demandez pas à vos amis de jouer aux arbitres. Ils refuseront ou finiront par prendre parti contre vous.

En écouter un. Vous vivrez plusieurs choses incroyables. D'une part, vos relations avec les gens que vous aimez changeront et, d'autre part, vous voudrez être sûr de vous-même face à vos sentiments. Vous serez aussi placé dans des situations où vous ressentirez plus que jamais le magnétisme des autres et vous verrez d'une façon très claire le rôle qu'ils jouent dans votre vie. Côté argent, vous aurez des possibilités immenses de mieux vivre. En santé, il vous faut tenir compte de tout ce qui vous épuise et fatigue. Vous aurez besoin d'aérer votre esprit.

SERPENT. Vivant. Vous êtes un authentique extraverti, car vous avez tendance à extérioriser vos sentiments et vos réactions. Vous êtes sociable, expansif, et vous n'aimez pas la solitude ou la vie d'intérieur. Vous savez imposer votre présence, et votre facilité à vous exprimer permet aux gens de rapidement vous connaître.

En tuer un ou plusieurs. Votre humeur est maussade et vous manquez de patience envers les membres de votre entourage, mais cela est de très courte durée. Quelques petits malaises, dont des maux de tête lancinants, sont vite relégués aux oubliettes après quelques journées de repos et une révision de votre alimentation. Ne négligez pas le sommeil.

SERRER. Quelque chose. Même si vous vous démenez beaucoup, vous avez l'impression de faire du surplace depuis quelque temps. Concentrez-vous sur vos objectifs et évitez les discussions ; cela vous ferait perdre du temps sans améliorer les choses. En affaires, vérifiez bien tous les détails. Sentimentalement, c'est plus doux, mais il serait temps d'établir gentiment vos limites avec votre entourage.

SERRURE. Côté argent, vous pourriez effectuer une transaction financière assez intéressante. Cependant, surveillez vos paroles car elles pourraient être mal interprétées. Dans votre vie sentimentale, vous serez dans de bonnes dispositions.

Verrouillée. Si vous le pouvez, faites quelques menus travaux à la maison. Si vous êtes au travail, en réagissant posément devant un problème, la solution vous viendra comme par magie. En amour, vous serez songeur.

SERVIETTE. Vous prendrez du recul. Le sourire deviendra votre bouclier et vous l'utiliserez pour répondre aux attaques. De nature insatisfaite, vous apprendrez enfin à goûter aux joies simples de l'existence. Vous exprimerez vos émotions et votre sensibilité.

SEUL. Être seul. Attention au surmenage. Depuis un certain temps, vous vous agitez un peu trop et c'est à cette agitation que sont imputables ces palpitations cardiaques qui vous inquiètent. La meilleure façon d'y remédier est incontestablement le repos et l'augmentation de vos heures de sommeil. Si les remèdes naturels n'arrivent pas à vous procurer le sommeil, n'hésitez pas à vous faire prescrire un relaxant léger.

SEXE. Les messages sont évidemment sexuels : soit des états de manque affectif ou sexuel compensés par des déviations sexuelles, soit des préoccupations tout à fait légitimes de satisfactions sexuelles.

Désirer l'autre sexuellement. Vous considérerez l'acte charnel comme un divertissement et prendrez du recul afin de pouvoir toujours rire. Vous ferez des pirouettes et des galipettes pour l'étonner. Il adorera, à condition d'être amoureux de vous. Vous n'aimerez pas partager une étreinte avec un être trop sérieux. Les coincés devront s'abstenir. Votre appétit sera vorace, comme si vous souhaitiez rattraper le temps perdu. Vous ne le perdrez pas sous les draps, mais votre cœur empruntera des corridors inexplorés et troublants. L'amour dominera votre corps, ce qui sera plutôt positif, mais lorsqu'il envahira votre esprit, vous aurez quelques soucis à vous faire !

Désirer un inconnu sexuellement. Vous songerez à des draps de soie, matière noble, digne de vos sentiments. À la quantité des rapports, vous préférerez la qualité. Peu habitué à dire « je t'aime », vous sentirez cette phrase jaillir de votre cœur. Vous avez déjà eu des relations si fusionnelles que vous y laissiez votre âme ; maintenant vous communierez. Chacun restera à sa place, en apprenant à donner et à recevoir. Physiquement, l'extase vous révélera fragile et vulnérable. Moins de retenue ou de passion brûlante ; vous aimerez au quotidien, sans tomber dans la routine. Vous accepterez que la lumière reste allumée et vous ne fermerez plus les yeux par pudeur.

Impuissance sexuelle. En amour, vous fuyez les promesses, les engagements à long terme, les « toujours » et les déclarations enflammées. Vous avez besoin d'être seul pour repenser vos envies, vos désirs, vos besoins et vos attentes. Une réunion vous fera voir une nouvelle facette des vôtres. Vous explorerez des sentiers renfermant des surprises. Mettez de l'eau dans votre vin…

SIÈGE. Vous inciterez vos proches à bouger, prenant des initiatives pour leur ouvrir la voie. Retournez-vous de temps en temps et attendez-les, car vous les aviez habitués à un rythme plus tranquille. Ils se demanderont pourquoi vous êtes aussi dynamique. Est-ce l'argent, votre moteur ?

Y être assis. Des difficultés transformeront positivement votre existence. Vous serez perplexe, puis le temps vous convaincra que vous avez bien fait de changer de route. Au travail, vous romprez avec votre passé, car votre activité n'aura plus rien à vous offrir. Ce sera dur mais efficace.

SIFFLER. Coup de cœur, coup de foudre. Une rencontre tout à fait fortuite vient faire basculer votre petit train-train quotidien. Certains moments sont absolument euphoriques. Vous vous éclatez et cela vous fait un bien immense. Attention, cependant, de ne pas tomber dans la démesure. Un repas banal se transforme en une soirée magique et vous plonge dans un ravissement.

Entendre siffler. Un petit nuage vient assombrir votre relation. Il s'agit d'une dispute à propos d'un commentaire à votre sujet que vous avez entendu de la bouche de votre partenaire. Ne vous enfermez pas dans un mutisme boudeur. Refuser la discussion ne fait que reporter le règlement du conflit à plus tard. Dites plutôt ce que vous avez sur le cœur pour éviter que s'installe la rancune.

SIGNAL. Vous êtes dans une forme superbe. Vous avez vraiment un moral d'acier pour être arrivé à garder le sourire et la forme malgré tous les problèmes que vous avez eu à résoudre au cours des derniers mois. Votre personnalité vous incite à voir toujours le bon côté des choses. Attention, toutefois, à l'accélération rapide de votre rythme de vie.

SIGNATURE. Le travail est abondant et vous avez la détestable impression d'être la seule personne à travailler vraiment. Votre patience est mise à rude épreuve lorsque vous devez initier un collègue à une technique nouvelle. Ne le prenez pas mal, car au fond, cela est plutôt flatteur.

SILENCE. Vous avez une baisse passagère d'énergie due essentiellement à un stress sur le plan professionnel. Apprenez à lâcher prise quand vous quittez votre lieu de travail. Une sorte d'anxiété en rapport avec l'avenir vous assaille, mais votre vision positive de la vie reprend rapidement le contrôle car vous savez très bien que la peur est un sentiment à bannir.

SIMULER. Vos sentiments sont mitigés, faites-en le ménage! Il y a tellement d'occasions de sortir de chez vous; regardez plus loin que votre salon. Même si la solitude ne vous fait pas peur, elle n'apporte pas le contact humain dont vous avez besoin. Votre mauvaise foi vous éloigne de personnes chères. On trouvera les mots qu'il faut pour vous réconforter.

SINGE. Vous êtes vraiment timide et vous avez de la difficulté à contrôler votre timidité. Autrement dit, vous êtes très replié sur vous-même et vous vous sentez désemparé en présence de personnes inconnues. Vous avez peur de vous, des autres, de la vie. Mais les timides possèdent un cœur d'or et se dévouent beaucoup pour les autres.

SIROP. Vous traverserez quelques coups durs; qui n'en a pas! Seulement, vous ne les aurez pas vus venir… Ces imprévus, quoique difficiles à encaisser, vous apprennent le détachement. Et s'il est un conseil qu'on peut vous donner pour mieux vivre cette période, c'est d'essuyer vite toute larme de regret, de cesser de pleurnicher sur le passé et de vous tourner vers l'avenir, en ayant pris soin de tirer une leçon de vos erreurs, surtout si vous avez été imprudent.

SKI. Le pratiquer. Vous sentez que l'on attend beaucoup de vous et cela vous rend nerveux. Ne paniquez pas. De toute manière, vous ne pouvez faire davantage que ce que vous faites déjà! Une certaine tension règne sur les lieux de votre travail. Chacun abat son boulot, mais l'atmosphère est lourde. Le climat est morose et vos finances se trouvent dans un équilibre précaire.

SOIE. Votre intellect est vif; vous êtes alerte et à l'écoute rapidement. Vous oubliez vos craintes et cela vous permet de profiter pleinement de votre potentiel. Sur le plan physique, la vitalité est basse à certains moments; une saine alimentation et davantage d'exercice physique vous conviendraient. Faites attention à la décalcification et aux problèmes d'articulation.

SOIF. Avide de succès personnels, vous vous livrez à toutes les coquetteries, à toutes les fantaisies pour retenir l'attention, pour mériter les hommages, pour augmenter votre prestige. Vous manifestez une grande curiosité envers les personnes avec lesquelles vous pourriez établir des relations amoureuses. Il vous arrive de vous fier aux apparences et de préférer le brillant au solide.

SOIGNER. Vous êtes témoin, au travail, d'une manœuvre illicite et vous ne savez pas trop comment réagir. Prenez le temps de réfléchir sur la meilleure attitude à adopter. On vous convie à une réunion d'affaires. Sur le plan financier, on ne peut pas dire que ce soit votre force. Vous devez vous serrer la ceinture pour arriver à honorer tous vos comptes, mais vous y parviendrez.

SOIRÉE. Y prendre part. Vous mettez votre ego en veilleuse. Vous travaillez main dans la main avec vos collègues. Bref, vous réalisez que vous n'avez pas besoin de tyranniser votre entourage pour obtenir de bons résultats. On dirait que l'heure de la sérénité a sonné. Du coup, vous gérez habilement votre carrière. Vous rencontrez des gens influents et êtes dans tous les bons coups. Ménagez votre partenaire. La réussite, oui, mais pas à n'importe quel prix.

> **En organiser une.** Une pression énorme. Vous vous sentez harcelé, incompris et seul au monde. Grande est la tentation de laisser s'envenimer la situation, mais plus insupportable sera la culpabilité si vous n'agissez pas… Bref, cela passe ou cela casse. Votre partenaire n'ouvre

la bouche que pour vous critiquer. Si personne n'y met du sien, la rupture est proche. Attention, il va falloir prendre une décision importante.

SOLDAT. Une situation amoureuse difficile provoquera un déséquilibre. Vous supporterez mal un climat tendu, sans pouvoir vous résoudre à rompre. Si vous subissez un divorce, il sera long et pénible. La conciliation n'aboutira pas, vous devrez jouer les méchants pour faire valoir vos droits.

SOLEIL. Fraternité, harmonie, bonheur retrouvé, honneurs. Vous parvenez à résister aux chocs de la vie parce que vous vous adaptez aux circonstances, évitant adroitement les écueils, acceptant les compromis afin de conserver l'estime des autres.

SOLITUDE. Être seul. Attention au surmenage. Depuis un certain temps, vous vous agitez un peu trop et c'est à cette agitation que sont imputables ces palpitations cardiaques qui vous inquiètent. La meilleure façon d'y remédier est incontestablement le repos et l'augmentation de vos heures de sommeil. Si les remèdes naturels n'arrivent pas à vous procurer le sommeil, n'hésitez pas à vous faire prescrire un relaxant léger.

SOLLICITER. Un vent d'énergie souffle dans votre vie. Vous vous sentez renaître enfin ! Mais attention, l'existence est rarement toute rose ou toute noire. Ne vous laissez pas tromper par l'ivresse que vous procure votre bien-être. Au contraire, c'est le temps d'établir votre plan de campagne. Que souhaitez-vous réellement changer dans votre vie ?

SONGER. Vous reprenez le contrôle de votre santé physique et psychique. Vous décidez de n'assumer désormais que les responsabilités qui vous incombent véritablement. Du coup, votre moral revient et la qualité de votre sommeil augmente considérablement. Vous vous offrez un congé bien mérité et vous le partagez avec les gens que vous aimez.

SONNERIE. Vous voudriez vous insérer dans le groupe social par nécessité. Mais vous vous défendez d'en être solidaire parce qu'au fond, vous entretenez un sentiment de révolte, estimant que vous n'êtes pas traité comme vous le méritez.

SORCIER/SORCIÈRE. Sur le plan social, votre magnétisme fait de vous une personne que plusieurs aimeraient séduire. Cela cause des frictions, parfois importantes, avec votre partenaire. Par ailleurs, la routine qui s'est installée dans votre relation amoureuse commence à vous peser. Vous songez à des changements et à la liberté. Possibilité d'une aventure à caractère strictement physique. Plusieurs sorties en perspective.

SORTIR. Soirée. Vous mettez votre ego en veilleuse. Vous travaillez main dans la main avec vos collègues. Bref, vous réalisez que vous n'avez pas besoin de tyranniser votre entourage pour obtenir de bons résultats. On dirait que l'heure de la sérénité a sonné. Du coup, vous gérez habilement votre carrière. Vous rencontrez des gens influents et êtes dans tous les bons coups. Ménagez votre partenaire. La réussite, oui, mais pas à n'importe quel prix.

SOUFFRIR. Avoir des douleurs. Le remède à votre désenchantement, vous tentez de le trouver dans une relation sentimentale exclusive, basée sur votre satisfaction personnelle. Vous estimez que l'on doit se soumettre avec amour à vos exigences et subir votre jalousie.

Avoir des douleurs au côté. Préoccupation de votre état de santé. Vous ne ménagez ni votre peine ni votre patience pour améliorer votre situation matérielle, assurer votre confort et votre sécurité.

Soigner des douleurs. Secret, indifférent au milieu, vous agissez à votre guise, sans souci des convenances, ne vous fiant qu'à vos principes. Derrière votre masque dur et fermé, vous cachez une âme rêveuse mais inquiète et meurtrie.

Avoir des douleurs à la tête. Vous n'êtes pas parvenu à établir des relations affectives harmonieuses et stables avec l'entourage. Vous vous en voulez d'avoir manqué de tolérance et de souplesse. Vous reprochez également aux autres d'avoir contribué à cet échec.

SOUHAITER. Du mal. Réfrénez un peu votre enthousiasme délirant. Vous devez à tout prix garder les pieds bien sur terre. Ceci dit, vous vivez en ce moment des périodes exaltantes. Vous éliminez de votre existence toutes les contraintes que vous vous étiez imposées et qui n'avaient pas vraiment de raison d'être.

Du bien. Quelques petits malaises bénins comme des maux de tête sporadiques, une certaine difficulté à bien digérer, un peu d'insomnie, ne doivent pas être négligés. Ils sont révélateurs d'un degré de stress et de tension un peu trop élevé. Rectifiez la situation dès maintenant, sans attendre qu'elle dégénère.

SOÛL. L'être soi-même. La vie de l'esprit vous est essentielle car vous êtes un philosophe dans l'âme. Vous souffrez de devoir accepter une situation inférieure à celle que vous méritez. Vous êtes profondément atteint dans le sentiment de votre dignité personnelle.

SOULAGER. Vous êtes témoin, au travail, d'une manœuvre illicite et vous ne savez pas trop comment réagir. Prenez le temps de réfléchir sur la meilleure attitude à adopter. On vous convie à une réunion d'affaires. Sur le plan financier, vous devrez vous serrer la ceinture pour arriver à honorer tous vos comptes, mais vous y parviendrez.

SOULIER. Il représente un désir sexuel. On peut vous taxer de possessif, à tel point que votre partenaire doit quelquefois en avoir plus qu'assez. Vous vous rendez malade et empoisonnez la vie de votre partenaire par cette attitude.

SOUPÇONNER. Côté argent, vous ne pouvez pas vous plaindre : vos affaires vont de mieux en mieux, vous liquidez certaines dettes, vous commencez à investir. Privilégiez les valeurs sûres, les domaines que vous connaissez, cela vous évitera des complications. D'ici quelques mois, vos placements prendront de la valeur, des occasions avantageuses se présenteront. Vous pourriez même remporter de petits prix.

SOUPE. Vous faites le ménage dans votre vie, vous laissez tomber ce qui ne vous convient plus, vous êtes prêt à passer à autre chose. Vous avez envie de changements et ceux que vous entreprendrez s'effectueront sur plusieurs années. Aussi est-ce important de faire les bons choix. Faites attention, toutefois, de ne pas aller trop vite.

SOURCE. Vous acquérez une attitude de gagnant. Votre confiance en vous augmente, si bien que d'ici quelques mois, un cycle très positif débutera. Le changement ne vous plaît pas ; pourtant, ceux qui surviendront prochainement seront tout à votre avantage. C'est le temps d'élargir vos horizons, de vous adonner à de nouvelles activités : le succès sera au rendez-vous.

SOURD. L'être soi-même. Certaines restrictions ont mis bien des obstacles sur votre chemin au cours des dernières années ! Des choses que vous teniez pour acquises vous ont glissé des mains, et cela a pu être traumatisant par moments. Heureusement, ces restrictions cessent de vous embêter : d'ici quelques semaines commencera un cycle beaucoup plus prometteur. Il y a encore des changements dans l'air, mais cette fois, ce sera tout à votre avantage.

Voir quelqu'un d'autre de sourd. Vous êtes sur une belle lancée. Peu à peu, vous vous rapprochez de vos objectifs. Vos projets prennent forme, et certaines personnes peuvent vous aider. Votre créativité est en éveil : votre intuition vous surprend. D'ici quelques semaines, vous marquerez un point tournant : vous évoluez, vos besoins et vos valeurs se transforment ; un nouveau départ s'amorce.

SOURIS. Que la vie doit être triste en votre compagnie, tant vous êtes sérieux. Mais pourquoi considérer l'existence comme un grand drame que rien ne peut égayer? Allons, prenez donc la vie moins au sérieux. Ayez un peu plus d'humour et, très vite, vous verrez comme vous vous sentirez mieux. N'ayez pas peur de rire, c'est bon pour la santé, car le rire est le meilleur des médicaments... et il ne coûte rien.

SOUS-SOL. Une personne de votre famille pourrait vous donner des nouvelles réjouissantes. En matière d'argent, les perspectives sont bonnes. Pas de projets hasardeux en vue. En amour, n'oubliez pas que les petites attentions font toujours plaisir.

SPAGHETTIS. En faire cuire. Vous maîtrisez mieux les situations. Vous vous contrôlez, vos paroles ont du poids. Vous attirez l'attention, que ce soit pour travailler ou tout simplement pour plaire. Si, jusqu'à maintenant, vous avez eu une attitude de serviteur, vous n'acceptez plus qu'on vous marche sur les pieds.

En manger. Vous vous trouvez en face de difficultés imprévues. Recherchant d'abord votre bien-être et votre agrément, vous souhaiteriez mener une existence tranquille dans une atmosphère douillette et intime au sein d'un groupe social ou auprès d'une personne dont vous vous sentiriez aimé et qui vous protégerait.

SPECTACLE. Il représente les nouveaux amis, la réussite sociale, l'extase, l'identification à l'unité; la force cosmique à la fois génératrice et destructrice.

Y jouer. Vous évoluez et il est normal que certaines relations ne vous stimulent plus autant qu'avant. Prenez vos distances peu à peu, surtout si vous sentez qu'on essaie de vous manipuler ou de jouer avec vos sentiments. Vous êtes très populaire. Vous croiserez beaucoup de monde et nouerez des amitiés beaucoup plus gratifiantes.

Y assister. Vous avez tellement bon cœur! Pourtant, on dirait que cela attire beaucoup de personnes à problèmes, et ce n'est pas tout à fait faux. Choisissez bien les gens qui vous entourent; misez sur vos vieux amis et sur ceux avec qui vous vous amusez; cela changera l'ambiance autour de vous. Vous en avez grandement besoin!

SPERME. Vous avez pris l'habitude de vous coucher de bonne heure. Votre partenaire et vous dormez dos à dos; inutile de préciser que cette position ne favorise pas l'attraction entre amants. Vous ne pourrez pas rouspéter toute la journée et vous retrouver dans les bras de votre conjoint dans la nuit. Améliorez plutôt les relations le jour et votre corps pourra se libérer en soirée. Mais pas de précipitations, vos relations sentimentales vous imposent de prendre plus de temps. Vous l'utiliserez à mettre en place des jeux amoureux inédits. Vous resterez le soir à regarder une émission à la télévision, avant de lui proposer un programme un peu plus érotique.

SPORT. En pratiquer un. Les prochains mois seront sans éclat et sans réelle catastrophe. Vous suivrez votre petit bonhomme de chemin. Plus spectateur qu'acteur, vous laisserez les autres agir à leur guise, sans les troubler. Mais vous ferez ce qu'il faut pour qu'ils n'empiètent pas sur votre vie. L'amour et l'équilibre familial revêtiront un sens sacré. Vos activités professionnelles ne prendront jamais le pas sur ces instants de bonheur que vous partagez avec vos proches en leur consacrant le plus de temps possible.

SQUELETTE. Malgré les progrès que vous avez faits récemment, vous demeurez perplexe, vous vous posez bien des questions. Réfléchir est excellent, mais gare à la tendance à couper les cheveux en quatre, à vous en faire sans raison. D'ici quelques mois, vous serez plus serein, plus calme et, étrangement, c'est alors que vous trouverez la réponse à vos interrogations. L'avenir s'annonce prometteur, la bonne fortune vous sourit.

STATIONNEMENT. Vous semblez insatisfait, parfois même triste. Vous avez l'impression de passer à côté de certaines choses importantes. Il est vrai que les choses avancent très lentement ; pourtant, vous êtes sur la bonne voie. D'ici quelques mois, vous réussirez à atteindre certains objectifs et surtout à stabiliser vos acquis, ce qui ne s'était pas produit depuis longtemps.

STATUE. Même si vous avez pu savourer des moments privilégiés auprès de votre partenaire récemment, vous ne commettrez pas l'erreur de croire que vous pouvez vous endormir sur vos lauriers ! Mieux que personne, en effet, vous savez que le bonheur s'obtient et se construit jour après jour. C'est exactement ce que vous vous emploierez à faire. Réussite garantie. Célibataire, un peu de patience ! Vous aurez de fortes chances de rencontrer le grand amour à court terme, mais ce ne sera pas avant quelques mois.

STEAK. Un travail important et délicat vous est confié. Il représente pour vous un excitant défi ! Vous le relevez avec beaucoup de savoir-faire et de doigté, ce qui vous vaut l'admiration et la reconnaissance de vos patrons. Une somme d'argent inattendue vous permet de vous gâter un peu plus que de coutume. Avec votre grand cœur, vous en profitez pour choyer ceux que vous aimez.

STIMULER. Vos finances ne vont pas mal du tout. Vous réussissez à boucler votre budget malgré tous les petits luxes que vous vous offrez. De bonnes nouvelles concernant vos affaires sont possibles, mais soyez discret; en effet, il y a beaucoup de profiteurs dans les parages. Gare aux beaux parleurs et aux emprunteurs!

STYLO. Manque de confiance en soi. Incertain de vous, de vos désirs, incapable de prendre une décision ferme, vous vous laissez vivre en flottant dans une sorte de brume, vous contentant de saisir au vol toutes les occasions de plaisir qui se présentent.

SUCCÈS. En avoir. Bonne santé et bonne humeur sont au rendez-vous. Cependant, une certaine léthargie semble vouloir s'installer. Mais vous avez dépensé tellement d'énergie durant les derniers mois que cela est tout à fait normal. Votre corps réclame un repos bien mérité. Vous êtes serein, heureux et en paix avec vous-même.

SUCRE. En manger. Vous êtes responsable, vous vous appliquez et vous faites plus que votre part. On est conscient de vos efforts, on pourrait même vous proposer de nouveaux défis. N'ayez pas peur, vous serez à la hauteur. Côté argent, vérifiez tous les détails et, surtout, attention aux coups de foudre dans les magasins!

SUD. Y voyager. Vous avez des idées plein la tête; certaines pourraient vous permettre d'améliorer votre rendement ou de conduire de belles affaires. Malheureusement, vous en prenez un peu trop sur vos épaules en ce moment. Une bonne organisation vous permettra d'augmenter vos chances de succès. Vous aimez beaucoup votre petit monde, mais tout ce que vous dites finit en discussions.

SUER. Vous ne pouvez pas vous empêcher de jouer sans cesse le jeu de la séduction. Attention, toutefois, de ne pas faire de la peine à ceux pour qui les relations de ce type ne sont absolument pas un jeu. Vous aimez aimer et, pour l'instant, vous ne ressentez nullement le besoin d'une relation stable ou trop sérieuse.

SUICIDE. Il évoque la clé des mystères suprêmes, l'accomplissement, la réconciliation, la sagesse, la clarté d'esprit, les révélations, la justice, la libération, la grâce et l'amitié.

> **Le sien.** Vous vous sentez perdu face aux multiples chemins que vous pouvez prendre; il vous faut écouter votre intuition, sinon vous chercherez à forcer les événements, ce qui n'est pas souhaitable pour l'instant.

D'un inconnu. Laissez-vous guider par votre flair; cela vous permettra de voir vraiment ce qui doit être vu et perçu. Vous vous dirigez vers un accomplissement qui dépasse vos perceptions.

D'une personne connue. Le chemin à suivre est clair, et la voie est libre; il vous suffit de la prendre. Soyez assuré du résultat positif qui découlera de la demande que vous avez faite, de la démarche que vous entreprenez ou des décisions que vous avez prises. Dans un très court laps de temps, votre souhait sera réalisé. C'est le temps de créer.

SULTAN. Est-ce l'amour qui vous cause de l'insomnie? Il faut dire que la personne qui hante vos pensées en ce moment est plutôt difficile à conquérir. La partie n'est pas encore gagnée et vous ne ménagez pas vos efforts pour lui plaire. Vous avez l'impression d'être revenu au temps de votre adolescence. Les amis observent avec un certain amusement le déploiement de vos charmes.

SUPPLICE. Vous décidez qu'il est temps d'entreprendre des changements dans votre vie professionnelle. Vous avez parfois l'impression de perdre votre temps et de gaspiller vos talents. Le démarrage d'une entreprise n'est pas à exclure. Vos finances suivent la courbe ascendante de votre moral et de votre énergie. Tout est à la hausse: l'argent, les projets et le dynamisme.

SUPPLIER. Un vent d'énergie souffle dans votre vie. Vous vous sentez renaître enfin! Mais attention, l'existence est rarement toute rose ou toute noire. Ne vous laissez pas tromper par l'ivresse que vous procure votre bien-être. Au contraire, c'est le temps d'établir votre plan de campagne. Que souhaitez-vous réellement changer dans votre vie?

SURPRISE. En recevoir une. Vous souciant peu des convenances, des habitudes de vie de votre milieu, vous agissez à votre guise, satisfaisant votre goût du risque, exerçant vos capacités et votre intelligence dans une activité qui vous plaît.

En donner une. Sensible, délicat, amoureux de la beauté, vous vous laissez souvent entraîner dans des aventures sexuelles qui satisfont votre besoin de fantaisie, d'aventure et de changement.

SYNAGOGUE. En voir une. La journée se passera sous le signe de la rêvasserie. Vous aurez une propension à changer d'idée à tout moment. En amour, vous pourriez être un peu lointain au goût d'une personne qui a de l'amour pour vous. Vous serez une inspiration pour les gens de votre entourage.

Y entrer. Offrez-vous une petite gâterie dont vous rêvez depuis un moment. Votre bonne humeur sera douce pour vos proches. En amour, vos paroles seront sages. Reprenez tranquillement votre souffle.

Y prier. Un projet auquel vous tenez pourrait occuper une bonne part de votre temps. Vous préciserez ce qu'il faudrait accomplir pour réussir. Soyez attentif, on pourrait vous donner des informations utiles. Vous irez vers les autres en toute simplicité. Bonheur de vivre.

En voir brûler une. Bonne journée pour les activités intellectuelles. Vous serez en forme. Vous saurez faire les liens entre les idées, les gens, les événements. Les personnes qui sont aux études ou qui enseignent seront particulièrement favorisées.

SYNTHÉTIQUE. Il n'y a rien d'impossible pour vous. Vous êtes en train de vous tailler une place de choix dans votre profession. Vous pourriez même conclure une entente très avantageuse. Vous avez un flair incroyable quand il est question d'argent. Dans votre vie privée, on vous aime beaucoup : votre partenaire vous montre combien il tient à vous.

TABAC. Fumer. Des aspects cachés de votre vie retiendront votre attention. Vous pourriez avoir passablement d'émotions durant les prochains jours. C'est une journée idéale pour tous les travaux qui demandent un esprit créatif. Le travail répétitif ne vous ira pas.

> **Voir quelqu'un d'autre fumer.** Écoutez les conseils d'une personne qui s'y connaît dans un domaine qui vous intéresse de plus en plus, mais que vous connaissez peu. Laissez-vous guider aussi par l'intuition. Pour vos amours, vous aurez tendance à l'introspection.

TABLE. Il fallait s'y attendre : une crise de jalousie vient ternir votre relation amoureuse. Vous vous donnez encore quelques semaines de réflexion mais vous sentez, bien que confusément encore, que cette relation tire à sa fin. Vous n'en ressentez pas vraiment de peine car vos intérêts sont déjà ailleurs. Une soirée improvisée vient briser agréablement la monotonie.

> **De cuisine.** Discussions mouillées de larmes avec votre partenaire. Rien n'est encore irrémédiablement perdu, mais encore faut-il que vous ayez investi de l'énergie pour restaurer votre couple. Votre besoin, de plus en plus criant, d'indépendance est l'élément le plus important dans votre décision. Vous êtes un être de liberté, un peu sauvage, et votre nature aujourd'hui veut reprendre ses droits.

TABLEAU. Malgré vos réussites, vous avez l'impression qu'on ne vous considère pas à votre juste valeur. On pourrait d'ailleurs vous imposer de nouvelles tâches ou changer votre façon de faire sans raison valable. Ne décidez rien sur un coup de tête, vous le regretteriez. Votre partenaire vous aime beaucoup. Ses petites attentions vous font le plus grand bien. Laissez-vous dorloter, vous en avez vraiment besoin.

TABLIER. Vous croyez à vos chances d'améliorer votre situation financière. Conscient des difficultés qui s'opposent à la réalisation de votre idéal, vous jugez bon d'adapter votre conduite sans perdre de vue vos ambitions.

TABOURET. S'y asseoir. Bien des souvenirs vous hantent. Ne vous y attardez pas, votre moral s'en ressentirait. La conjoncture est excellente pour mettre vos projets à exécution, pour régler une chose qui cloche et même pour conclure de nouvelles ententes. Vous êtes très convaincant… mais n'allez pas tout dépenser dans les magasins.

> **Y grimper.** Vous désirez plaire, séduire, être conquis, vivre un amour partagé et réconfortant. Mais répugnant à toute aventure gratuite comme à tout gaspillage, vous ne cédez que si la relation vous apporte une certaine sécurité matérielle.

TACHE. Votre timidité n'est pas un handicap, ce qui vous permet de vous contrôler devant les autres et dans toutes les situations sans vous affoler outre mesure. Quoique vous n'ayez pas vraiment le sens des décisions et que vous n'aimiez pas faire les premiers pas, on recherche souvent votre compagnie.

TAILLER. Vous êtes travaillant, vous fournissez de gros efforts pour faire avancer vos projets et, petit à petit, vous vous rapprocherez de vos objectifs. Vous pourriez même faire un contrat avantageux, ce qui vous motiverait beaucoup. L'ambiance est chaleureuse dans votre demeure, il y a beaucoup d'amour dans l'air.

TALONNER. Avertissement contre des décisions peu sages. Vous êtes dans l'impossibilité de concilier les tensions contradictoires qui vous oppressent. Vous ressentez de violentes émotions prêtes à se décharger, à exploser, mais votre conscience les réprouve et les refoule. Il en résulte une pénible sensation d'anxiété proche de la panique à laquelle vous ne trouvez pas d'issue ou de dérivatif.

TAMBOUR. Y jouer. Les bonnes influences continuent de se manifester et vous sentirez le besoin d'extérioriser encore plus vos émotions. Ne vous laissez pas avoir par de la publicité alléchante. On vous invite à être modérateur dans un conflit familial. C'est une occasion pour vous de prendre le leadership dans votre entourage.

TAPER. Être tapé. Cessez de vous plaindre de vos petits maux! Sortez, changez-vous les idées! Votre alimentation présente des carences, voyez-y sans tarder. Votre vision change et votre évolution est lente mais saine. Un nouvel horizon s'ouvre devant vous et vous avez peine à y croire. Allez! Ne soyez pas défaitiste et profitez des belles choses qui se présentent à vous.

Quelqu'un. Vous vous sentez guidé par une force extérieure qui ne dépend pas de vous. Vos inquiétudes sont mineures et s'éloignent rapidement. Vous faites un examen de conscience qui vous permet de réaliser un certain nombre de choses. Vous êtes plus serein devant l'avenir. Vous découvrez un côté de votre personnalité encore inconnu.

Quelque chose. Ne vous compliquez pas la vie inutilement, prenez les choses comme elles arrivent et cessez de vous en faire! Votre vitalité est à la hausse et vous savez vous en servir adéquatement. Vous redonnez un second souffle à votre vie spirituelle, et cela vous aide en tout. Des douleurs au dos vous rendront impatient, vous devriez consulter un médecin.

TAPIS. Vous ressentez de fortes impulsions qui vous poussent vers l'extérieur tant sur le plan des amitiés que sur celui des amours intimes. Vous recherchez et trouverez la tendresse et l'affection autour de vous. Mais c'est plutôt l'amour physique qui prévaut en ce moment dans votre vie affective et, sur ce plan, d'intenses satisfactions sont à prévoir. C'est le temps pour vous de provoquer ces moments de tête-à-tête qui seront réussis avec l'être aimé. Des intimités, même secrètes, apportent des plaisirs subtils où vous vous épanouissez librement.

TAQUINER. Au travail, l'atmosphère est tendue. Il y a de l'imprévu dans l'air, certes, mais cela ne signifie pas pour autant qu'il faille s'attendre à des coups durs uniquement. En ce moment, une période de prospérité vous permet de consolider votre situation. Mettez vite le holà aux folles envies de dilapider vos sous bien gagnés.

TARTE. Agréable au goût. Vous refaites vos forces, vous régénérez vos batteries, vous puisez vos besoins à même la source. Vous entrez dans votre carapace, histoire de ne pas vous éparpiller et pour éviter que les autres sucent votre énergie. Vous avez des pensées qui vous étonnent grandement. Vous remaniez votre échelle de valeurs. Vous revenez à un mode de vie plus sain, qui vous ressemble davantage.

Désagréable au goût. En ce qui vous concerne, la santé et le moral sont excellents. Cependant, il n'en va pas de même pour un membre de votre entourage qui souffre présentement de crises d'angoisse. Ne cherchez pas les mots pour le calmer, soyez juste tout près quand il en aura besoin. Votre fine psychologie et votre philosophie de la vie attirent à vous les gens qui souffrent.

TASSE. Vous tentez de satisfaire votre appétit de tendresse en recherchant un amour partagé et réconfortant. Mais vous évitez de scandaliser autrui par une coquetterie outrée.

Vide. Vous travaillez à affirmer votre sécurité en recherchant ce qui vaut la peine d'être acquis afin d'utiliser vos biens à votre guise. Mais vous vous conformez aux normes sociales et vous veillez à ne pas éveiller trop de critiques.

Renversée. Vous veillez à assurer votre confort, à satisfaire vos désirs sans devoir vous restreindre. Vous évitez autant que possible les contraintes et les contrariétés, et vous ne perdez jamais de vue votre intérêt. Mais, anxieux de mériter l'approbation des autres, vous tâchez de donner de vous l'image d'un adulte bien adapté.

TATOUAGE. Vous semblez distrait, bien des choses vous trottent dans la tête, mais ce n'est pas une excuse pour courir des risques sur la route. Vous n'êtes pas à l'abri d'un petit accident. On vous critique au travail, mais vos résultats parlent d'eux-mêmes. Soyez philosophe.

TAUREAU. Au travail, vous vivez une période relativement calme. L'ambiance de camaraderie revient et tout le monde accomplit son travail avec plus de plaisir. Une convocation à caractère professionnel vous donne matière à réflexion. Une promotion arrive à point pour vous permettre de vous faire une santé financière.

TAXE. Vous bouillonnez à l'intérieur, vous devez mieux canaliser vos énergies et votre discipline doit être plus stricte. Ne faites aucun compromis sur votre santé. Les événements doivent rester dans leur proportion, ne dramatisez pas. Vous savez aller chercher les ondes constructives ; concentrez-vous sur celles-ci. Le rythme vous ressemble.

TAXI. En voir un. Vous réagirez calmement à des commentaires qui vous semblent faux. Il est possible que l'on vous pose des questions sur une personne de votre entourage ; ne vous sentez pas tenu de répondre. Chance côté argent.

Y monter. Vous resterez difficilement en place. C'est la journée idéale pour effectuer toutes les courses que vous retardez depuis un moment.

Vous pourriez faire quelques découvertes. Dans vos relations avec les autres, vos rapports seront sincères.

Qui file sous son nez. Vous serez attentif à établir un équilibre dans vos relations familiales. Vous voudrez cependant que l'on tienne compte de vos aspirations. Une incursion dans votre passé pourrait vous révéler des sentiments enfouis.

TEINDRE. Les cheveux. Parce que vous vous sentez libéré tant sur les plans affectif que mental, vous êtes, en ce moment, d'une incroyable tolérance et d'une infinie patience, ce dont on vous sait gré. Quelques inquiétudes vous taraudent encore sur le plan financier, mais n'ayez crainte, la situation commencera à évoluer positivement d'ici quelques semaines.

TÉLÉPHONE. Vous êtes à l'aise avec les autres. Vous êtes plein de dynamisme et vos amis doivent adorer votre bonne humeur quasi permanente et votre joie de vivre. Vous n'aimez pas la solitude et vous cherchez constamment la compagnie des autres.

TÉLÉVISION. Faire une émission de télévision. En amour, c'est vous qui devrez prendre les rênes pour soutenir votre conjoint. Et dans le doute, il s'en remettra à votre force ou vous demandera de le rassurer. Montrez-vous à la hauteur, il vous en saura gré en manifestant tendrement son amour.

TEMPÊTE. Vous ralentissez le rythme car celui-ci était trop rapide et essoufflant pour vous. Cela vous permet de respirer mieux et de vous débarrasser de cette tension constante qu'était la vôtre. Votre efficacité est encore réelle même si vous travaillez différemment ; en fait, elle est supérieure maintenant que vous êtes plus décontracté.

TEMPLE. En voir un. La journée se passera sous le signe de la rêvasserie. Vous aurez une propension à changer d'idée à tout moment. En amour, vous pourriez être un peu lointain au goût d'une personne qui a de l'amour pour vous. Vous serez une inspiration pour les gens de votre entourage.

Y entrer. Offrez-vous une petite gâterie dont vous rêvez depuis un moment. Votre bonne humeur sera douce pour vos proches. En amour, vos paroles seront sages. Reprenez tranquillement votre souffle.

Y prier. Un projet auquel vous tenez pourrait occuper une bonne part de votre temps. Vous préciserez ce qu'il faudrait accomplir pour réussir. Soyez attentif, on pourrait vous donner des informations utiles. Vous irez vers les autres en toute simplicité. Bonheur de vivre.

En voir brûler un. Bonne journée pour les activités intellectuelles. Vous serez en forme. Vous saurez faire les liens entre les idées, les gens et les événements. Les personnes qui sont aux études ou qui enseignent seront particulièrement favorisées.

TENNIS. Y jouer. Les prochains mois seront sans éclat et sans réelle catastrophe. Vous suivrez votre petit bonhomme de chemin. Plus spectateur qu'acteur, vous laisserez les autres agir à leur guise, sans les troubler. Mais vous ferez ce qu'il faut pour qu'ils n'empiètent pas sur votre vie. L'amour et l'équilibre familial revêtiront un sens sacré. Vos activités professionnelles ne prendront jamais le pas sur ces instants de bonheur que vous partagez avec vos proches en leur consacrant le plus de temps possible.

TENTE. Où l'on vit. Vous avez d'importantes décisions à prendre. N'hésitez pas à demander l'aide de professionnels pour y voir plus clair. Une zone d'ombre vous dérange et vous apeure. Vous faites des pieds et des mains pour arriver à vos fins, mais certaines difficultés entravent votre route. Un malaise s'installe dans vos relations professionnelles, vous pouvez y remédier.

En mauvais état. Désorienté lorsque vous vous trouvez hors de votre milieu habituel ou en présence d'étrangers, vous êtes fidèle à vos habitudes, respectueux des règlements extérieurs. Car vous ne voudriez pas mériter des reproches ou entrer en conflit avec vos proches. Toutefois, vous souhaitez secrètement vous libérer du carcan des lois morales, avoir une plus grande liberté d'expression.

En acheter une. Vous êtes vraisemblablement amoureux et vous êtes de ceux qui laissent l'amour prendre toute la place dans leur vie. Vous êtes chaleureux, sensible, tendre et attentif aux autres et vous essayez à tout prix de rendre l'autre heureux, car vous savez accepter aussi bien les joies que les peines de l'amour.

TERRASSE. Vue de la terrasse. Vous serez rempli d'énergie et vous éprouverez le besoin de vous dépenser. Certaines questions pourraient vous tracasser. Laissez-vous guider par le hasard plutôt que de forcer les réponses. Vie spirituelle forte.

Effondrée. On vous accordera certains privilèges. Vous vous sentirez comblé par l'attention et l'affection de votre entourage. Prenez garde à une personne fourbe. On pourrait vous conseiller, mais la décision finale vous reviendra. Des rumeurs malfaisantes encombreront votre route. Vous prendrez les grands moyens pour changer ce qui ne vous plaira pas. Une expérience positive vous redonnera confiance en vous.

TERRE. Les circonstances ne vous permettent pas d'exercer votre activité et votre autorité autant que vous le souhaiteriez. Vous vous efforcez de vous rendre utile tout en demeurant objectif et réaliste dans votre conduite et en maîtrisant votre impatience.

TESTAMENT. La folie furieuse des derniers mois prend fin et un rythme mesuré et régulier s'installe. Votre efficacité, votre logique et votre sang-froid sont mis à contribution pour dénouer une situation un peu compliquée. Vous en récoltez de nombreux éloges et beaucoup de satisfaction personnelle. Un collègue de travail sollicite votre aide pour résoudre un problème…

TÊTE. De mort. Vous jouissez en ce moment pleinement de la vie, des petits plaisirs tout simples et des invitations imprévues. Vous réalisez qu'une bonne période de repos sans stress vous permet d'être encore plus performant quand vous retournez au travail. Vous apprendrez enfin à laisser les problèmes de boulot… au boulot.

THÉ. Vous avez le sentiment de flotter, d'avoir des ailes. Parce que vous êtes dans un état proche de l'euphorie, vous arrivez à remonter le moral d'amis au bord de la déprime. Vous savez, grâce à votre sens de l'humour, dérider les plus bougons. On apprécie votre présence, on envie votre allégresse et on admire votre fantaisie.

> **En boire.** Votre libido trouve preneur et cela contribue à vous maintenir de bonne humeur. Vous vous laissez envahir par une foule d'émotions nouvelles. Les invitations, les réceptions et les sorties sont évidemment nombreuses. Sachez quand même doser le plaisir et le repos sans quoi vous votre santé s'en ressentira.

> **Renversé.** Vous parvenez à vous isoler des contingences, à éviter les contraintes et à suivre la voie qui vous plaît, c'est-à-dire à vivre selon votre caprice du moment. Cette attitude de fuite n'est qu'une compensation au sentiment confus d'inquiétude et de mécontentement qui vous habite.

THÉÂTRE. Il signifie de nouveaux amis, la réussite sociale, l'extase, l'identification à l'unité ; la force cosmique à la fois génératrice et destructrice.

> **Y jouer.** Vous évoluez ; il est normal que certaines relations ne vous stimulent plus autant qu'avant. Prenez vos distances peu à peu, surtout si vous sentez qu'on essaie de vous manipuler ou de jouer avec vos sentiments. Vous êtes très populaire. Vous croiserez beaucoup de monde et nouerez des amitiés beaucoup plus gratifiantes.

Assister à une pièce de théâtre. Vous avez tellement bon cœur! Pourtant, on dirait que cela attire beaucoup de personnes à problèmes, et ce n'est pas tout à fait faux. Choisissez bien les gens qui vous entourent; misez sur vos vieux amis et sur ceux avec qui vous vous amusez; cela changera l'ambiance autour de vous. Vous en avez grandement besoin!

THERMOMÈTRE. Tout a l'air facile avec vous; pourtant, vous travaillez très dur. Des portes s'ouvrent, on peut même vous offrir de nouvelles responsabilités. Votre compte en banque se porte bien. Avec tout ce que vous avez à faire, la patience flanche de temps à autre… et c'est votre amoureux qui doit écoper.

TIGRE. Être attaqué par un tigre. Les tâches sont abondantes. Pour rendre service, vous acceptez plus de travail que vous n'êtes capable d'en abattre. Apprenez à dire non, dressez-vous une liste de priorités et, de grâce, finissez ce que vous commencez. Une somme d'argent inattendue arrive à point. Jouez un peu à la loterie.

TIMBRE. Certains collègues sont autoritaires, arrogants même. Évitez de les attaquer de front; concentrez-vous sur vos tâches et, d'ici quelques semaines, vous pourrez les remettre à leur place. Les heures supplémentaires rapportent beaucoup. Les relations sont excellentes avec votre entourage. Votre conjoint vous montre combien il tient à vous… Sur la route, ne vous fiez pas trop à vos réflexes.

TIRELIRE. Retirer de l'argent. Pensif, vous pourriez en profiter pour faire un bilan des dernières semaines. Vous aurez besoin de tranquillité et d'espace pour vous évader mentalement. Vous aborderez tout de manière analytique.

Déposer de l'argent. Vous aurez l'esprit d'équipe aujourd'hui. Dans votre intimité, vous ferez en sorte d'assurer une vie plaisante à vos proches. Vous constaterez que de simples changements peuvent grandement faciliter la vie.

TISANE. Vous avez le sentiment de flotter, d'avoir des ailes. Parce que vous êtes dans un état proche de l'euphorie, vous arrivez à remonter le moral d'amis au bord de la déprime. Vous savez, grâce à votre sens de l'humour, dérider les plus bougons. On apprécie votre présence, on envie votre allégresse et on admire votre fantaisie.

En boire. Votre libido trouve preneur et cela contribue à vous maintenir de bonne humeur. Vous vous laissez envahir par une foule d'émotions nouvelles. Les invitations, les réceptions et les sorties sont évidemment nombreuses. Sachez quand même doser le plaisir et le repos sans quoi vous votre santé s'en ressentira.

Renversée. Vous parvenez à vous isoler des contingences, à éviter les contraintes et à suivre la voie qui vous plaît, c'est-à-dire à vivre selon votre caprice du moment. Cette attitude de fuite n'est qu'une compensation au sentiment confus d'inquiétude et de mécontentement qui vous habite.

TISSER. Sur le plan professionnel, vous réglez plusieurs problèmes, prenez une grande décision et faites quelques mises au point. Une dépense imprévue menace l'équilibre de votre budget. Vous avez déjà en tête quelques résolutions pour l'avenir, des projets, des idées et des désirs. À chaque jour suffit sa peine. N'entreprenez qu'une chose à la fois et menez-la à terme avant de commencer autre chose.

TOILETTE. Vous êtes dépressif et vous fuyez tout ce qui mine vos humeurs. Consciemment ou non, vous avez fait du tort à une personne et le ciel vous fait payer ce que vous devez.

TOIT. S'y tenir debout. Vous dominez la situation. Vous tentez d'éviter les conflits en vous montrant souple et moins maladroit dans vos rapports avec autrui, en vous efforçant de maîtriser votre franchise.

TOMATE. Très érotique en raison de sa forme et de sa couleur. Cupidon a décidé de vous prendre comme cible. Il vous touche de sa flèche de façon tout à fait inattendue et dans un lieu pas ordinaire. C'est le début d'une relation torride et passionnée. Sur le plan amical, vous recevez de toutes parts des témoignages d'affection qui vous mettent du baume au cœur. Votre besoin de vous sentir apprécié et utile aux autres est comblé.

TOMBE. Avec un mort. Vos amis vous apporteront la chaleur que vous souhaitez. Prenez des nouvelles d'un proche parent ou d'un ami. Vous serez surpris du plaisir que vous ferez. Votre humour pourrait détendre l'atmosphère.

Dans laquelle on s'y trouve. Votre sensibilité et votre intelligence seront vives. Comme vous n'aurez pas une grande marge de manœuvre, le mieux sera d'observer longuement avant d'exprimer votre opinion. Bonne journée pour régler une question une fois pour toutes.

TOMBER. En effectuant un saut. Vous serez préoccupé par le passage du temps. Même si les conséquences ne sont pas toujours drôles, il reste que vous verrez à quel point vous êtes mieux dans votre peau grâce à votre expérience. En amour, ouvrez l'œil.

Perdre pied. Vous ferez les choses consciencieusement aujourd'hui et cela vous permettra d'accomplir davantage. Du côté de vos relations intimes, vous verrez comme il est bon de se tourner vers les autres. Bonne journée pour ce qui est des communications.

Avoir peur de tomber. C'est du côté de la famille que vous vous tournerez dans les prochains jours. Vous serez soucieux du bien-être de vos proches et vous ne lésinerez pas sur les efforts à fournir. En tout, vous aurez l'esprit pratique.

D'un toit. Vous avez tendance à vous considérer comme le centre du monde, à n'admettre que vos propres idées, sentiments, décisions, à exiger que tout le monde se soumette à vos désirs. Mais il vous arrive de vous faire mettre à votre place.

Voir quelqu'un ou quelque chose tomber. Une affaire exige du doigté, calculez bien vos chances. Ajustez-vous à votre milieu. Ne cherchez pas toujours la petite bête noire. Il vous faut avoir plus de flair que d'habitude. Il faut consentir à divers sacrifices pour que tout aille mieux avec votre partenaire. Vous ne vous en sentirez que mieux.

TONDRE. Vous êtes travaillant, vous fournissez de gros efforts pour faire avancer vos projets et, petit à petit, vous vous rapprocherez de vos objectifs. Vous pourriez même faire un contrat avantageux, ce qui vous motiverait beaucoup. L'ambiance est chaleureuse dans votre demeure, il y a beaucoup d'amour dans l'air.

TONNEAU. Plein. Vous souhaitez acquérir des valeurs, des biens dont la possession compenserait votre désespoir ; vous appliquez toute votre énergie et votre résistance à cette lutte acharnée.

Vide. Même si votre comportement demeure extérieurement harmonieux, même si vous semblez participer à ce qui se passe autour de vous, prétendant même diriger et prendre les autres en charge, vous gardez toujours une attitude distante, qui dissimule une forte susceptibilité.

Renversé. Révolté contre l'injustice du sort, vous aspirez cependant à échapper à la tension nerveuse qui se fait sentir de façon insupportable en sortant de vous-même, en vous lançant dans des entreprises originales.

TONNELLE. Les problèmes ne manquent pas au boulot, mais vous prenez le taureau par les cornes et trouvez des solutions ingénieuses. Votre efficacité en épate plus d'un. Néanmoins, tout cela est si excitant que vous avez du mal à décompresser. Un ami ou un proche qui vous a déçu essaie de se faire pardonner. Reste à savoir si vous êtes prêt à passer l'éponge.

TONNERRE. Images d'événements subits et terribles, symbole de l'intuition, de la révélation subite et de l'impétuosité. Vous vivez une période où l'agressivité prendra du terrain si vous la laissez entrer. L'individualisme nuit aux relations que vous tentez d'établir. Vous avez peut-être une attitude trop égocentrique dans le but de vous protéger, d'assurer votre sécurité, sans jamais vous demander si tout cela est bien utile.

TOPAZE. En recevoir une. Elle éloigne la peur, favorise la chasteté, subjugue les fantômes et les terreurs nocturnes. Vous trouvez un dérivatif à la mélancolie dans une activité absorbante et soutenue vous permettant de dominer autrui. Mais vous vous imposez des contraintes et des limitations qui engendrent une forte tension nerveuse, et la passion ardente que vous maîtrisez risque d'exploser brutalement.

En offrir une. Vos collaborateurs vous épauleront et nourriront de grandes ambitions grâce à vous. Vous les aiderez à ne pas regarder en arrière. Ils lutteront courageusement pour atteindre les objectifs que vous aurez fixés ensemble. Vous rangerez votre individualisme au vestiaire, conscient qu'on ne peut réussir sans le concours des autres. Ils loueront votre capacité à allier humour et discipline et vous inviteront souvent hors du cadre professionnel.

En porter une ou plusieurs. Journée d'enthousiasme. Canalisez vos énergies et ne vous laissez pas entraîner dans une direction qui ne vous mènerait nulle part. Vous serez trop sociable pour être parfaitement à l'aise dans l'intimité ; voyez du monde.

Perdue ou volée. Vous aurez du plaisir en compagnie de personnes qui ont le même humour que vous. Les possibilités sont grandes de vous rapprocher d'une personne que vous aimez bien. Faites les premiers pas sans hésiter.

TORCHON. Propre. Vous êtes débordant d'optimisme. Chaque échec est pour vous une expérience positive. Vous êtes un vrai soleil pour vos amis et vous savez surmonter toutes les défaites amères. Les personnes comme vous sont acceptées dans tous les milieux.

Humide. Votre optimisme est sûrement prudent, mais il fait de vous une personne agréable. Vous êtes fort apprécié en société et on se sent bien avec vous.

Sale. Votre pessimisme fait peur. Rien ne vous rend heureux. Arrêtez donc de vous lamenter sur votre sort et sachez que la vie est loin d'être si triste et qu'elle vaut vraiment la peine d'être vécue.

TORÉADOR. Au boulot, vos preuves sont faites ; vos supérieurs se fient de plus en plus à votre opinion, on vous demande même conseil. Dans votre milieu, on apprécie beaucoup vos qualités humaines et votre humour. D'ailleurs, on pourrait vous faire bientôt une offre alléchante. Ayez confiance, vous serez à la hauteur. Votre partenaire cherche à se rapprocher de vous. Vous brillez partout où vous allez.

TORTUE. Désireux de goûter à toutes les joies de la vie, vous saisissez avidement les objets de plaisir qui se présentent sans vous accrocher de façon durable afin d'éviter les problèmes affectifs. Votre attitude ne favorise pas une réelle intégration au milieu et vous vous sentez isolé. Vous avez tendance à ruminer ces insatisfactions.

TORTURE. Vous décidez qu'il est temps d'entreprendre des changements dans votre vie professionnelle. Vous avez parfois l'impression de perdre votre temps et de gaspiller vos talents. Le démarrage d'une entreprise n'est pas à exclure. Vos finances suivent la courbe ascendante de votre moral et de votre énergie. Tout est à la hausse : les sous, les projets et le dynamisme.

TOTEM. Vous mettez les bouchées doubles au travail, ce qui permet de marquer des points. Un collaborateur pourrait même vous donner un petit coup de pouce. Votre vie mondaine est bien remplie, vous vous amusez au cours des réunions d'amis. En famille, par contre, vous avez du mal à faire passer vos idées.

TOURBILLON. Y être pris. Il y a, en ce moment, risque de problèmes des voies respiratoires. Si vous fumez, essayez de réduire votre consommation de tabac. L'énergie est toujours très présente, quoique mieux canalisée que ces derniers temps. Un membre de votre entourage, amical ou familial, vous annonce la grossesse d'une femme que vous connaissez bien.

TOURMENTER. Vous décidez qu'il est temps d'entreprendre des changements dans votre vie professionnelle. Vous avez parfois l'impression de perdre votre temps et de gaspiller vos talents. Le démarrage d'une entreprise n'est pas à exclure. Vos finances suivent la courbe ascendante de votre moral et de votre énergie. Tout est à la hausse : les sous, les projets et le dynamisme.

TOURNEVIS. Vous entrerez dans une période euphorique et cela vous effraiera. Habitué à vous battre, vous ne saurez quel fruit cueillir sur l'arbre du bonheur. Luttez contre la peur ! Si vous êtes heureux, c'est que vous le méritez. Restez dans une dynamique de plaisir. Rédigez votre loi, tendez votre arc, visez la cible choisie. La flèche atteindra forcément son objectif.

TOUX. Tousser soi-même. Vous recevez, en ce moment, des témoignages d'appréciation de la part de vos supérieurs. On vous couvre de louanges, ce qui provoque de la jalousie chez un de vos collègues de travail. Une discussion à cœur ouvert règle certains malentendus qui subsistaient, en latence, depuis quelques mois déjà. Un déplacement d'affaires est prévu très bientôt.

Voir les autres tousser. Beaucoup d'égoïsme, de cruauté autour de vous. Il se passe des choses étranges, cependant il faut conserver votre optimisme. Voyez si vous n'avez pas commis une erreur en refusant la coopération de votre entourage pour la réalisation du projet qui vous est cher.

TRACAS. En avoir. Vous voulez faire trop de choses en même temps et vous vous éparpillez. Vous êtes submergé de travail et vous ne savez plus très bien par quel bout commencer. Votre surplus d'énergie vous fait vous agiter dans tous les sens et perdre un temps précieux. Prenez les choses une à la fois, ce qui est tout naturel.

Voir quelqu'un en avoir. L'amour vous donne de l'ardeur au travail. Vous reprenez la barre de votre bateau et vous conduisez de nouveau en capitaine. Le climat de méfiance qui régnait au travail disparaît à l'instant où le responsable de ce climat donne sa démission. Sur le plan financier, les choses n'évoluent pas comme vous le souhaitiez, mais rien n'est définitif.

TRACE. De pas. Votre partenaire et vous filez le parfait bonheur. Votre relation est empreinte de quiétude, de douceur, de tendresse et de sensualité. Vous multipliez les occasions d'être seuls tous les deux et vos échanges sont parfaits sur tous les plans. Vous organisez un repas qui se déroule dans une parfaite harmonie. Vous recevez une bonne nouvelle d'un membre de votre famille.

TRACTEUR. Il représente l'image du moi.

Conduit par un autre. Vous serez en forme aujourd'hui. Quelques détails devraient se régler au cours de la journée. Vous ferez beaucoup de changements. Dans une histoire de cœur, un revirement de situation est possible. Soirée stimulante.

Mauvais conducteur. Vous pourriez être plus introspectif que d'habitude. Vous éprouverez le besoin de vous occuper de vous et de vos intimes. Votre vie familiale sera votre priorité et vous y mettrez du cœur.

Manquer d'essence. Vous serez un peu plus réservé et tranquille que dans les derniers jours. Il faudra peut-être renoncer à certains rêves. Quand ça ne fonctionne pas, il ne sert à rien de persister. Vous pourriez être occupé aujourd'hui, car les proches réclameront votre présence.

TRAFIC. Vous êtes en grande forme et vous avez un bon moral. Essayez toutefois de vous ménager davantage de périodes de loisirs. L'exercice physique en plein air est une bonne façon de refaire le plein d'énergie, car cela stimule le cerveau et aère les voies respiratoires. Pour mieux vous ressourcer, offrez-vous ces balades en campagne qui vous plaisent tant.

TRAHIR. Être trahi. Excellente santé, excellent moral. L'équilibre entre le travail, l'amour, les amis et le repos est parfait. Continuez sur cette voie. Vous renouez avec la prière et vous en retirez un immense bien-être. Privilégiez la consommation de légumes crus et de fruits. Continuez d'entretenir des pensées positives afin de conserver votre si belle mine.

Quelqu'un. Vous sortez toute votre panoplie de techniques de séduction et vous parvenez à vos fins. Une délicieuse relation amoureuse vous comble de joie et de bonheur. Vous vous retirez un peu de votre cercle d'amis, mais on ne vous en tient pas rigueur. Amour oblige ! Amour, humour, tendresse, sensualité, érotisme, tout y est. Savourez ces moments privilégiés.

TRAIN. En voir un. Vous adopterez un ton catégorique qui pourrait intimider certaines personnes. Par ailleurs, vous voudrez que l'on reconnaisse vos qualités, alors ne fuyez pas les compliments. La timidité ne vous apporterait rien d'intéressant.

En conduire un. Vous aurez avantage à vous garder quelques moments de tranquillité. Dans vos amours, vous exprimerez avec simplicité ce que vous pensez. Pour ce qui est de votre vie familiale, n'oubliez pas les petits cœurs plus sensibles.

TRANSPIRER. Vous ne pouvez pas vous empêcher de jouer sans cesse le jeu de la séduction. Attention, toutefois, de ne pas faire de la peine à ceux pour qui les relations de ce type ne sont absolument pas un jeu. Vous aimez aimer et, pour l'instant, vous ne ressentez nullement le besoin d'une relation stable ou trop sérieuse.

TRAQUENARD. Y être pris. Vous jouirez d'une grande popularité. Vous traverserez votre existence pour les applaudissements de vos partenaires professionnels. Financièrement, vous ferez des placements heureux, à la grande satisfaction de votre conjoint. Il vous laissera agir et vous servira de garde-fou en même temps.

TRAQUER. Avertissement contre des décisions peu sages. Vous êtes dans l'impossibilité de concilier les tensions contradictoires qui vous oppressent. Vous ressentez de violentes émotions prêtes à se décharger, à exploser, mais votre conscience les réprouve et les refoule. Il en résulte une pénible sensation d'anxiété proche de la panique à laquelle vous ne trouvez pas d'issue ou de dérivatif.

TRAVAILLER. Vous déliez les cordons de la bourse ; des sommes sont mobilisées en vue d'un projet quelque peu risqué. Mais votre idée est faite et personne ne pourrait vous en faire déroger. Vous devez vous en tenir à une discipline de fer pour suivre votre plan d'action, compte tenu des nombreux dérangements et sollicitations extérieurs. Ne prêtez rien ; vous ne reverriez ni la couleur de votre argent ni l'emprunteur.

TRÈFLE. Vous vous questionnez sur la valeur revue et corrigée d'une amitié de longue date. Beaucoup d'eau a coulé sous les ponts et vos principes, élevés, correspondent plus ou moins aux siens. En outre, le destin fait en sorte d'amener de nouvelles relations amicales de remplacement, qui vous conviennent davantage. Une mission vous sera dévolue d'ici quelques semaines ; vous aurez l'occasion de défendre une bonne cause, de militer solidairement avec des pairs.

TREMBLER. Avoir peur de quelqu'un. Vous comprendrez mieux certains états émotifs. Vous tirerez des leçons du passé. Quelques jours de tranquillité et de calme vous feraient du bien. Il est possible qu'une nouvelle amitié naisse avec une personne du sexe opposé.

> **Avoir peur d'un événement.** Vous pourriez terminer les petites tâches que vous avez négligées depuis quelque temps. Par ailleurs, une rencontre avec une personne que vous voyez rarement vous distraira. Vous serez gourmand !

TREMPER. Être soi-même trempé. Votre force résidera dans votre capacité à faire fructifier vos gains. Guidé d'abord par votre instinct, vous y associerez la raison. C'est l'union de ces deux lumières qui accentuera votre esprit de discernement. Ainsi, vous serez habile à reconnaître les pièges et refuserez d'être sous-estimé ou évalué en dessous de vos capacités. Conscient de vos compétences, vous saurez les négocier et vous aurez le courage d'envisager d'autres voies si on cherche trop à vous exploiter. Trancher ou vous séparer ne vous posera aucun problème. C'est en lâchant prise que vous mènerez à bien vos projets.

Voir les autres trempés. Derrière votre image enjouée se cache une philosophie, une véritable conception de l'existence. D'ici les douze prochains mois, un palier sera franchi. Attention, en vous retournant trop souvent sur votre passé, vous pourriez retourner à la case départ ou être immobilisé quelque temps. En spéculant sur l'avenir, vous déraperiez ou tomberiez dans des pièges. Petit à petit, c'est ici et maintenant que vous vivrez. Chaque situation sera accueillie intensément mais vous dépassionnerez toujours le débat, pour garder un œil neuf, curieux et humble. Le monde vous semblera accessible, car c'est vous qui avancerez vers lui à grands pas.

TREMPLIN. Vous vous sentez d'attaque, entreprenant, en pleine possession de vos moyens, plus dynamique que jamais. L'avenir s'annonce peut-être incertain quant à certains projets, mais vous restez confiant. Vos pensées fécondes nourrissent votre créativité. Faites attention, un virus se propage autour de vous, mais grâce à votre résistance immunitaire, vous aurez la chance de ne pas compter au nombre des contaminés.

TRÉSOR. Les circonstances changent la nature de bien des choses. On a confiance en vous, vous avez un talent indiscutable. Vous essayez trop de plaire à tout le monde. Il faut vous limiter, autrement on dira que vous êtes volage.

TRESSE. L'énergie dont vous faites preuve fait des jaloux. On envie votre capacité de récupération. Vous possédez en vous une incroyable force qui vous permet toujours de retrouver très rapidement votre équilibre. En ce moment, vous vous réservez davantage de périodes de loisirs que vous partagez avec les gens que vous aimez.

TRIBUNAL. La bonne humeur vous habite en ce moment. De bons souvenirs vous trottent dans la tête et vous font sourire. Votre visage souriant attire les gens heureux et les bons moments se bousculent à votre porte. Un besoin constant de beauté et d'harmonie vous habite. L'envers de la médaille est aussi intéressant et positif que l'endroit.

TRICHER. Vous vous questionnez beaucoup en ce moment. Les «si» et les «peut-être» pleuvent abondamment. S'il est bon d'apprendre des erreurs du passé, il est mauvais de s'y apitoyer. Vous avez tout ce qu'il faut pour être heureux. Un léger obstacle vous oblige à faire un détour, mais cela vous laisse le temps de mesurer les gestes à faire.

TRICOT. Une rentrée d'argent imprévue vous permet quelques petites folies ! Ne perdez pas de vue vos objectifs, même si vous devez faire un détour. On vous supporte sans condition dans une cause qui vous tient particulièrement à cœur. Vous travaillez comme la fourmi ; lentement, sans bruit, mais sûrement et efficacement !

TRIOMPHER. Au travail, vous mettez beaucoup de cœur et les résultats ne tardent pas à arriver. Vous êtes récompensé à votre juste valeur pour vos efforts. Vous êtes particulièrement favorisé pour tout ce qui touche aux placements, aux investissements, aux mises de fonds et même à la loterie. On vous offre la facilité sur un plateau d'argent.

TROMPER. Vous vous questionnez beaucoup en ce moment. Les « si » et les « peut-être » pleuvent abondamment. S'il est bon d'apprendre des erreurs du passé, il est mauvais de s'y apitoyer. Vous avez tout ce qu'il faut pour être heureux. Un léger obstacle vous oblige à faire un détour, mais cela vous laisse le temps de mesurer les gestes à faire.

TROMPETTE. Vous aurez le vent dans les voiles. Voilà une future période de votre vie faite de progrès professionnels et de revenus réjouissants. Vous fendrez les flots avec l'assurance d'un navire amiral ayant atteint sa vitesse de croisière, Ça va bouger. Les prochains mois, des occasions fortuites vont aiguillonner vos objectifs. Vous nouerez des liens avec des personnes qui comptent et vous décrocherez des gains significatifs.

TROPHÉE. Vous connaissez un désintéressement passager pour votre travail. Vous ne devez pas voir que les mauvais côtés des choses. Une dépense imprévue fait un trou dans votre budget. On ne bâtit rien en se disant, dès le départ, que cela ne fonctionnera pas ! Vous avez une idée, mettez-la en pratique.

TROU. Y tomber. Une affaire exige du doigté, calculez bien vos chances. Ajustez-vous à votre milieu. Ne cherchez pas toujours la petite bête noire. Il vous faut avoir plus de flair que d'habitude. Il faut consentir à divers sacrifices pour que tout aille mieux avec votre partenaire. Vous ne vous en sentirez que mieux.

> **En sortir.** Vous devez trouver des solutions, et rapidement. Vous faites preuve d'une grande sagesse sur bien des plans. Une personne sage entre dans votre vie et vous sera très utile dans l'avenir, si vous lui ouvrez votre porte toute grande. Votre orgueil n'a pas sa place dans ce secteur de votre vie. On est en mesure de vous aider, mais encore faut-il que vous le vouliez aussi !

En voir un. En ce moment, tout vous est permis. Vous possédez le moral, l'énergie et l'optimisme pour réaliser tout ce qui vous tente. Vous devez tout de même respecter votre rythme et, surtout, celui des autres. Ne bousculez rien ni personne. Vous vivez une expérience spirituelle étonnante mais passionnante! Un proche a besoin d'aide psychologique.

TROUPEAU. Vous êtes amoureux! Vous volez sur un petit nuage rose. Vous aimez et vous êtes aimé, comme cela ne vous était pas arrivé depuis longtemps. Vous donnez sans compter et vous êtes payé en retour. Un accord quasi parfait règne, l'harmonie est douce et l'équilibre se rétablit. Attention que la jalousie ne vienne tout gâcher. Vous devez faire davantage confiance à l'autre.

TRUELLE. Vous entrerez dans une période euphorique, cela vous effraiera. Habitué à vous battre, vous ne saurez quel fruit cueillir sur l'arbre du bonheur. Luttez contre la peur! Si vous êtes heureux, c'est que vous le méritez. Restez dans une dynamique de plaisir. Rédigez votre loi, tendez votre arc, visez la cible choisie. La flèche atteindra forcément son objectif.

TUER. Quelqu'un. Vous vous jetez à corps perdu dans un laborieux travail. Mais vous dépensez une somme incroyable d'énergie à tourner en rond. Prenez une grande respiration, asseyez-vous confortablement et dressez un plan bien défini qui vous fera économiser temps et argent.

Être tué. Vous n'êtes plus capable de prendre vos responsabilités. Votre tendance à l'angoisse vous rend nerveux et indécis, vous avez de la difficulté à faire des choix, surtout en ce qui concerne votre carrière.

TUMEUR. En avoir une. Vous aurez besoin de calme et de votre expérience pour venir à bout d'une situation difficile. Les rapports avec les gens qui vous entourent seront toutefois cordiaux. Vous ferez une suggestion qui fera grand plaisir à une personne que vous estimez.

En soigner une. Vous aurez besoin de tranquillité et de calme. Tout ce qui concerne votre lieu d'habitation vous intéressera et vous pourriez faire quelques changements. Bonne journée pour l'intimité et le quotidien.

TUNNEL. Sans fin. Vous n'avez pas froid aux yeux, vous avancez dans la vie d'un pas déterminé. Vous êtes lucide, vous appelez les choses par leur nom. Personne ne réussit vraiment à vous mettre des bâtons dans les roues. Vous ne faites pas de concessions et vous savez vous défendre avec habileté.

Y marcher. Si vous désirez obtenir de meilleures conditions, il est temps de poser quelques jalons en ce sens. Les démarches nécessitant l'accord d'une personne en situation d'autorité ont de bonnes chances de succès.

TURBAN. En mettre un. Vous vous activez avec persévérance dans le but d'augmenter votre autorité et votre influence sur votre entourage. Si votre amour de l'indépendance vous inspire les moyens d'échapper aux jougs les plus caressants, vous possédez l'art de subjuguer.

L'enlever. Bien que peu tendre, vous avez besoin d'affection, de caresses, de considération. Aussi adoptez-vous un comportement séduisant en surface, sans pour autant sacrifier vos ambitions ou votre liberté. Car, en réalité, vous êtes plutôt égoïste et indifférent au bonheur des autres.

Le perdre. Angoissé à la pensée de voir s'écrouler la situation à laquelle vous êtes parvenu et qui vous apporte estime et considération, vous feignez l'indifférence et manifestez une certaine sécheresse à l'égard des autres afin de ne pas laisser transparaître votre intention de défendre jusqu'au bout vos positions.

TUTU. Vous pouvez être dans tous vos états et vous mettre en colère pour un détail. Ou encore, vous devez supporter les humeurs maussades de votre famille. Cela pourra peut-être créer en vous la sensation d'être assis entre deux chaises. Pour vous en libérer, vous devez affirmer consciemment votre choix et être prêt aux développements qui suivront.

UNIFORME. Vous poussez le bouchon un peu trop loin avec l'autre. L'amour ne permet pas tout ! Ne faites aucune promesse que vous n'êtes pas certain de pouvoir tenir. Vous êtes l'instigateur de certaines retrouvailles. Votre vie sociale est bien remplie et très active. Laissez tout de même un peu d'initiative aux autres.

URINER. C'est un symbole de propriété. En assumant vos responsabilités et en respectant votre code d'éthique professionnel, vous jouez gagnant auprès de votre employeur. La récompense est pour bientôt, des promesses en ce sens viendront sous peu.

USER. Vous retrouvez un souffle nouveau. Vous dégagez des ondes positives et votre entourage en bénéficie également. Portez une attention particulière à vos objectifs. Ils sont remplis de symboles qui vous parlent. Vos devez être prudent, vos os sont en cause. Prenez l'air et laissez-vous dorloter par la nature, c'est bon pour le moral.

USINE. Vous êtes sûr de vous et conscient de votre valeur. Vous n'avez pas votre pareil pour analyser lucidement des problèmes épineux et trouver la solution idéale. Moraliste et doté d'un esprit fort critique, vous aimez conseiller les autres et les diriger. Votre ténacité et votre exigence envers vous-même vous assurent le succès.

USTENSILE. Vous entrerez dans une période euphorique et cela vous effraiera. Habitué à vous battre, vous ne saurez quel fruit cueillir sur l'arbre du bonheur. Luttez contre la peur! Si vous êtes heureux, c'est que vous le méritez. Restez dans une dynamique de plaisir. Rédigez votre loi, tendez votre arc, visez la cible choisie. La flèche atteindra forcément son objectif.

VACANCES. Vous avez des idées plein la tête et certaines pourraient vous permettre d'améliorer votre rendement ou de conduire de belles affaires. Malheureusement, vous en prenez un peu trop sur vos épaules en ce moment. Une bonne organisation vous permettra d'augmenter vos chances de succès. Vous aimez beaucoup votre petit monde, mais tout ce que vous dites finit en discussions.

VACARME. Violent. Le personnage que vous jouez est souvent dicté par les circonstances. Il représente un compromis, un visage d'emprunt qui assure l'intérim jusqu'à ce que votre véritable personnalité puisse se manifester au grand jour, c'est-à-dire lorsque vous aurez réalisé votre idéal.

VACCIN. Vous devez éviter à tout prix de mêler l'amour et l'amitié avec les affaires et le travail. Vous êtes prêt à vous dévoiler un peu plus, mais pas entièrement encore. Vous avez un jardin secret que vous refusez obstinément de partager. Vous plaisez beaucoup et les têtes se retournent sur votre passage. Vous avez l'embarras du choix !

VACHE. Au travail, vous vivez une période relativement calme. L'ambiance de camaraderie revient et tout le monde accomplit son travail avec plus de plaisir. Une convocation à caractère professionnel vous donne matière à réflexion. Une promotion arrive à point pour vous permettre de vous faire une santé financière.

VAGABOND. Les sorties et les mondanités vous plaisent mais, par moments, cela vous semble superficiel. Évitez tout de même de rester dans votre coin. Voir du monde ne peut que vous faire du bien. De plus, vous aurez l'occasion de tisser des liens avec des gens qui vous apporteront beaucoup.

VAGUE. Vous ferez peser de lourdes responsabilités sur les épaules de votre conjoint. Il devra assumer l'équilibre familial et honorer vos désirs. Il se révoltera, vous reprochant d'avoir un esprit autoritaire. D'ici quelques semaines, vous tempérerez vos paroles, remplaçant les ordres par des suggestions.

VAISSELIER. Vous étiez de mauvaise humeur dernièrement. Ces jours-ci, vous passerez à la colère, puis à la culpabilité. Pour oublier, pour vous faire plaisir, vous ferez peut-être des dépenses superflues ou vous succomberez aux charmes d'un vendeur qui n'offre aucune garantie, même pour un produit très cher.

VAISSELLE. Vous pourriez avoir du mal à comprendre ce que l'on attend de vous. Il se peut que vous receviez des messages et des consignes plus ou moins clairs. En amour, souvenez-vous que le silence est d'or. Vous serez stable intérieurement.

VALISE. En transporter une. Votre opinion est faussée, vous n'êtes plus le même, vous êtes soumis à une épreuve. Il faut vous ouvrir aux sentiments.

    La faire. Vous savez prendre vos responsabilités et vous comptez surtout sur vous-même. Vous avez besoin de vous sentir fort, puissant, d'être capable de réaliser de grandes choses, de dominer les autres.

VAMPIRE. Certains projets qui vous tenaient à cœur n'ont pu se matérialiser soit parce que vous avez peur d'échouer, soit à la suite d'initiatives malheureuses. Frustré, vous vous sentez abandonné, indigne de l'idéal que vous aviez choisi. Vous avez tendance à reporter sur autrui vos ressentiments et votre insatisfaction.

VANTER. Être vanté. Ce n'est pas parce que vous êtes doté d'une forte constitution que vous pouvez vous croire autorisé à faire des abus. La santé est un bien précieux et les excès sont à proscrire. L'agitation des mois précédents a quelque peu entamé votre grande réserve d'énergie. Respectez votre corps et vos limites, sans quoi vous paierez cher cette illusion d'invincibilité.

Quelqu'un d'autre. Vous êtes habité d'une telle vitalité et d'un tel dynamisme que vous êtes une sorte de soleil pour les gens de votre entourage. On vous consulte fréquemment pour obtenir vos sages conseils. Attention, toutefois, de ne pas abuser encore une fois de vos forces. Continuez de vous ressourcer dans la méditation et réservez-vous des périodes de détente et de solitude.

VARLOPE. Vous entrerez dans une période euphorique et cela vous effraiera. Habitué à vous battre, vous ne saurez quel fruit cueillir sur l'arbre du bonheur. Luttez contre la peur ! Si vous êtes heureux, c'est que vous le méritez. Restez dans une dynamique de plaisir. Rédigez votre loi, tendez votre arc, visez la cible choisie. La flèche atteindra forcément son objectif.

VASE. Plein. Vous souhaitez acquérir des valeurs, des biens dont la possession compenserait votre désespoir ; vous appliquez toute votre énergie et votre résistance à cette lutte acharnée.

Vide. Même si votre comportement demeure extérieurement harmonieux, même si vous semblez participer à ce qui se passe autour de vous, prétendant même diriger et prendre les autres en charge, vous gardez toujours une attitude distante, qui dissimule une forte susceptibilité.

Renversé. Révolté contre l'injustice du sort, vous aspirez cependant à échapper à la tension nerveuse qui se fait sentir de façon insupportable en sortant de vous-même, en vous lançant dans des entreprises originales.

VÉHICULE. Il représente l'image du moi.

Conduit par un autre. Vous serez en forme aujourd'hui. Quelques détails devraient se régler au cours de la journée. Vous ferez beaucoup de changements. Dans une histoire de cœur, un revirement de situation est possible. Soirée stimulante.

Mauvais conducteur. Vous pourriez être plus introspectif que d'habitude. Vous éprouverez le besoin de vous occuper de vous et de vos intimes. Votre vie familiale sera votre priorité et vous y mettrez du cœur.

Manquer d'essence. Vous serez un plus réservé et tranquille que dans les derniers jours. Il faudra peut-être renoncer à certains rêves. Quand ça ne fonctionne pas, il ne sert à rien de persister. Vous pourriez être occupé aujourd'hui, car les proches réclameront votre présence.

VÉLO. Dans vos occupations quotidiennes, vous aurez tendance à percevoir le fond des problèmes et à analyser les situations d'une manière incisive. Sachez que vos intuitions seront bonnes. En amour, il y aura une éclaircie salutaire.

Pédaler. Évitez le stress car vous le supporteriez mal. Accomplissez vos tâches sans tenter de prendre les devants. Vous serez plutôt fragile et sensible dans les prochains jours. Prenez du temps pour vous.

Avoir de la difficulté à avancer. Invitation à descendre au fond de soi pour retrouver une immense source de vie et de vitalité.

Se le faire voler. Vous verrez mieux où vous allez en prenant le temps de régler vos comptes. Dans vos relations sentimentales, vous préférerez des gestes concrets aux vaines rêveries. Soyez attentif aux détails.

VENT. La gymnastique physique, et non pas uniquement mentale, devrait faire partie de votre programme quotidien d'entraînement. Équilibrez davantage vos activités, afin de vous allouer du temps pour vos loisirs et le délassement. Sur le plan affectif, mettez toutes les chances de votre côté. N'attendez pas de miracles ; faites votre part.

VENTRE. Douleurs abdominales. Votre vie n'est pas axée sur la réussite matérielle. Vous vous contentez du sort qui vous a été dévolu, de ce que votre situation actuelle vous apporte.

À découvert. Conservateur, persévérant, vous êtes fidèle à vos attachements, à vos souvenirs, heureux ou malheureux. Cependant, vous avez des inquiétudes pour l'avenir et aimeriez davantage de confort, une plus grande sécurité financière, mais vous redoutez les perturbations qu'apporterait un changement.

VERNISSAGE. Y prendre part. Vous mettez votre ego en veilleuse. Vous travaillez main dans la main avec vos collègues. Bref, vous réalisez que vous n'avez pas besoin de tyranniser votre entourage pour obtenir de bons résultats. On dirait que l'heure de la sérénité a sonné. Du coup, vous gérez habilement votre carrière. Vous rencontrez des gens influents et êtes dans tous les bons coups. Ménagez votre partenaire. La réussite, oui, mais pas à n'importe quel prix.

En organiser un. Vous subissez une pression énorme. Vous vous sentez harcelé, incompris et seul au monde. Grande est la tentation de laisser s'envenimer la situation, mais plus insupportable sera la culpabilité si vous n'agissez pas… Bref, cela passe ou cela casse. Votre partenaire n'ouvre la bouche que pour vous critiquer. Si personne n'y met du sien, la rupture est proche. Attention, il va falloir prendre une décision importante.

VERRE. Plein. Vous êtes très courageux, vous pouvez ainsi affronte les vicissitudes de la vie d'une façon positive. À la fois audacieux et prudent, vous savez éviter les faux pas. Vous débordez d'énergie et vous avez besoin, tant dans votre vie professionnelle que dans votre vie personnelle, qu'on vous laisse une grande liberté de mouvement.

Vide. Sombre et pessimiste, vous ressassez le passé avec amertume et vous vous apitoyez non seulement sur vous-même, mais aussi sur le sort de l'humanité tout entière. Vous êtes si prudent dans vos entreprises que vous n'en finissez plus d'hésiter avant d'agir. Vous êtes un tendre et un être profondément attachant sous vos airs de chien battu.

Renversé. Extrémiste et enflammé, vous détestez recevoir des ordres, mais vous n'hésitez pas à bousculer votre entourage afin de les convaincre de se rallier à vos idées. Vous êtes impulsif et impatient en tout.

De vin. Vous êtes à la fois rusé, et tous les moyens sont bons pour atteindre vos objectifs. Les scrupules ne vous étouffent pas et votre morale est parfois élastique. Vous avez tendance à vous apitoyer sur votre sort.

De lait. Profondément attachant mais tourmenté, vous craignez la solitude et recherchez des amis réconfortants sur qui vous pouvez compter, qui vous approuvent dans vos décisions. Votre idéal de vie est de servir une cause humanitaire. Vous avez une sensibilité à fleur de peau.

VERS DE TERRE. Vivants. Vous êtes un authentique extraverti, car vous avez tendance à extérioriser vos sentiments et vos réactions. Vous êtes sociable, expansif et vous n'aimez pas la solitude ou la vie d'intérieur. Vous savez imposer votre présence et votre facilité à vous exprimer permet aux gens de rapidement vous connaître.

En tuer ou les utiliser comme appâts. Votre humeur est maussade et vous manquez de patience envers les membres de votre entourage, mais cela est de très courte durée. Quelques petits malaises, dont des maux de tête lancinants, sont vite relégués aux oubliettes après quelques journées de repos et une révision de votre alimentation. Ne négligez pas le sommeil.

VERRUE. On vous fait remarquer votre dépendance affective, ne grimpez pas sur vos grands chevaux et faites preuve d'honnêteté envers vous-même. Ne tournez pas le dos à ceux qui ne pensent pas comme vous, écoutez-les, ils pourraient bien vous faire changer d'idée! Vous avez des amis formidables, prenez-en soin!

VERTIGE. Dans votre vie sentimentale, vous aimez être considéré comme l'élément dominateur, admiré, chéri. Mais vous êtes parfois envahi d'un sentiment d'impuissance et de faiblesse. Vous vous contentez alors de vous laisser faire, vous soumettant aux événements ou à la volonté de votre partenaire.

VÊTEMENTS. S'habiller. Les problèmes se résoudront d'eux-mêmes. Laissez le temps passer en ne forçant rien. Les relations avec votre famille seront bonnes. Côté argent, vous pourriez avoir une petite surprise agréable. Vous serez satisfait des résultats en fin de journée.

Les enlever. Parler de vos sentiments vous rendrait vulnérable et votre partenaire se reposerait sur un amour acquis. Votre intelligence vous fera opter pour la liberté plutôt que pour la jalousie. Chacun fera ce que bon lui semblera ; jamais vous ne laisserez planer le doute sur une infidélité éventuelle. Ce côté machiavélique sera un moyen de torture infaillible. Il ne pourra rien vous reprocher, si ce n'est d'avoir envie de penser un peu à vous. Vous lui prouverez votre gratitude après qu'il a accepté la règle du jeu.

En trouver de beaux. Les prochaines semaines seraient propices à une escapade. Vous aurez l'esprit curieux, ce sera donc le moment d'acquérir de nouvelles connaissances. Vous jugerez aisément de ce qui est le mieux pour vous.

Déchirés. Vous aurez de l'influence sur les personnes de votre entourage. Les proches se presseront autour de vous pour demander votre opinion. Il serait avantageux de diversifier vos activités. Vous pourriez avoir bientôt une occasion de gagner plus d'argent.

VICAIRE. Tous les désordres d'ordre émotionnel que vous avez connus ces derniers temps vous ont forcé à réfléchir intensément, à fouiller intimement et honnêtement en vous pour tenter de trouver les causes profondes de ces problèmes. Vous y êtes en bonne partie parvenu même si, en ce domaine, rien n'est jamais acquis. Vous avez retrouvé votre sourire à faire craquer.

VIDANGES. Vous ne pouvez vous confier ni vous fier à tout le monde. Vous aurez des intuitions justes par rapport à de nouvelles personnes que vous rencontrerez. Les unes seront parfaitement honnêtes ; les autres ne chercheront qu'à tirer profit sans aucune intention de vous donner ce qui vous revient de droit.

VIDER. Vous êtes sur une bonne lancée ! Vous avancez à pas de géants et la réalité vous semble souvent irréelle. Vous jouez sur plusieurs tableaux et vous réussissez sur la plupart d'entre eux. Vous frappez aux bonnes portes, vous êtes au bon endroit, au bon moment. Vous êtes fier de vos réalisations. Vos possibilités n'ont pas de limite.

VIEUX. Vieil homme. Vous aurez un petit côté capricieux. Il ennuiera votre partenaire qui vous reprochera de jouer le snobisme. Esthète et amoureux des beaux objets, vous mettrez vos comptes en péril à force d'accumuler des accessoires superflus.

Vieille femme. Votre partenaire vous fera remarquer votre manque d'impartialité. Il vous accusera d'établir des différences entre votre famille et la sienne. Vous reconnaîtrez bien sûr cette injustice, mais vous ne trouverez pas l'énergie nécessaire pour y remédier. Faire des courbettes sera au-dessus de vos forces. Vous ne critiquerez pas, mais vous serez absent lorsque viendra le temps de visiter vos beaux-parents.

VILEBREQUIN. Vous entrerez dans une période euphorique et cela vous effraiera. Habitué à vous battre, vous ne saurez quel fruit cueillir sur l'arbre du bonheur. Luttez contre la peur! Si vous êtes heureux, c'est que vous le méritez. Restez dans une dynamique de plaisir. Rédigez votre loi, tendez votre arc, visez la cible choisie. La flèche atteindra forcément son objectif.

VIN. En boire avec modération. Affable, séduisant, attachant, vous vous entourez de choses et de gens plaisants qui conviennent à votre délicatesse et à votre amour de la beauté. Vous vous laissez griser par les sensations amoureuses, vous identifiant totalement à l'être de votre choix. Vous entretenez des relations affectives à travers lesquelles s'exprime votre goût des confidences et de l'échange. Vous pouvez être un compagnon idéal.

En boire en quantité excessive. Avide de succès personnels, vous vous livrez à toutes les coquetteries, à toutes les fantaisies pour retenir l'attention, pour mériter les hommages, pour augmenter votre prestige. Vous manifestez une grande curiosité envers les personnes avec lesquelles vous pourriez établir des relations amoureuses. Il vous arrive de vous fier aux apparences et de préférer le brillant au solide.

VIOLENT. Être violent. Vous arrivez à résoudre une situation embrouillée, car vous êtes bien implanté dans la réalité. Vous exercez votre activité régulièrement et sérieusement dans un domaine que vous connaissez bien, de manière à obtenir des résultats tangibles.

Voir quelqu'un être violent. Vous ne vous laissez pas tromper ou bluffer par les apparences ni influencer par des opinions dont vous n'avez pas expérimenté la justesse. Cependant, vous estimez vos occupations trop absorbantes et souhaiteriez un peu plus de temps pour vous détendre.

VIOLON. En jouer. Beaucoup de surprises et de changements à venir. Vous consacrerez davantage de temps aux vôtres. Vos sentiments amoureux ne seront pas encore assez solides pour faire des projets à long terme. Restez lucide dans vos choix, il ne sert à rien de vous inventer des histoires. L'amitié jouera un rôle primordial dans votre vie. Vous aurez l'impression de rajeunir !

Voir quelqu'un d'autre en jouer. Vous prendrez pleinement conscience de votre environnement. On fera preuve de patience et d'une grande douceur à votre égard. Vous réaliserez votre chance d'être si bien entouré. Ne tentez pas de forcer les événements. Résistez à la tentation de vous embarquer dans une relation compliquée. Vous délaisserez vos petits tracas journaliers pour vous amuser pleinement. Remettez à l'année prochaine vos remises en question.

VIPÈRE. Vivante. Vous êtes un authentique extraverti, car vous avez tendance à extérioriser vos sentiments et vos réactions. Vous êtes sociable, expansif et vous n'aimez pas la solitude ou la vie d'intérieur. Vous savez imposer votre présence et votre facilité à vous exprimer permet aux gens de rapidement vous connaître.

En tuer une ou plusieurs. Votre humeur est maussade et vous manquez de patience envers les membres de votre entourage, mais cela est de très courte durée. Quelques petits malaises, dont des maux de tête lancinants, sont vite relégués aux oubliettes après quelques journées de repos et une révision de votre alimentation. Ne négligez pas le sommeil.

VIRUS. Au travail, vous privilégiez les petits sentiers tranquilles et inexplorés aux bruyantes et encombrées autoroutes. Vous allez de découverte en découverte ! Vous vous sentez l'âme d'un explorateur ! Mais attention tout de même de ne pas trop flâner ; vous pourriez être rapidement dépassé. Un outil de taille crée un incident majeur. Un changement s'opère pour le mieux, emboîtez-lui le pas.

VISAGE. Des invitations, vous en recevrez, ne sachant plus à quelle soirée vous rendre. Une fois que vous y serez, vous commencerez par vous amuser et finirez par vous lasser. Autour de vous, une ribambelle d'êtres en devenir. Leur côté superficiel vous déridera trente secondes, mais leur situation d'échec vous renverra à vos propres failles et cela vous angoissera. Vous reprocherez à vos amis de ne pas vouloir quitter l'adolescence, de jouer la carte de l'éternelle jeunesse, masquant une vie affective bien triste.

VISQUEUX. Beaucoup d'hésitation dans votre vie sentimentale. Votre cœur balance et vous ne savez plus sur quel pied danser! Vous avez peur de l'engagement, mais en même temps, vous désirez la stabilité et la continuité. Vous avancez, vous reculez, vous voulez, puis vous ne voulez plus. Vous n'êtes pas facile à comprendre et on se pose beaucoup de questions sur votre comportement.

VITAMINES. En prendre. Tout va très vite. Il vous arrive des choses incroyables! On vous fait des offres, des portes s'ouvrent, vous êtes en demande. Vous pouvez vous permettre de choisir, alors prenez bien votre temps avant de faire un choix définitif. C'est le moment d'entreprendre un projet, de développer une idée ou un concept, d'aller de l'avant, mais sans précipitation, avec lucidité et droiture.

VOILIER. Y être à bord. Votre période de questionnement doit être suivie d'une période de transition. Vous faites des choix importants, mais souvenez-vous que vous devez les assumer, alors ne précipitez rien. Adoptez la théorie des petits pas et assurez-vous de la solidité des acquis avant de passer à autre chose. Les finances se portent bien malgré quelques petits tracas d'argent.

En voir naviguer un. Sur le plan professionnel, possibilité de changer tout à fait de domaine ou d'un retour aux études à temps partiel. Vous caressez des projets ambitieux et viables, mais il vous manque quelques éléments pour y arriver avec succès. Un ancien collègue de travail perdu de vue depuis longtemps refait surface.

VOITURE. Elle représente l'image du moi.

Conduite par un autre. Vous serez en forme aujourd'hui. Quelques détails devraient se régler au cours de la journée. Vous ferez beaucoup de changements. Dans une histoire de cœur, un revirement de situation est possible. Soirée stimulante.

Mauvais conducteur. Vous pourriez être plus introspectif que d'habitude. Vous éprouverez le besoin de vous occuper de vous et de vos intimes. Votre vie familiale sera votre priorité et vous y mettrez du cœur.

Manquer d'essence. Vous serez un peu plus réservé et tranquille que dans les derniers jours. Il faudra peut-être renoncer à certains rêves. Quand ça ne fonctionne pas, il ne sert à rien de persister. Vous pourriez être occupé aujourd'hui, car les proches réclameront votre présence.

VOLCAN. En éruption. Au travail, on vous donne la chance de démontrer vos talents et vos aptitudes ; ne la ratez surtout pas ! Un changement de voie, de situation et même de secteur est à prévoir. Vous tirez des plans et vous pensez à long terme. Une communication est difficile à établir, mais le jeu en vaut largement la chandelle.

VOLER (S'ENVOLER). Insatisfaction, désir de dominer ses difficultés. Votre personnalité est introvertie, car vous aimez être seul et préférez travailler seul. Il est vrai que la solitude favorise la réflexion, mais aussi le pessimisme. Votre goût de la solitude est un indice de timidité, c'est pour cela que vous êtes discret, effacé, presque absent. Vous vous sentez sûrement bien ainsi, mais votre vie sociale doit être très restreinte. Il reste donc à souhaiter que la solitude que vous vivez ne vous soit pas trop lourde.

VOLEUR. En attraper un ou en voir un. Vous souffrez d'une grande insécurité et de solitude, vous êtes incapable de vous en sortir. N'étant pas très sensible à ce qu'éprouvent les autres, qu'ils soient étrangers ou proches, vous êtes exclusif dans le choix de vos affections et exigez la plupart du temps une fidélité parfaite.

Voler autrui. Vous n'avez pratiquement aucune sensibilité, car votre vie est conditionnée par le refus du contact avec les autres. Un complexe d'infériorité est probablement à l'origine de vos refus. Essayez de vous oublier et de penser aux autres, car il ne dépend que de vous d'avoir une belle existence.

VOMIR. En ce moment, les événements et le contexte général vous permettent de vous reposer. C'est une période moins agitée. Votre santé, tant physique que morale, dépend directement de votre mode vie ; évitez à tout prix les abus de toutes sortes. Un bilan complet de santé ne serait pas superflu. La relaxation est votre meilleure amie, et ce, pendant toute votre vie.

VOYAGE. Vous avez des idées plein la tête, certaines pourraient vous permettre d'améliorer votre rendement ou de conduire de belles affaires. Malheureusement, vous en prenez un peu trop sur vos épaules en ce moment. Une bonne organisation vous permettra d'augmenter vos chances de succès. Vous aimez beaucoup votre petit monde, mais tout ce que vous dites finit en discussions.

VOYOU. Votre énergie est débordante, mais vous avez de la difficulté à la gérer. Des activités telles que la marche, la natation, la course ou encore la méditation vous seraient d'une grande aide. Des problèmes reliés au système respiratoire ne doivent pas être pris à légère. Ne demandez pas aux autres d'être dans le même état explosif que vous !

WAGON. En voir un. Vous adopterez un ton catégorique qui pourrait intimider certaines personnes. Par ailleurs, vous voudrez que l'on reconnaisse vos qualités, alors ne fuyez pas les compliments. La timidité ne vous apporterait rien d'intéressant.

WHISKY. En boire avec modération. Affable, séduisant, attachant, vous vous entourez de choses et de gens plaisants qui conviennent à votre délicatesse et à votre amour de la beauté. Vous vous laissez griser par les sensations amoureuses, vous identifiant totalement à l'être de votre choix. Vous entretenez des relations affectives à travers lesquelles s'exprime votre goût des confidences et de l'échange. Vous pouvez être un compagnon idéal.

> **En boire en quantité excessive.** Avide de succès personnels, vous vous livrez à toutes les coquetteries, à toutes les fantaisies pour retenir l'attention, pour mériter les hommages, pour augmenter votre prestige. Vous manifestez une grande curiosité envers les personnes avec lesquelles vous pourriez établir des relations amoureuses. Il vous arrive de vous fier aux apparences et de préférer le brillant au solide.

XYLOPHONE. En jouer. Au travail, on vous demande d'exercer votre leadership et cela vous plaît. On fait appel à votre tact et à votre diplomatie pour dénouer une situation délicate. Un nouveau défi vous est proposé : acceptez-le ! Changements positifs et bénéfiques. Demeurez réaliste et concret. Les finances se redressent et se stabilisent.

> **En entendre jouer.** Il est passionnant le tourbillon de la vie, du travail, des amours et des enfants, mais il reste nécessaire de vous réserver des moments de détente ! Intérieurement, vous vous sentirez plus seul que d'habitude. Ce sera malgré tout une bonne journée pour promouvoir vos idées.

YACHT. Y être à bord. Votre période de questionnement doit être suivie d'une période de transition. Vous faites des choix importants, mais souvenez-vous que vous devez les assumer, alors ne précipitez rien. Adoptez la théorie des petits pas et assurez-vous de la solidité des acquis avant de passer à autre chose. Les finances se portent bien malgré quelques petits tracas d'argent.

> **En voir naviguer un.** Sur le plan professionnel, possibilité de changer tout à fait de domaine et d'un retour aux études à temps partiel. Vous caressez des projets ambitieux et viables, mais il vous manque quelques éléments pour y arriver avec succès. Un ancien collègue de travail perdu de vue depuis longtemps refait surface.

YEUX. Ne pas arriver à les ouvrir. Amour passionnel. Vous êtes sensuel, romantique et émotionnel. Votre sensualité vous dévore. Vous donnez priorité à la sexualité sans pour cela négliger les joies de l'amour et de l'esprit.

> **Les avoir malades.** Les circonstances vous obligent à faire face à la réalité et, surtout, à accepter les autres tels qu'ils sont au lieu de leur imposer votre point de vue. Vous vous faites une raison tout en regrettant l'abandon de votre fierté.

En jouer. Une tristesse vous envahit, mais vous en ignorez la
Vous allez de découverte en découverte. Vous vous sentez prier d'un secret qui vous pèse de plus en plus. Une expérience vous
net de faire le point. Vous n'avez pas le droit de baisser les bras;
rochez-vous à vos objectifs! L'attente nous semble toujours trop
ngue, mais elle est parfois nécessaire.

ZÈBRE. En voir un beau. Au travail, les commérages vont bon train. Ne participez pas aux potins, ils minent le moral et salissent l'esprit. Vous devez vous concentrer, vous êtes sujet à commettre des erreurs par distraction.

En voir un laid. Au travail, vous êtes protecteur envers vos collègues. Vous les traitez bien et vous les servez. Certains ne vous en seront jamais reconnaissants. Ces gestes amicaux vous font plaisir, ce qui vous rend donc heureux.

Qui se cabre, renâcle, se déchaîne, fuit. Vous désirez que l'on s'occupe de vous plus qu'à l'accoutumée. Vous avez l'impression que personne ne peut deviner vos besoins ni vous comprendre. Vous êtes-vous demandé si vous alliez au-devant de ceux que vous aimez ?

ZIEUTER (dans le sens de flirter). Quelqu'un. Vous saurez prendre d'excellentes initiatives dans votre vie familiale et cette attitude volontaire plaira à votre conjoint. Votre charme et votre fantaisie le séduiront et, en plus, il vous admirera. Vous réussirez mieux que jamais à dédramatiser les situations conflictuelles dans votre foyer et à resserrer les liens familiaux. La complicité régnera et vous pourrez vous confier à votre partenaire, aborder les sujets les plus délicats. Célibataire, vous ne manquerez pas d'occasions de faire des conquêtes flatteuses. Pourtant, vous êtes en quête d'une âme sœur capable de vous donner envie de fonder un foyer ou, tout au moins, de nouer une relation durable.

Se faire zieuter. En amour, vous êtes catégorique : pas question de laisser les circonstances décider à votre place. Très bientôt, vous ferez des choix déterminants. Si vous étiez sur le point de rompre, vous pourriez décider, en accord avec votre partenaire, de vous offrir à tous deux une nouvelle chance. Et vous ne ménagerez pas vos efforts pour que ce soit un succès. Célibataire, fortement influencé par votre entourage, vous aurez envie de profiter momentanément de votre liberté. Pourtant, d'ici quelques semaines, une rencontre-choc pourrait vous inciter à changer d'avis.

ZOO. Il représente l'immobilité, le refus du changement, la tension des forces vers le maintien d'un état, d'une position jugée sécurisante. Il symbolise également le refus de l'engagement, des responsabilités. Il reflète le désir normal de se rendre autonome, indépendant par rapport à une personne, à un sentiment, à un groupe, etc. Il traduit le comportement de celui qui s'assume, se fait une raison devant l'inévitable.